05
建築知識の本

なるほど住宅デザイン

改訂版

X-Knowledge

目次

PART-1
居室

PART-2
中間領域

PART-3
開口部

PART4

素材

デザイン
O design

印刷
シナノ書籍印刷

イラスト
ヤマサキミノリ
堀野千恵子
長岡伸行
中川延代
今井夏子
濱本大樹

本書は、「建築知識」2016年9月号特集を
加筆修正のうえ、再編集したものです。

PART-1
居室

床高の操作でワンルームを仕切る

どこにいても、空間全体に目が届くワンルーム。だがその弱点は、何も工夫しなければしまりのない空間となってしまうことだ。そこで、床のレベルを操作してみよう。段差をつくれば、空間全体の一体感を保ちながら、内部を緩やかに仕切ることができる。居住者相互に気配は通じ合うが、視線の交錯を避けられるので、落ち着きのある空間となる。ここでは、段差と家具を併用した事例と、敷地の傾斜をうまく生かした事例を紹介する。

「汐見坂の家」(7頁)

技1 段差と棚を組み合わせて空間を仕切る

段差と家具で視線の抜けを操作する

ここでは、間仕切壁の役割ももつ棚を床の段差と組み合わせ、26畳のワンルームを、ダイニング・キッチンとリビングに緩やかに仕切っている。ダイニング・キッチンとリビングの間に200㎜の段差を設け、その段差に接するように棚を設置。ダイニング・キッチン側では高さ1400㎜、リビング側では1600㎜の間仕切壁となることで、それぞれの空間の囲われ方が変わってくる。

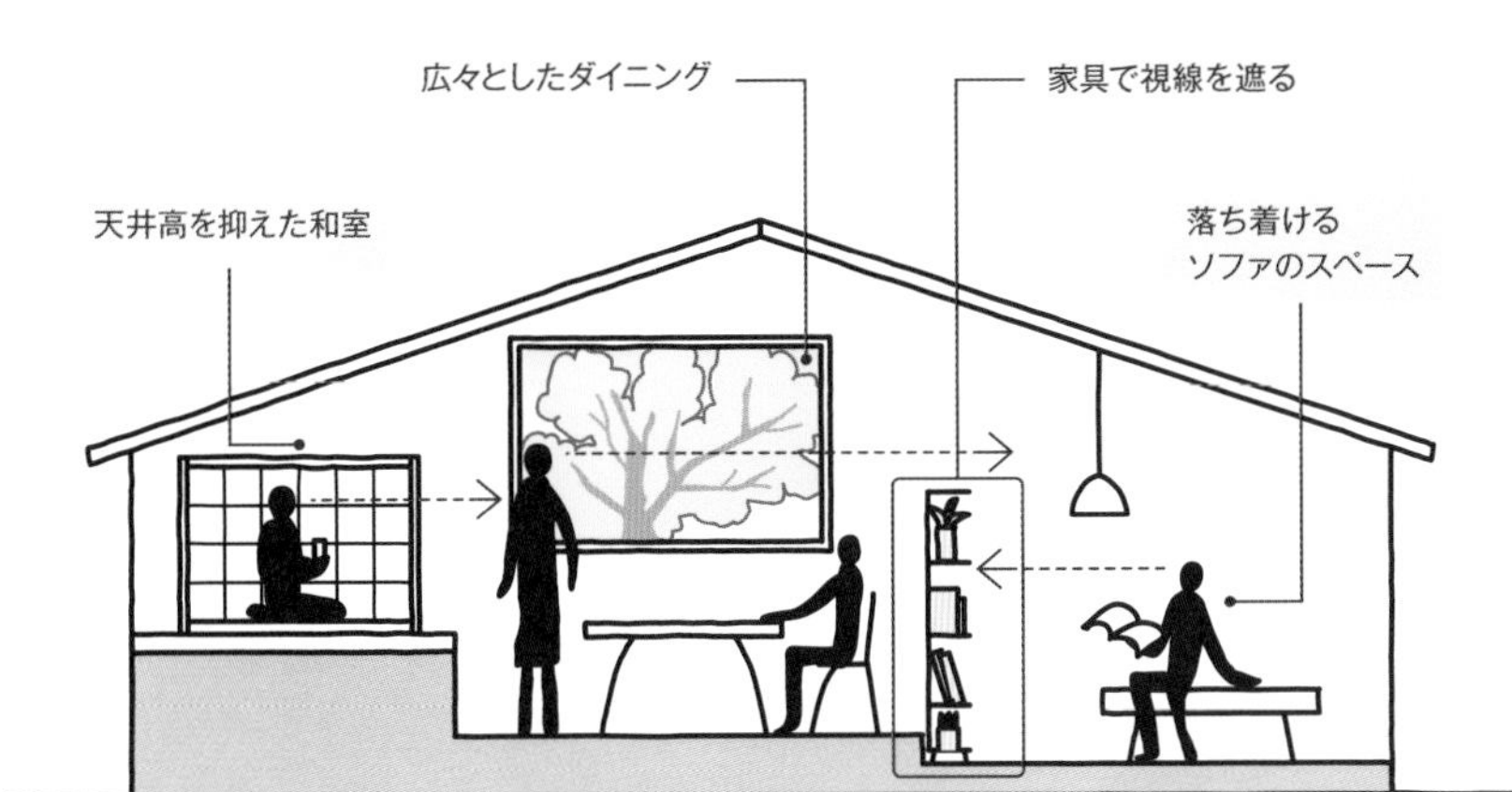
広々としたダイニング
家具で視線を遮る
天井高を抑えた和室
落ち着ける
ソファのスペース

勾配天井を生かしたプランニング

「汐見坂の家」
設計：若原アトリエ＋鴛海達矢建築設計事務所　写真：中村絵

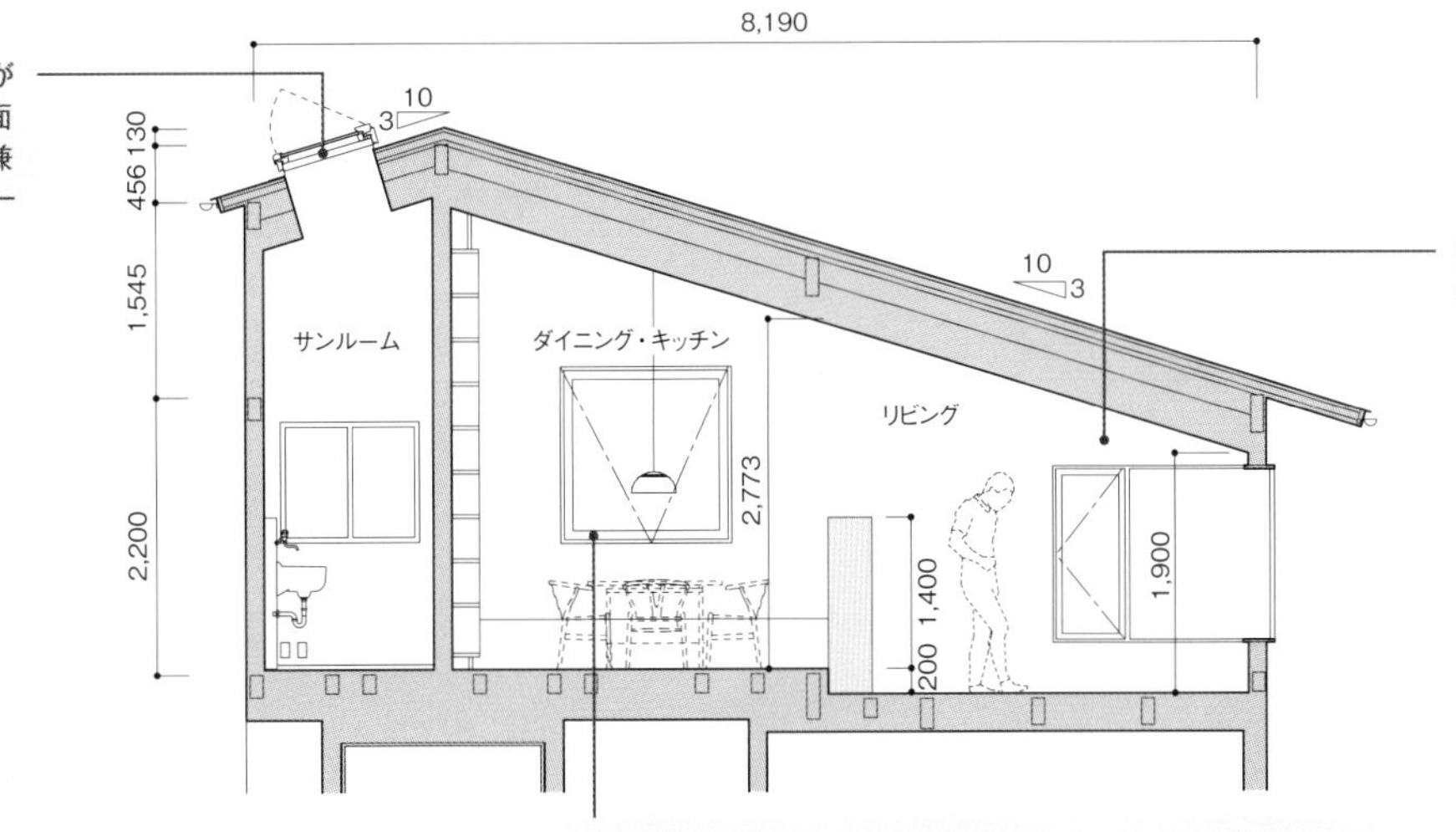
8,190
10
3
130
456
1,545
2,200
サンルーム
ダイニング・キッチン
リビング
2,773
1,400
200
1,900
トップライトから光が入るサンルームは洗面所と洗濯機置き場を兼ねており、物干しスペースとしても活用できる
天井高が低い部分を落ち着いたリビング空間とする
天井高が高く明るい部分をダイニング・キッチンとして開放感を高めた。畳コーナーの窓には造作家具と同じタモ材の窓枠を設け、統一感のある意匠としている

2階断面図 S＝1:100

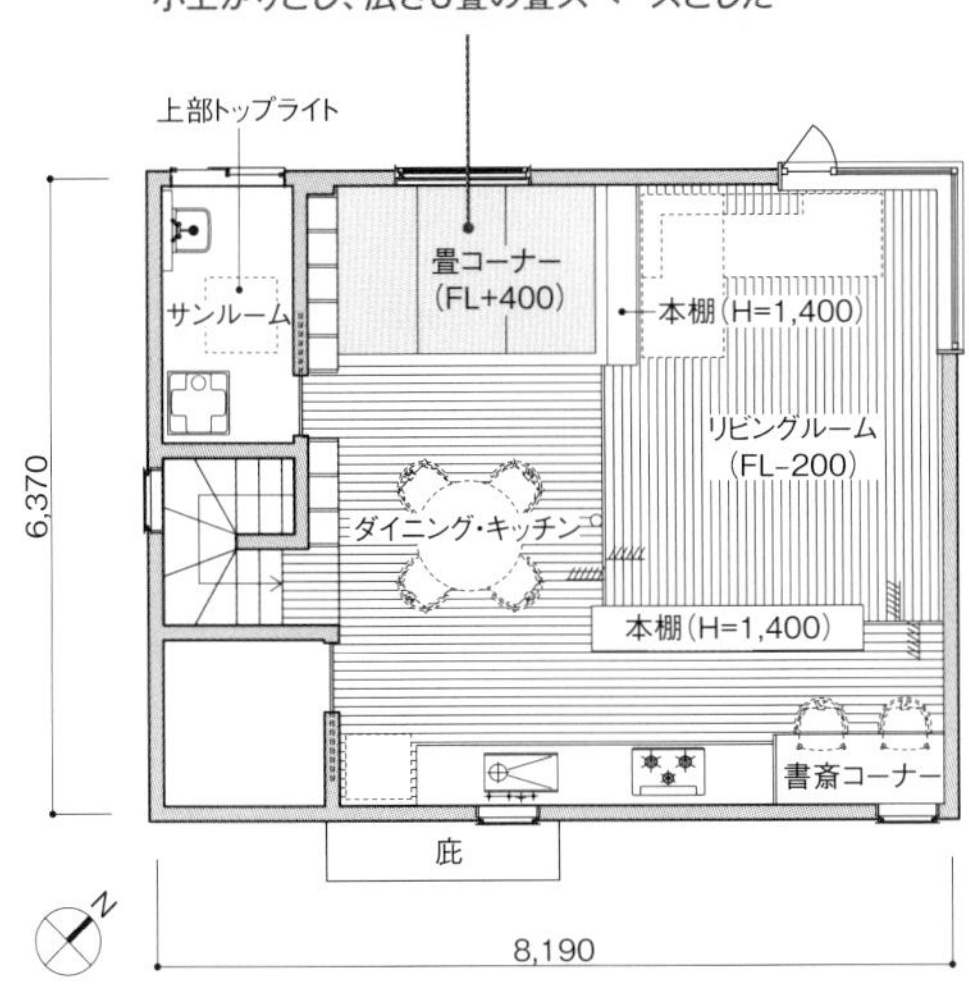
ダイニング・キッチンの一角を高さ400㎜の小上がりとし、広さ3畳の畳スペースとした
上部トップライト
畳コーナー (FL+400)
サンルーム
本棚（H=1,400）
リビングルーム (FL−200)
ダイニング・キッチン
本棚（H=1,400）
書斎コーナー
庇
6,370
8,190
N

2階平面図 S＝1:150

リビングからダイニング・キッチンを見る。高さのある壁面は、大容量の本棚としている。またサンルームのトップライトからの光が入るよう、棚の上部に開口を設けている

技2 敷地の高低差を生かして空間を区切る

間仕切で収納と耐力壁を確保する

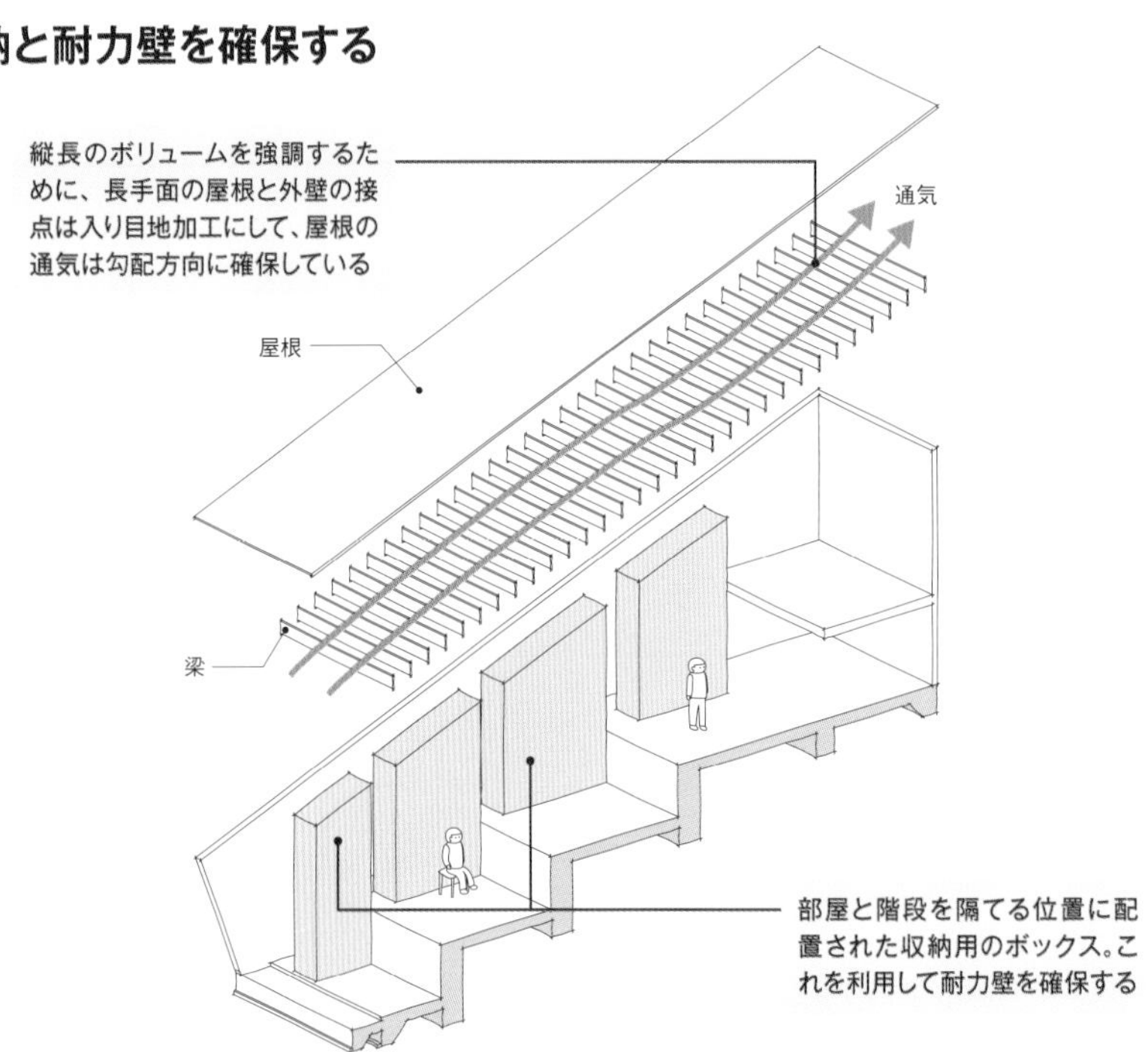
縦長のボリュームを強調するために、長手面の屋根と外壁の接点は入り目地加工にして、屋根の通気は勾配方向に確保している
通気
屋根
梁
部屋と階段を隔てる位置に配置された収納用のボックス。これを利用して耐力壁を確保する

各居室の床レベルに1,400㎜の段差をつける

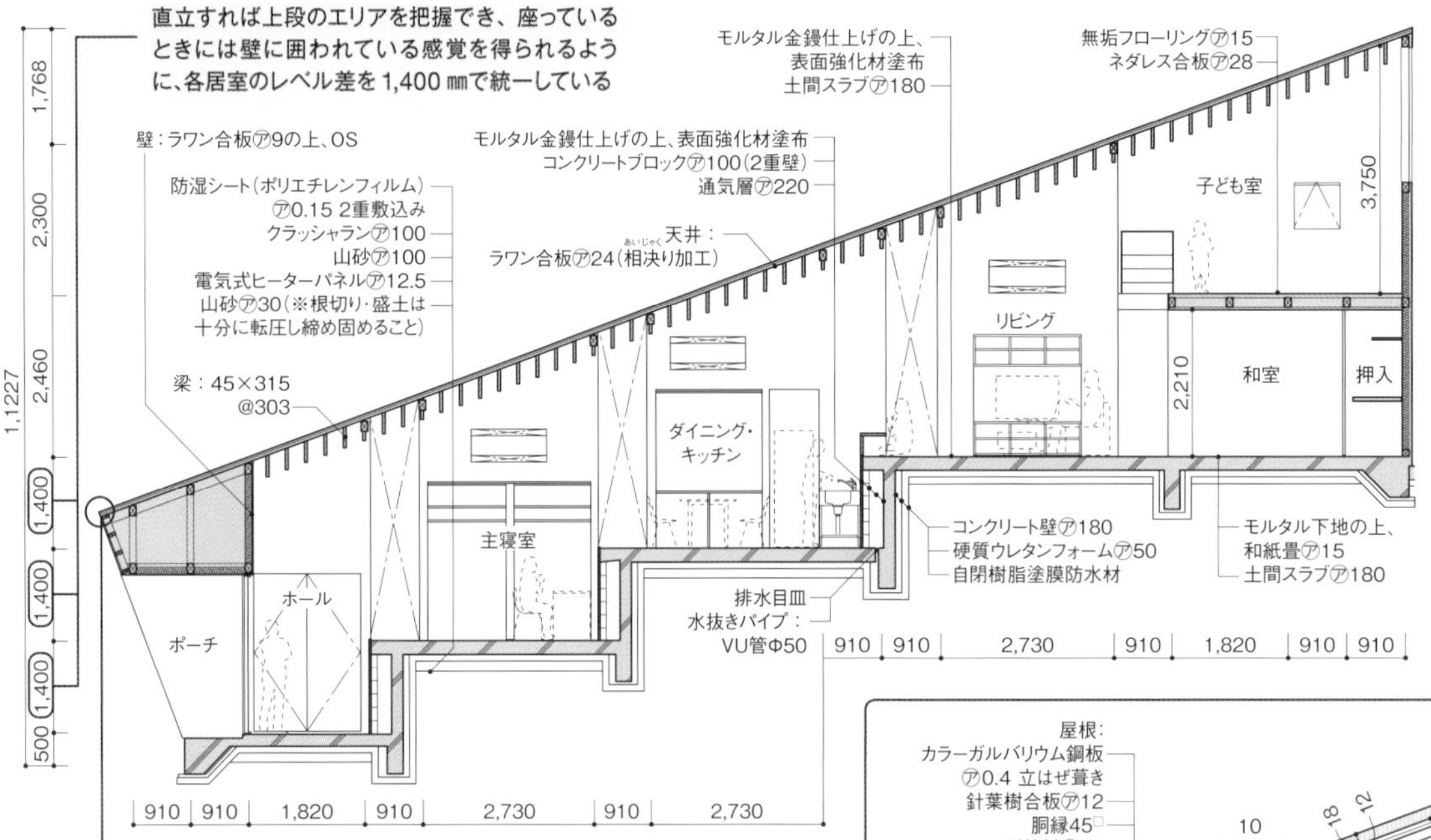

直立すれば上段のエリアを把握でき、座っているときには壁に囲われている感覚を得られるように、各居室のレベル差を1,400㎜で統一している

壁：ラワン合板㋐9の上、OS
防湿シート（ポリエチレンフィルム）㋐0.15 2重敷込み
クラッシャラン㋐100
山砂㋐100
電気式ヒーターパネル㋐12.5
山砂㋐30（※根切り・盛土は十分に転圧し締め固めること）
梁：45×315 @303
モルタル金鏝仕上げの上、表面強化材塗布
コンクリートブロック㋐100（2重壁）
通気層㋐220
天井：ラワン合板㋐24（相決り加工）
モルタル金鏝仕上げの上、表面強化材塗布
土間スラブ㋐180
無垢フローリング㋐15
ネダレス合板㋐28
子ども室
リビング
和室
押入
ダイニング・キッチン
主寝室
ホール
ポーチ
コンクリート壁㋐180
硬質ウレタンフォーム㋐50
自閉樹脂塗膜防水材
モルタル下地の上、和紙畳㋐15
土間スラブ㋐180
排水目皿
水抜きパイプ：VU管Φ50
1,768
2,300
2,460
1,1227
1,400
1,400
1,400
500
3,750
2,210
910 | 910 | 2,730 | 910 | 1,820 | 910 | 910
910 | 910 | 1,820 | 910 | 2,730 | 910 | 2,730

断面詳細図 S＝1：150

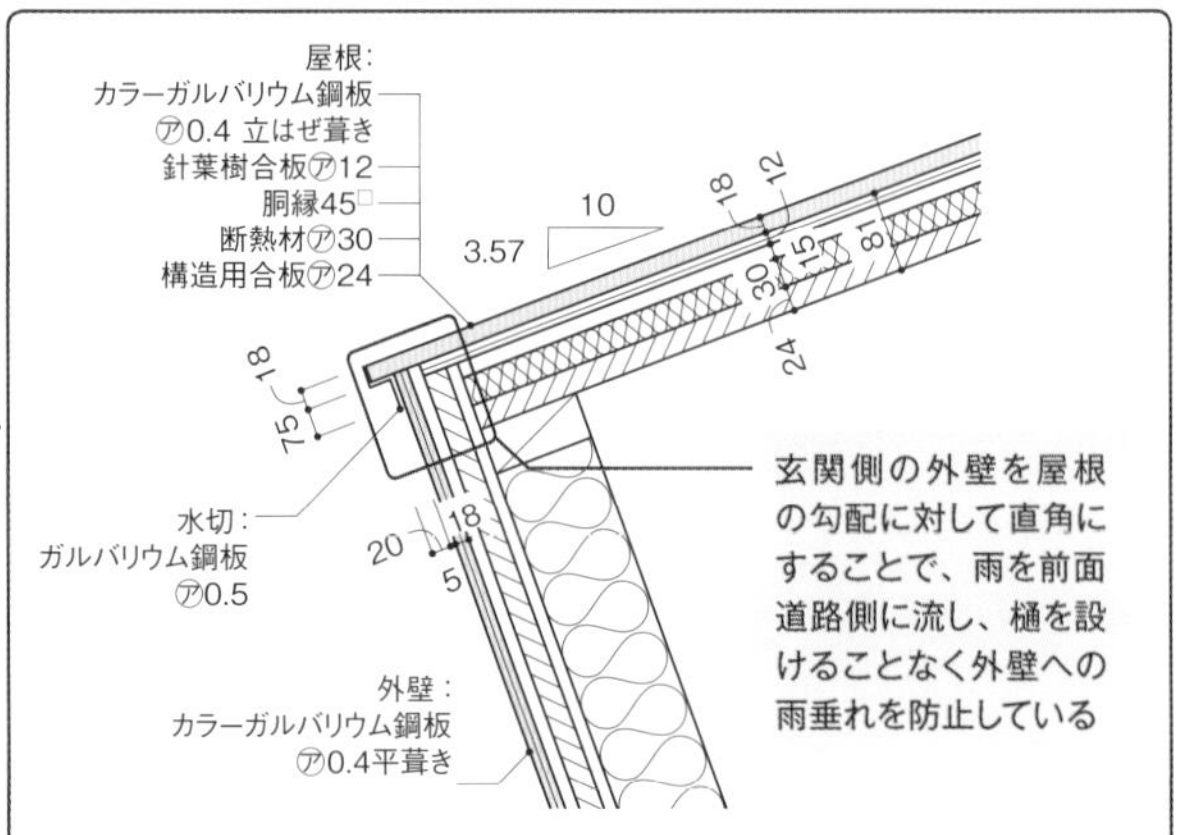

屋根：
カラーガルバリウム鋼板㋐0.4 立はぜ葺き
針葉樹合板㋐12
胴縁45□
断熱材㋐30
構造用合板㋐24
水切：ガルバリウム鋼板㋐0.5
外壁：カラーガルバリウム鋼板㋐0.4平葺き
10
3.57
18
12
15
81
30
24
18
75
20
18
5

玄関側の外壁を屋根の勾配に対して直角にすることで、雨を前面道路側に流し、樋を設けることなく外壁への雨垂れを防止している

（拡大図）屋根断面詳細図 S＝1：15

厄介に思われがちな崖地という敷地条件を生かして広いワンルームの床に段差を設ければ、開放感と個室のような落ち着きを両立できる。段差寸法を一般的なスキップフロアよりも高めに設定し、住み手のアイレベルによって空間の印象が変わるようにすることがポイントとなる。また、敷地なりに建てることで、整地や擁壁の設置などに要するコストと工期を抑えられる点でも有利になる。

「5層のワンルーム住居」
設計：松山建築設計室　写真：石井紀久

床は土間、壁はラワン合板、天井は構造材露しにして、仕上げにかかるコストを抑えた。使用する素材を限定することで、空間に統一感が生まれる

段差が少し高いので、転落防止用の手摺を設置。空間の統一感を損なわないように、存在感が薄い細いワイヤー製の手摺を使用した

凹凸プランでワンルームを仕切る

ワンルームを緩やかに仕切ることは、プランニングの工夫でも可能だ。プランを凹ませたり飛び出させたりすることで、視線や動線をコントロールできる。同時に開口の位置も検討することで、光や風も入るようにしたい。そうすれば、外部を望める開放的な場所、籠もれる落ち着いた場所など、ワンルームでも性格の違う場所をつくることができる。階段室やデッキを設けることで凹凸をつくるとよいだろう。

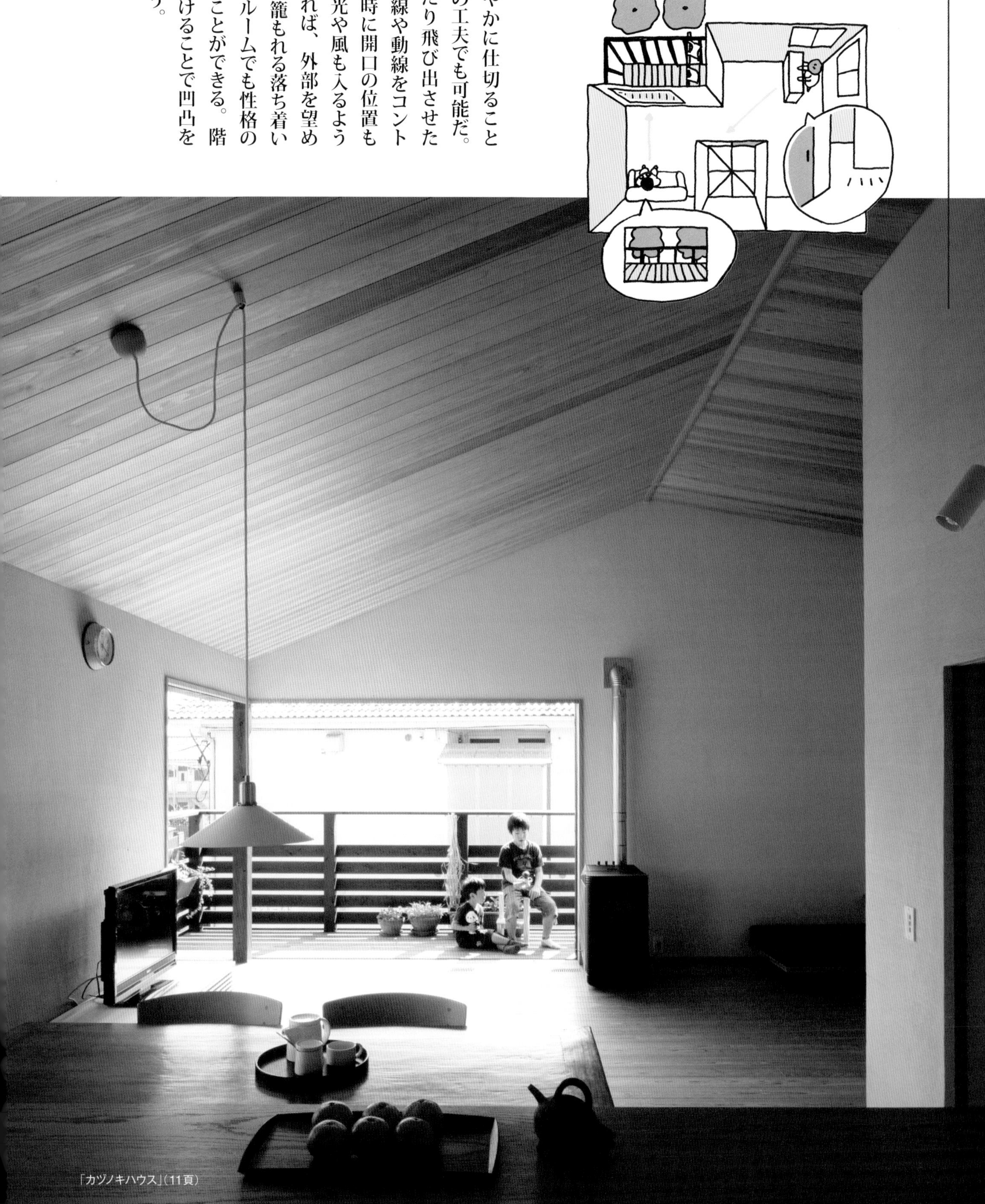

「カヅノキハウス」(11頁)

技1 死角をつくり「ほどよい距離感」をつくる

居心地のよいワンルーム空間のつくり方

ワンルームのプランでは、家族どうしの「ほどよい距離感」をつくることが重要だ。その方法の1つとして、シンプルなワンルームに階段室やトイレなど囲われている空間を組み込み、凹凸のあるプランとする手法がある。適度な死角が生まれ、気配を互いに感じ合いながらも、それぞれが気楽に過ごせるワンルーム空間になる。

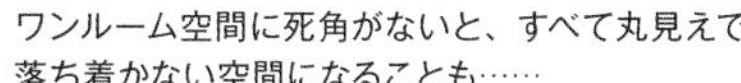

ワンルーム空間に死角がないと、すべて丸見えで落ち着かない空間になることも……

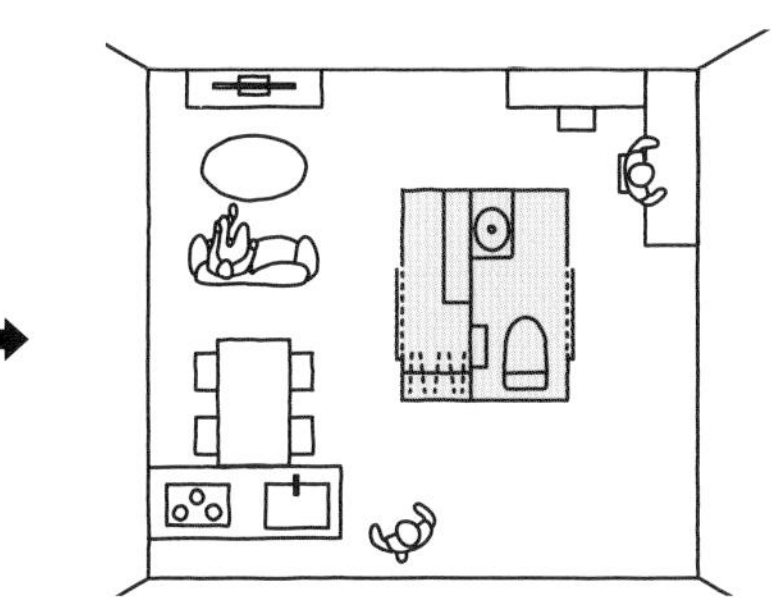

ボックス状の空間をワンルーム空間に組み込むと死角が生じ、隠れたり見えたりが居心地のよさにつながる

ワンルームは見え隠れを調整する

「カヅノキハウス」
設計：しまだ設計室　写真：西川公朗

平面に凹凸を生むように階段室を配置。キッチンとソファスペースはお互いの気配を感じながらも視線の届かない関係になっている

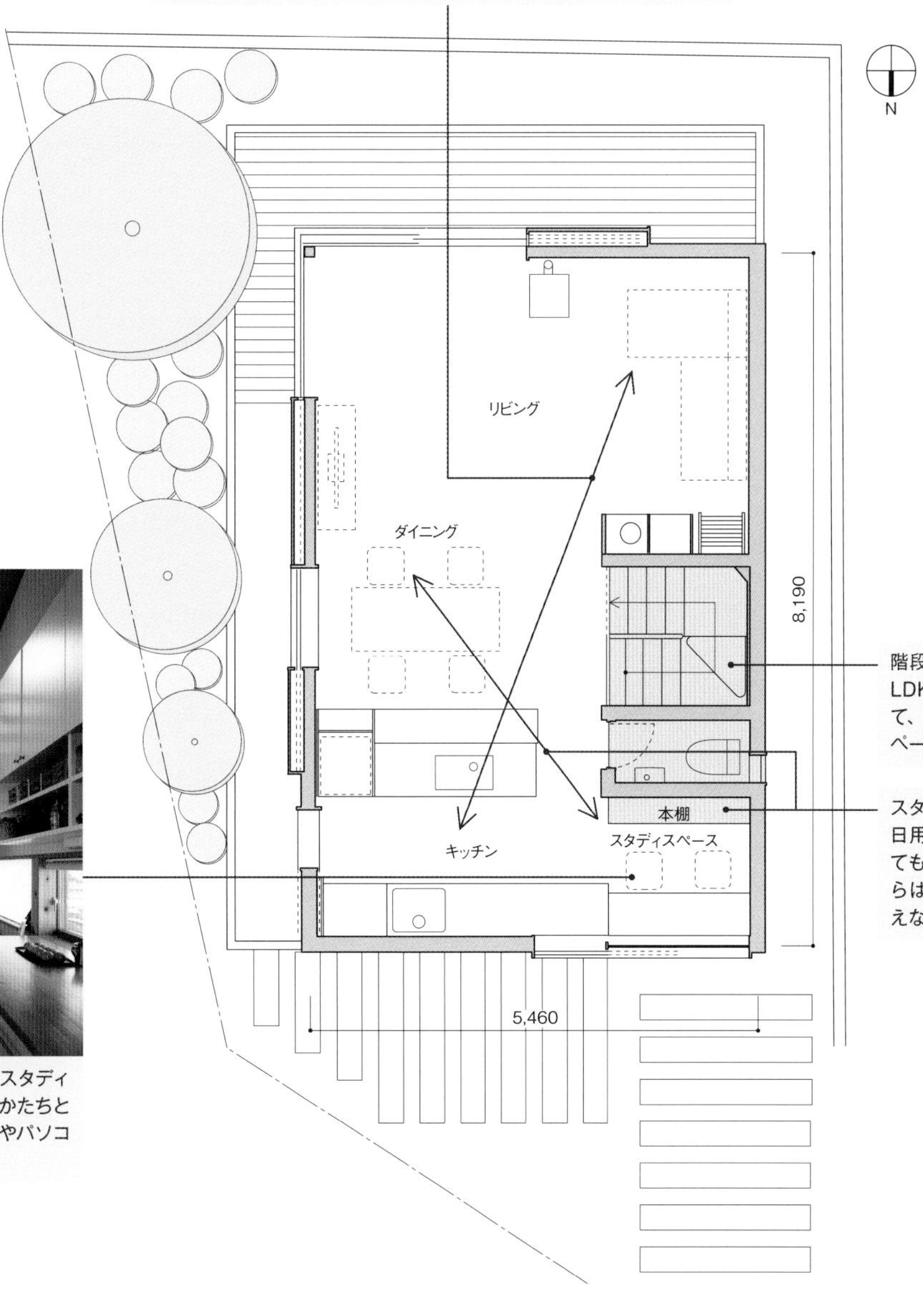

リビング
ダイニング
キッチン
スタディスペース
本棚
8,190
5,460
N

階段室とトイレの配置により、LDKに凹凸が生まれた。併せて、適度に籠れるスタディスペースも生まれた

スタディスペースの背面に本や日用品など雑多なものを置いても、リビングやダイニングからは死角になり、ほとんど見えない

トイレの北側に配置されたスタディスペース。適度に囲われたかたちとなるため、落ち着いて勉強やパソコン作業ができる

2階平面図 S＝1：150

技2　外部を組み込み、ワンルームを柔らかく分ける

ワンルーム空間を柔らかく区切る方法

デッキテラスなどを内部に組み込むことでも、ワンルームを凹凸のあるプランにできる。シンプルな長方形プランでも、角にデッキテラスを設け、内部の壁配置を工夫すれば、内部空間に「斜めの関係」が生まれ、仕切りがなくても適度な距離感のあるワンルーム空間になる。

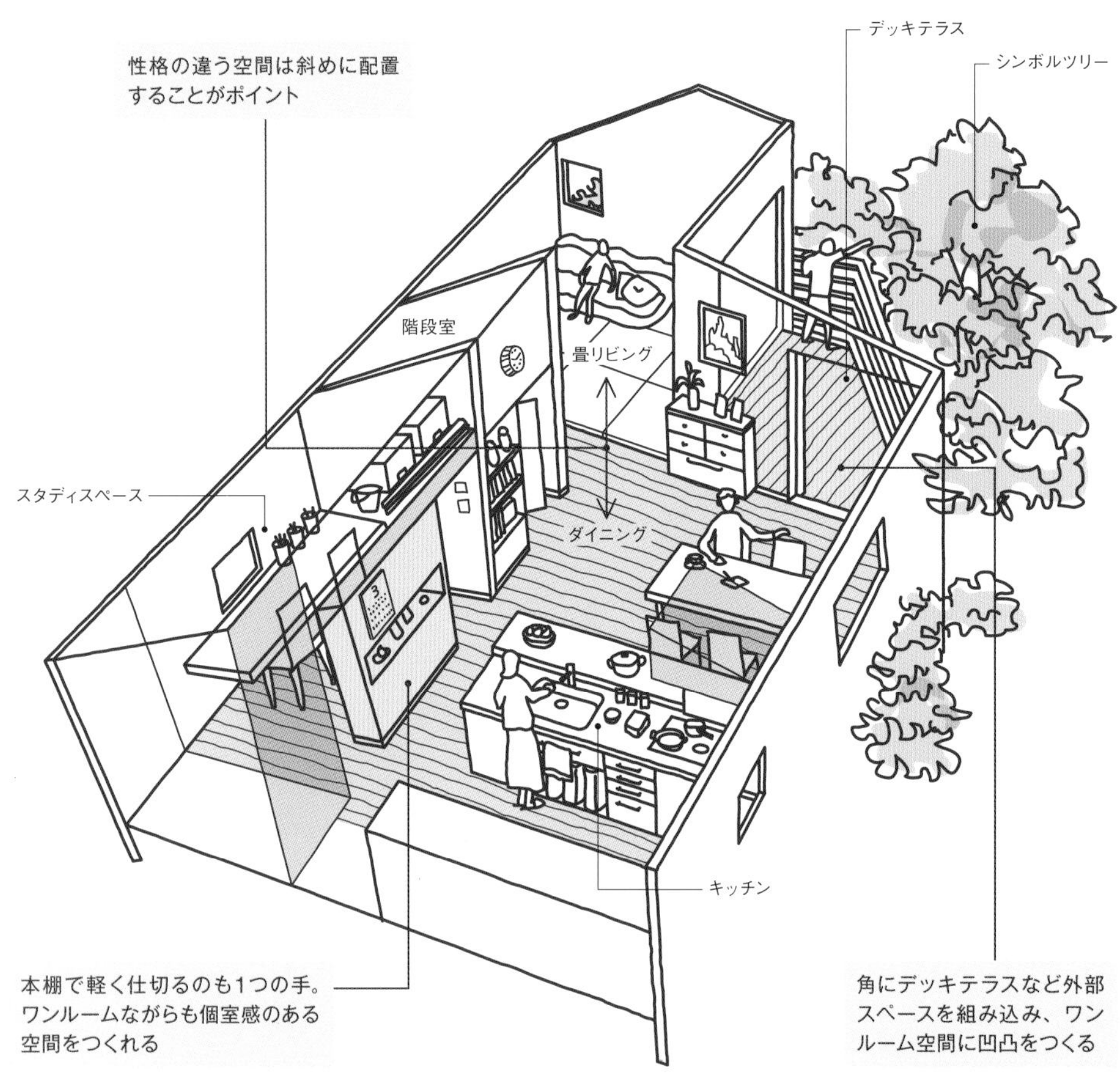

性格の違う空間は斜めに配置することがポイント
デッキテラス
シンボルツリー
階段室
畳リビング
スタディスペース
ダイニング
キッチン
本棚で軽く仕切るのも1つの手。ワンルームながらも個室感のある空間をつくれる
角にデッキテラスなど外部スペースを組み込み、ワンルーム空間に凹凸をつくる

畳リビングからダイニングを見る。デッキテラスとの一体的な利用を考えた畳リビングは、ダイニングと「斜めの関係」になっていて、緩やかにスペースが区切られる

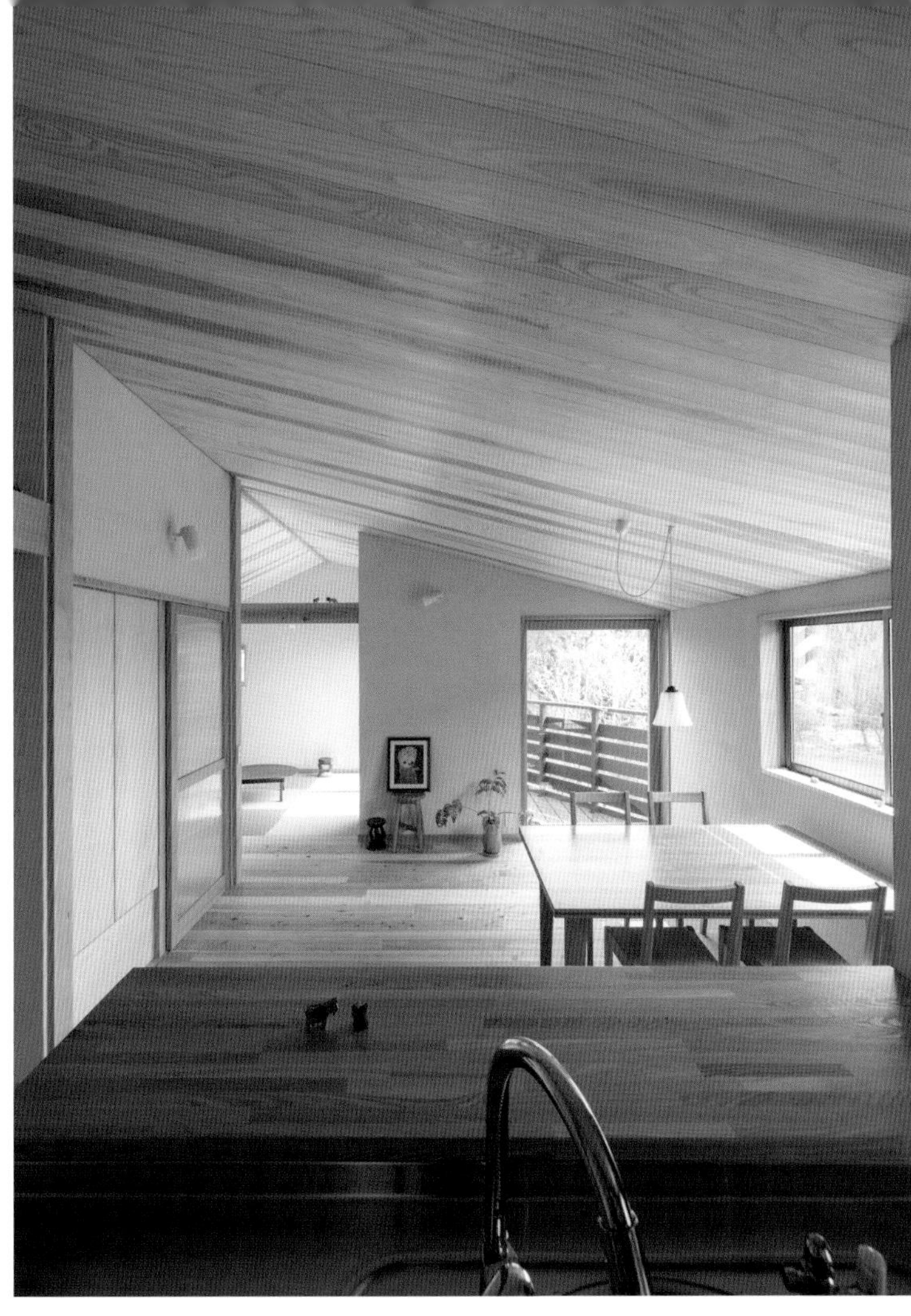

ダイニングからデッキテラスを見る。あえて壁面を残し、シンボルツリーは見せつつ、洗濯物など視線に入れたくないものはダイニング側から見えないよう配慮している。これにより、外の緑が印象的に映える

「ネストハウス」
設計：しまだ設計室　写真：牛尾幹太

性格の違う空間を少しずつつなげる

洗濯物を畳むなど、畳リビングはダイニングよりも実用的・活動的な使い方を想定している

ダイニング側は、間口の半分を壁、半分を框戸にして、框戸を外壁側に引き寄せられるようにしている。畳リビング側は引違いの大きなアルミサッシ。用途に応じて建具も使い分ける

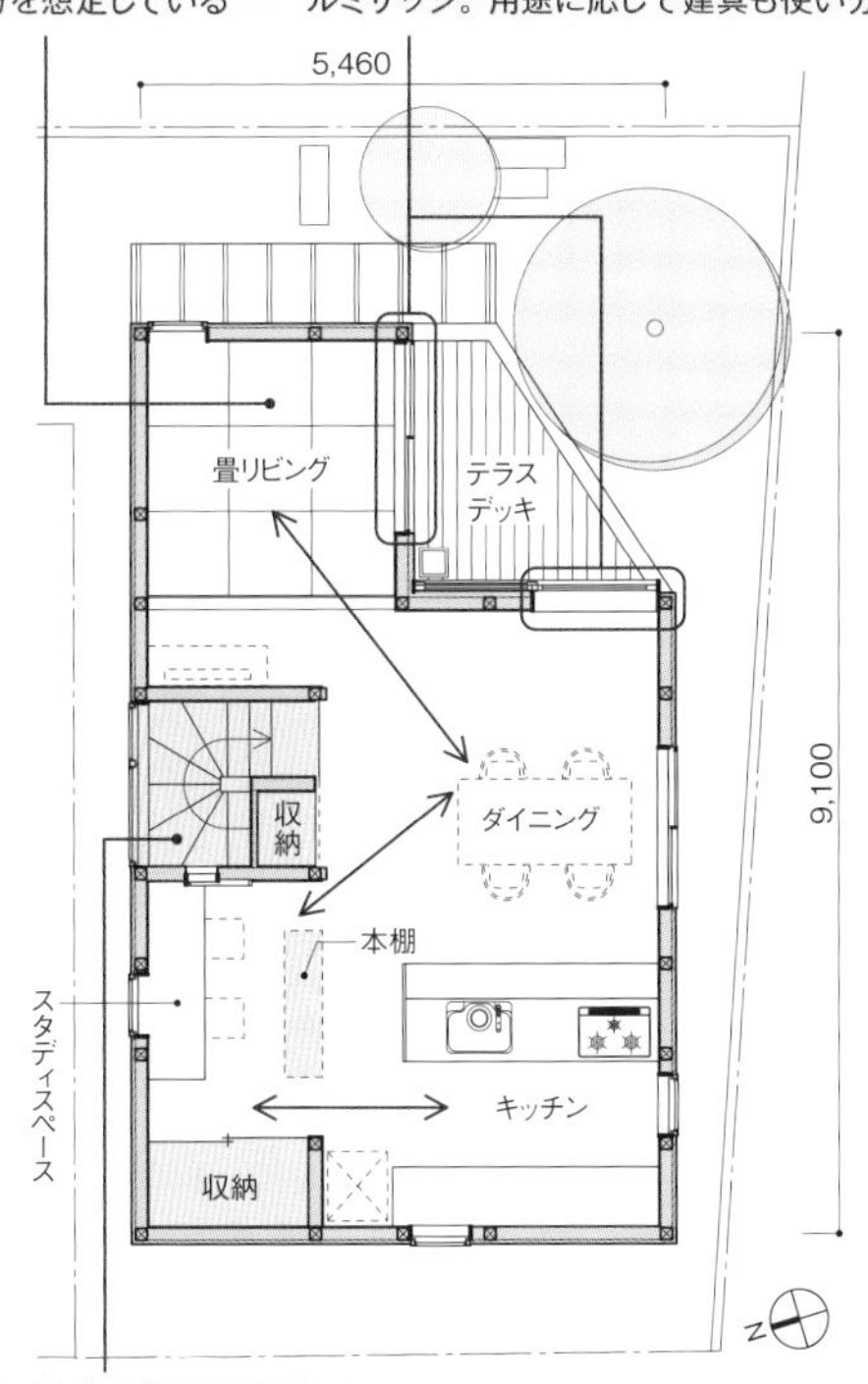
5,460
畳リビング
テラス
デッキ
9,100
収
納
ダイニング
本棚
スタディスペース
キッチン
収納

階段と収納、本棚の配置により、内部を緩やかに区切っている

2階平面図 S＝1：150

開口部廻りは線を減らしてシンボルツリーを引き立てる

網戸も框戸と同じ仕様でつくり、統一感を出している

景色を眺める時に邪魔にならないよう、ロールスクリーンは開口部の上部に隠す

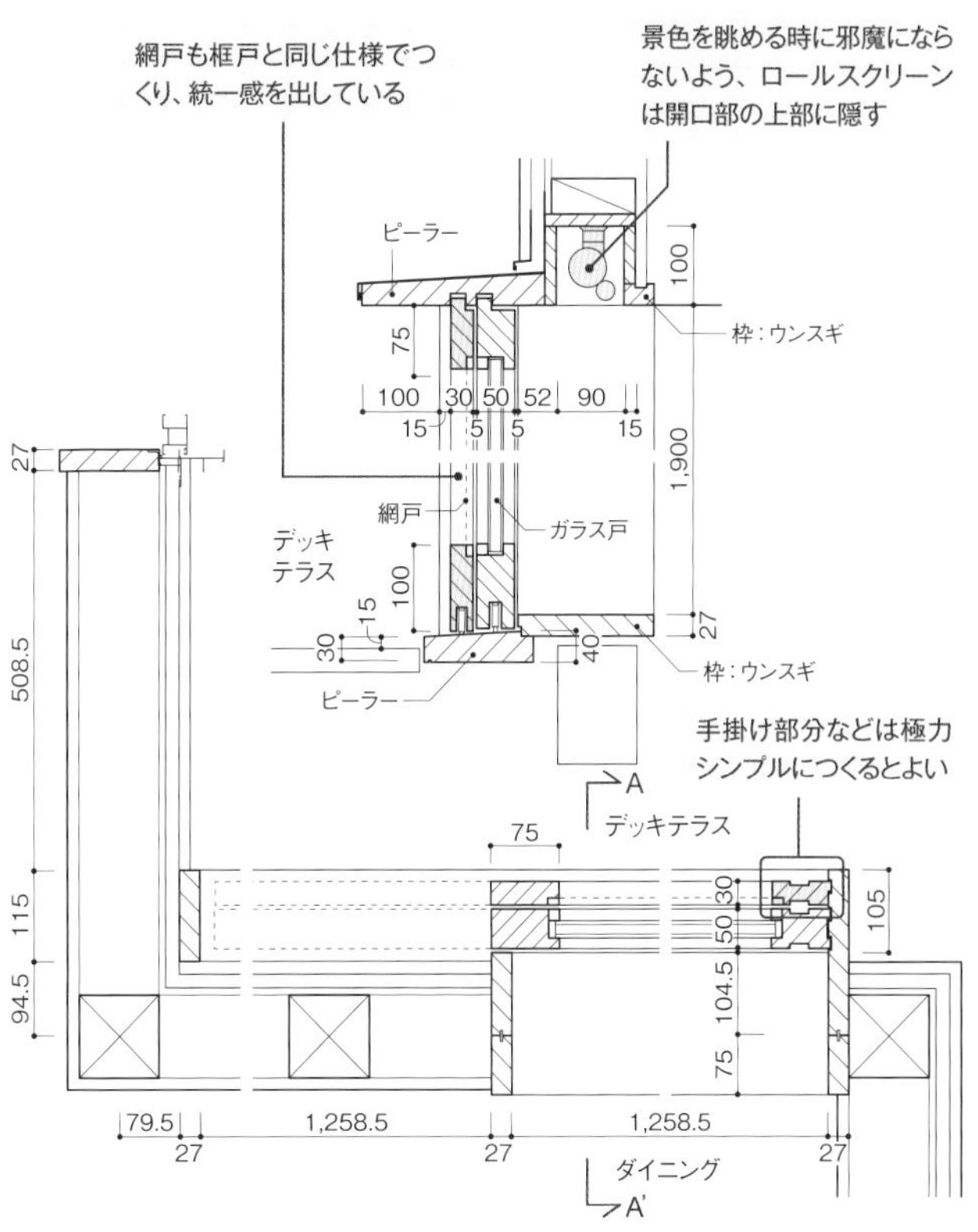
ビーラー
100
枠：ウンスギ
75
100 30 50 52 90
15 5 5 15
1,900
27
網戸
ガラス戸
デッキ
テラス
100
15
30
40
27
ビーラー
枠：ウンスギ
508.5
A
デッキテラス
75
115
30
50
105
94.5
104.5
75
79.5
27
1,258.5
27
1,258.5
27
ダイニング
A'

手掛け部分などは極力シンプルにつくるとよい

(上)建具A-A' 断面詳細図 S＝1：15・(下)建具平面詳細図 S＝1：15

「能褒野の家」（15頁）

床高を操作して場をつくる

ひとつながりの空間の床に段差を設けていくつかの床レベルを設けると、性格を異にする複数の居場所をつくりだせる。この手法ならば、壁を立てて間仕切る必要がないので空間の一体感が損なわれないうえ、段差を上手に連続させてさまざまな姿勢や座り方でくつろげるよう計画することも可能だ。段差部分は、設備や照明などのスペースにも利用できる。段差高さと座る部分の寸法の設定に工夫を凝らしたい。

技1 段差でいたる所にくつろぎスペースをつくる

さまざまな座り方でくつろげる場所が心地よさを生む

大きなひとつながりの空間は、上手くつくらないと、居心地の悪いものになってしまう。そのような大空間は、広間など周縁部に座ってくつろげる場所をいくつか設け、空間全体の一体感を楽しみながら落ち着ける場所を散在させると、居心地がグンとよくなる。この場合、視線が交錯しないようにそれぞれの座る高さを調整するとよい。

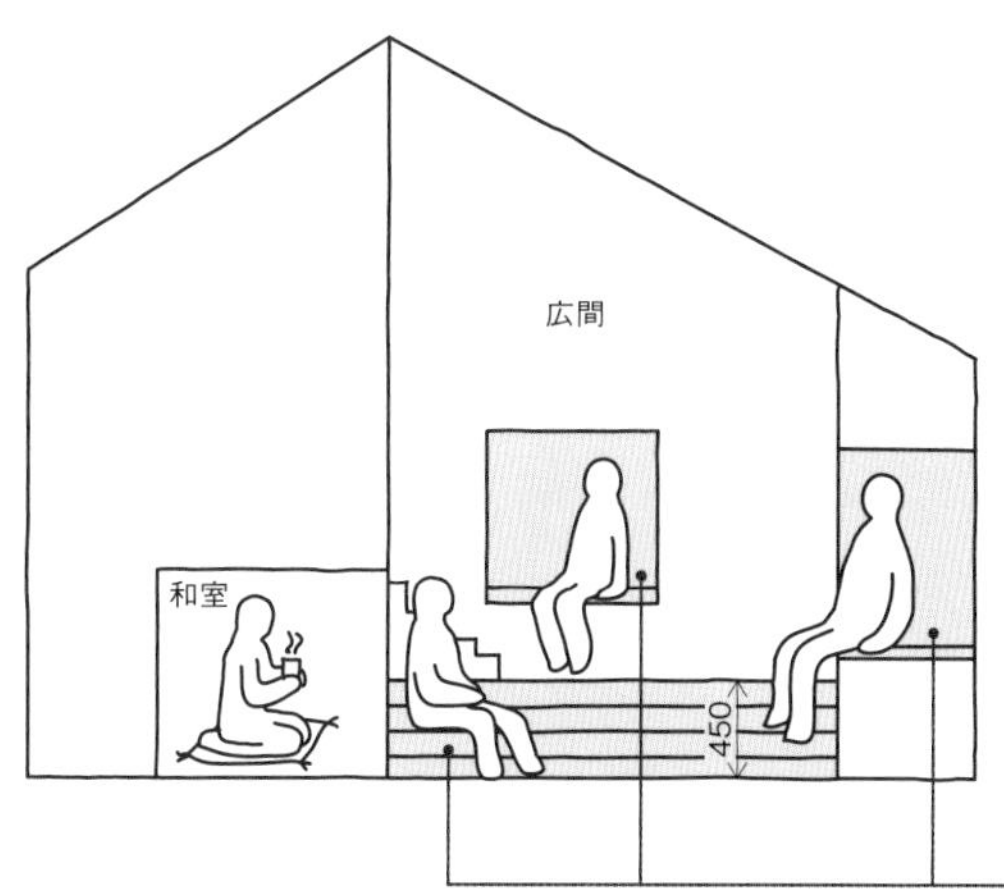
広間
和室
450

ベンチ状のニッチや、FL＋450㎜の位置にあるスペースとそのアプローチの階段、南に大きくとった窓辺の段差など、さまざまな高さを設けることで、広い空間にいくつもの居場所が生まれる

大テーブルで団らんの中心をつくる

「能褒野の家」
設計：杉下均建築工房　写真：杉下均建築工房

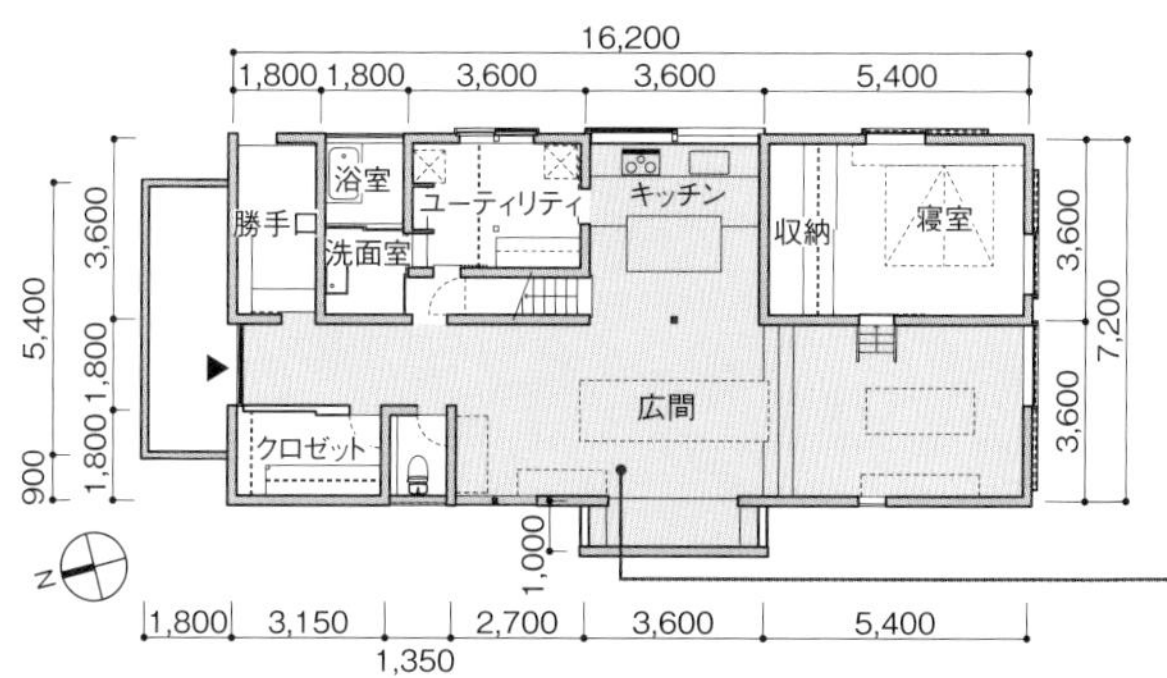
16,200
1,800 1,800 3,600 3,600 5,400
浴室
勝手口
ユーティリティ
キッチン
収納
寝室
洗面室
広間
クロゼット
3,600
5,400
1,800
900
1,800
7,200
3,600
1,000
1,800 3,150 2,700 3,600 5,400
1,350

水廻りと寝室以外を1室空間とし、そのなかを段差で緩やかに仕切っている。広い空間のスケールに合うように大きめの食卓テーブル（1,200×3,900㎜）を据え、家族の居場所の中心となる場所に設えている。

平面図 S＝1：300

連続した広い空間は寝室と和室にもつながっている。梯子状の階段や低く抑えた開口高さにより、気分が切り替わるようにしている

技2　さまざまな座り方ができる3段のサンクンリビング

さほど広くないリビングにソファとテーブルを置くと、そこでくつろげるのはせいぜい2～3人。ソファを置かずに床座でくつろぐという選択肢も増えつつあるものの、やはり椅子座が快適という声は多い。床を掘り下げた「サンクンリビング（ピット）」にすれば、ソファを置かなくても段差に直接腰掛けられて、大人数にも対応できるリビングになる。また、2段ではなく3段にすると、座り方のバリエーションも広がる。サンクンリビングは、上段から落ちないように気を付けて歩かなければならないが、これも段階的に掘り下げることで安心感をもたせられる。

動作寸法の目安

通路に必要な幅

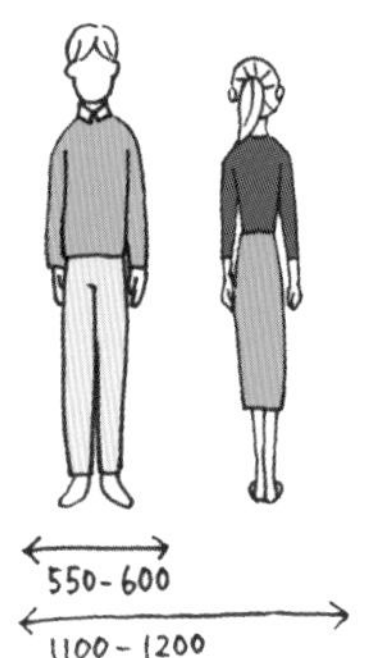

550-600
1100-1200

大人1人が通るのに必要な幅は550～600㎜、2人がすれ違うには1,100～1,200㎜必要

くつろいで座れる高さ

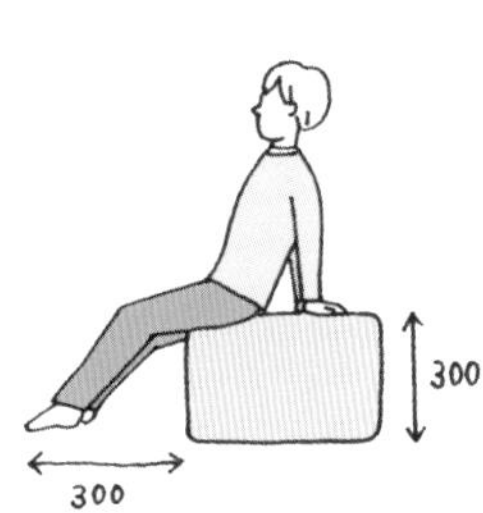

300
300

くつろいで座れる高さは300㎜、足元の前方には300㎜ほしい

床面の幅寸法を慎重に決める

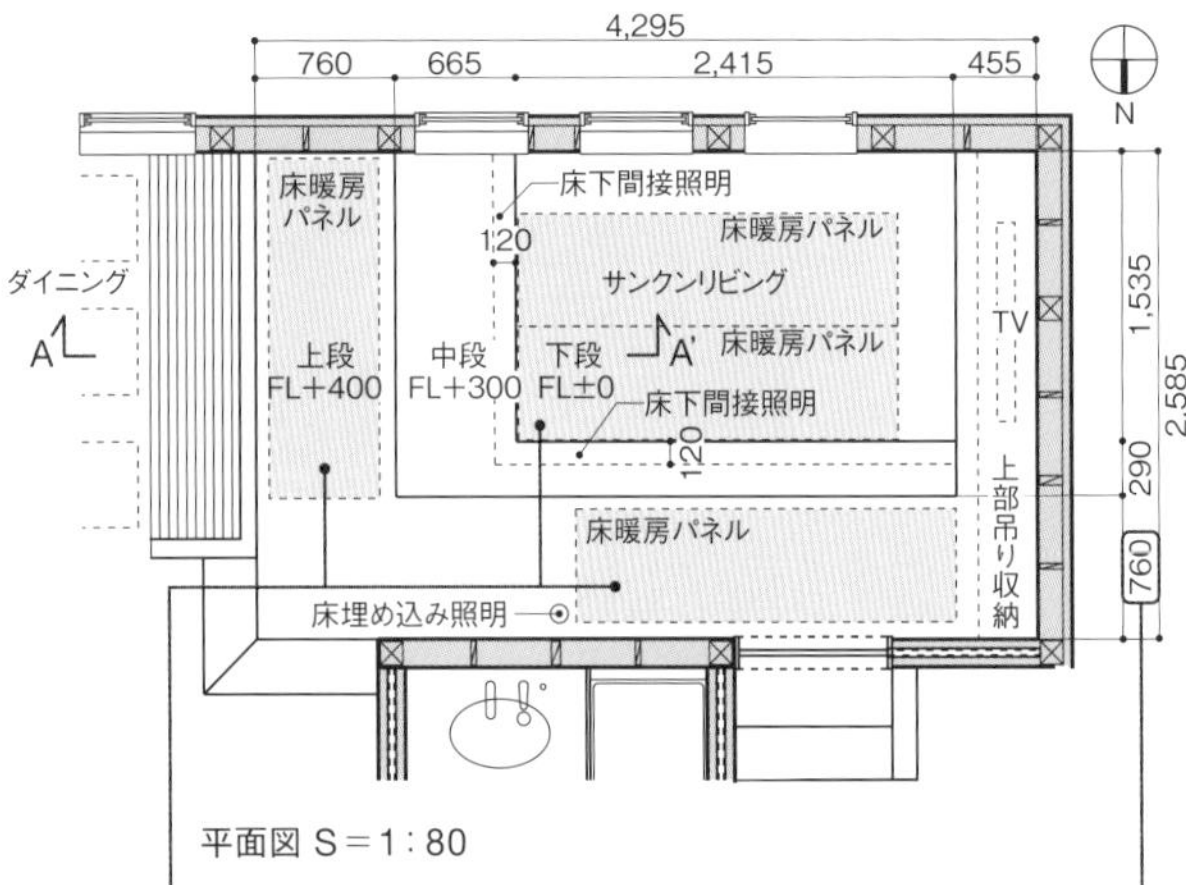

4,295
760
665
2,415
455
N
床下間接照明
床暖房パネル
120
床暖房パネル
サンクンリビング
ダイニング
A
A'
床暖房パネル
TV
上段 FL+400
中段 FL+300
下段 FL±0
床下間接照明
120
1,535
2,585
290
760
床暖房パネル
上部吊り収納
床埋め込み照明
平面図 S＝1：80

上段と下段の寸法は床暖房パネルを敷設できるようにした。冬でも床の冷たさは気にならない

上段の幅は760㎜で、大人1人が余裕をもって通れる寸法とした

「富士見の家」
設計：アトリエ橙　写真：奥山裕生

ダイニングから見たサンクンリビング。雑然としがちなリビングを、間接照明が落ち着いた雰囲気に変える

段差の高さ寸法は300㎜・400㎜

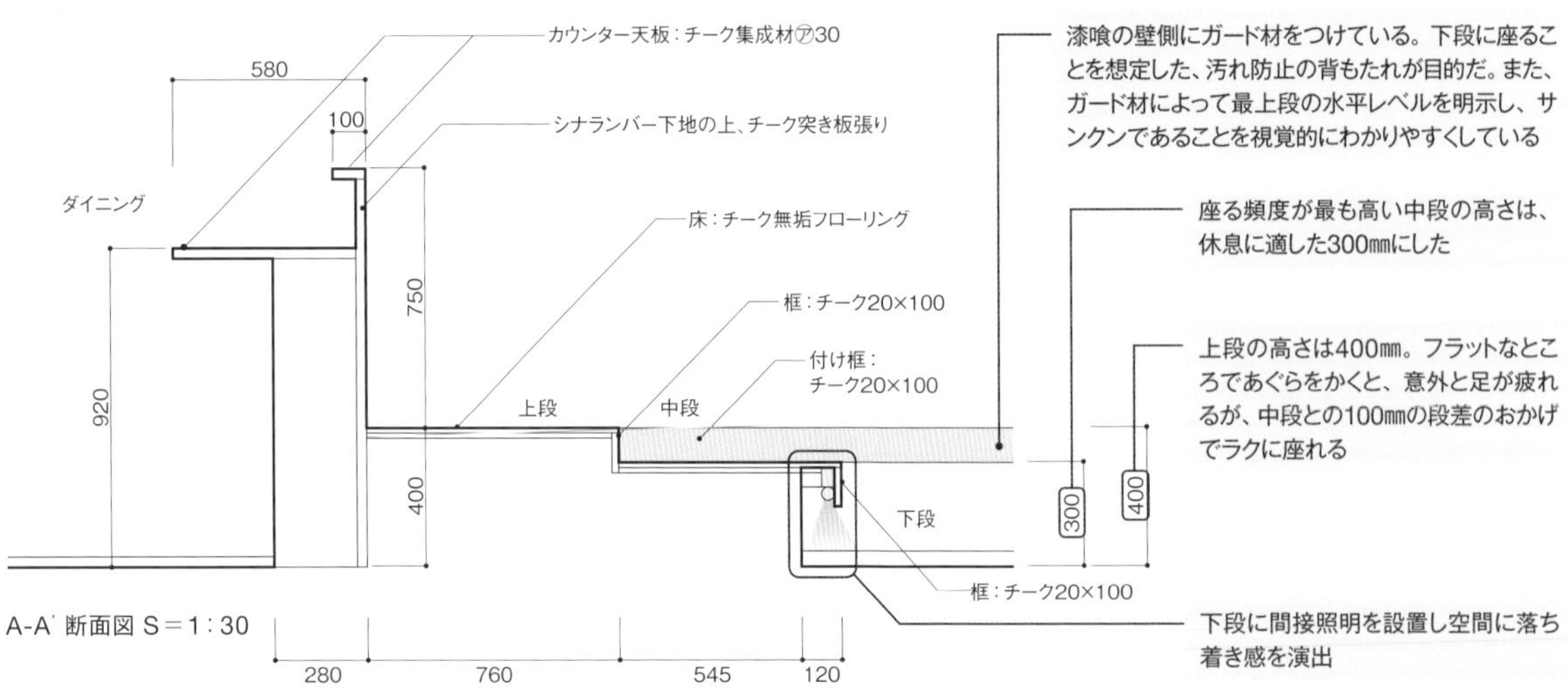

カウンター天板：チーク集成材㋐30
580
100
シナランバー下地の上、チーク突き板張り
ダイニング
床：チーク無垢フローリング
750
框：チーク20×100
付け框：チーク20×100
920
上段
中段
400
下段
300
400
框：チーク20×100
A-A' 断面図 S＝1：30
280
760
545
120

漆喰の壁側にガード材をつけている。下段に座ることを想定した、汚れ防止の背もたれが目的だ。また、ガード材によって最上段の水平レベルを明示し、サンクンであることを視覚的にわかりやすくしている

座る頻度が最も高い中段の高さは、休息に適した300㎜にした

上段の高さは400㎜。フラットなところであぐらをかくと、意外と足が疲れるが、中段との100㎜の段差のおかげでラクに座れる

下段に間接照明を設置し空間に落ち着き感を演出

空間に複数の機能をもたせる

ロールブラインド
引込み戸

1つの空間に複数の機能を兼ねさせれば、育児や来客対応などさまざまな場面ごとに使い分けられる。ここでのポイントは、どの室の近くに設けるか。利用頻度の高いリビングやダイニングの近くに設けられるのが理想的だ。複数の機能をもつ部屋をつくる広さが確保できない場合は、小上りをつくることでも同様の効果が得られる。小上りの利便性を高めるには、建具などの設え方を工夫して空間の可変性を高めるとよい。

「保谷の家」(19頁)

技1　リビング・ダイニングにサブリビングを設ける

サブリビングを設けるメリット

リビングから生活感を排除するには、サブリビング（サブスペース）を設けるとよい。サブリビングは通常、PCデスクやピアノなどを置いて書斎や子ども室として機能を果たすほか、ゲストルームとしても利用できる。急な来客時に引戸を閉め切れば、緊急時の収納場所ともなり、リビングに整然とした装いを確保できる。

建具を開放した場合

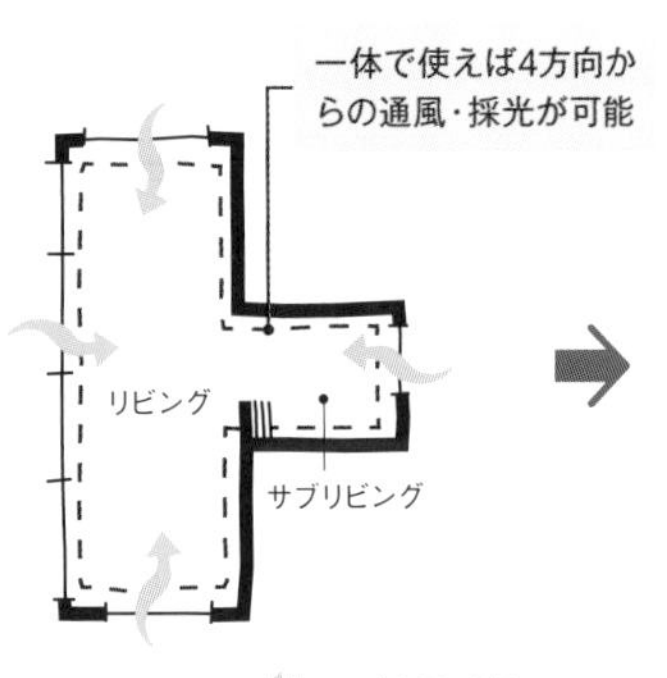
一体で使えば4方向からの通風・採光が可能
リビング
サブリビング
：光と風の流れ

建具を閉じた場合

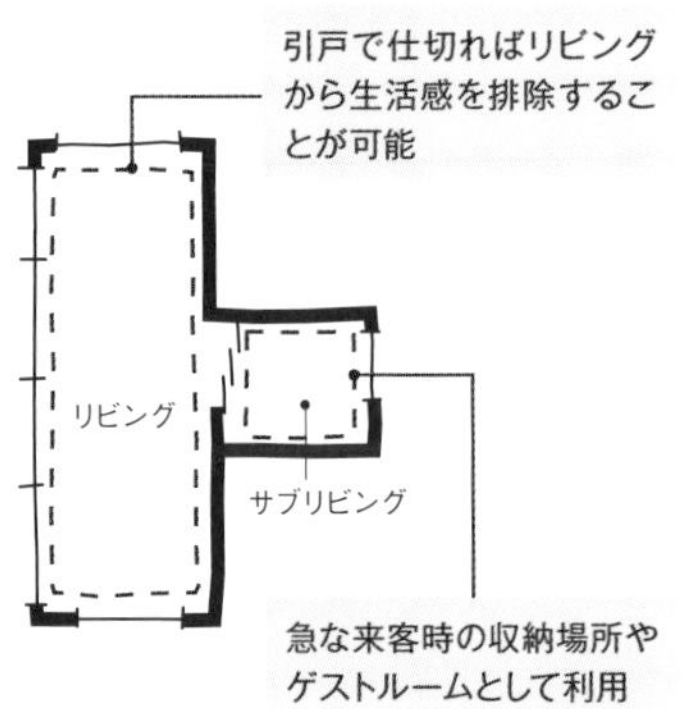
引戸で仕切ればリビングから生活感を排除することが可能
リビング
サブリビング
急な来客時の収納場所やゲストルームとして利用

サブリビングの引戸を開けた場合（写真左）と閉じた場合（写真右）。3枚引戸は普段は開放状態になることを想定し、壁内引込み、建具枠の目立たない納まりとした

リビングとサブリビングの位置関係

テラス
キッチン
エアコン
サブリビング
リビング
PCデスク
ピアノ置き場
納戸
玄関
SIC
サブリビングはゲストルームとして利用できるよう、布団収納のほか、サブリビング専用のエアコンや、遮光カーテンを設置
3,940
2,730
910
3,340
910
10,920
3,640
3,640
400
7,280
1,310

平面図 S＝1：200

「桜ケ丘の住宅」
設計：有田佳生建築設計事務所　写真：有田佳生建築設計事務所

技2 リビング・ダイニングに設ける小上り

リビング・ダイニングに小上がりがあると、子どもが風邪を引いたとき、家事をしながら目が届くところで寝かせられるし、テーブルを置けば大人数の食事にも対応できる。さらに来客の宿泊スペースにもなるなど、部屋の機能性が一気に高まる。リビング・ダイニングのインテリアタイプが和風でなくても気軽に畳を採用しやすく、誰もが好むほっと落ち着く場所になる。広さは3畳程度あれば十分だ。

リビング側には踏み台があり、子どもや年配の方でもスムーズに上り下りできるようになっている

小上りの機能性は抜群

休憩に

小さな子どもの体調が優れないとき、家事をしながら目が行き届く場所で寝かせられる

育児・遊びに

おむつ替えや授乳、親子連れの来客時にも重宝する

食事に

ダイニングテーブルと小上りに置いたちゃぶ台が連続するように床高を設定すれば、多人数の食事にも対応できる

宿泊スペースに

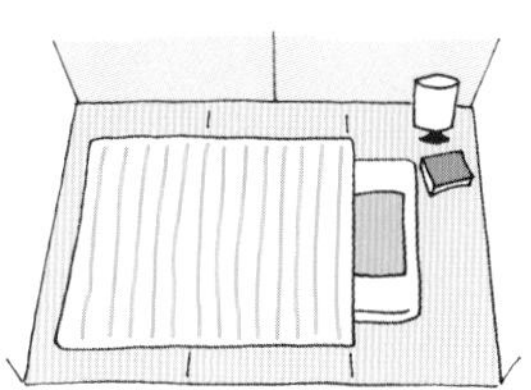
簡易な宿泊スペースにも転用できる

「保谷の家」
設計：アトリエ橙　写真：奥山裕生

小上りの位置

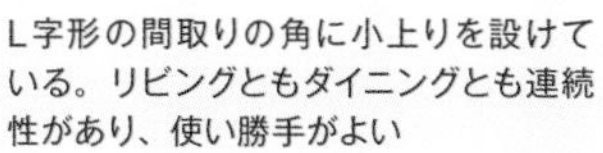
L字形の間取りの角に小上りを設けている。リビングともダイニングとも連続性があり、使い勝手がよい

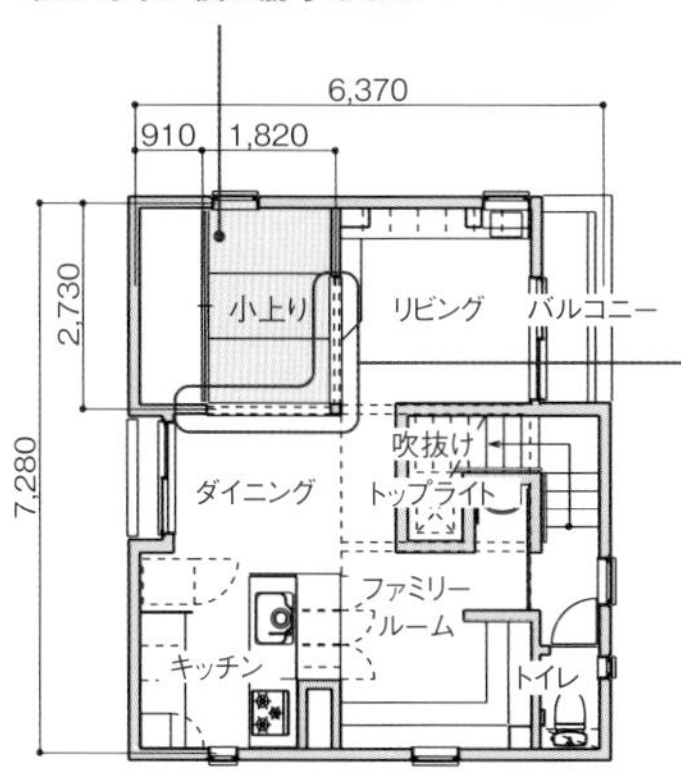

6,370
910
1,820
2,730
7,280
小上り
リビング
バルコニー
吹抜け
ダイニング
トップライト
ファミリールーム
キッチン
トイレ
N

2階平面図 S＝1：200

仕切りにロールブラインドを設置した。ロールブラインドは引戸と異なり引き込むための壁が不要なので、収納時は開放感を保てる。下ろせば小上りは独立した1つの部屋となる

ロールブラインドの納め方

21㎜厚のシナランバーの上にクロスを巻き込み、継目が見えないようにして、ロールブラインドを納めている

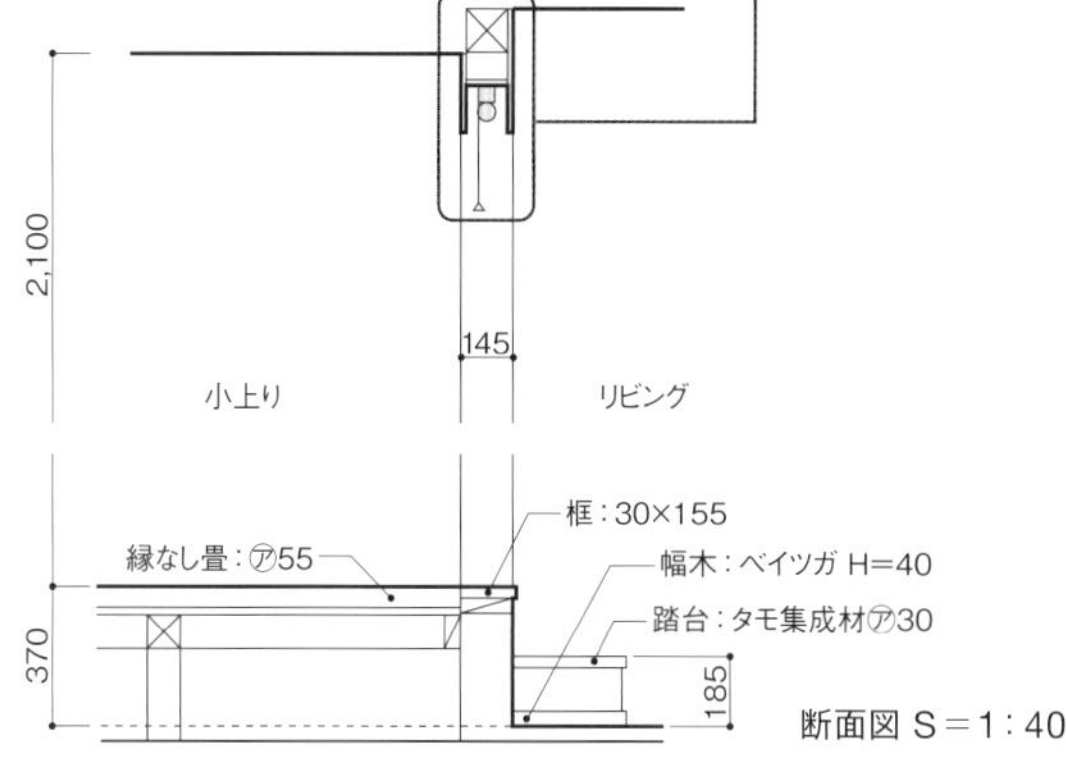

2,100
145
小上り
リビング
框：30×155
幅木：ベイツガ H=40
縁なし畳：㋐55
踏台：タモ集成材㋐30
370
185

断面図 S＝1：40

気軽に腰を下ろせる内部開口部をつくる

内部開口部は、部屋と部屋をつなぐ重要な部位。内部開口部のデザインや高さ寸法を上手に操作すると、そこでつながりあう2つの空間の関係をより豊かにできる。たとえば、段差を設けて部屋間の移動に動作を1つ増やせば、気持ちの切り替わりを演出できる。靴を脱いだり履いたりする場所の段差は腰かけにもなる。また、枠自体の設え方も空間のつながり方を左右するので、枠の素材を強調するなどの工夫をするとよい。

「2sr house」(22頁)

技1 内部開口部に段差を設けて空間を分ける

内部開口部に段差を設けると動作が生まれる

仏間を備えた和室のように格式のある場所と、リビングのような日常的に使う空間が接している場合、両空間を特に上手に設えないと違和感が生まれ、居心地のよさを損なってしまう。両空間の境界（内部開口部）に段差を設けて心理的な距離をつくり出し空間を差別化するとよい。

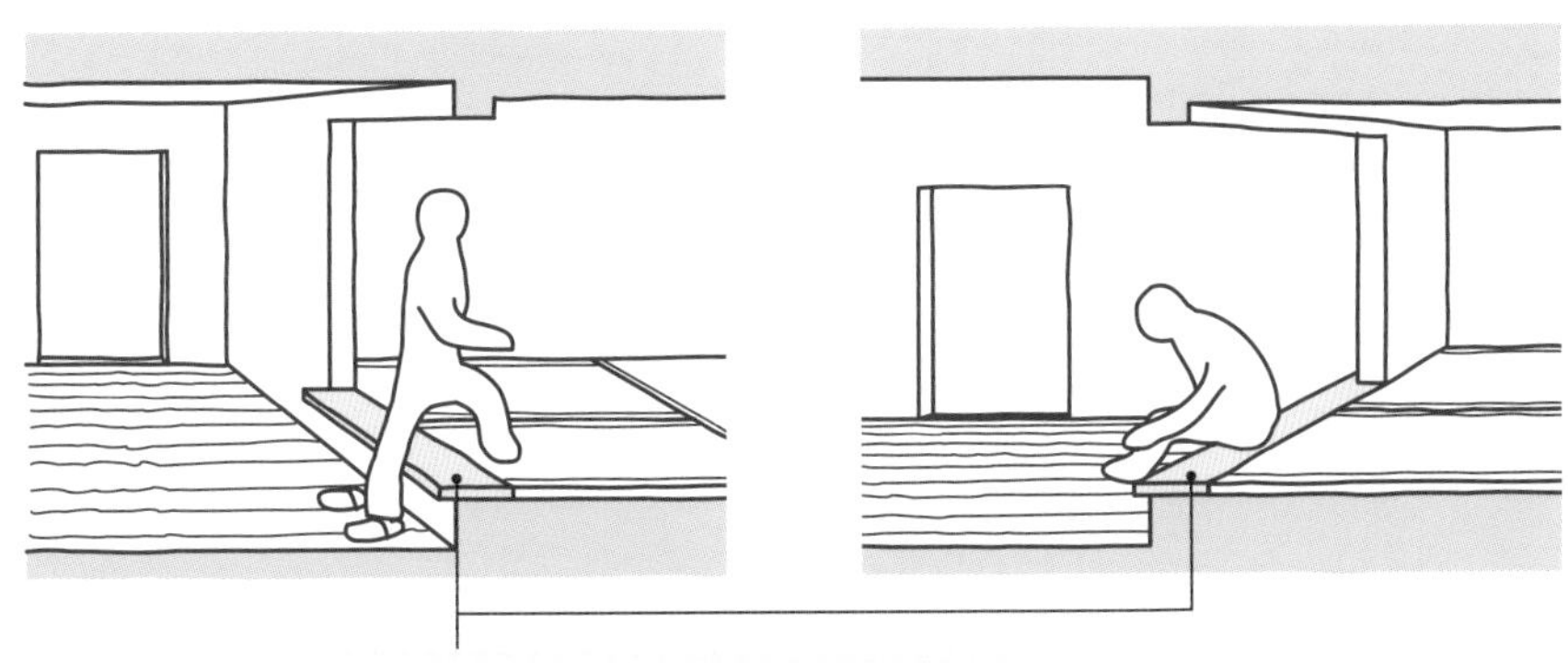

開口部に設けられた段差は、登る、降りる、腰かけるといった動作を生み出すので、そうした動作が空間を移動する時の気持ちの切り替えになる

土間と和室を対比させる

「五城の家」
設計：杉下均建築工房　写真：杉下均建築工房

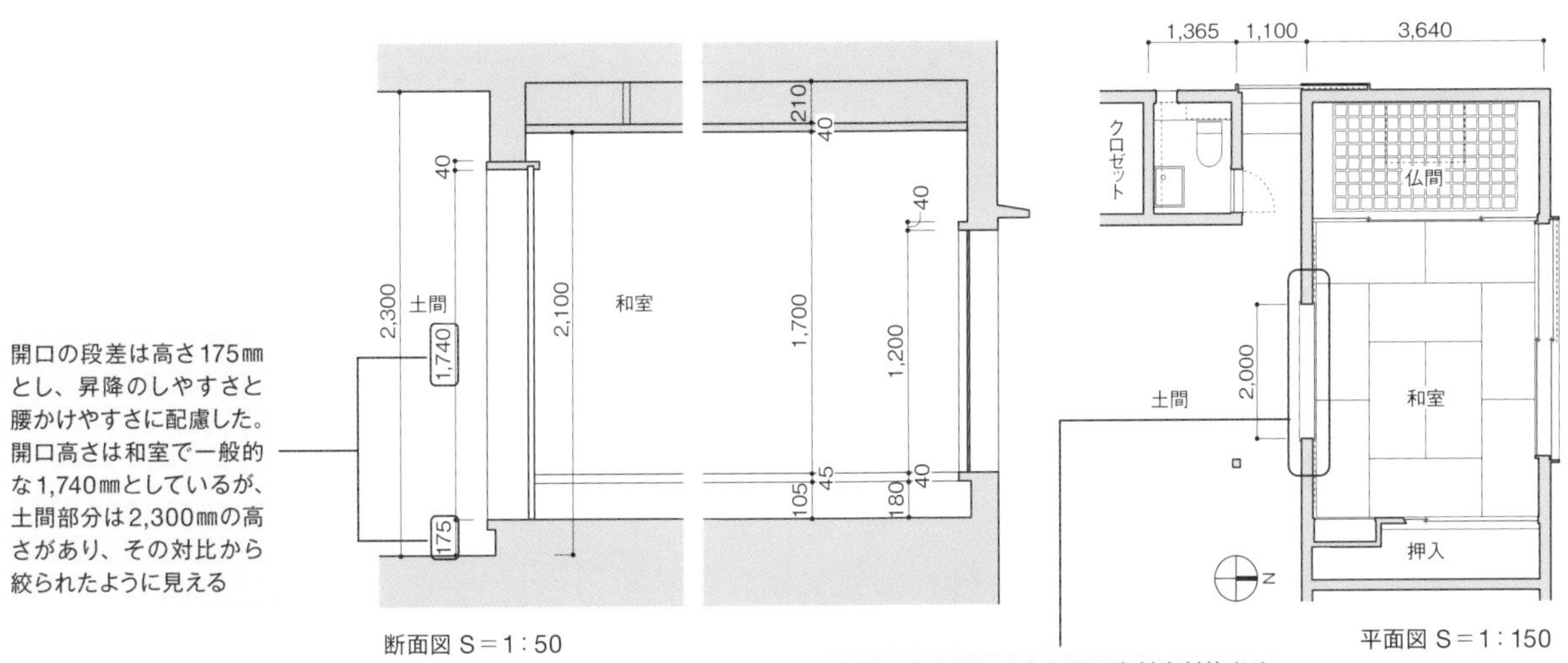
1,365
1,100
3,640
クロゼット
仏間
土間
和室
押入
2,000
210
40
40
40
2,300
1,740
2,100
1,700
1,200
175
105
45
180
40

開口の段差は高さ175㎜とし、昇降のしやすさと腰かけやすさに配慮した。開口高さは和室で一般的な1,740㎜としているが、土間部分は2,300㎜の高さがあり、その対比から絞られたように見える

断面図 S＝1：50

平面図 S＝1：150

土間の玄昌石と和室の畳の素材を対比させ、空間の切り替わりを示している

技2 床レベルより高い位置に建具の下枠を設ける

少し狭いリビングには腰かけられる工夫を散りばめる

内部開口部のあり方はさまざまだが、設け方によっては空間どうしを隔てるだけでなく、腰かけてくつろげるスペースとすることもできる。そうしたい場合は、開口下端を床レベルからある程度上げたうえで、引戸もしくは引込み戸とするとよい。敷居の奥行きを280㎜以上確保すれば、腰かけるには十分なスペースとなる。

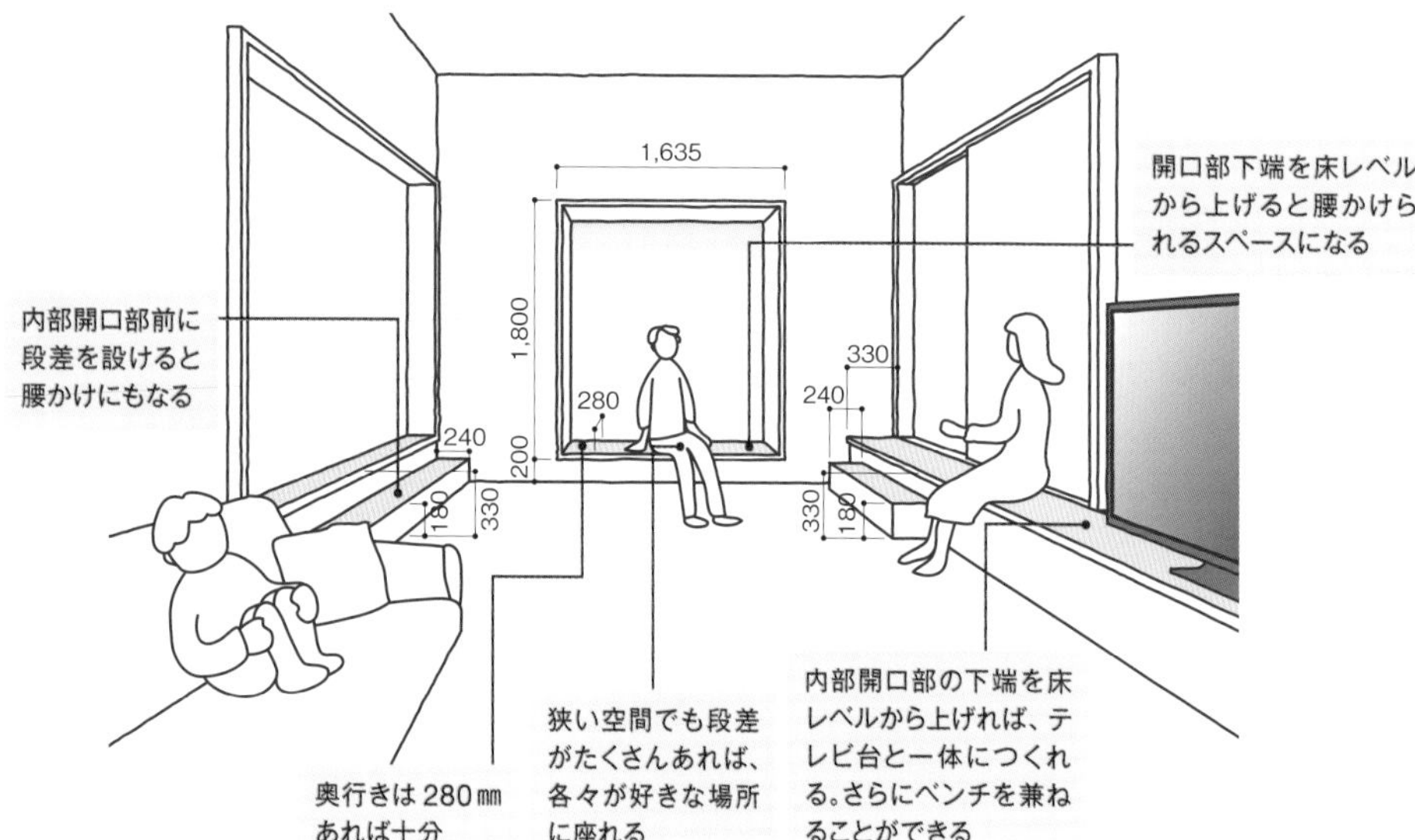

1,635
1,800
200
280
330
240
180
330
240
開口部下端を床レベルから上げると腰かけられるスペースになる
内部開口部前に段差を設けると腰かけにもなる
奥行きは280㎜あれば十分
狭い空間でも段差がたくさんあれば、各々が好きな場所に座れる
内部開口部の下端を床レベルから上げれば、テレビ台と一体につくれる。さらにベンチを兼ねることができる

段差の多いプランニングで狭さを解消する

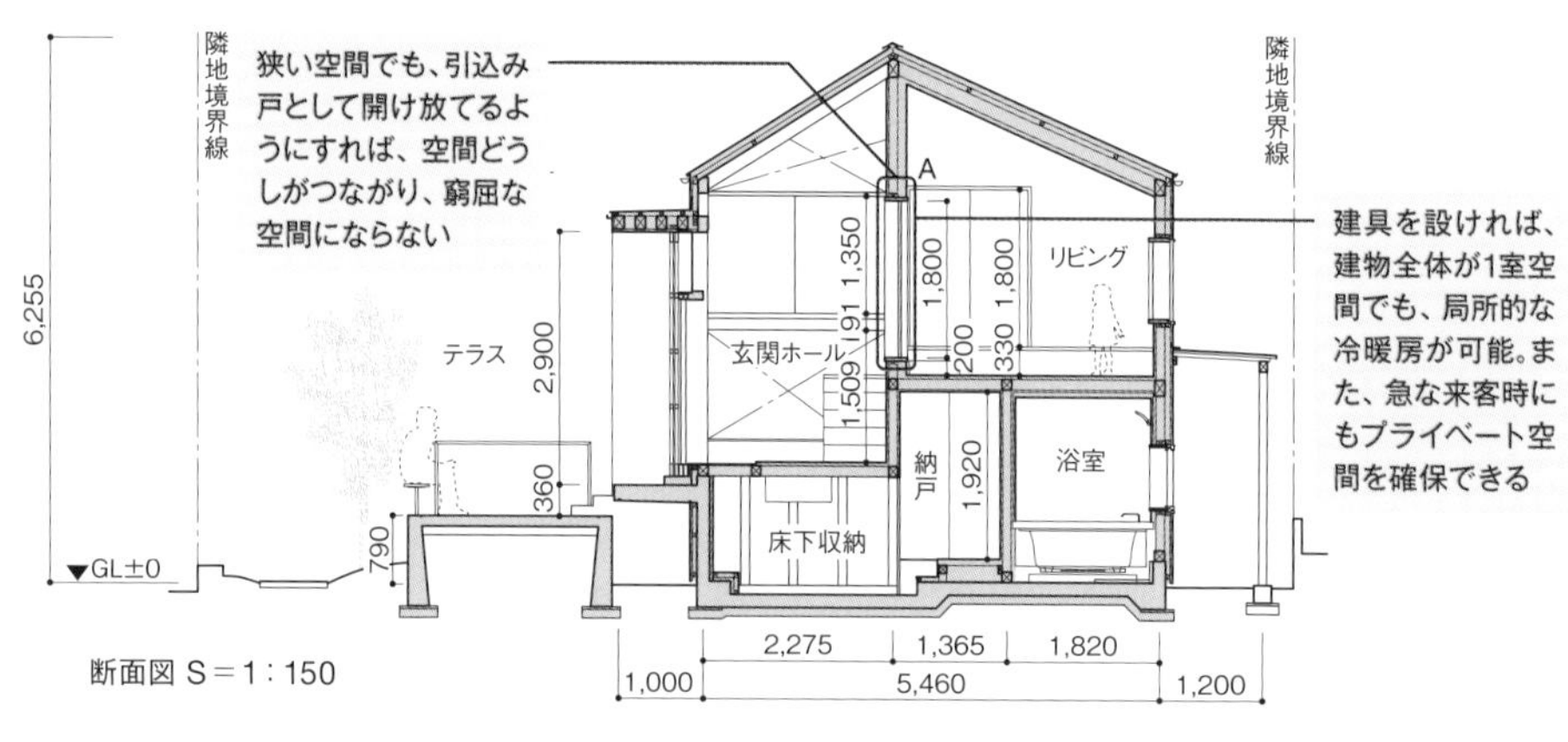

隣地境界線
狭い空間でも、引込み戸として開け放てるようにすれば、空間どうしがつながり、窮屈な空間にならない
建具を設ければ、建物全体が1室空間でも、局所的な冷暖房が可能。また、急な来客時にもプライベート空間を確保できる
6,255
テラス
玄関ホール
リビング
納戸
浴室
床下収納
GL±0
A
2,900
360
790
1,350
1,800
1,800
191
1,509
200
330
1,920
2,275
1,365
1,820
1,000
5,460
1,200

断面図 S＝1：150

床レベルと開口下枠をフラットにしないことで、腰かけた時に足を自然に下ろすことが可能になる

空間を緩やかに区切る開口部のあり方

「2sr house」
設計：河合啓吾建築設計事務所　写真：河合啓吾

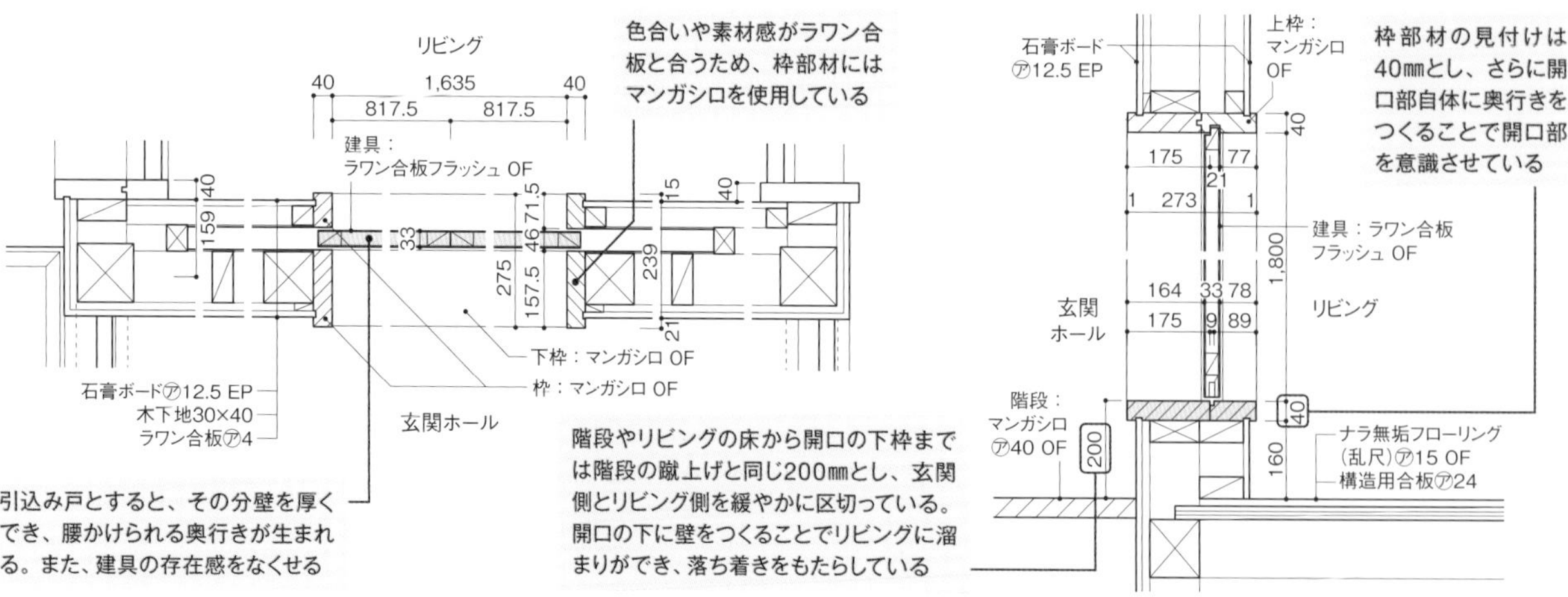

リビング
1,635
40
817.5
817.5
40
色合いや素材感がラワン合板と合うため、枠部材にはマンガシロを使用している
建具：ラワン合板フラッシュ OF
下枠：マンガシロ OF
枠：マンガシロ OF
石膏ボード㋐12.5 EP
木下地30×40
ラワン合板㋐4
玄関ホール
引込み戸とすると、その分壁を厚くでき、腰かけられる奥行きが生まれる。また、建具の存在感をなくせる
階段やリビングの床から開口の下枠までは階段の蹴上げと同じ200㎜とし、玄関側とリビング側を緩やかに区切っている。開口の下に壁をつくることでリビングに溜まりができ、落ち着きをもたらしている
石膏ボード㋐12.5 EP
上枠：マンガシロ OF
枠部材の見付けは40㎜とし、さらに開口部自体に奥行きをつくることで開口部を意識させている
建具：ラワン合板フラッシュ OF
玄関ホール
リビング
階段：マンガシロ㋐40 OF
ナラ無垢フローリング(乱尺)㋐15 OF
構造用合板㋐24
1,800
200
160
40

A部平面詳細図 S＝1：150

A部断面詳細図 S＝1：20

「たまらん坂の家」(26頁)

床高を操作して空間を広く見せる

床高の違いによって変わる視線の高さをうまく操作すると、空間を広く感じさせることができる。特に狭小敷地などで有効な手法だ。段差を設けて視線の抜けをつくったり、さらに視線の抜けをつくるだけでなく、先の空間を少しだけ見せて奥行きを想像させたりしても、空間に広がり感をもたらすことができる。床の高さの変化は、スキップフロアを設ける方法のほか、床を掘り込むことによっても操作可能だ。

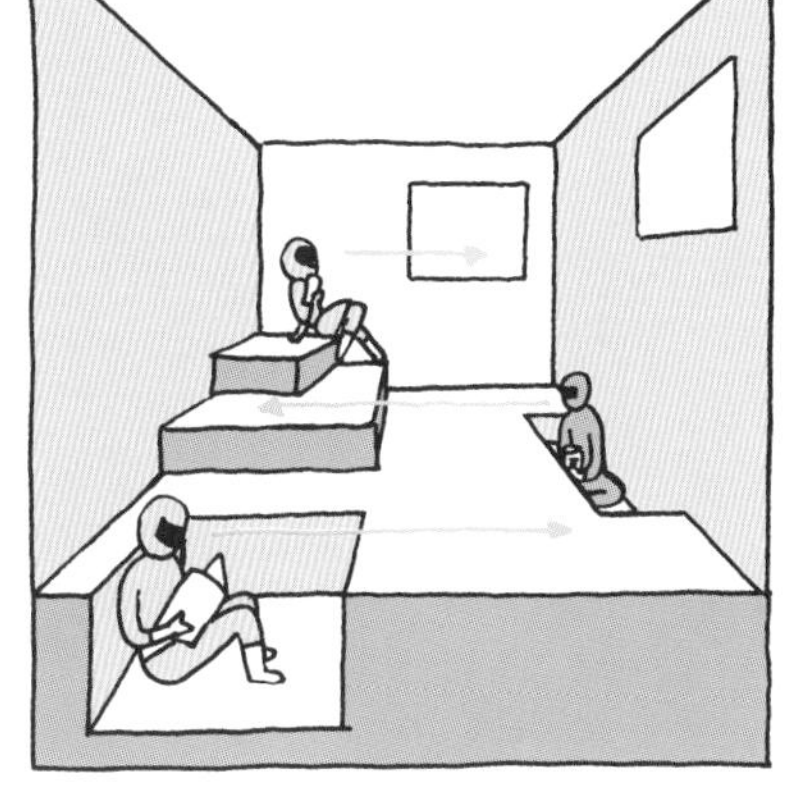

技1　スキップフロア、アプローチで空間に広がりを出す

多数の役割を果たす庇

スキップフロアによって床高の変化が連続すると、空間に面積以上の広がりを感じる。気配は通い合いながら、高さのズレが視線の交錯を適度に抑えるので、各室のプライバシーも守られた居心地のよい住宅となる。ここでは棟と棟の間に設けた階段室が緩衝帯となり、寝る場所・集う場所といった各室に、ほどよい距離感を与えている。

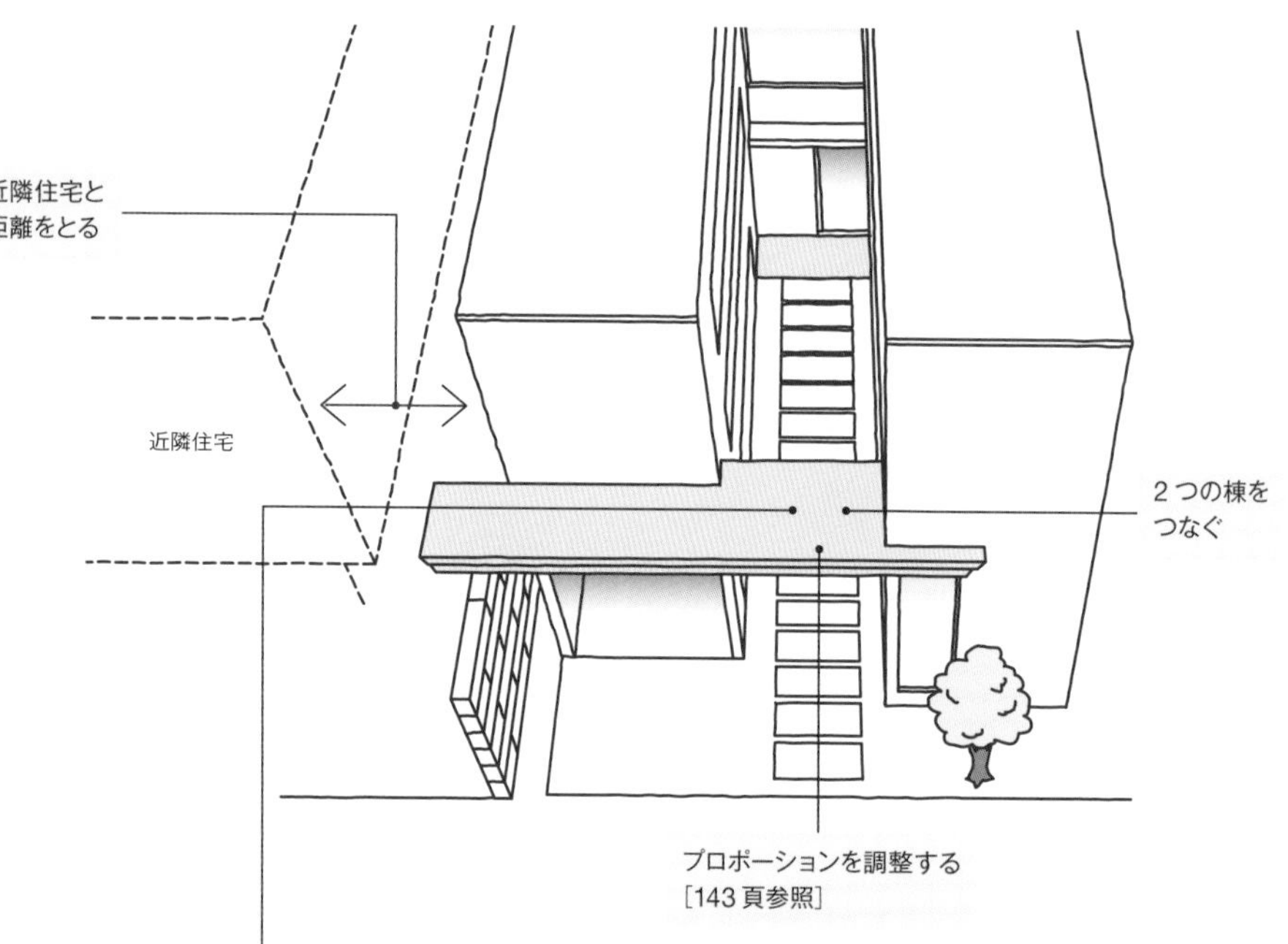
近隣住宅と
距離をとる
近隣住宅
2つの棟を
つなぐ
プロポーションを調整する
[143頁参照]

庇があることでアプローチが中庭のように。閉じながらも開かれている心地よい場所になっている。アプローチすべてが閉じられていないことで、囲まれているがゆえの窮屈さを解消し、日照不足に対しても状況に影響されない安定した光を採り入れることができる

空間に広がりを生むスキップフロア

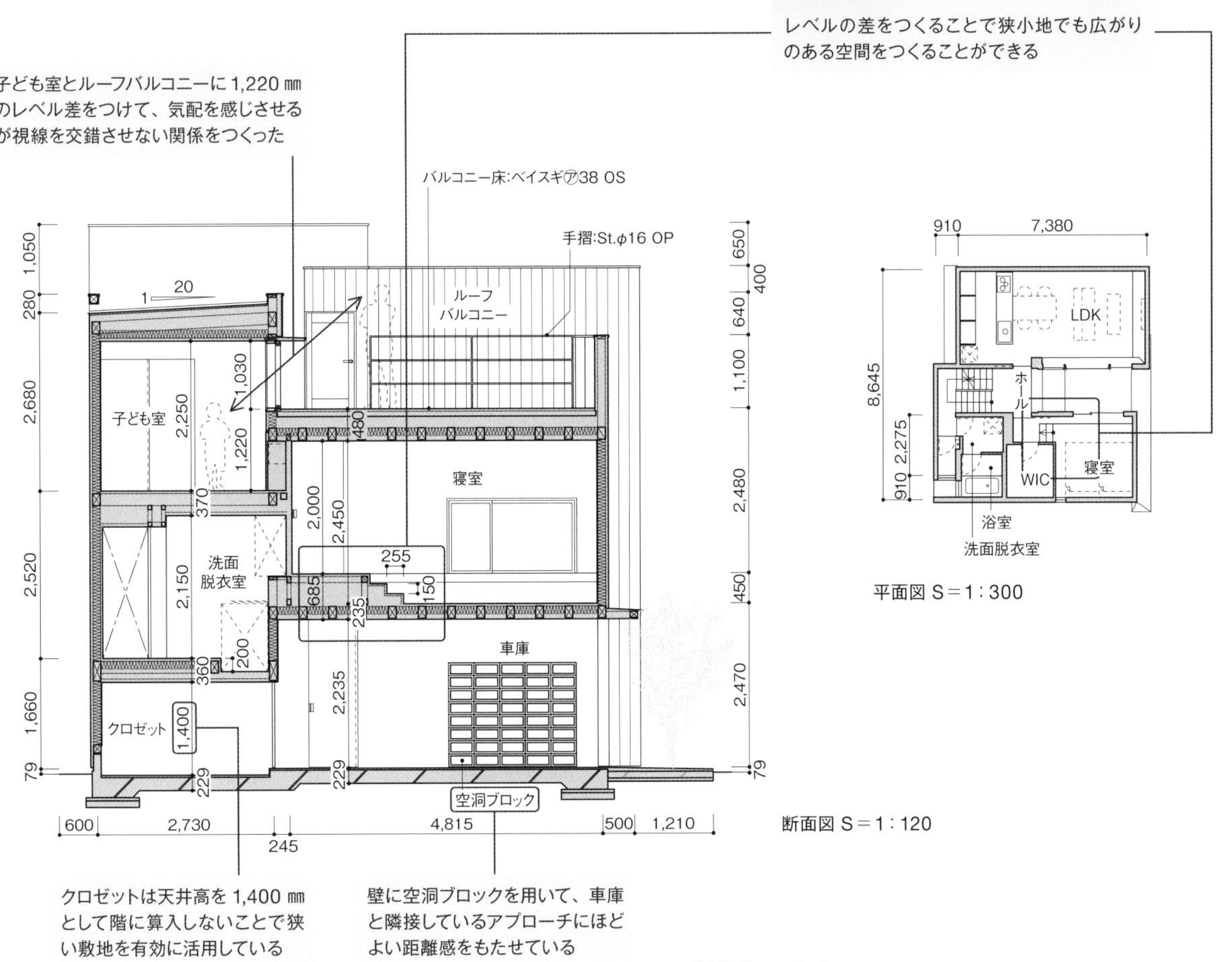
レベルの差をつくることで狭小地でも広がりのある空間をつくることができる
子ども室とルーフバルコニーに1,220㎜のレベル差をつけて、気配を感じさせるが視線を交錯させない関係をつくった
バルコニー床:ベイスギ⑦38 OS
手摺:St.φ16 OP
ルーフバルコニー
子ども室
寝室
洗面脱衣室
車庫
クロゼット
空洞ブロック
断面図 S＝1：120
LDK
ホール
WIC
寝室
浴室
洗面脱衣室
平面図 S＝1：300
クロゼットは天井高を1,400㎜として階に算入しないことで狭い敷地を有効に活用している
壁に空洞ブロックを用いて、車庫と隣接しているアプローチにほどよい距離感をもたせている

「城北の家」
設計：石川素樹建築設計事務所　写真：西川公朗

技2　床を掘り込み視線の高さを操作する

視線をずらして空間に広がりをもたせる

この事例では、狭小地ゆえの空間の狭さを解決することが求められた。そこで、2階の床にあえて700㎜の厚みをもたせ、その厚い床の一部を掘り下げることで、囲われた空間をつくった。その空間からの視線は床上のレベルの視線とは交わらず、空間が広く感じられる。

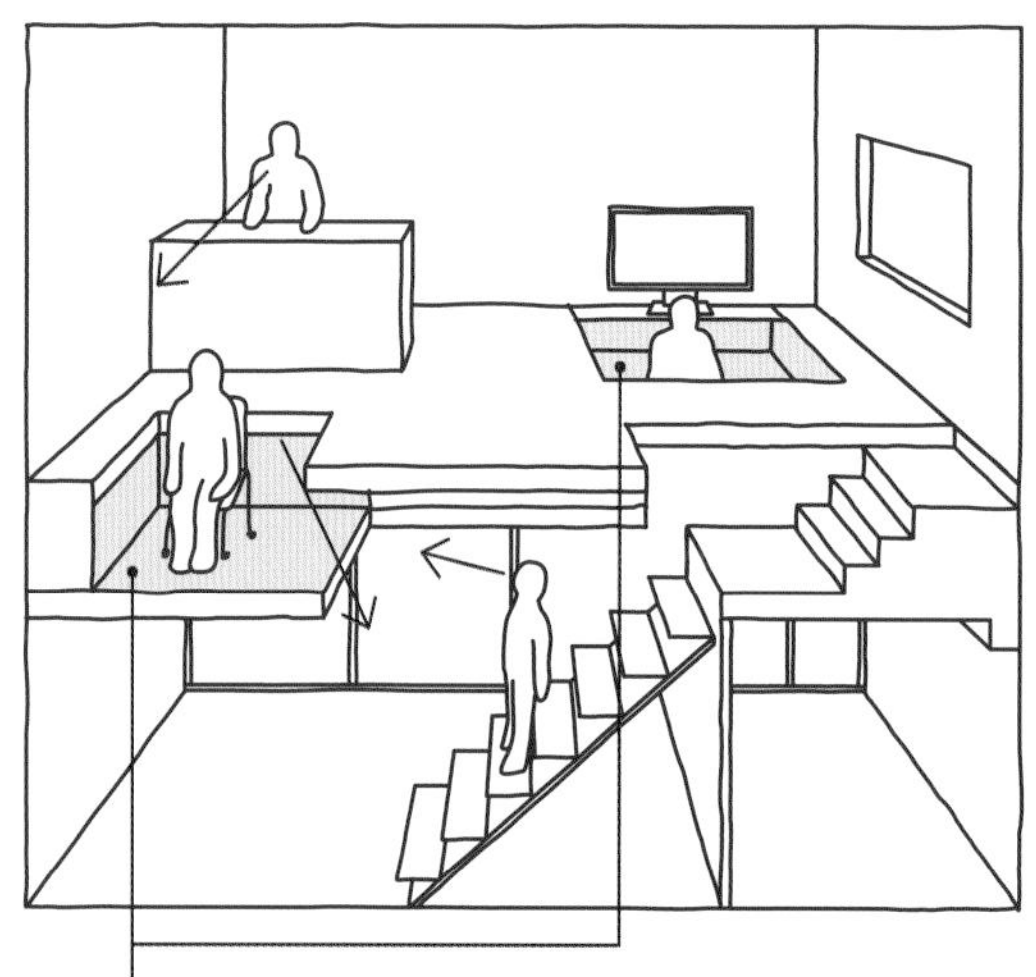

掘り込まれた空間からの視線は下層へと抜ける。光もここを介して下階まで届く。壁を設けず、家全体の空間の連続性を生み出しながらも、空間を仕切っている。視線が交わらないので、実際の面積以上の空間的な広がりが感じられる

床に厚みをもたせてくり抜く

「たまらん坂の家」
設計：MDS　写真：石井雅義

キッチン床は、無垢のフローリングの切りっぱなしの端部を見せ、掘り下げた部分の床がくり抜かれたような印象を与えている

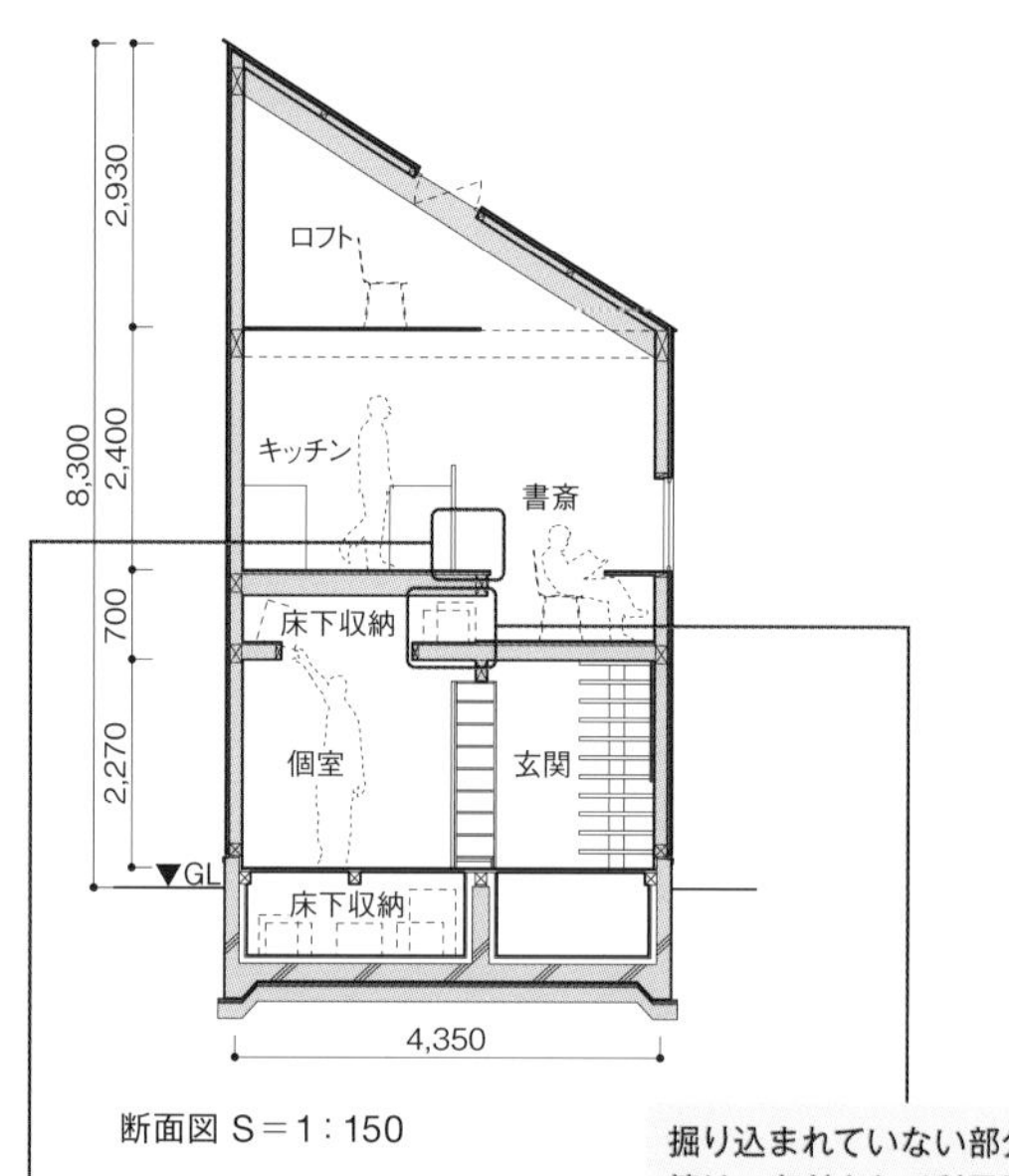

2,930
2,400
700
2,270
8,300
ロフト
キッチン
書斎
床下収納
個室
玄関
▼GL
床下収納
4,350

断面図 S＝1：150

掘り込まれていない部分の床の懐は、収納として利用している

書斎ではカウンターの手前の床を本棚として活用し、椅子を少し引けば手が届くように寸法を決定することで、書斎廻りの利便性を高めている

視線の抜けをつくり空間を広く見せる

視線の抜けのつくり方はさまざまだ。抜けのための距離自体を長く確保するのが難しい玄関のような場所でも、壁を斜めに立てるなどして奥行き感を強調すれば、空間を広く感じさせることができる。また、階段の蹴込み1つでも、空間の質を大きく変える要素となり得る。本来、視線が縦方向に抜ける階段で、水平方向にも視線が抜けると、空間が一気に広がったように感じるからだ。上手につくれば部材も減りコストパフォーマンスも上がる。

「芝公園・マンションリノベ」(28頁)

技1　玄関収納の扉を斜めに立てて奥行きを出す

狭くなりがちなマンションの玄関は奥行きを演出する

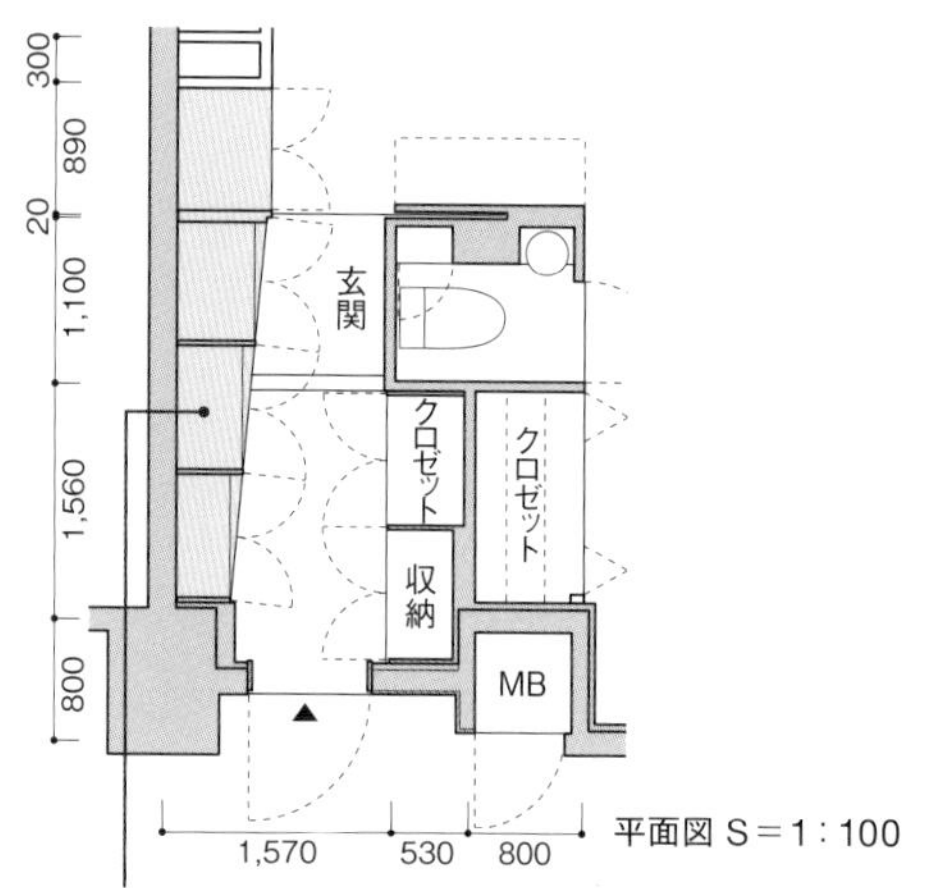
300
890
20
1,100
1,560
800
玄関
クロゼット
クロゼット
収納
MB
1,570
530
800
平面図 S＝1：100

狭い印象になりがちなマンションの玄関は、玄関収納の扉を斜めに取り付けて奥行きを強調させると空間に抜けが生まれ、玄関スペースを広く感じさせることができる

遠近感を強調すると奥行きが出る

奥に向かって廊下が狭くなるように収納を取り付ける

視線の抜けが生まれる

「芝公園・マンションリノベ」
設計：築紡／写真：上田宏

狭くなりがちなマンションの玄関は、遠近法を利用して奥行きを強調し、広く見せるとよい。玄関を入って左側に位置する下足入れの収納を奥に向かって通路の幅が狭くなるよう設けることで、遠近感が強調され、空間に広がりが生まれる。下足入れの足元（浮かせた部分）には間接照明を取り付け、足元を明るくして安全性を高めるとともに、土間の広がりを出した。もう一方の玄関収納はコート掛けになっており、玄関自体がウォークスルークロゼットの役割を担う。

玄関収納の平面形状を台形にする

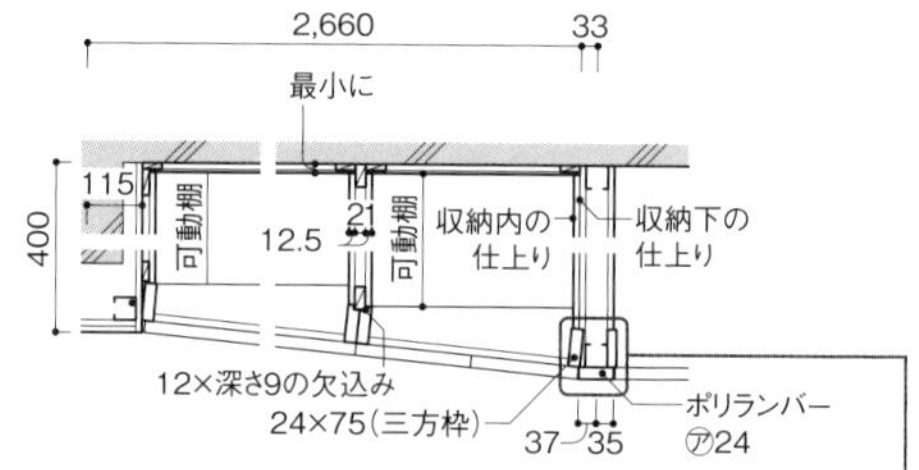
2,660
33
最小に
115
400
可動棚
12.5
21
可動棚
収納内の仕上り
可動下の仕上り
12×深さ9の欠込み
24×75（三方枠）
37
35
ポリランバー ㋐24

平面図 S＝1：30

下足入れ下部の幅木は、建具が連続して見えるように斜めにカットしている

下足入れの下部に照明を入れる

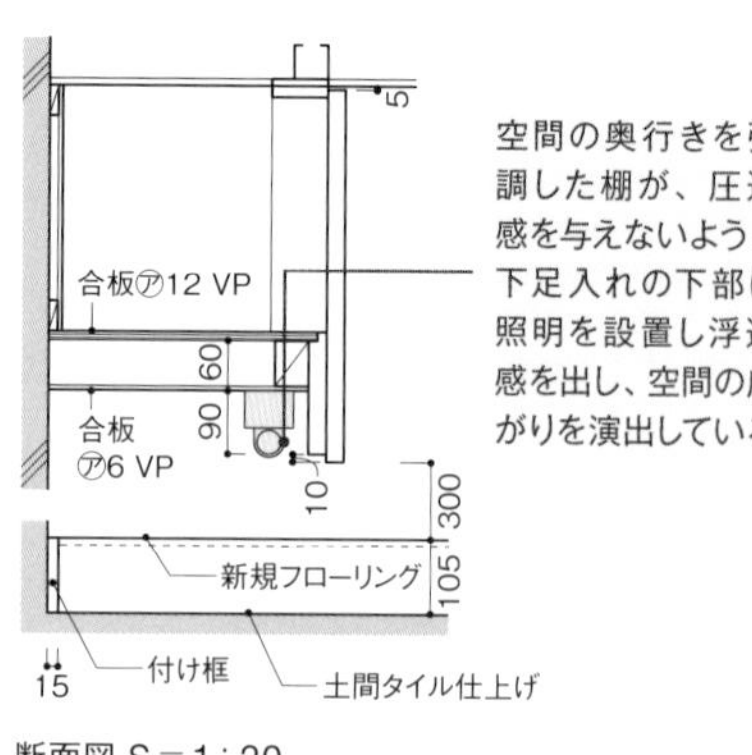
5
合板㋐12 VP
60
90
合板 ㋐6 VP
10
300
新規フローリング
105
15
付け框
土間タイル仕上げ

断面図 S＝1：20

空間の奥行きを強調した棚が、圧迫感を与えないよう、下足入れの下部に照明を設置し浮遊感を出し、空間の広がりを演出している

リビングから玄関を見る。リビングと玄関で収納の戸を連続させ、よりすっきりした空間に見せている

技2 木とスチールでストリップ階段をつくる

ストリップ階段のメリット

ストリップ階段の場合

蹴込み板がないので自然光が下階にも届く。また、上下階への視線の抜けが確保されるので、ゆとりある空間を演出できる

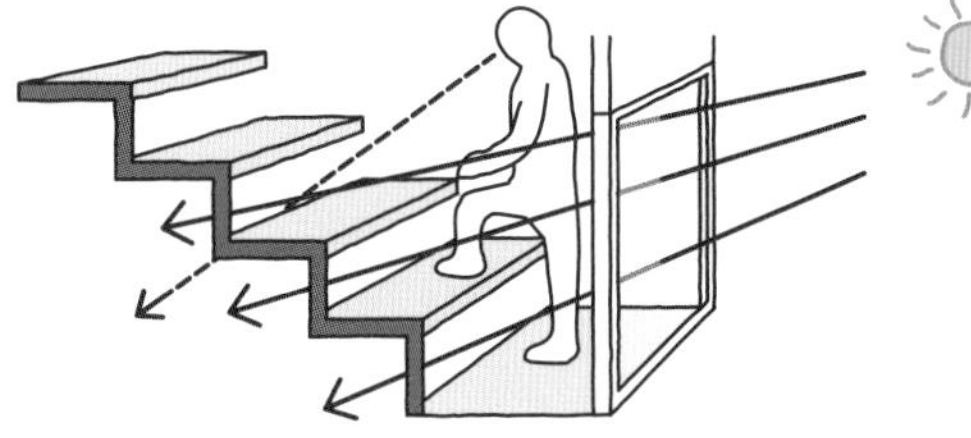

蹴込み板を設けた場合

視線、自然光ともに抜けがないので、圧迫感を感じてしまう

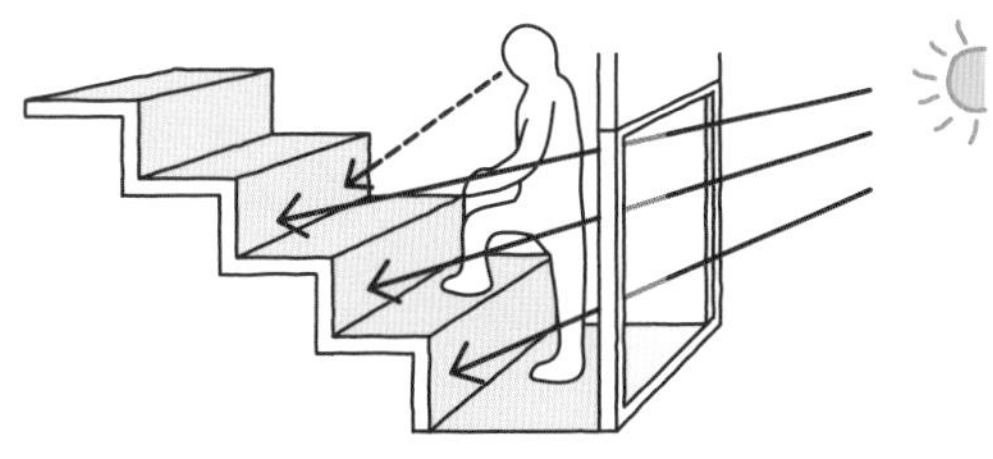

ささら桁
手摺

段板と同じ厚みのささら桁とΦ16の丸棒1本の手摺というシンプルな構成。非常に軽やかな印象を与える。部材量も抑えられるので、コストパフォーマンスも高い

「城北の家」
設計：石川素樹建築設計事務所　写真：西川公朗

スチールのささら桁でミニマルな意匠を実現する

階段のみで構成される階段室は、一般的には大きなボリュームを与えにくい。そこで蹴込み板をつけず、またスチールを使うなどして、あえて軽やかな階段にするとよい。蹴込み部分から視線が抜け、広がりが生まれ、階段室に開放感をもたせることができる。

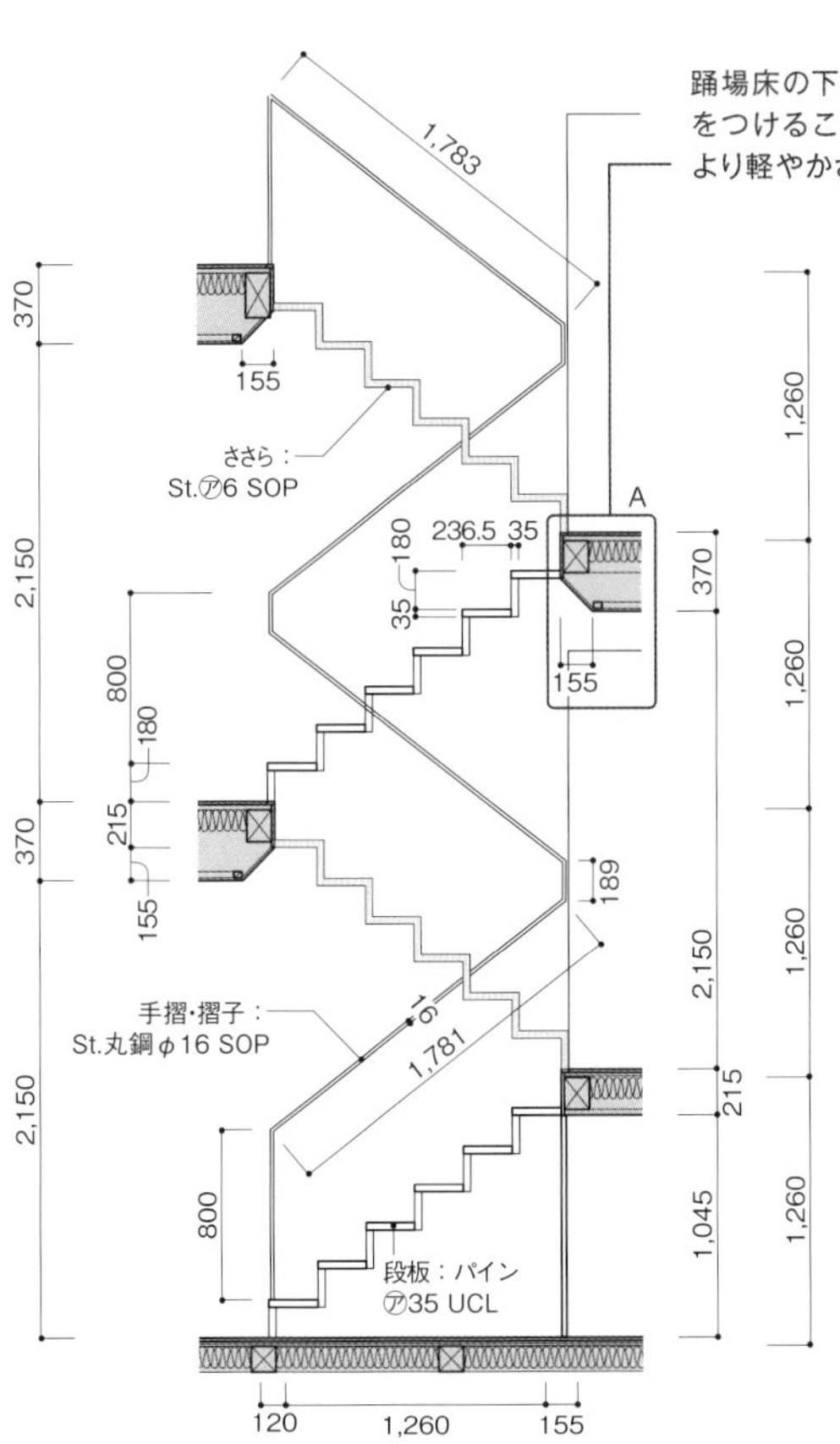
1,783
ささら：
St.㋐6 SOP
A
236.5 35
180
35
155
800
180
215
155
370
2,150
370
2,150
189
手摺・摺子：
St.丸鋼φ16 SOP
1,781
800
段板：パイン
㋐35 UCL
120 1,260 155
1,260
1,260
1,260
1,260
2,150
215
1,045

踊場床の下端にテーパーをつけることで、階段により軽やかさが生まれる

階段断面図 S＝1：60

ノンスリップ加工
段板：
パイン㋐35 UCL
ささら桁：St.㋐6 SOP
踊場床：
パインフローリング
㋐15
段板受けを露出させないことでシンプルな構成を印象付けている
段板受け：St.㋐6
ノンスリップ加工
9.5 25.5
96 6 18 33 6
35 120 3
120 24
6 66
35 9.5 6
9.5 6 100 167
18 20 15 6
6 24 5 20
35 198.5 3
15
梁：120×150
9.5 6
溶接
ささら桁
167
20
15

ささら桁に溶接した受け材を踊場の梁に強固に留めつけている

A部断面図詳細 S＝1：8

壁を活用して空間を広く見せる

壁は、本質的には空間を遮るためのものだが、配置や仕様次第では、空間に奥行きを感じさせる装置にもなる。空間をまたぐように壁を斜めに配置して、視線を奥に誘導したり、壁を抜けのある棚にして透過性をもたせたりすると、視線が抜けて、実際の面積よりも広がりを感じられる。また、行き止まり面の壁にニッチを設けるなどしてアイキャッチをつくれば、狭さを感じにくくすることができる。

「鎌倉の住戸」(146頁)

技1 突き当たりの壁をデザインして狭苦しさをなくす

廊下の突き当たりの壁にニッチを設え、さらに間接照明で照らしている

壁を照らす照明計画

動線上の一番奥の壁が暗いと人は不安になる。家に帰ってきたとき、ちょっとやさしい光が差すようにするだけで、ほっと安心して前に進める

玄関や廊下の正面壁など、動線の正面にくる壁（突き当たりの壁）をデザインすると、狭苦しさが消え、むしろ「お気に入りの空間」に変わる。たとえば、ニッチを設けたり、正面の壁だけ素材を変えてアクセントウォールとしたりするとよい。また、人は進む先が暗いと心理的に不安になるので、突き当たりの壁は照明計画で明るくすることも大切だ。

「PH302」
設計：アトリエ橙　写真：奥山裕生

ニッチの高さに注意する

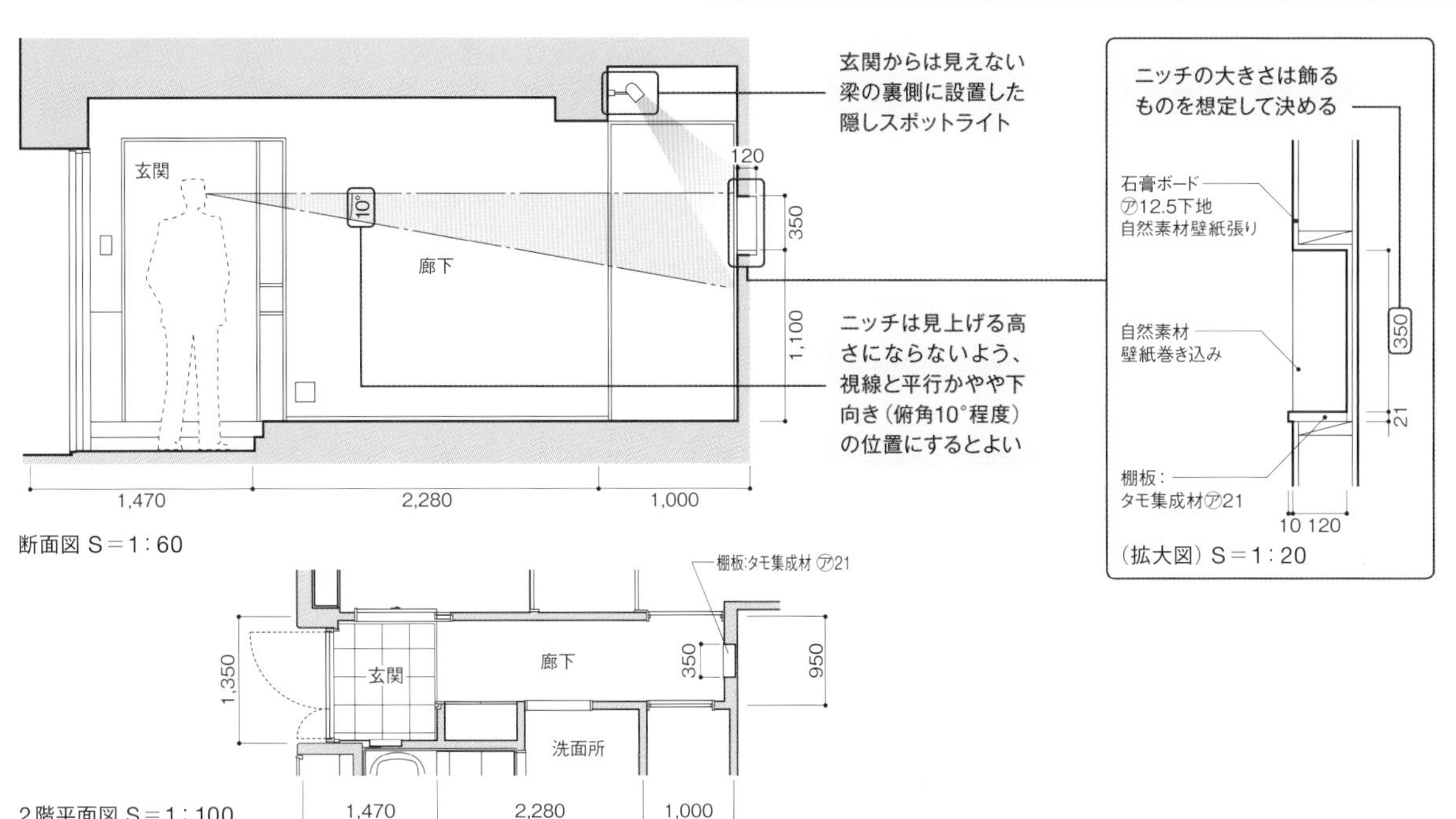
玄関
廊下
10°
120
350
1,100
玄関からは見えない梁の裏側に設置した隠しスポットライト
ニッチは見上げる高さにならないよう、視線と平行かやや下向き（俯角10°程度）の位置にするとよい
1,470
2,280
1,000
断面図 S＝1：60
ニッチの大きさは飾るものを想定して決める
石膏ボード ㋐12.5下地 自然素材壁紙張り
自然素材 壁紙巻き込み
棚板：タモ集成材㋐21
350
21
10 120
（拡大図）S＝1：20
棚板:タモ集成材 ㋐21
1,350
玄関
廊下
350
950
洗面所
1,470
2,280
1,000
2階平面図 S＝1：100

技2　あえて壁を立てて空間に奥行き感を出す

抜けの有りなしで奥行き感はどう変わる？

（1）本棚と垂壁に抜けをつくると…？

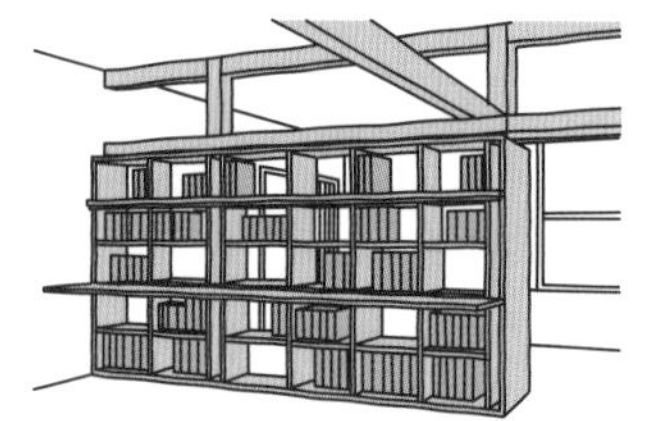

隙間から視線が抜けるので奥行き感が出る。光と風も入ってくるので心地よい空間となる

（2）抜けのない本棚＋抜けた垂壁だと…？

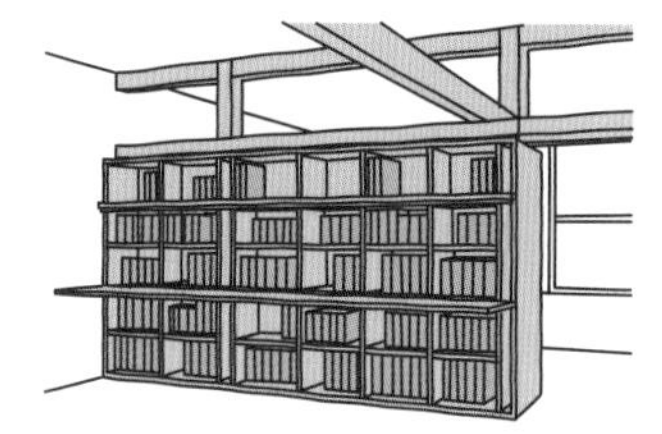

光と風は入ってくるが、視線の抜けがないので、空間が狭く感じる

（3）抜けのない本棚＋垂壁をつくると…？

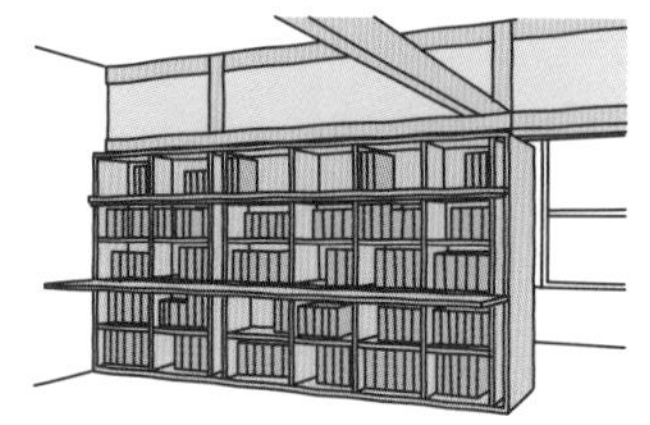

視線の抜けもなく、光も風も入らないため、圧迫感のある空間となってしまう

壁と本棚で視線と光・風の抜けを操る

玄関ホールからキッチン側を見る。壁と引戸は同じ材料を使い同面で納めているので、閉めれば1枚の壁のように見える

キッチンから玄関ホールを見る。あえて開口部の高さを抑えて視界を絞ると、壁がフレームの役割を果たし、奥の空間を広く見せる効果が生まれる

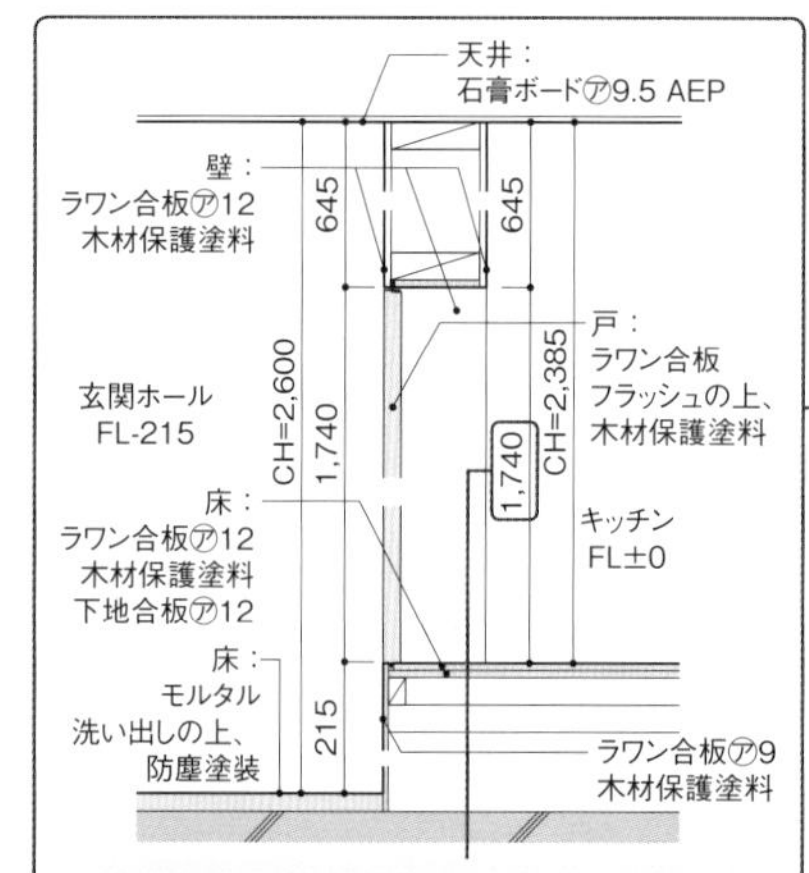

天井：
石膏ボード㋐9.5 AEP
壁：
ラワン合板㋐12
木材保護塗料
645
645
戸：
ラワン合板
フラッシュの上、
木材保護塗料
玄関ホール
FL-215
CH=2,600
1,740
CH=2,385
1,740
キッチン
FL±0
床：
ラワン合板㋐12
木材保護塗料
下地合板㋐12
床：
モルタル
洗い出しの上、
防塵塗装
215
ラワン合板㋐9
木材保護塗料

開口部の高さは1,740㎜と低め。キッチンと玄関ホールに段差があるので、キッチン側からは頭があたらず、玄関ホールから見た際には高さの圧迫感がないようにバランスをとっている

（拡大図）建具断面詳細図 S＝1：30

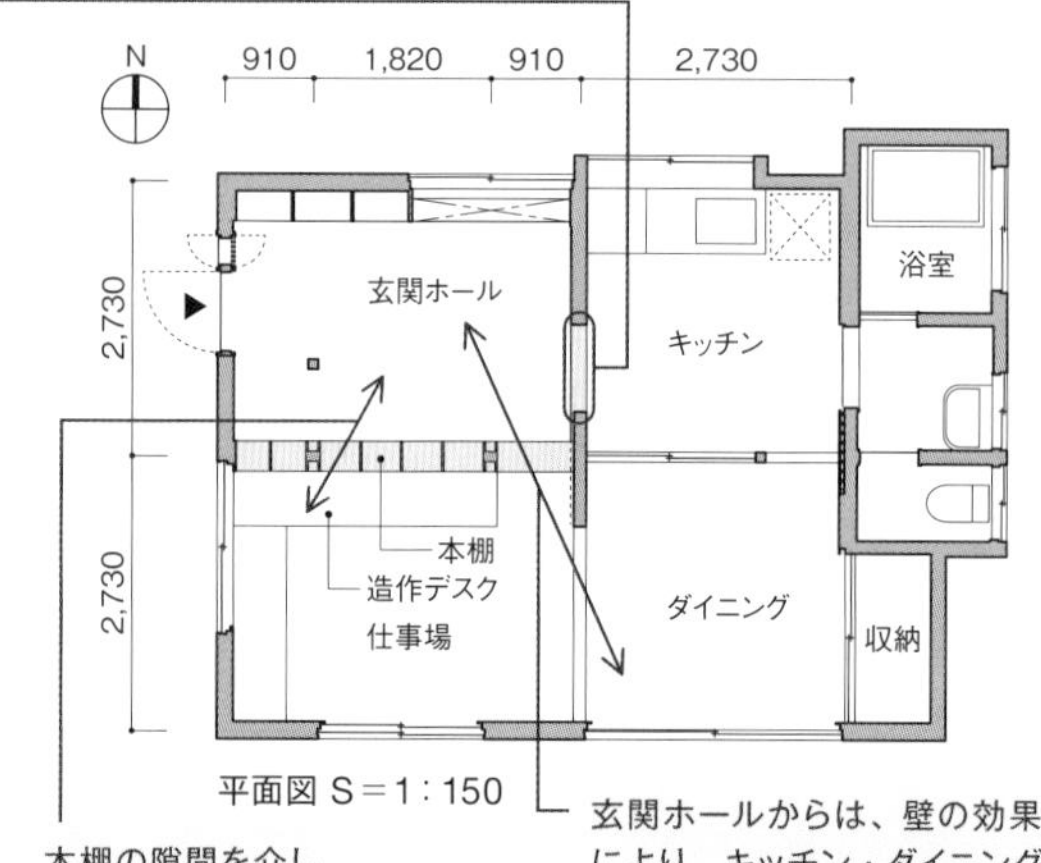

N
910
1,820
910
2,730
2,730
2,730
玄関ホール
キッチン
浴室
本棚
造作デスク
仕事場
ダイニング
収納

平面図 S＝1：150

本棚の隙間を介して玄関と仕事場の気配が通い合う

玄関ホールからは、壁の効果により、キッチン・ダイニングの様子は直接見えず、ダイニング奥の窓に視線が誘導される

「四つ間の家」
設計：デザインライフ設計室　写真：青木律典

本棚にはあえて抜けをつくる

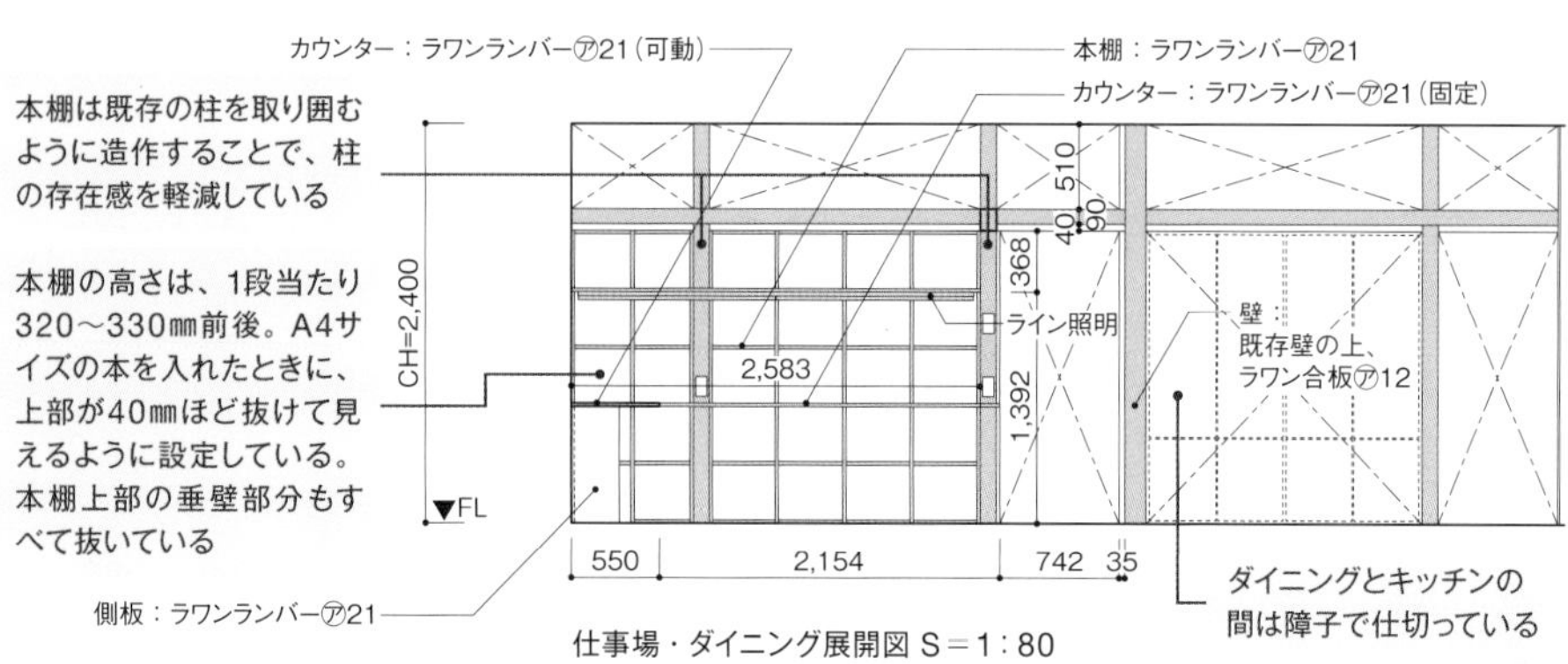

カウンター：ラワンランバー㋐21（可動）
本棚：ラワンランバー㋐21
カウンター：ラワンランバー㋐21（固定）
本棚は既存の柱を取り囲むように造作することで、柱の存在感を軽減している
本棚の高さは、1段当たり320〜330㎜前後。A4サイズの本を入れたときに、上部が40㎜ほど抜けて見えるように設定している。本棚上部の垂壁部分もすべて抜いている
CH=2,400
▼FL
510
40
90
368
ライン照明
2,583
1,392
壁：
既存壁の上、
ラワン合板㋐12
550
2,154
742
35
側板：ラワンランバー㋐21
ダイニングとキッチンの間は障子で仕切っている

仕事場・ダイニング展開図 S＝1：80

築30年の戸建平屋リノベーション。1枚の壁と本棚が、中央で十字に交わるように配置した「田の字プラン」とすることで、空間どうしのつながりを保ちながら、緩やかに4分割した。本棚と直交する位置にはあえて壁を立て、直接奥が見えないように配慮しているが、壁の幅や高さ、本棚の仕様を工夫することで、空間全体に奥行き感を出している。

広めの玄関が生活の質を高める

ともすると雑多な物が置かれがちな玄関を広くとれば、さまざまな面で生活が便利になる。単に広くするだけでなく、上がり框の下に収納を設けるなど、空間を有効に活用したい。コンクリートの土間で中間領域のように設えると、汚れても清掃しやすく、濡れた傘などもそのまま置ける。庭に隣接させて設ければ、内部でありながら庭と連続したような空間にもなる。さらに、壁で囲わず玄関をいっそのこと半屋外空間としてしまう方法もある。

No!

OK!

「瀬古の家」（35頁）

技1　明るく収納量を確保した玄関をつくる

吹抜けから光を採り入れる

玄関は、来客や帰宅した家族を迎える場である。建物を印象付ける顔でもあるため、広く気持ちのよい空間としたい。ここでは、吹抜け部に階段がある6畳の玄関とした。吹抜けにあるハイサイドライトから採り込んだ光が階段部を明るく照らす。階段の下のスペースには下足入れを設け、靴が散らからないようにしている。

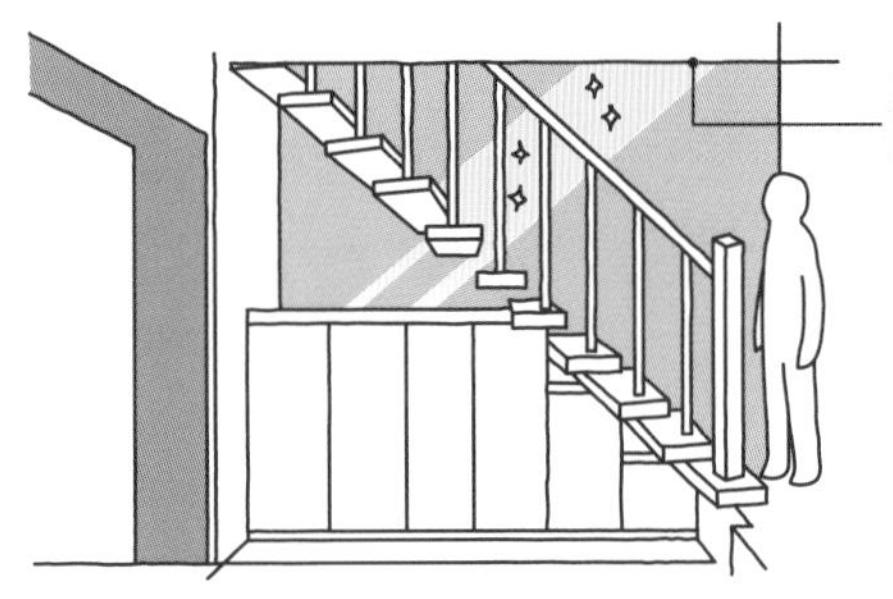
階段上部の吹抜けから光が
差し込むと、足元が明るく
なり安全性が高くなる。
また、1階から見上げた2階
空間の魅力も高まる

左：玄関の吹抜けを見る。ハイサイドライトからの光はストリップ階段を介し玄関に差し込んでいる
右：階段最下段には踊場を設け、その下に普段履きの下足入れ（引出し）を取り付けた

玄関を開放的な広い空間にする

「祐天寺の家」
設計：築紡　写真：上田宏

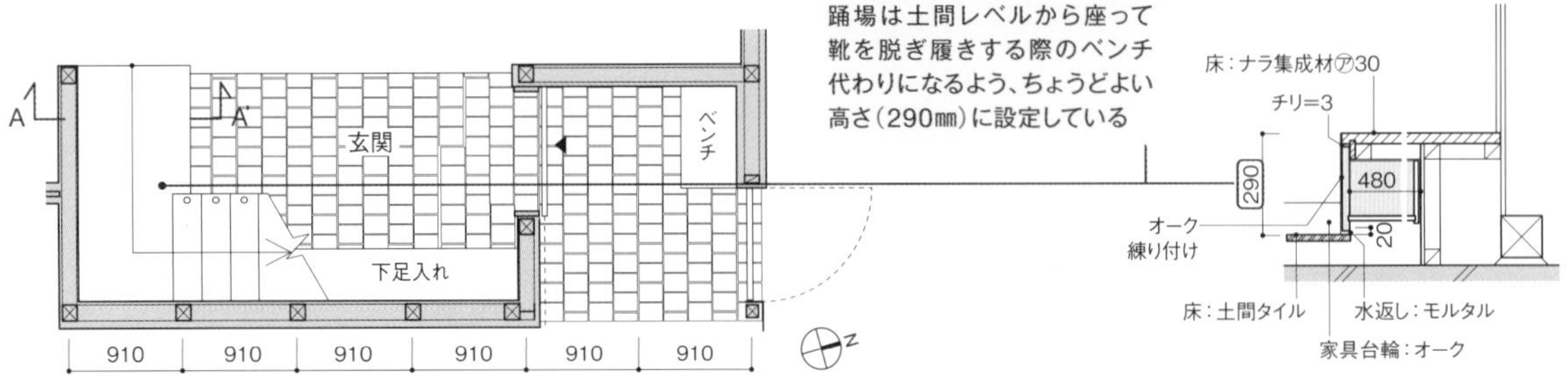
踊場は土間レベルから座って
靴を脱ぎ履きする際のベンチ
代わりになるよう、ちょうどよい
高さ（290㎜）に設定している
A
A'
玄関
ベンチ
下足入れ
910
910
910
910
910
910
N
平面図 S＝1：80
床：ナラ集成材㋐30
チリ=3
480
290
20
オーク
練り付け
床：土間タイル
水返し：モルタル
家具台輪：オーク
A-A' 断面図 S＝1：30

技2　下屋で半屋外の玄関を設ける

玄関を半外部にして内部はスッキリ！

玄関を半屋外にして広くした分、玄関に物が置けるので室内に余計な物が出てこず、すっきりとした空間になる

ここでは、玄関が2方向の長いアプローチにつながる場所であり、十分な視線の抜けが望める心地よい場所でもある

アプローチへ視線を抜き開放的に

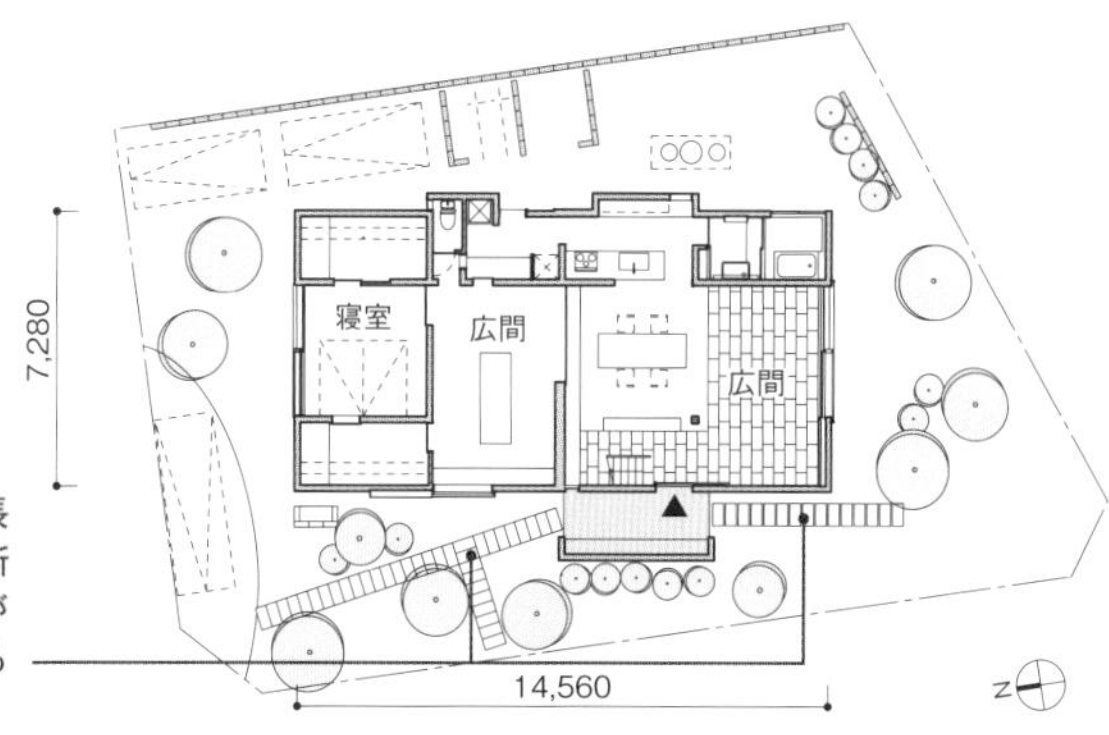
寝室
広間
広間
7,280
14,560
N

平面図 S＝1：400

「瀬古の家」
設計：杉下均建築工房　写真：杉下均建築工房

玄関を広くするには、いっそ下屋にして半屋外とすれば、室内に設けるよりも大きくつくることができる。土間をコンクリートにしておけば、汚れ物をそのまま置いても清掃が楽だ。そこに長めのベンチを設けて、広めのポーチとして機能するように設えるとよい。

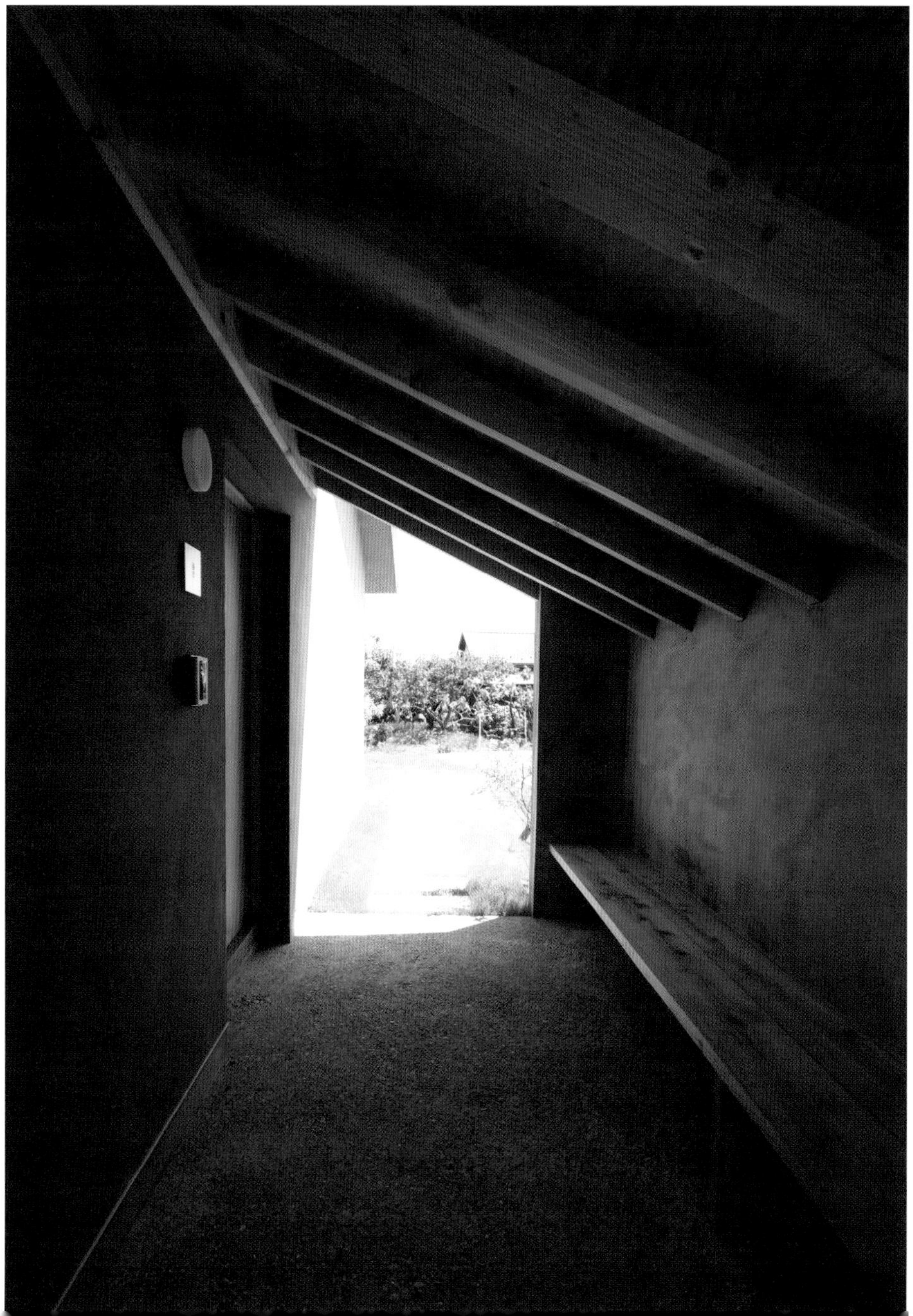

半屋外の空間は、長めのベンチを設けたり袖壁を設けたりすることで室内のように設え、室内と外部の中間領域として利用できるようにしている

技3 屋外空間のような大きな玄関土間をつくる

庭を屋内に取り込む

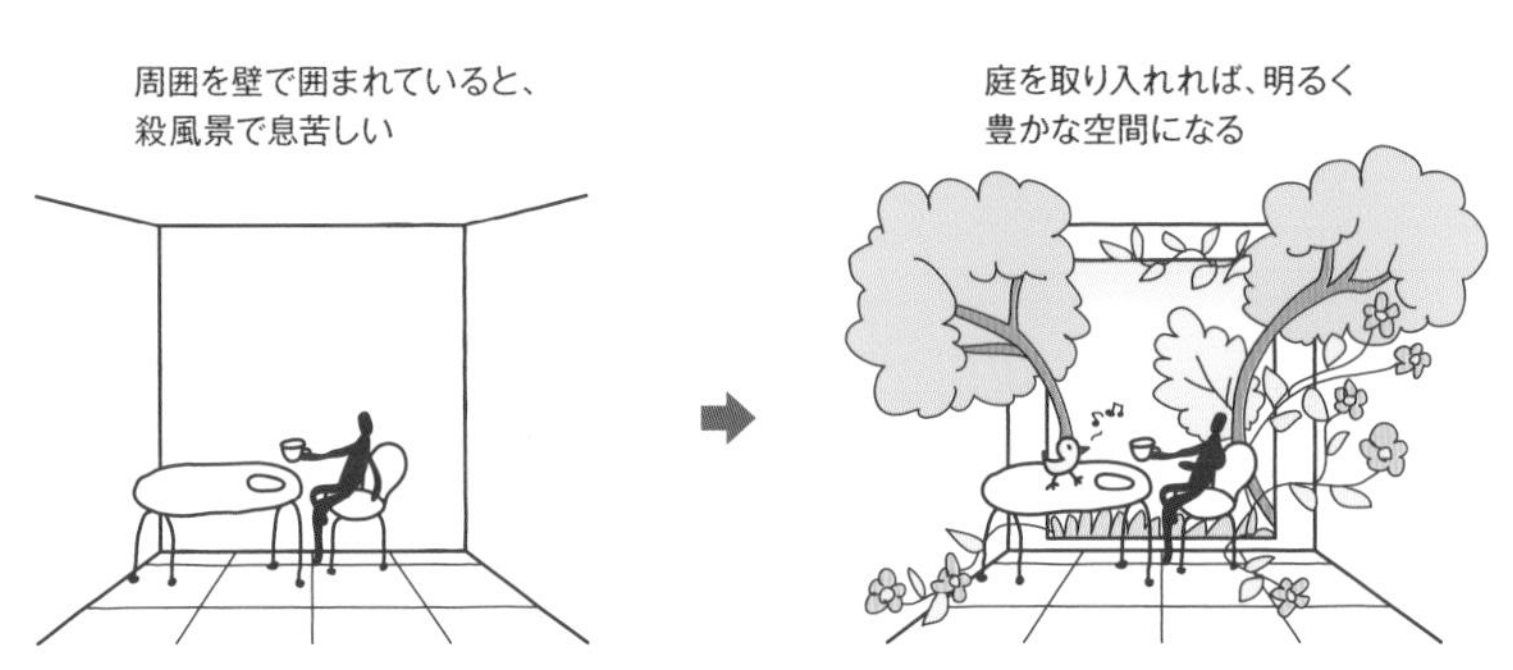
周囲を壁で囲まれていると、
殺風景で息苦しい
庭を取り入れれば、明るく
豊かな空間になる

2階LDKのプランでは、建物と庭の関係がどうしても希薄になる。それを補うには、庭に寄り添う位置に玄関土間を設けるとよい。11畳と十分な広さを確保し、玄関としての機能に加え、セカンドリビング、オフィス、日曜大工の工作スペースなど、さまざまなシーンに対応できるよう工夫すれば、日々の生活も豊かになる。

多目的に使える玄関土間をつくる

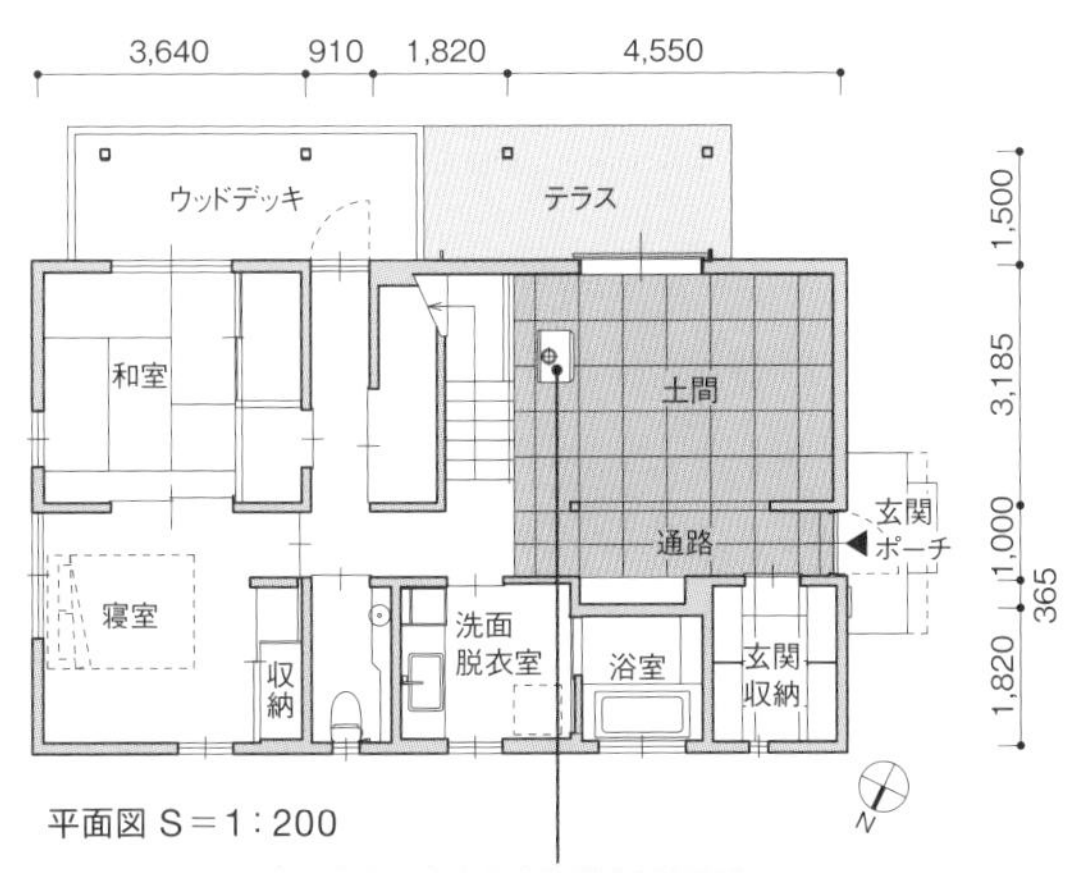
3,640
910
1,820
4,550
ウッドデッキ
テラス
和室
土間
通路
玄関
ポーチ
寝室
収納
洗面
脱衣室
浴室
玄関
収納
1,500
3,185
1,000
365
1,820
N

平面図 S＝1：200

玄関土間には薪ストーブを置き、煙突を階段吹抜けに通した。上下階の垂直方向のつながりや、2階LDKと庭との関係をつくり出している

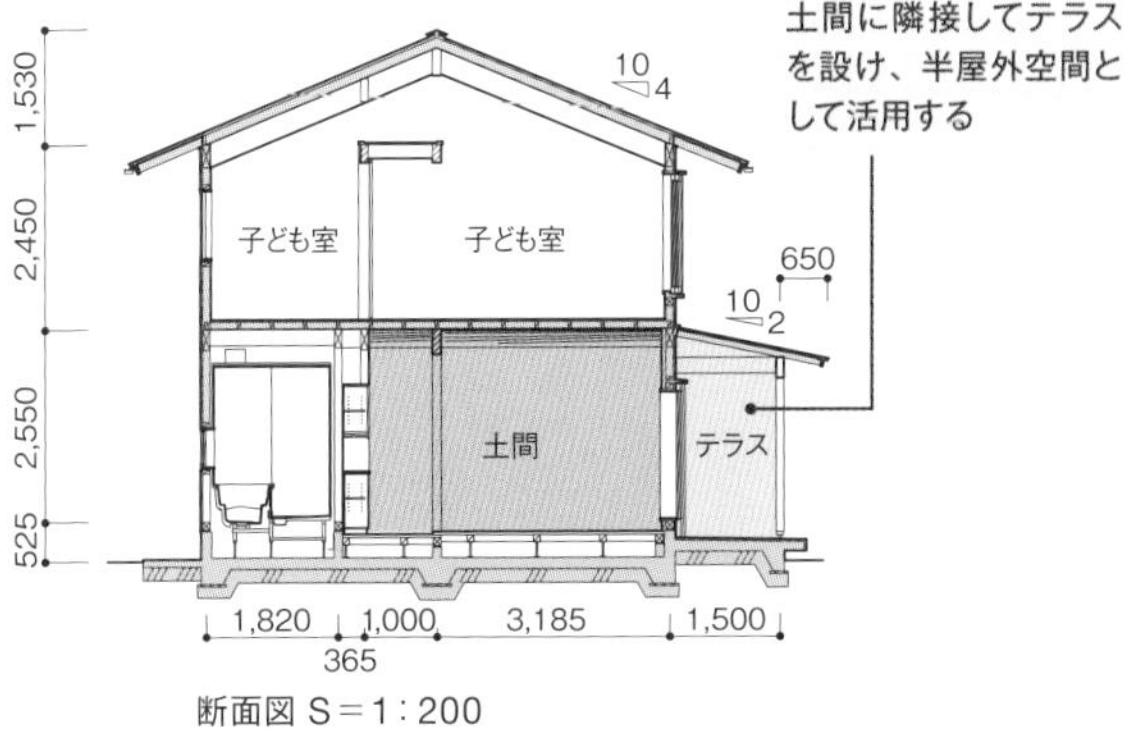
1,530
2,450
2,550
525
10
4
子ども室
子ども室
650
10
2
土間
テラス
1,820
1,000
365
3,185
1,500

断面図 S＝1：200

土間に隣接してテラスを設け、半屋外空間として活用する

薪や荷物を搬入する際に窓の下枠に傷がつかないよう、御影石を張っている。御影石はビシャン仕上げ［※］として、光の反射を抑えるとともに、濡れた靴でも滑りにくいようにしている

※ ビシャンハンマーでたたいて、表面に凹凸をつける仕上げ。滑り止め効果がある

「玉名の家」

設計：ヨシタケケンジ建築事務所　写真：針金建築写真事務所

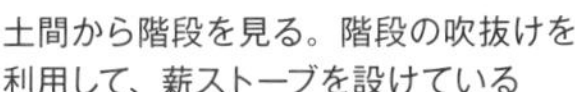

土間から階段を見る。階段の吹抜けを利用して、薪ストーブを設けている

前面道路と玄関に適度な距離感をとる

玄関は住宅の顔である。外からの視線を直に受ける場所なので、外部との距離感をうまくとりたい。外部に対してただ閉じるのではなく、適度に開放性を保ちながら、同時に外からの視線を制御できれば、住み心地は向上する。たとえば、袖壁をうまく利用して、内部からの眺望を確保しながら、外部からの視線を遮るとよい。また、アプローチをあえて遠回りに設定することで視線を遮る方法もある。この場合は「回り道」の演出に心を砕きたい。

「祐天寺の家」

技1 目隠し壁で前面道路からの視線を遮る

前面道路に正対する玄関で道路からの視線を遮るには、玄関扉の横に目隠し壁を設けるとよい。アプローチ・ポーチ・玄関の床に20㎜厚の手づくりタイルを張り、外部から視線が誘導されるように設えた。玄関扉の手前にはポーチを囲むように目隠し壁と門扉を設けて、空間の連続性とプライバシーの確保を両立している。

玄関にもくつろぎのスペースを

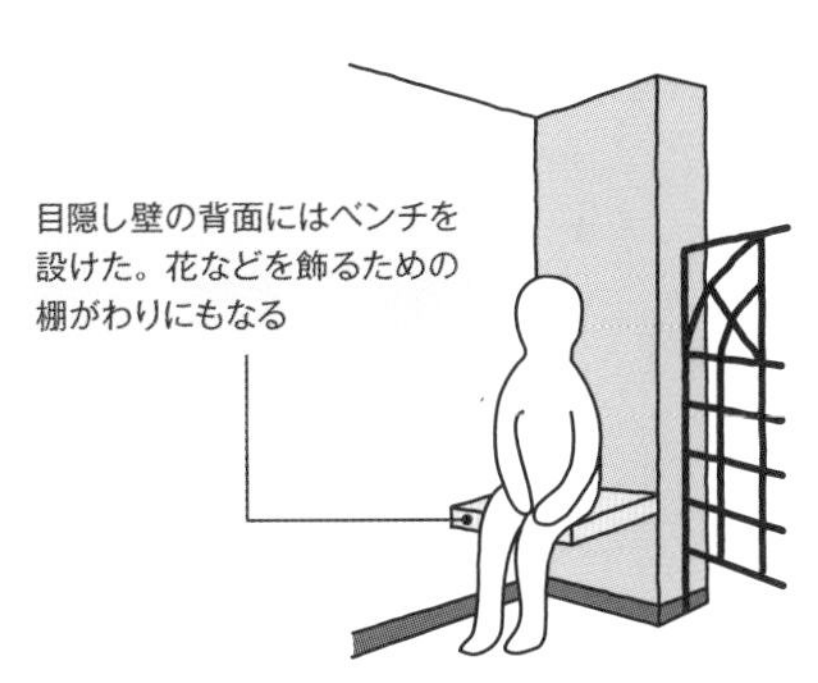
目隠し壁の背面にはベンチを設けた。花などを飾るための棚がわりにもなる

壁で前面道路からの視線を遮っている。壁の裏にはベンチを設けている

玄関を外部に開きながら外からの視線を遮る

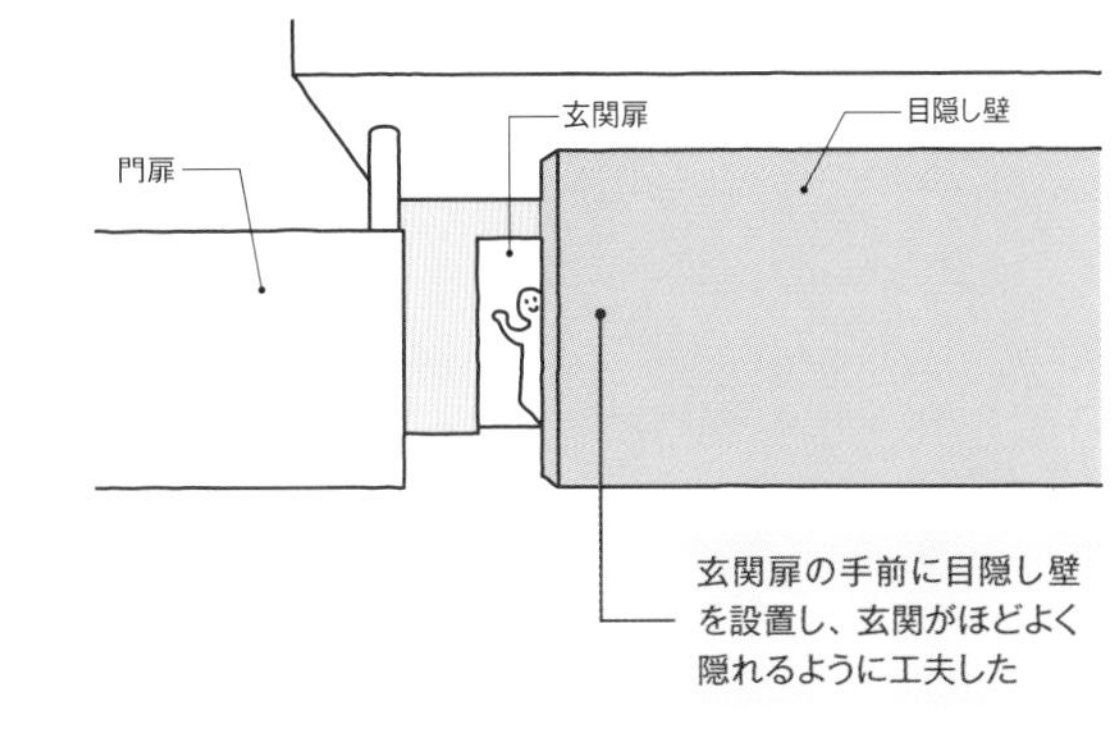
門扉
玄関扉
目隠し壁
玄関扉の手前に目隠し壁を設置し、玄関がほどよく隠れるように工夫した

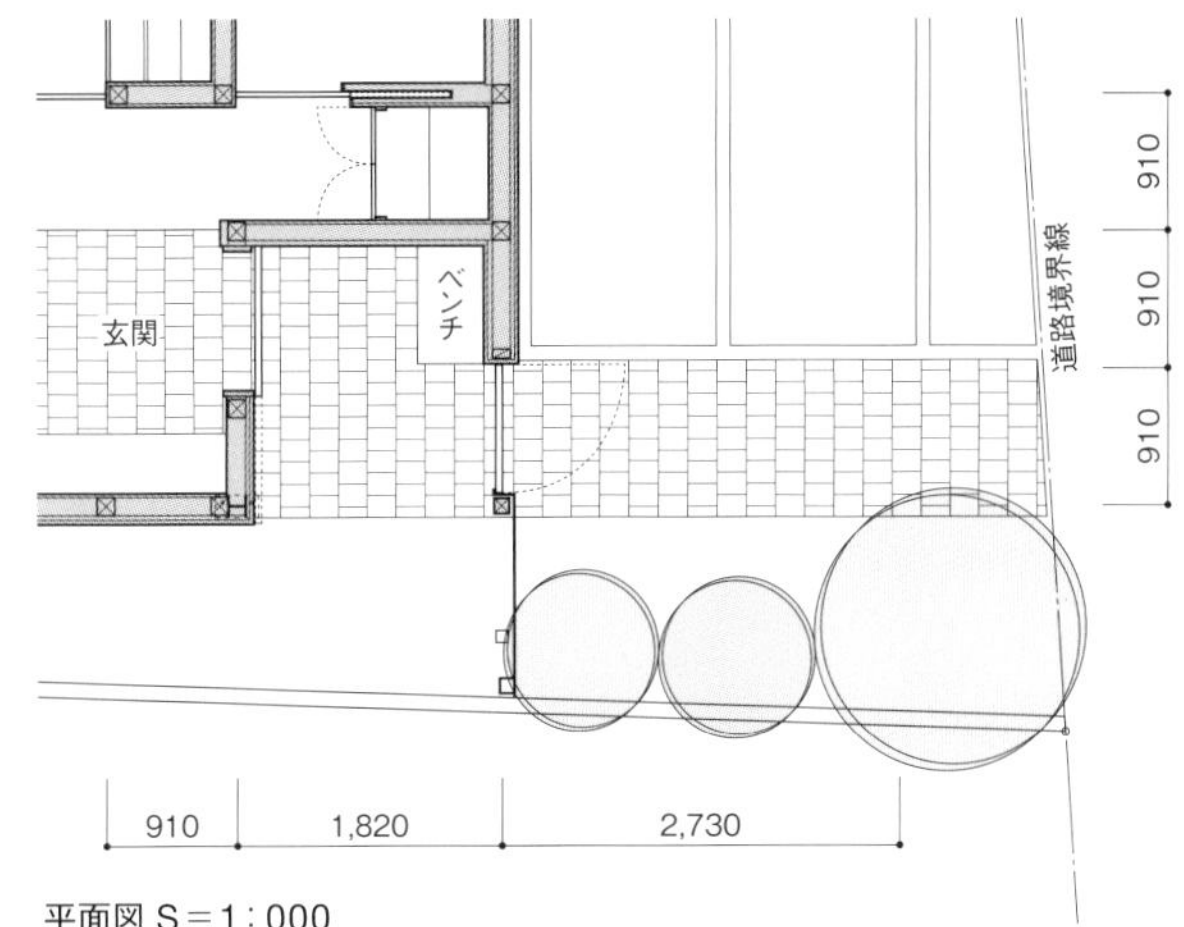
玄関
ベンチ
道路境界線
910
910
910
910
1,820
2,730

平面図 S＝1：000

「祐天寺の家」
設計：築紡　写真：上田宏

玄関の扉と門扉は、ともに鉄製のものを採用し、全体に統一感を出している。また、玄関から外部まで同じタイルを使用して、連続性を出した

アプローチから重厚感のある門扉を見る。ポーチには庇が付いているので、雨の日も濡れずに家に入ることができる

技2 玄関脇の袖壁を伸ばして室内のプライバシーを守る

視線をカットする障害物を設ける

街に開いた住宅にしたい場合でも、玄関と前面道路の間には適度な距離がほしい。玄関が道路から直接見えないよう玄関脇に袖壁を設ければ、街との距離感を調整できる。道路から玄関までのアプローチにレベル差をつければ、室内が見えにくくなり、外部との距離感が生まれる。

袖壁なしの場合

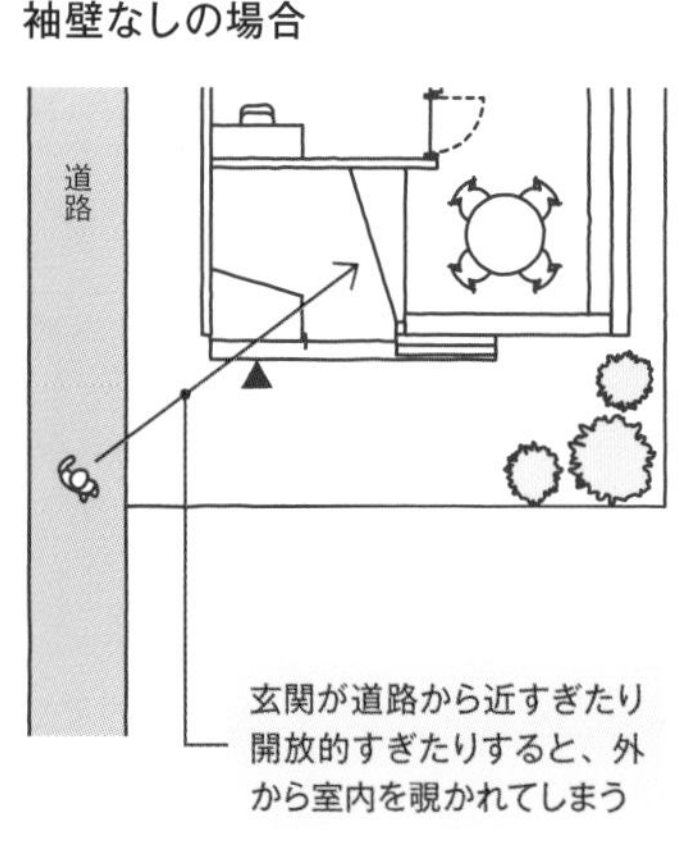

道路
玄関が道路から近すぎたり開放的すぎたりすると、外から室内を覗かれてしまう

袖壁を設けた場合

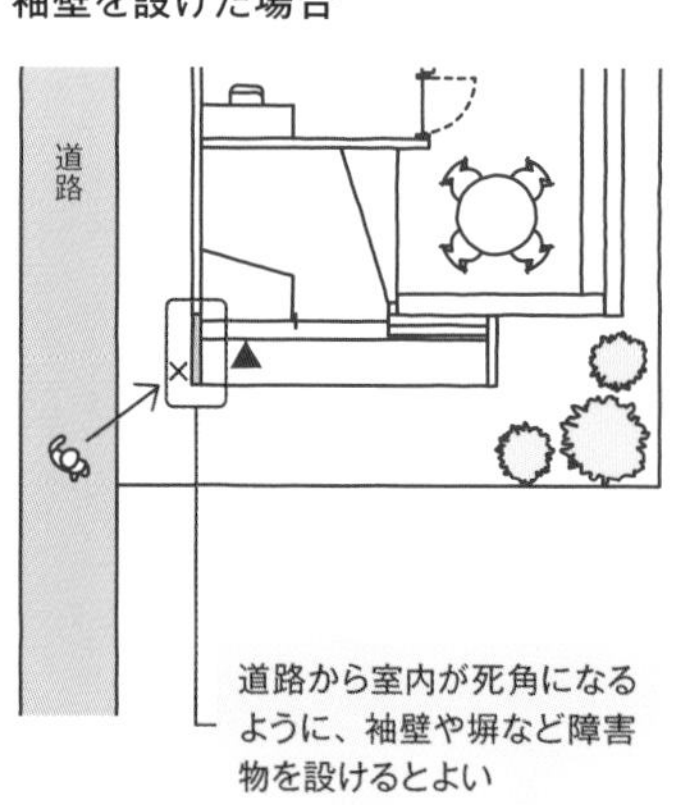

道路
道路から室内が死角になるように、袖壁や塀など障害物を設けるとよい

道路から玄関までの空間に奥行き感を演出する

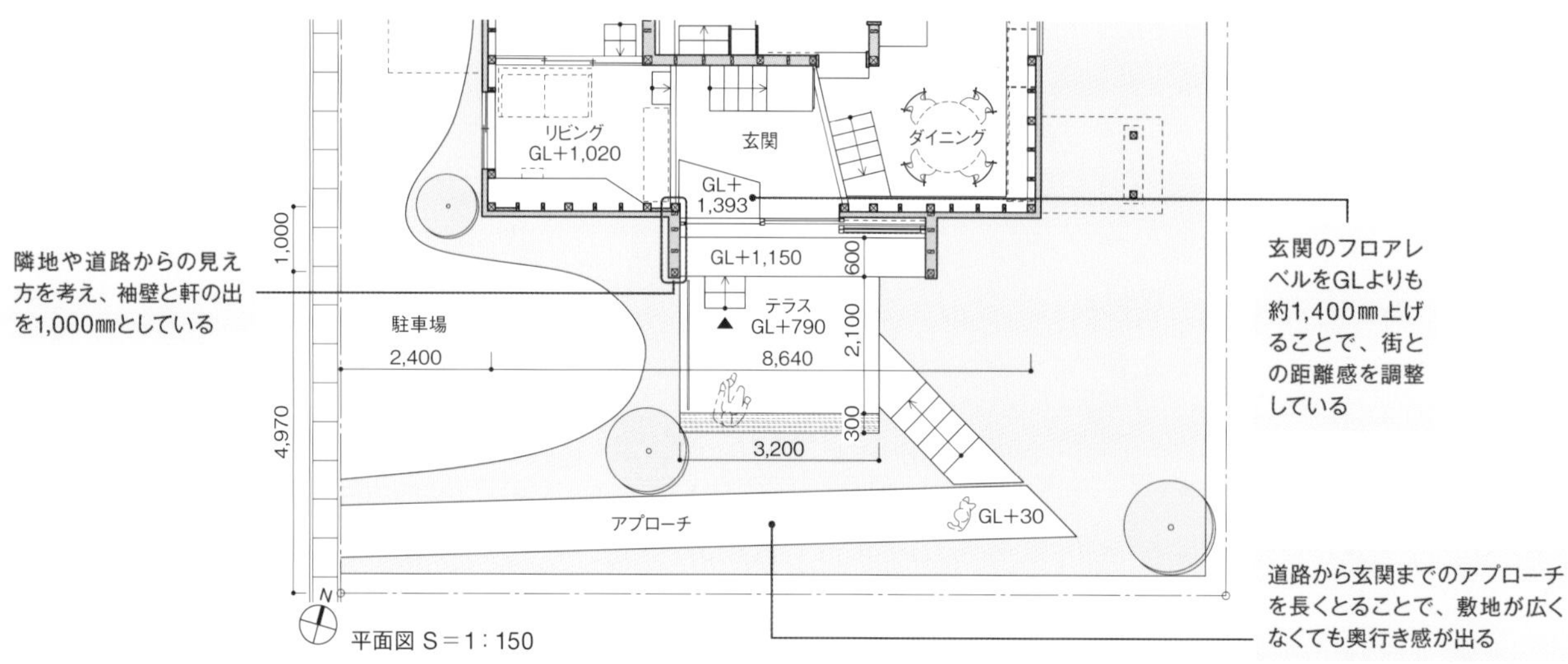

リビング
GL+1,020
玄関
ダイニング
GL+
1,393
GL+1,150
テラス
GL+790
駐車場
2,400
8,640
3,200
1,000
600
2,100
300
4,970
アプローチ
GL+30
N
隣地や道路からの見え方を考え、袖壁と軒の出を1,000㎜としている
玄関のフロアレベルをGLよりも約1,400㎜上げることで、街との距離感を調整している
道路から玄関までのアプローチを長くとることで、敷地が広くなくても奥行き感が出る

平面図 S＝1：150

「2sr house」
設計：河合啓吾建築設計事務所　写真：河合啓吾

玄関の手前のレベル差は、テラスとして利用している

2階から玄関を見る。カーテンを閉めれば、2階から外の様子は気にならない

前面道路と玄関に適度な距離感をとる

玄関脇に設けた袖壁と、道路と玄関とのレベル差により、大開口の玄関でも室内のプライバシーは守られる

アプローチから玄関を見る。袖壁と軒の出、さらにキャンチレバーとした基礎スラブの見付けを合わせて、すっきり軽やかな印象になるようにしている

玄関の室内側は広く、外部との緩衝帯にもなっている

技3 アプローチを長めにとる

外壁の周長が長い平屋住宅。ここでは、その特徴を生かし、外壁に沿って回り込むような長いアプローチを設けて、前面道路からの視線を遮った。アプローチが長いと、来訪者が足を進めるごとに期待感が高まったり、仕事から帰宅した際にオンオフを切り替えたりする効果がある。白い塗り壁の外壁には、室内のプライバシーを守るために全長13ｍの木製の連続した竪格子を設けて連続性を出し、奥（玄関）へ向かうようにつなげている。

長いアプローチの外壁は2つの素材を組み合わせると空間に変化が生まれる

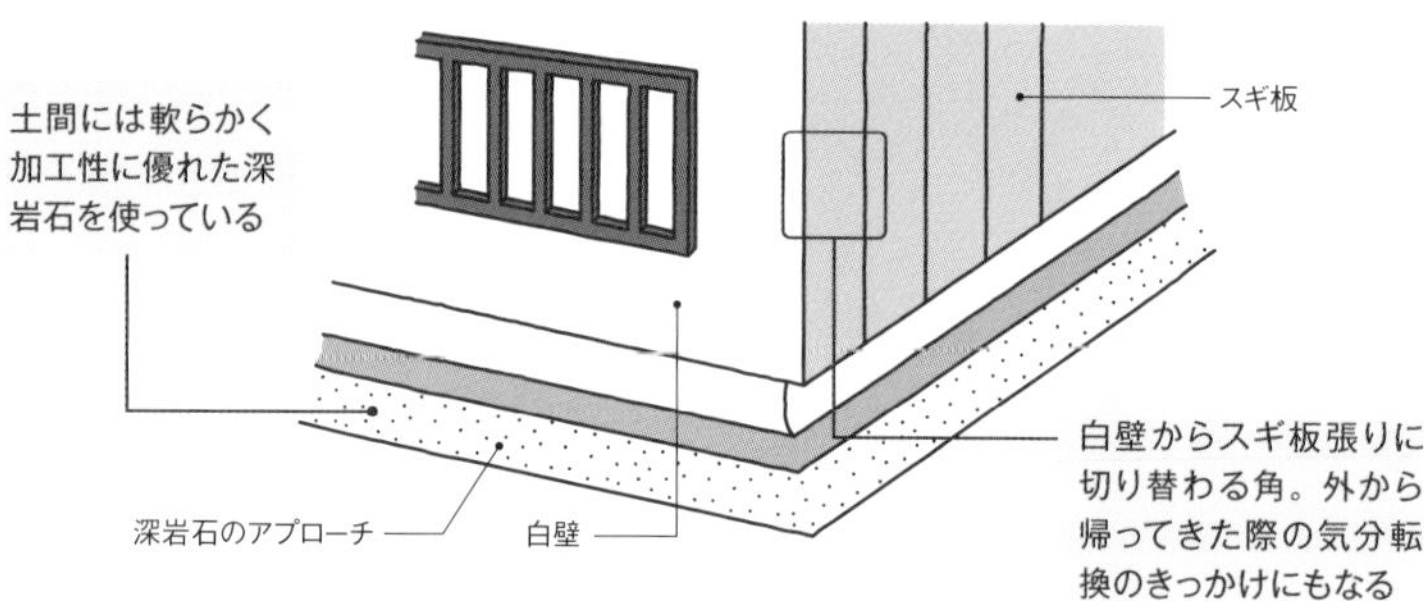
土間には軟らかく加工性に優れた深岩石を使っている
スギ板
白壁からスギ板張りに切り替わる角。外から帰ってきた際の気分転換のきっかけにもなる
深岩石のアプローチ
白壁

住宅を回りこむような長いアプローチを設ける

「土間の広がる家」
設計：築紡　写真：上田宏

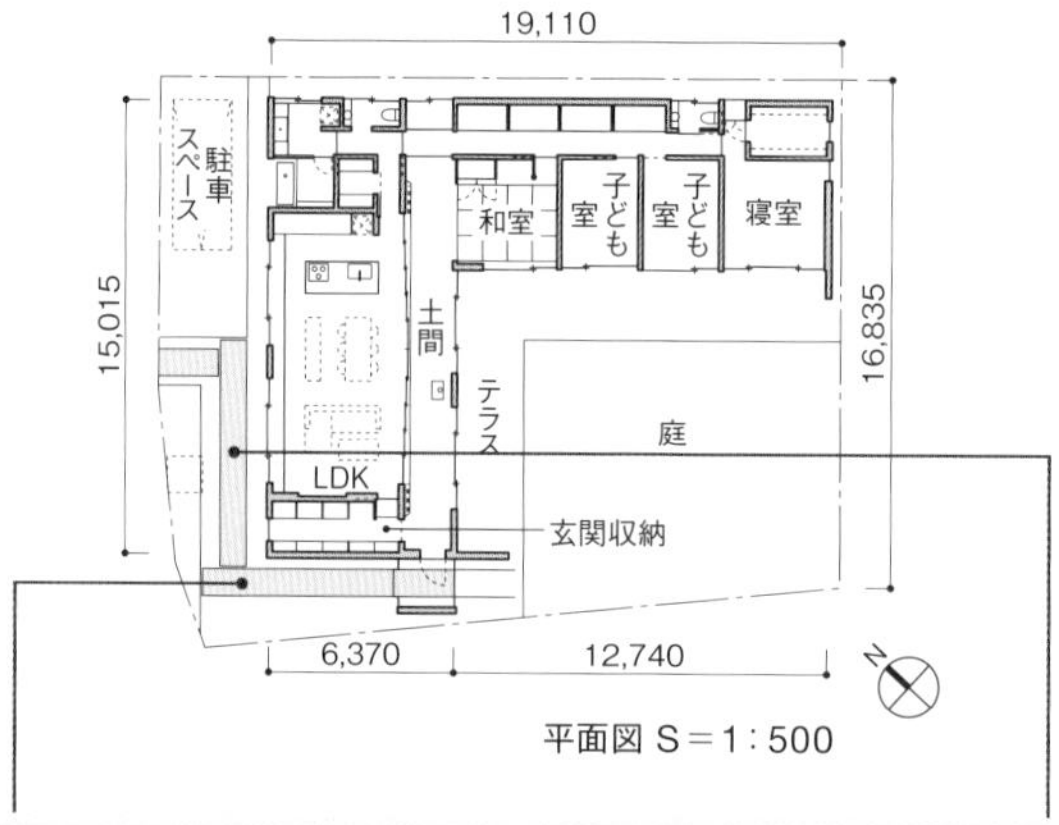
19,110
駐車スペース
和室
子ども室
子ども室
寝室
土間
15,015
16,835
テラス
庭
LDK
玄関収納
6,370
12,740
N

平面図 S＝1：500

外壁に沿ってアプローチを左折すると、外壁の仕上げが白壁からスギ板張りへと変化する。玄関ドアも同じスギ材を使用し、統一感を出している。軒を出すことによって、木の耐久性を高めている

長いアプローチだからこそ、その間の演出を大切にしたい。ここでは、石や敷砂利、行燈を使ってアプローチを演出。行燈の光が奥へと導く

キッチンのつくり方で住み心地をよくする

キッチンのつくり方によって、住宅の住み心地は大きく変わってくる。キッチンを独立した1室としてつくり、さまざまな用途に対応させるという考え方もあれば、逆に、ダイニングと平面的に連続させ、キッチンの天井高を下げて緩やかに仕切る方法もある。また、収納は設置位置や扉の開閉方法によっても使い勝手が変わるので、寸法の検討に細やかな配慮が求められる。タオル掛けなどの位置についても同様だ。

「浜田山の家」(45頁)

技1　キッチンを多目的で使えるように設える

「うなぎの寝床」
設計：築紡　写真：上田宏

壁面収納の奥行きを縮める

キッチンは、ただ調理する場としてではなく、軽食コーナーや子どもの勉強スペースなど多目的で使えるようにしたい。ここでは調理台を壁付けに設置し、部屋の中心に長さ1千900㎜の作業台を設えた。作業台の背面には大きな壁面収納も設け、豊富な収納量を確保した。

前屈みの姿勢でも頭をぶつけないように調理台よりも奥行きを短くした
275
着座する際、足が入るよう奥行き（180㎜）を確保

作業台・調理台を有効に使う

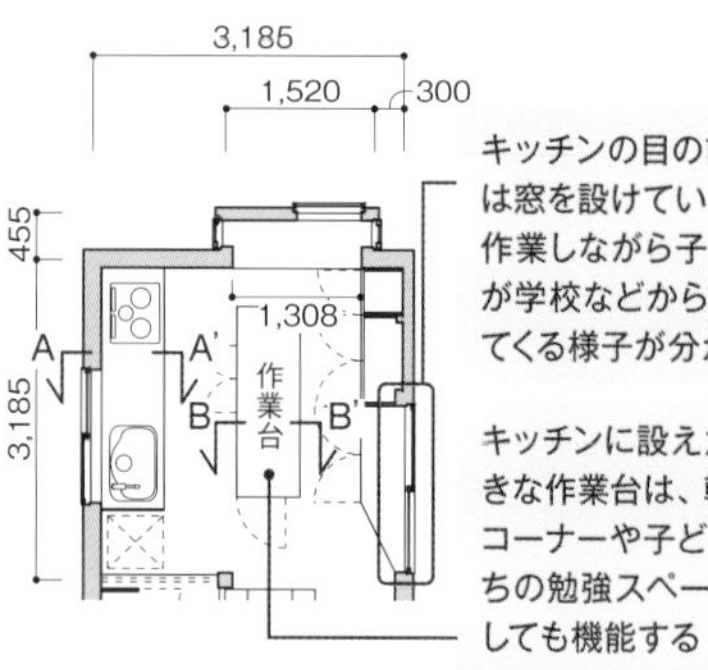

3,185
1,520
300
455
3,185
1,308
A
A'
B
B'
作業台
キッチンの目の前には窓を設けている。作業しながら子どもが学校などから帰ってくる様子が分かる
キッチンに設えた大きな作業台は、軽食コーナーや子どもたちの勉強スペースとしても機能する

平面図 S＝1：150

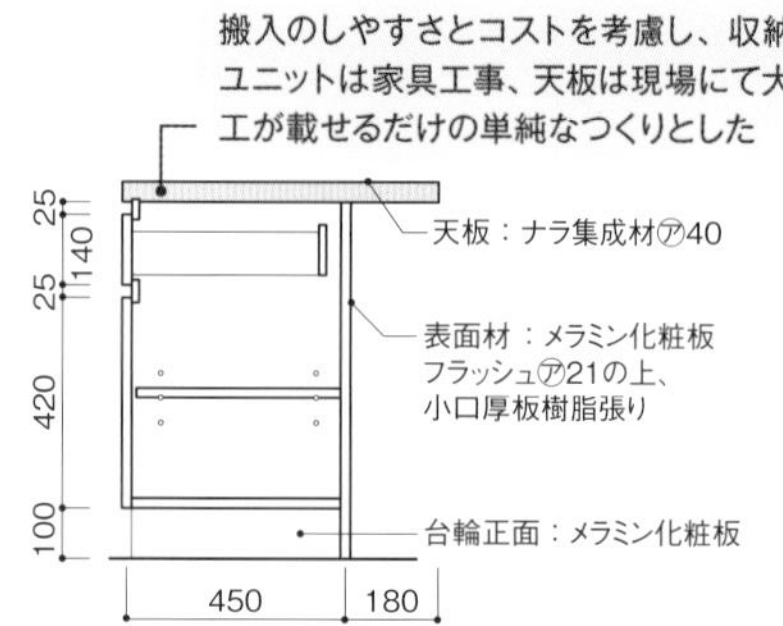

搬入のしやすさとコストを考慮し、収納ユニットは家具工事、天板は現場にて大工が載せるだけの単純なつくりとした
天板：ナラ集成材㋐40
表面材：メラミン化粧板フラッシュ㋐21の上、小口厚板樹脂張り
台輪正面：メラミン化粧板
25
140
25
420
100
450
180

A-A' 断面図 S＝1：30

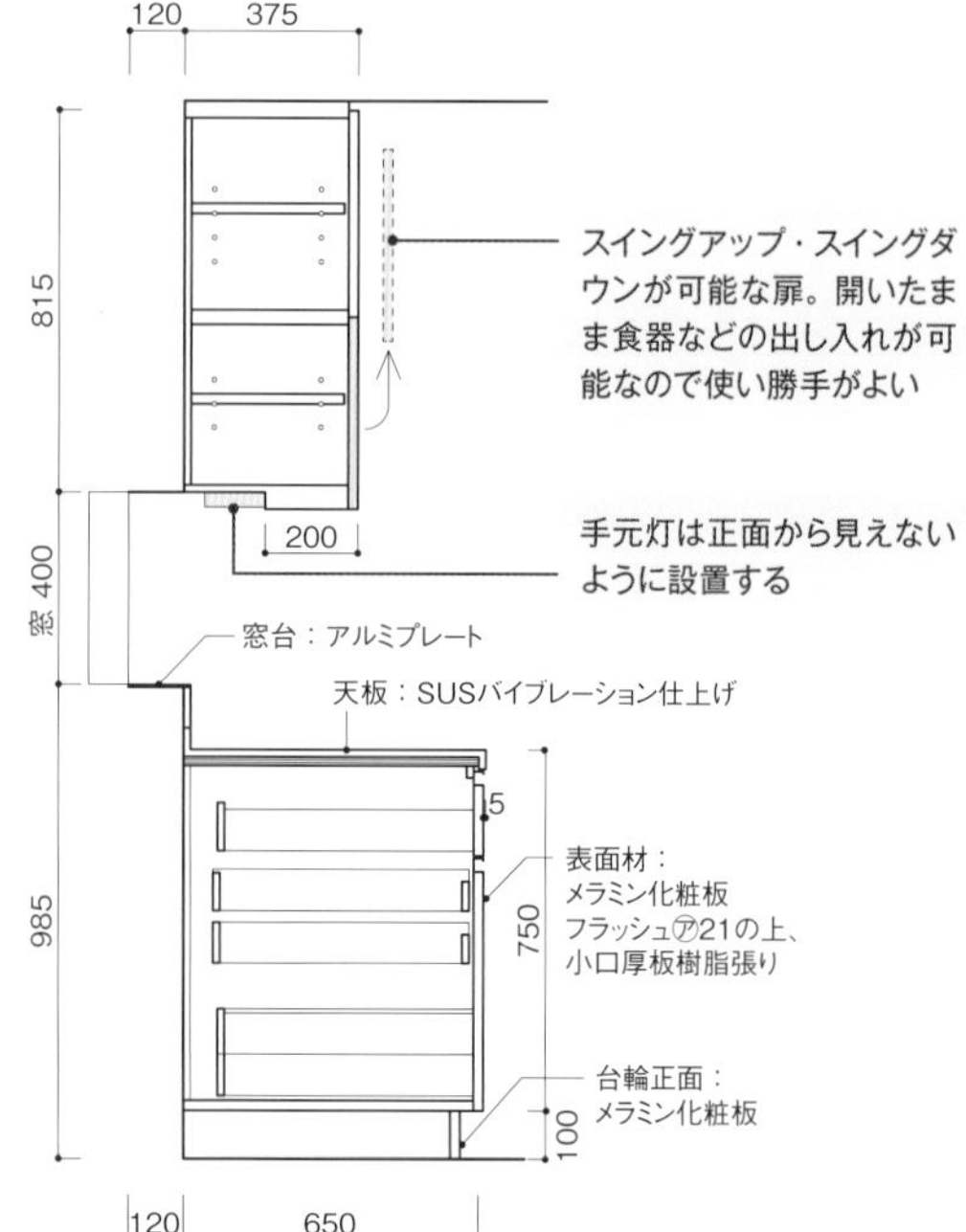

120
375
815
窓400
985
スイングアップ・スイングダウンが可能な扉。開いたまま食器などの出し入れが可能なので使い勝手がよい
200
手元灯は正面から見えないように設置する
窓台：アルミプレート
天板：SUSバイブレーション仕上げ
5
表面材：メラミン化粧板フラッシュ㋐21の上、小口厚板樹脂張り
750
台輪正面：メラミン化粧板
100
120
650

B-B' 断面図 S＝1：30

吊り戸棚は低い位置に、かつ調理台より奥にして、スイングアップ・スイングダウンの扉を開いたまま利用できるようにしている

技2 天井高を下げて落ち着きを生み出す

天井や造作家具の高さにこだわる

昨今は、キッチンとリビングを一体空間としたプランの人気が高い。その場合、キッチン部分の天井をあえて下げ、高さに変化をつけることで、キッチンには落ち着きを、リビングには広がり感をもたらす効果が生まれる。斜線制限との関係で外周部の軒高を抑えたいときには、キッチンの天井高さは2千100㎜よりも低く設定する場合もある。

天井裏にレンジフードのダクト、エアコン、上階の水廻り配管などの設備を納めている

リビングの天井高は2,400㎜。キッチンとの対比で広がり感が出る

キッチンの天井高は1,950㎜と低めに抑えている

キッチン使用時に吊り戸棚が目線に入らないように、床から吊り戸棚の底までの高さと奥行きは慎重に設定している

リビング・ダイニング

キッチン

450

1,950

1,100

850

昼間の手元が明るくなるように、引違いのアルミサッシを設けた。少し開けることで、レンジフード使用時の給気口にもなる

生活に即した動線を整える

「浜田山の家」
設計：丸山弾－スタジオ　写真：丸山弾

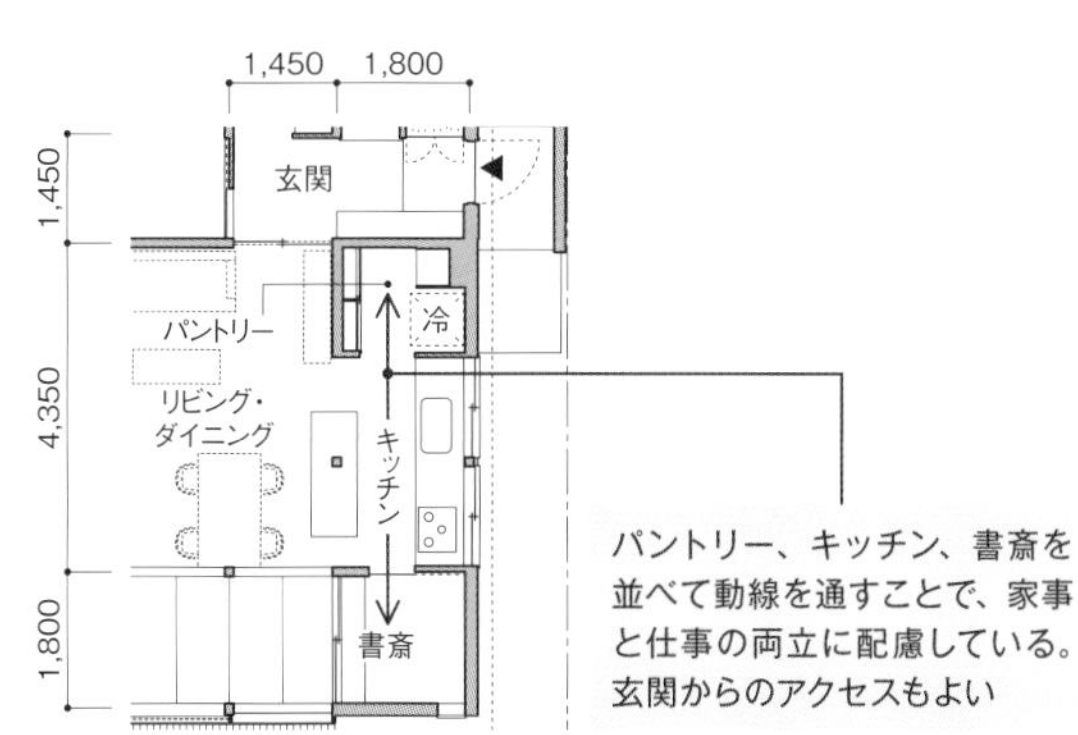
1,450
1,800
玄関
パントリー
冷
リビング・ダイニング
キッチン
書斎
1,450
4,350
1,800
パントリー、キッチン、書斎を並べて動線を通すことで、家事と仕事の両立に配慮している。玄関からのアクセスもよい

平面図 S＝1：200

リビングからキッチンを見る。リビング・キッチン共に壁や建具にはラワン合板を使用。キッチンカウンターや吊り戸棚の扉も同材で仕上げ、統一感を出している

技3　細部への配慮で使いやすいキッチンに

素材や細部の納まりにもこだわる

さまざまな調理道具や設備などがひしめきあうキッチンは、ともすれば雑然とした空間になりがちだ。使用頻度の高いものには、手が届きやすく取り出しやすい"置き場所"をさりげなく設ける。この一工夫で空間全体がすっきりと片付き、キッチンの使い心地も格段にアップする。

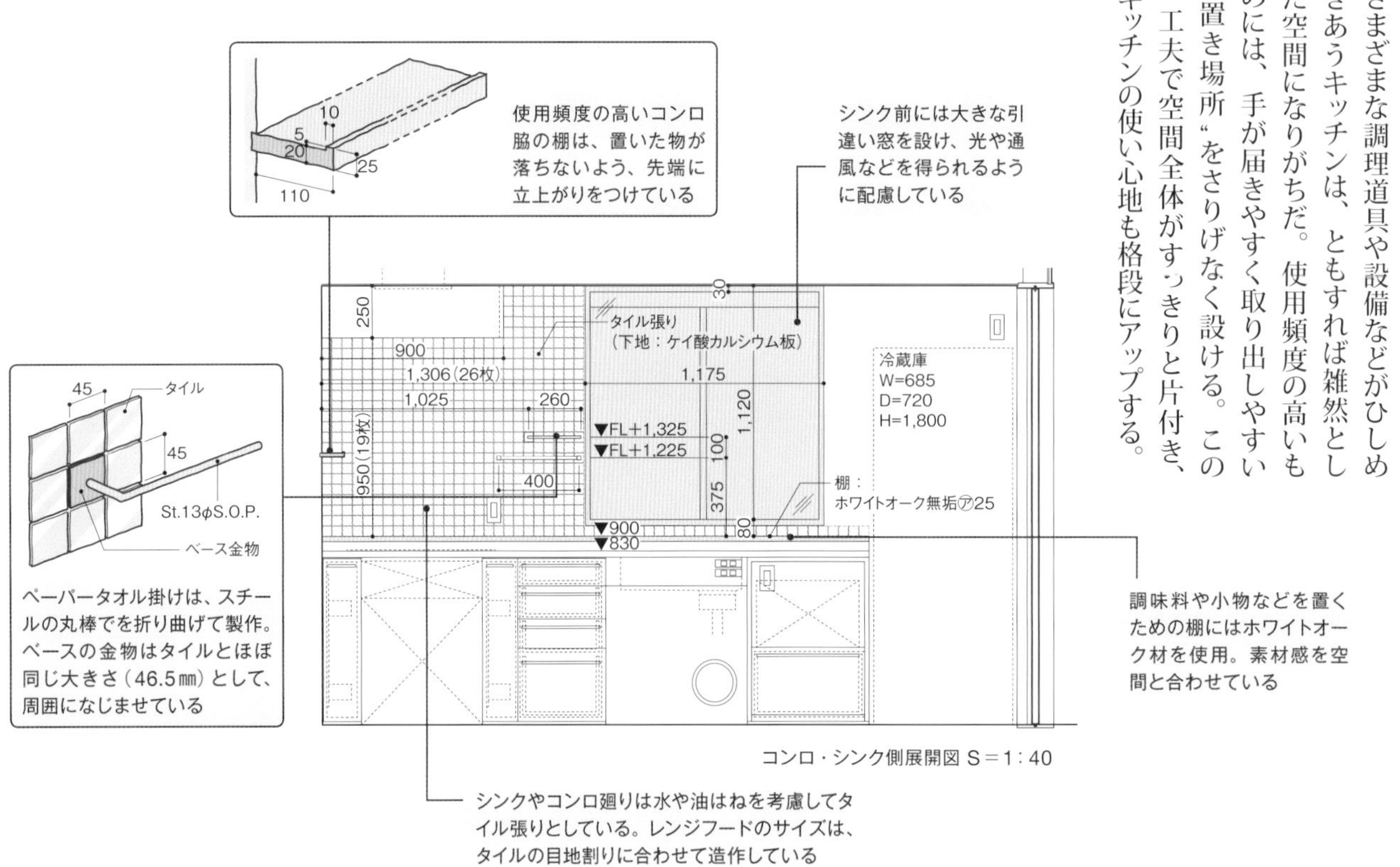
10
5
20
25
110
使用頻度の高いコンロ脇の棚は、置いた物が落ちないよう、先端に立上がりをつけている
シンク前には大きな引違い窓を設け、光や通風などを得られるように配慮している
45
タイル
45
St.13φS.O.P.
ベース金物
ペーパータオル掛けは、スチールの丸棒でを折り曲げて製作。ベースの金物はタイルとほぼ同じ大きさ（46.5㎜）として、周囲になじませている
250
900
1,306（26枚）
1,025
260
400
950（19枚）
タイル張り
（下地：ケイ酸カルシウム板）
30
1,175
1,120
▼FL+1,325
▼FL+1,225
100
375
80
▼900
▼830
冷蔵庫
W=685
D=720
H=1,800
棚：
ホワイトオーク無垢㋐25
調味料や小物などを置くための棚にはホワイトオーク材を使用。素材感を空間と合わせている
シンクやコンロ廻りは水や油はねを考慮してタイル張りとしている。レンジフードのサイズは、タイルの目地割りに合わせて造作している

コンロ・シンク側展開図 S＝1：40

「永山の家」
設計：丸山弾－スタジオ　写真：丸山弾

キッチンは天井高を抑えているため、空間の密度が高く、小回りが利いて使いやすい。カウンター下の収納はダイニング側から使用できるので、使用頻度の高いグラス類などを納めている

落ち着きのある浴室を設える

浴室は住まい手にとって安らぎの空間だ。快適で落ち着きのある浴室の設えには材料選びも大切な要素。視覚的な安らぎが得られ、メンテナンス性にも優れた素材を選択したい。たとえば石は、材料費や施工難易度が高くなりがちだが、石タイルなら材料費を抑えつつ施工も楽になる。意匠性との兼ね合いで適宜選ぶとよい。また、開口部の位置や端部の納まりに気を遣えば、素材の魅力を最大限に引き出すことができる。

「永山の家」(48頁)

技1　木の部分使いで落ち着いた雰囲気に

浴室の壁や天井に木材を用いると、落ち着いた印象・雰囲気が得られる。ただし、樹種の選択や、異素材（タイルや石）との取合い部の納め方などには、湿気や水に対する配慮が必要。木材を適切に扱うほか、配置にも気を配り、1日の疲れを癒せる空間としたい。

浴室に使用可能な樹種

（1）ヒバ

辺材は黄色味を帯びた白色、心材は淡い黄色～黄褐色。肌目が緻密なうえ、加工性もよい

（2）ヒノキ

辺材は淡い黄白色、心材は淡い黄褐色～淡い赤色で、境目は不明瞭。肌目は緻密で、比較的加工しやすい。独特の香りと光沢がある

（3）サワラ

辺材は黄白色、心材は黄褐色。肌目は緻密なうえ、加工性もよい。ヒノキとは異なり香りは強くない

落ち着きのある浴室をつくるには

開口部を設ける
開口部の外側はプライベート性の高い庭を配置して、樹木を眺められるようにするとよい。浴室は夜間に使用することが多いため、ガーデンライトで庭をライトアップする

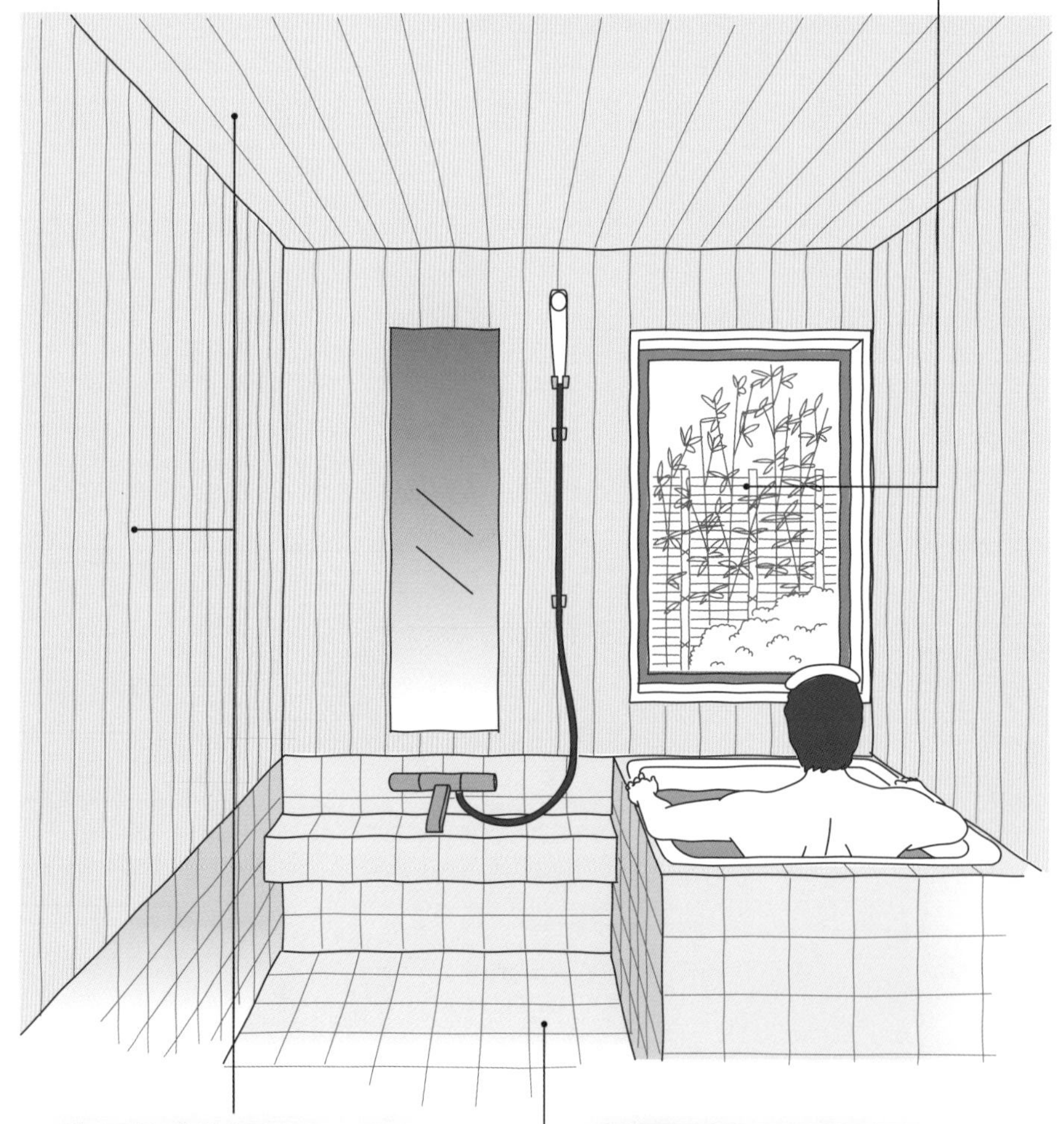

壁・天井に木材を用いる
水が掛かりにくい腰壁よりも上の壁は板張りとする。木は耐水性のある樹種のなかから、色味・予算を考慮して選択する

床と腰壁に石・タイルを用いる
床や腰壁には水掛かりを考慮して、水に強く、かつ落ち着きのある石やタイルなどの素材を選択する

「永山の家」

設計：丸山弾－スタジオ　写真：丸山弾

木を使用する場合は納まりに注意する

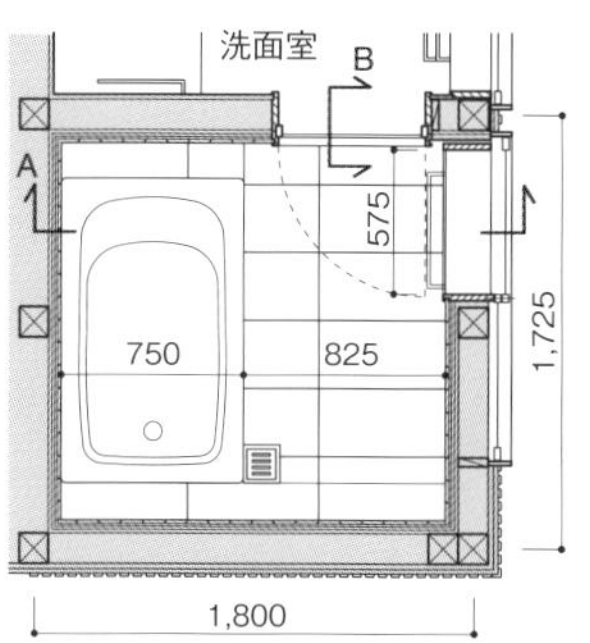

洗面室
B
A
575
1,725
750
825
1,800

平面図 S＝1：60

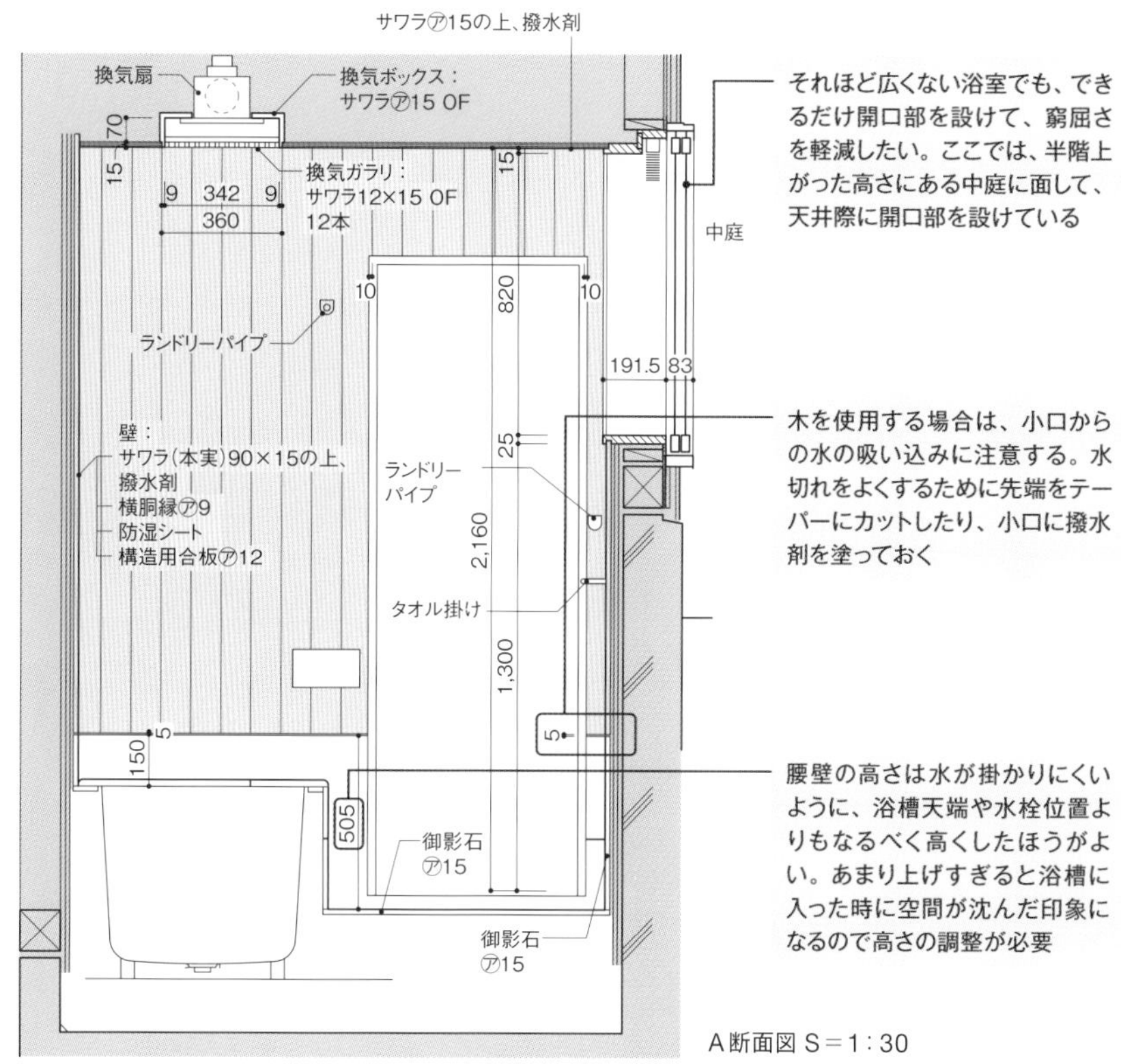

サワラ㋐15の上、撥水剤
換気扇
換気ボックス：
サワラ㋐15 OF
70
15
換気ガラリ：
サワラ12×15 OF
12本
9 342 9
360
中庭
10
820
10
ランドリーパイプ
191.5 83
壁：
サワラ(本実)90×15の上、
撥水剤
横胴縁㋐9
防湿シート
構造用合板㋐12
ランドリー
パイプ
25
2,160
タオル掛け
1,300
5
150
505
御影石
㋐15
御影石
㋐15

それほど広くない浴室でも、できるだけ開口部を設けて、窮屈さを軽減したい。ここでは、半階上がった高さにある中庭に面して、天井際に開口部を設けている

木を使用する場合は、小口からの水の吸い込みに注意する。水切れをよくするために先端をテーパーにカットしたり、小口に撥水剤を塗っておく

腰壁の高さは水が掛かりにくいように、浴槽天端や水栓位置よりもなるべく高くしたほうがよい。あまり上げすぎると浴槽に入った時に空間が沈んだ印象になるので高さの調整が必要

A断面図 S＝1：30

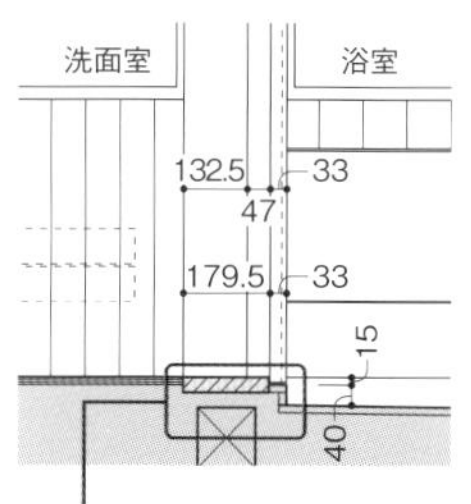

洗面室
浴室
132.5
33
47
179.5
33
15
40

浴室の木製建具は、敷居に水が溜まらないように建具勝ちとして納める。また、水栓からの水がなるべく掛からないように配置したい

B断面図 S＝1：30

洗面室から浴室を見る。木の壁に囲まれて落ち着いた空間となっている

技2　石タイルの側面に開口部を設ける

光でテクスチュアを強調する

落ち着いた雰囲気の浴室をつくるには、視覚的に安らぎが得られる素材を使いたい。木や石などを用いるのが理想だが、その際は意匠性とコスト・施工性・メンテナンス性の折り合いがつくかの確認が必要だ。ここでは、石を用いた既製品のタイルを採用し、壁の側面にテクスチュアを強調するための開口部を設けた。

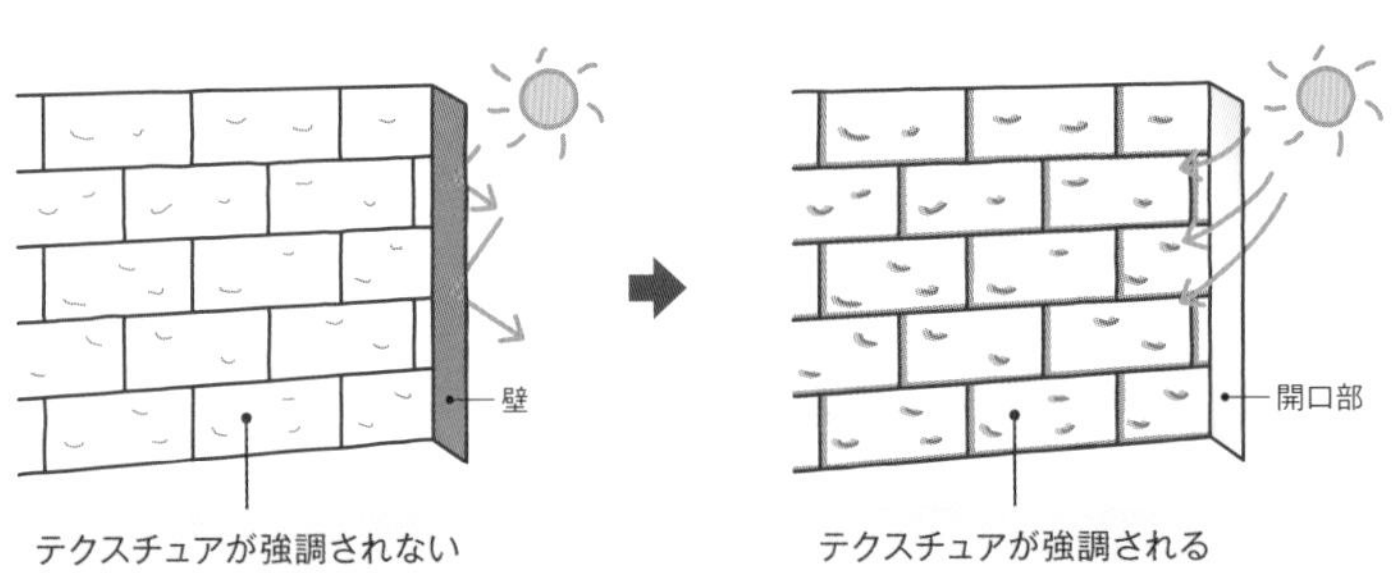

壁
テクスチュアが強調されない
開口部
テクスチュアが強調される

タイル壁を照らす採光・換気窓の幅は浴槽とそろえる

「つつじが丘の家」
設計：MDS　写真：フォワードストローク

玄関ホールから浴室を見る。突き当たりに見える浴室の壁面のテクスチュアを際立たせることで視線を建物の奥へと誘導し、家の狭さを感じないよう配慮している

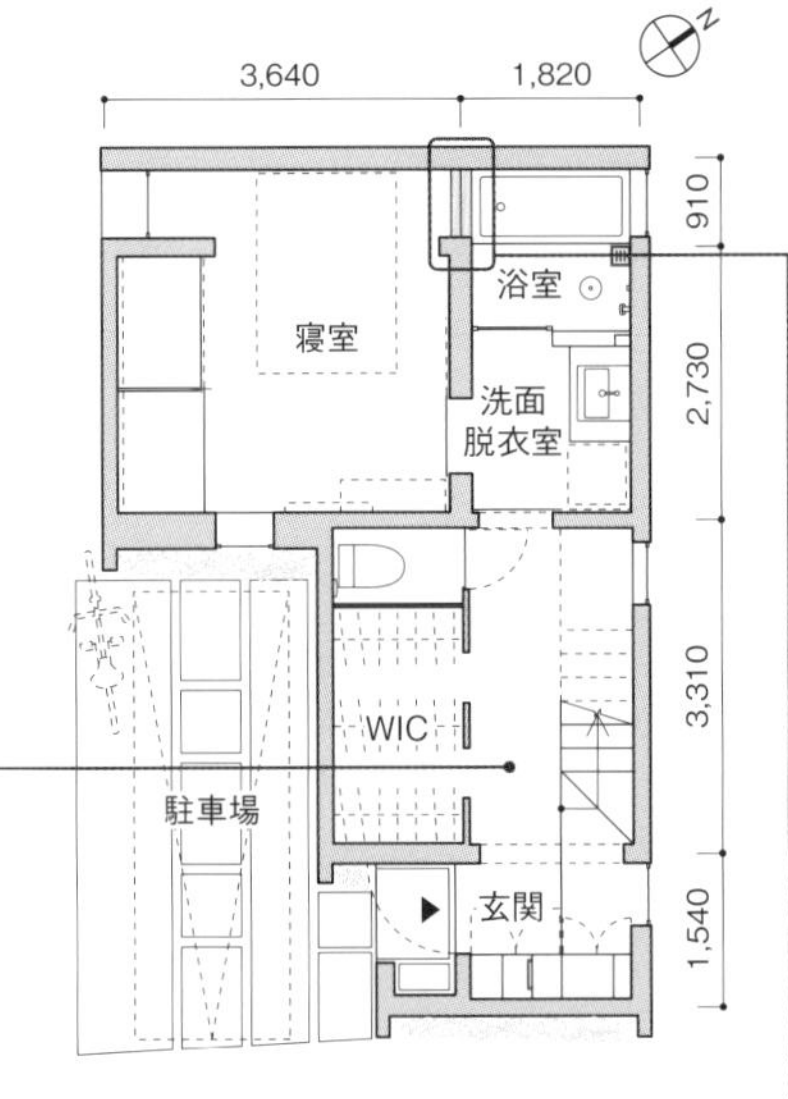

3,640
1,820
910
2,730
3,310
1,540
寝室
浴室
洗面
脱衣室
WIC
駐車場
玄関

平面図 S＝1：150

浴室から寝室を見る。浴室・寝室間の窓には320㎜の袖壁を設けて、浴槽に浸かった際に寝室が見えすぎてしまうことを防いでいる。サッシ枠をタイル間に埋め込むような納まりにすることにより、サッシ枠が見えないよう工夫している

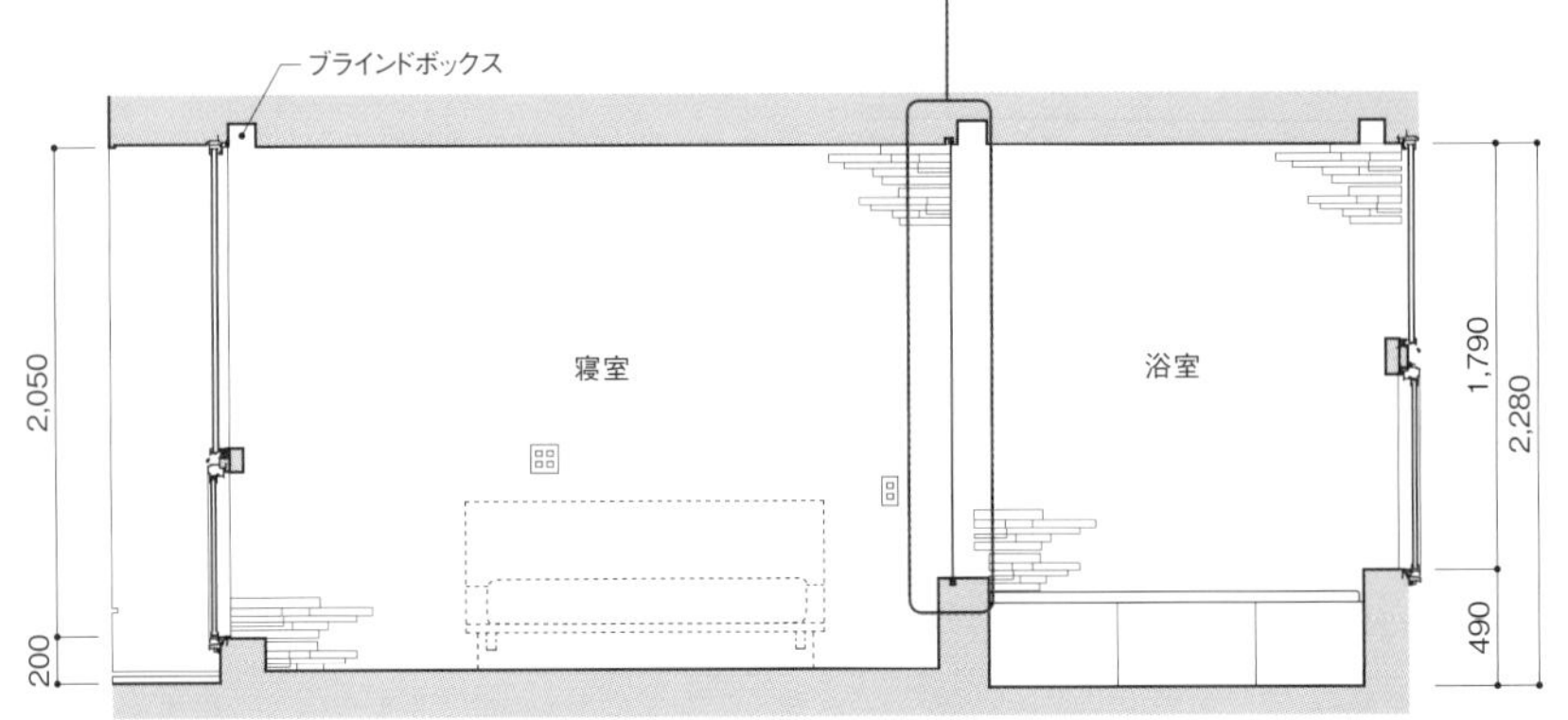

ブラインドボックス
寝室
浴室
2,050
200
1,790
2,280
490

断面図 S＝1：60

寝室から浴室を見る。寝室・浴室間のFIX窓は、各室の壁を連続して見せる役割をもつ。浴室使用時はブラインドを閉めて、各室の空間を分ける

トイレの手前には間をつくる

トイレは使用頻度の高い空間なので、利便性と機能性、居心地のよさが求められる。たとえば、リビングや寝室などの居住スペースと距離が近いほうが便利ではあるが、水音や排泄音などが居住スペースに聞こえないよう適度な距離（間）を確保することも重要だ。この適度な距離感が使用者に安心感をもたらし、トイレが居心地のよい空間となる。ここでは、間（距離感）のつくり方と、トイレをさらに居心地のよい空間へと導く手法を解説する。

「浜田山の家」（54頁）

技1　スキッププランならではのトイレ配置

玄関やリビングなどのパブリックスペースと、トイレ位置の関係性は重要な問題だ。スキップフロアの場合、移動空間となる階段を介してトイレを設置すれば、ほかのスペースと適度な距離を保てる。ここでは夜間の使用頻度を考慮し、主寝室と同フロアにトイレを設けた。キッチンやリビングからも半階の移動でアクセスできる。

パブリックスペースからの移動距離と、使い勝手のバランスを意識する

ストリップ階段とすることで、ホール1に光を落とすとともに、空気の循環も確保している

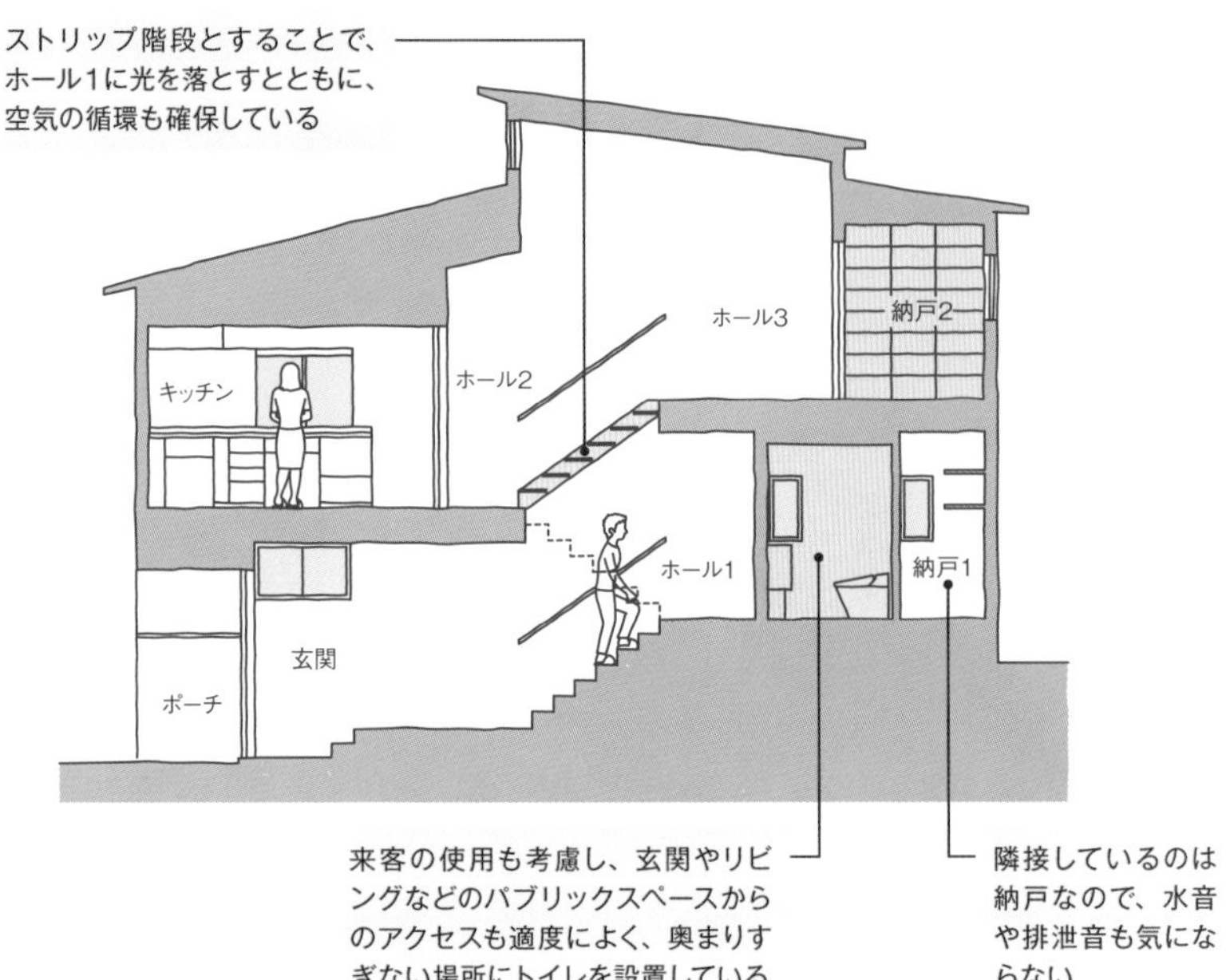

キッチン
ホール2
ホール3
納戸2
ホール1
納戸1
玄関
ポーチ

来客の使用も考慮し、玄関やリビングなどのパブリックスペースからのアクセスも適度によく、奥まりすぎない場所にトイレを設置している

隣接しているのは納戸なので、水音や排泄音も気にならない

トイレと隣接するスペースに配慮する

「永山の家」
設計：丸山弾－スタジオ　写真：丸山弾

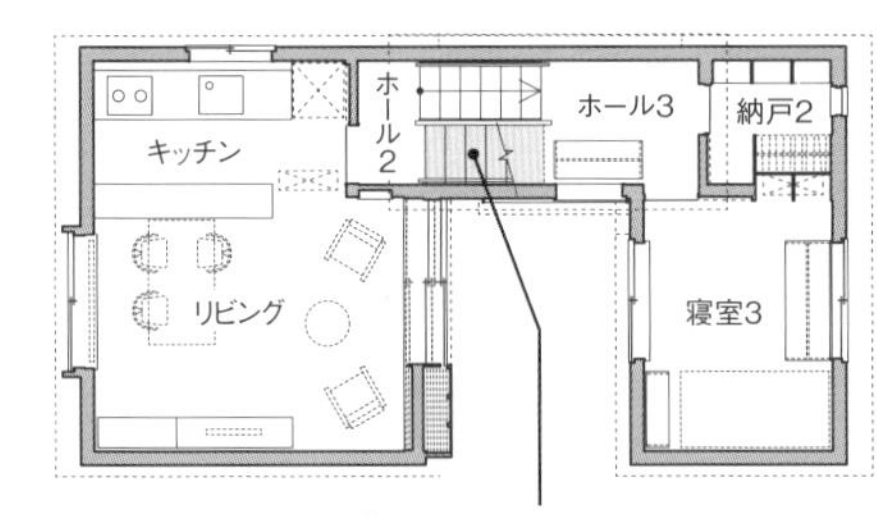

キッチン
ホール2
ホール3
納戸2
リビング
寝室3

2階平面図 S＝1：200

上階の寝室やリビングからも半階の移動でトイレにアクセスできる

袖壁を適度につけることで奥まり感を出している

N
7,500
1,650
1,050
900
900
3,525
ポーチ
玄関
ホール1
納戸1
寝室1
洗面所
浴室
寝室2

1階平面図 S＝1：200

寝室との距離が近いので、夜間使用時のストレスが少ない

ホール2からホール1を見下ろす。奥まった場所の左側に、さりげなくトイレの引戸が設けられている

技2 トイレの前の手洗い場を緩衝帯に

開口部との距離感を意識する

トイレ内に手洗い場を設置して、側面に引戸を設けることで奥まり感が生まれ、プライベート性が高まる。引戸を開けた際に便器が直接目に入らないので、意匠的にも心地よい空間となる。トイレの幅は半間は必要だが、奥行きは1間以下でも問題ない。ここでは手洗い台を設置して、芯々1千650㎜としている。

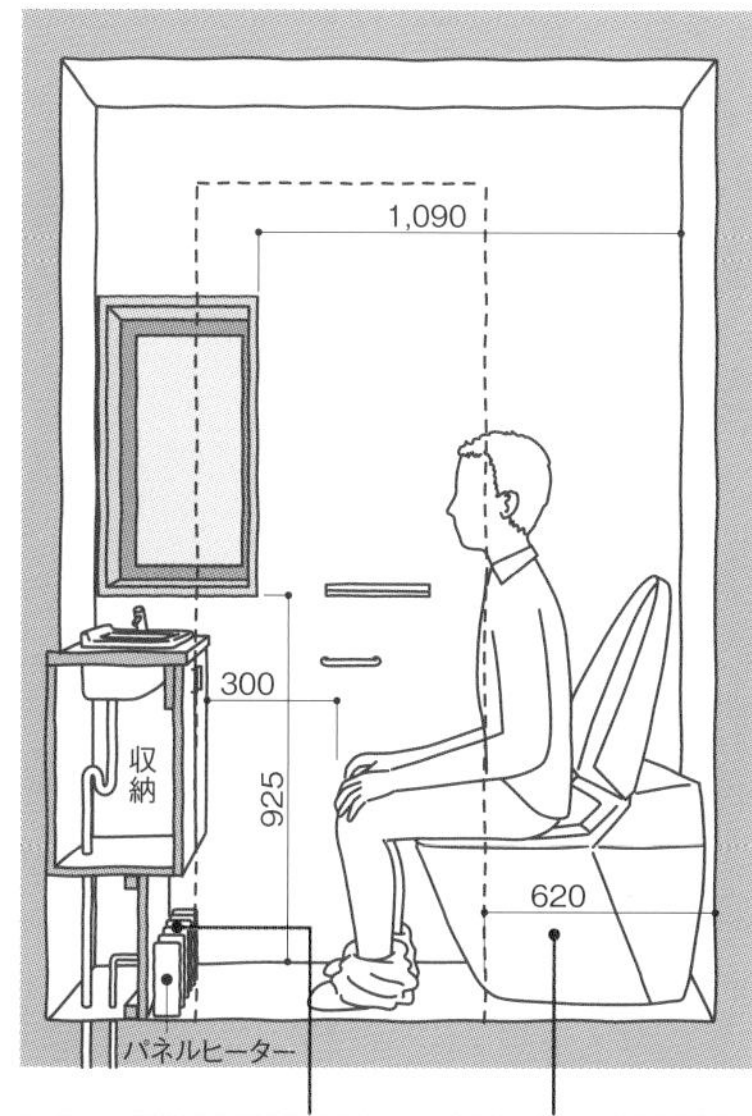
1,090
300
収納
925
620
パネルヒーター

手洗い台の下部にはパネルヒーターを設けてヒートショック[※]対策をしている

引戸を開けた際に、便器全体が直接目に入らないように配置している

※ 急激な温度変化が引き起こす血圧の大きな変動により、体にもたらされる悪影響のこと。冬場の浴室やトイレなどでは特に注意が必要

出入口の配置を考慮する

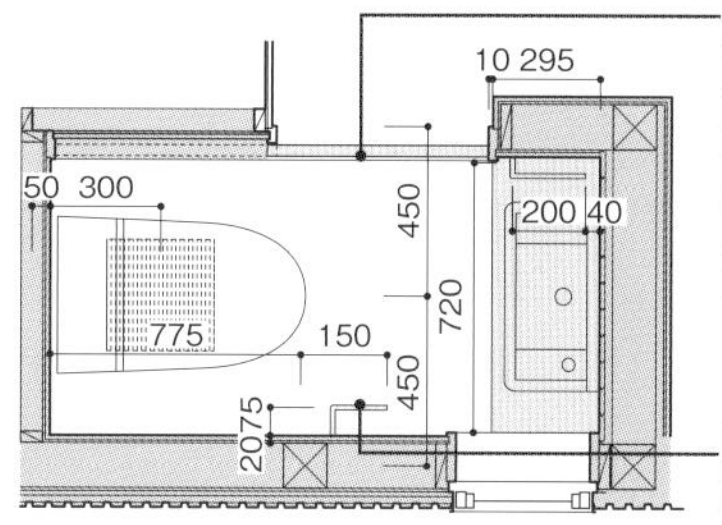
10 295
50 300
450
720
200 40
775
150
450
2075

平面詳細図 S＝1：40

引戸としているので、さりげなく出入りできる。手洗い場の下部は収納スペースとして活用できる。トイレから出る際には、目線の先にテラス越しの緑が広がり、心地よい抜けを感じられる

スチールの丸棒を折り曲げて、シンプルな形状の紙巻器としている

「永山の家」
設計：丸山弾－スタジオ　写真：丸山弾

手洗い場を正面から見る。天板は厚さ25㎜のホワイトオークを使用。正面の壁はスギ板張りのオイル拭き取り仕上げで、水はねにも配慮している

技3　袖壁や垂壁でプライベート性を高める

トイレと引戸は相性がよい？

居室との間に袖壁や垂壁を設けることで、空間が切り替わる効果が生まれ、トイレ空間のプライバシーが確保される。ここではパブリックな玄関ホールとトイレが隣接しているが、その間に手洗い場を挟み、さらに2つの袖壁を設けることで、トイレのプライベート性を高めた。

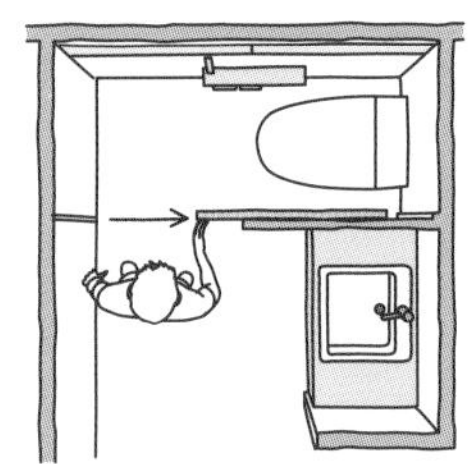

引戸の場合
引戸の場合、トイレに入るときに体の回転が少なくて済むうえ、側面からスッと出入りできる。戸締まり感はやや劣るが、手洗い場などで緩衝帯を設けることで解決できる

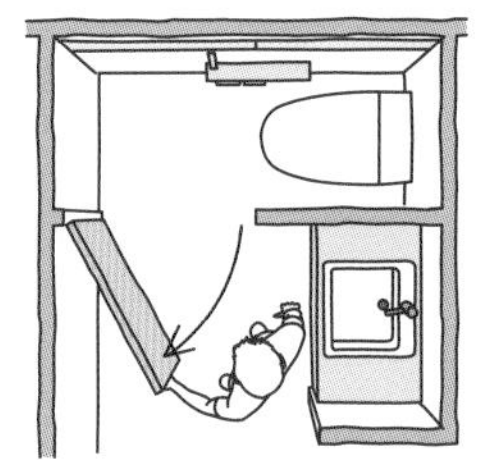

開き戸の場合
開き戸の場合、一定の開閉スペースを確保する必要がある。また、出入りの際に全開しなければならないため、アクションが大きくなる。引戸に比べて戸締まり感は高い

プライベート性と心地よさを両立する

天井際の高い位置に窓を設ければ、プライバシー性を確保しつつ、奥まって暗くなりがちなトイレに光を採り入れることができる

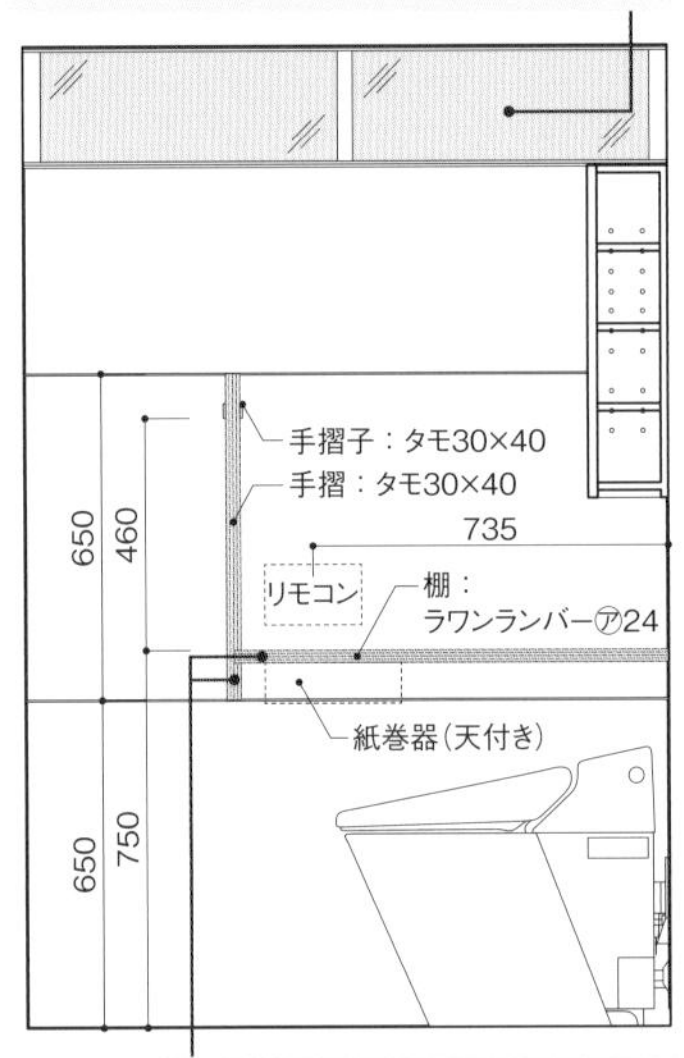

手摺子：タモ30×40
手摺：タモ30×40
735
650
460
リモコン
棚：
ラワンランバー㋐24
紙巻器（天付き）
650
750

展開図 S＝1：30

棚や手摺を一体に造作することで、利便性と意匠性を高めている

手洗い場を緩衝帯とする

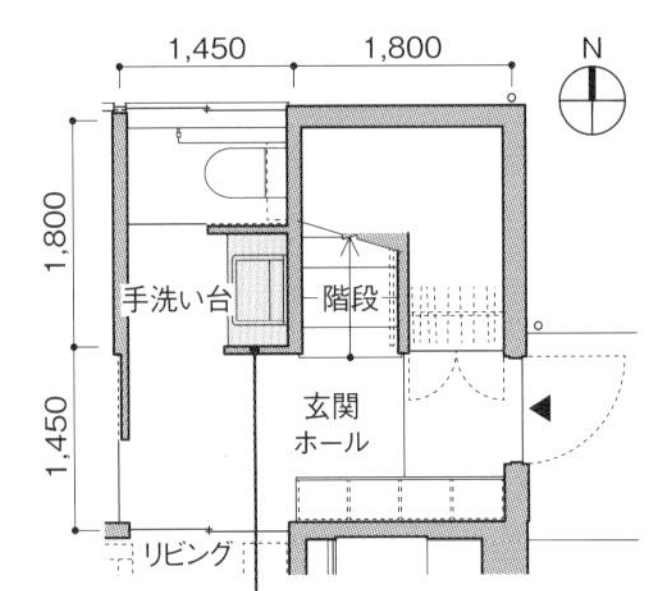

1,450
1,800
N
1,800
1,450
手洗い台
階段
玄関
ホール
リビング

平面図 S＝1：120

袖壁を出すことで、引戸を開けていても玄関ホールから奥の便器が直接見えないよう配慮している

「浜田山の家」
設計：丸山弾－スタジオ　写真：丸山弾

玄関ホールから手洗い場・トイレを見る。垂れ壁を設け、天井高も450㎜下げることで空間を切り替えている

狭い土地でも緑を積極的に取り入れる

季節の移ろいを、五感で感じさせてくれる植栽は、夏には葉の蒸散効果により、涼やかさをもたらす効果もある。外部からの視線や日差しを遮る役割もあるので、敷地面積の制約がある場合でも植栽はできるだけ取り入れたい。植物の種類、建物との位置関係を十分に検討すれば、狭小地でも有効な植栽を施すのは十分可能だ。ここでは、限られた敷地面積で緑を感じられる住宅を設える方法を解説する。

「若林の家」[56頁]

技1　複数の居室から緑が見えるよう植栽を点在させる

狭小地での樹種の選び方

狭小地に植栽を施す場合は、できるだけ緑を点在させて、それぞれの居室から緑が目に入るよう配置するとよい。ここでは敷地手前側（玄関横）と敷地奥側（和室・浴室横）のスペースに植栽を設けた。さらに2階のリビング・ダイニング横のバルコニーにも花壇を設け、生活のなかで常に緑が目に入るよう工夫している。

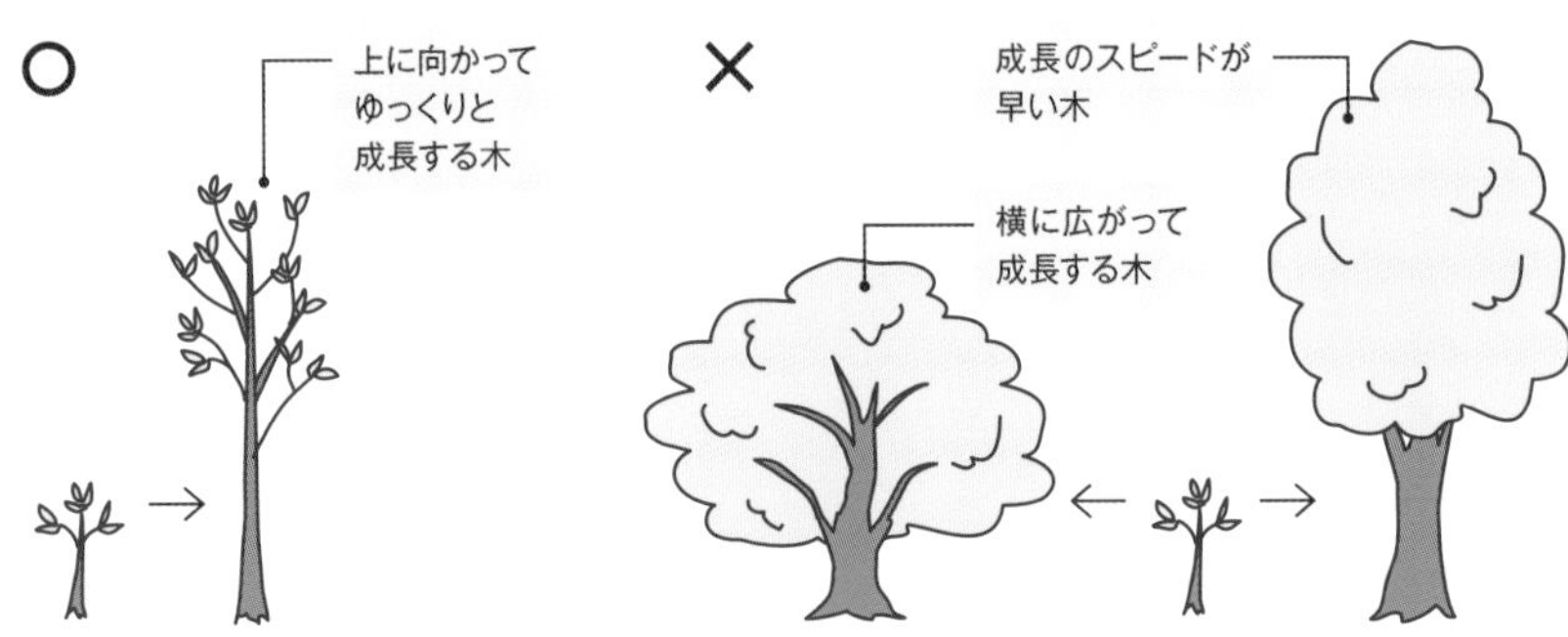
○
上に向かって
ゆっくりと
成長する木
×
成長のスピードが
早い木
横に広がって
成長する木

上階に植栽を設える場合は防水に注意する

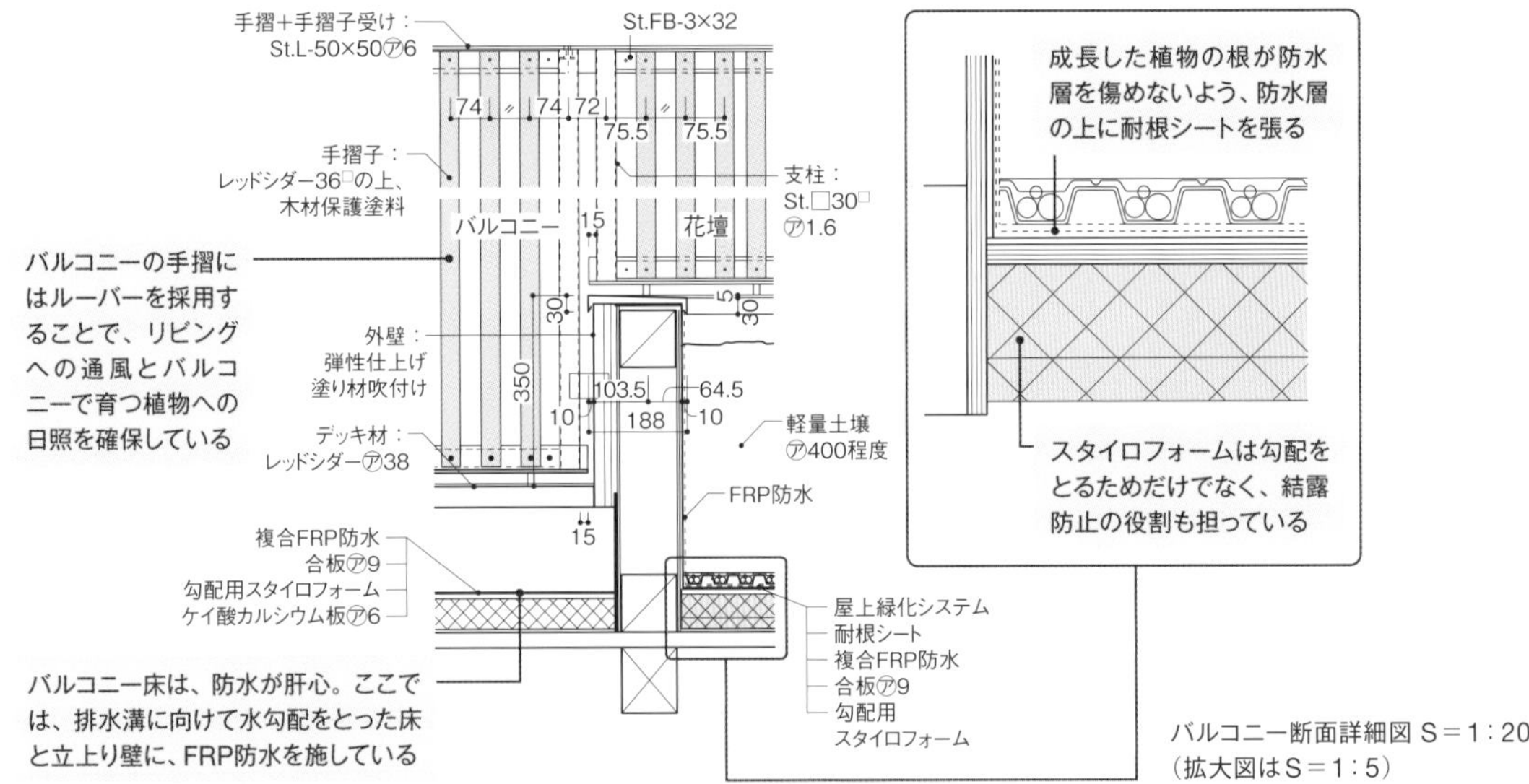
手摺＋手摺子受け：
St.L-50×50㋐6
St.FB-3×32
74
74
72
75.5
75.5
手摺子：
レッドシダー36□の上、
木材保護塗料
支柱：
St.□30□
㋐1.6
バルコニー
15
花壇
バルコニーの手摺にはルーバーを採用することで、リビングへの通風とバルコニーで育つ植物への日照を確保している
30
5
30
外壁：
弾性仕上げ
塗り材吹付け
350
103.5
64.5
10
188
10
軽量土壌
㋐400程度
デッキ材：
レッドシダー㋐38
FRP防水
15
複合FRP防水
合板㋐9
勾配用スタイロフォーム
ケイ酸カルシウム板㋐6
バルコニー床は、防水が肝心。ここでは、排水溝に向けて水勾配をとった床と立上り壁に、FRP防水を施している
屋上緑化システム
耐根シート
複合FRP防水
合板㋐9
勾配用
スタイロフォーム
成長した植物の根が防水層を傷めないよう、防水層の上に耐根シートを張る
スタイロフォームは勾配をとるためだけでなく、結露防止の役割も担っている

バルコニー断面詳細図 S＝1：20
（拡大図はS＝1：5）

右：竣工後1年が経った花壇の様子。ルーバーが風・日光を通すので、低い位置で育つ草花も順調に成長している
下：リビング・ダイニングから竣工後2年を経た花壇を見る。ルーバーにはモッコウバラが生い茂り、緑のカーテンをつくっている

「若林の家」
設計：村田淳建築研究室　写真：村田淳建築研究室

狭小地では緑と居室の位置関係を考える

庭の奥行きが狭い場合は、立ち性[※]の樹種を選択する。ここでは、主木にモミジを採用した

※ 茎や枝が上に向かって伸びる性質が強いこと。この性質が強いと、植物が成長した際に横に広がりにくい

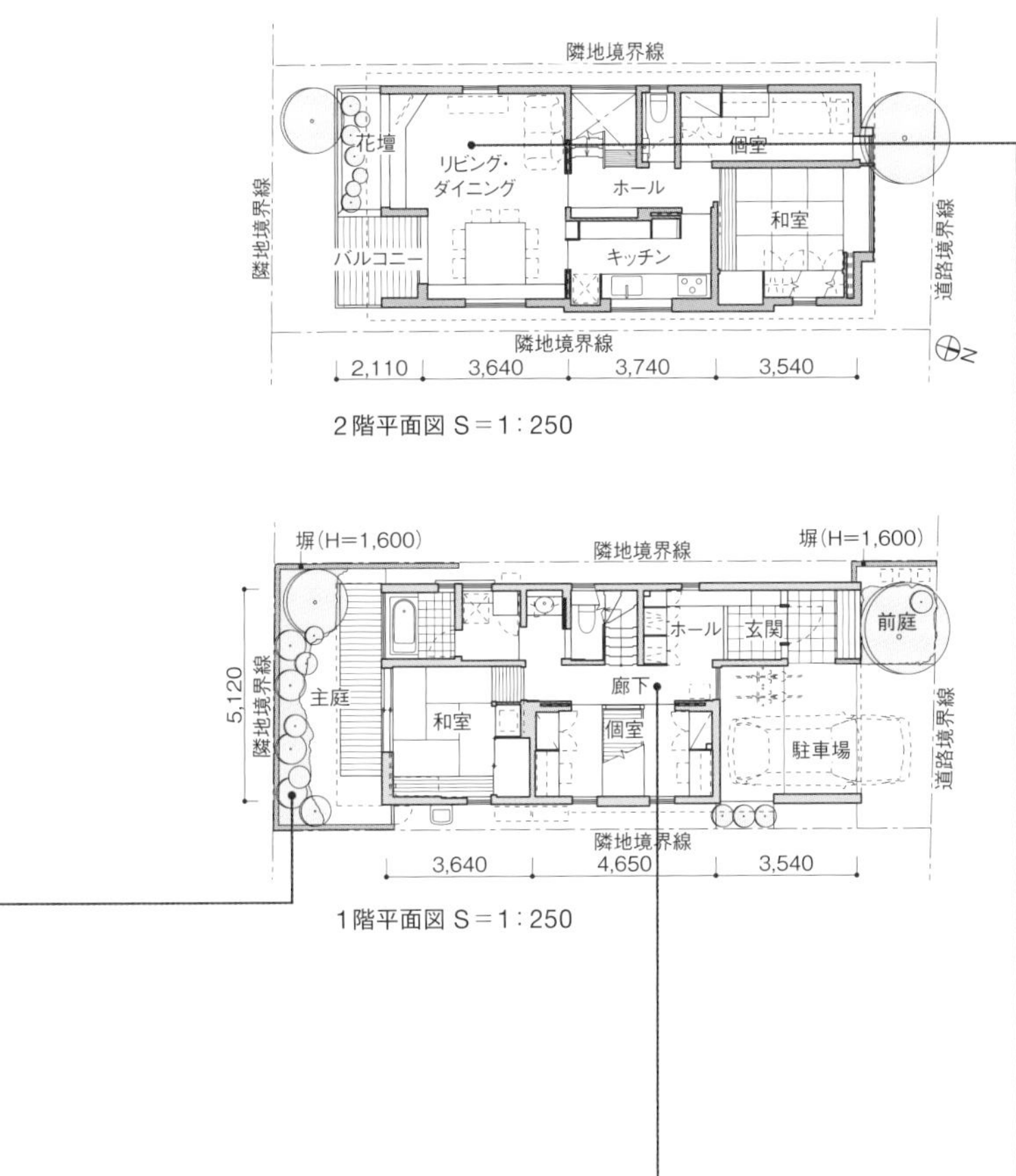
隣地境界線
花壇
リビング・ダイニング
ホール
個室
和室
キッチン
バルコニー
隣地境界線
道路境界線
2,110
3,640
3,740
3,540
2階平面図 S＝1：250
塀(H=1,600)
隣地境界線
塀(H=1,600)
ホール
玄関
前庭
5,120
主庭
和室
廊下
個室
駐車場
隣地境界線
道路境界線
3,640
4,650
3,540
1階平面図 S＝1：250

見通しのよいプランを採用すると、限られた面積でつくった庭を離れた場所からでも楽しめる。ここでは、廊下から和室越しに庭を見通すことができる

リビング・ダイニングから花壇を見る。花壇の内側にはテレビ台を兼ねたベンチを設えた

技2 コートハウスの中庭に植栽を施す

コートハウスの中庭はたくさんの部屋から植栽が楽しめる

「小さなコートハウス」

設計：村田淳建築研究室　写真：黒住直臣

コートハウスの中庭は外部でありながら、周辺環境とは切り離された半屋外的な空間である。この空間に植栽を施せば、植樹面積が少なくても中庭を囲む各居室から緑を楽しむことができる。またRC造であれば、本事例のように最上階を屋上庭園として活用することもでき、狭い土地でも立体的に緑を楽しめる。

屋上庭園から中庭を見る。屋上からはツルニチニチソウの蔓が垂れ下がり、主寝室の窓に掛かっている

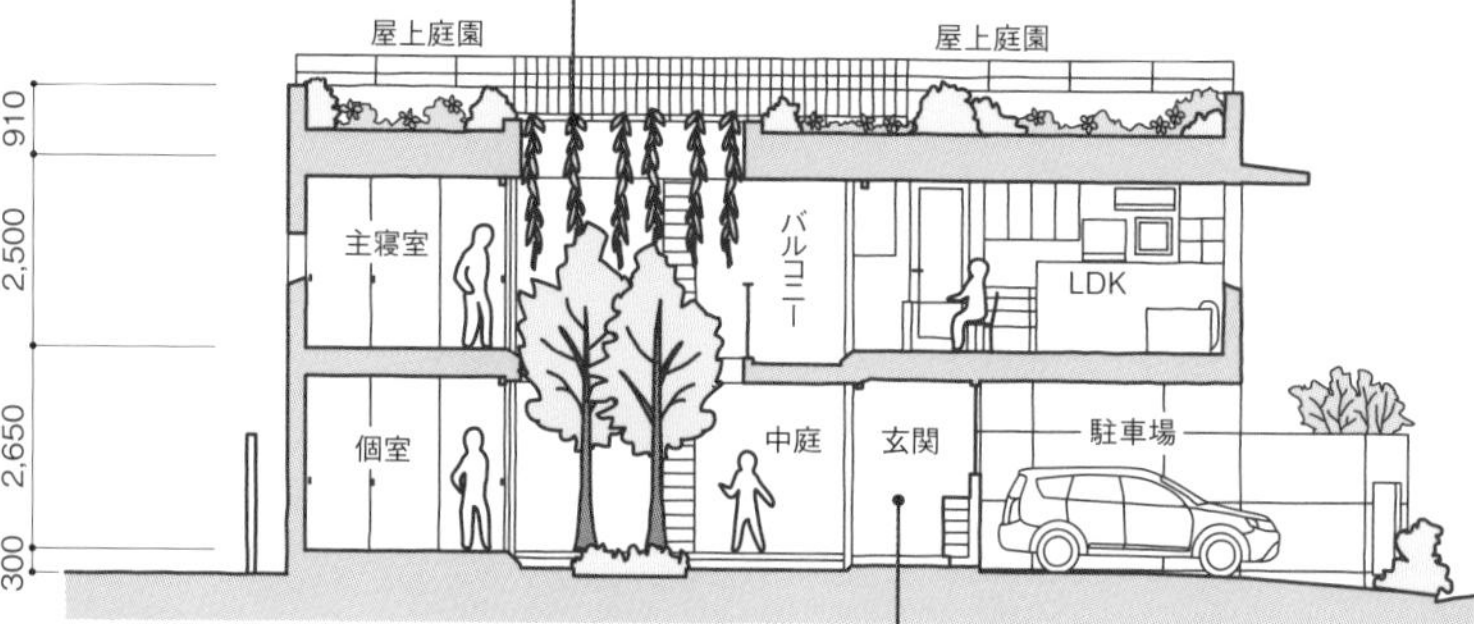

屋上庭園
屋上庭園
910
2,500
2,650
300
主寝室
バルコニー
LDK
個室
中庭
玄関
駐車場

屋上には軽量土壌を敷き、屋上庭園を設けた

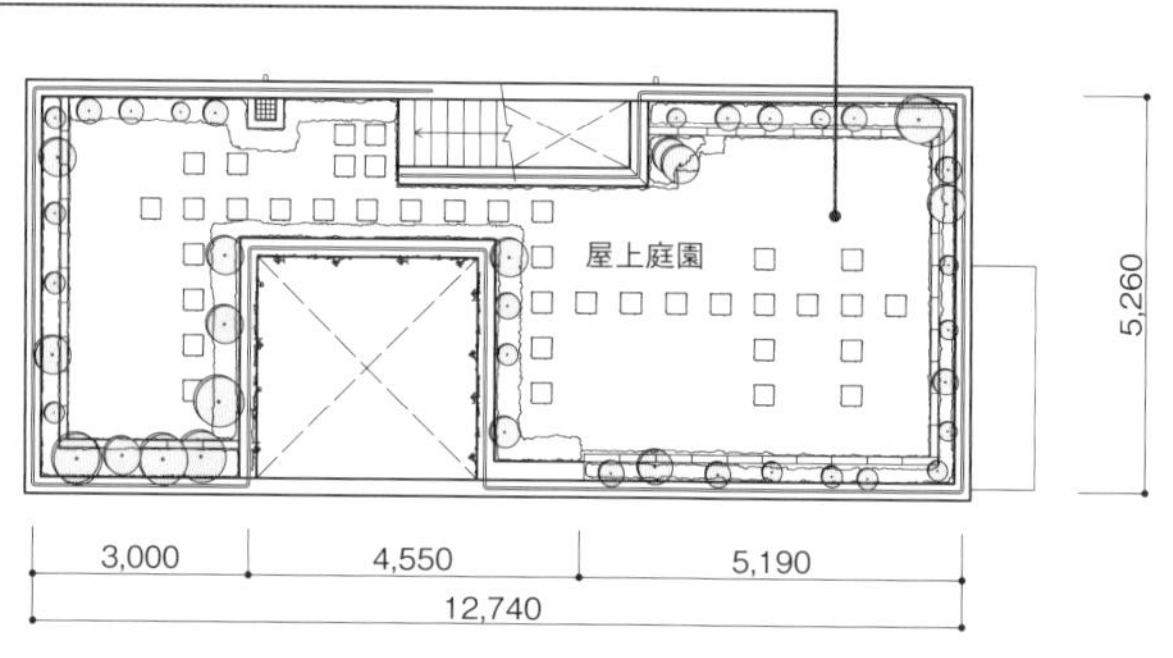

屋上庭園
5,260
3,000
4,550
5,190
12,740

屋上平面図 S＝1：200

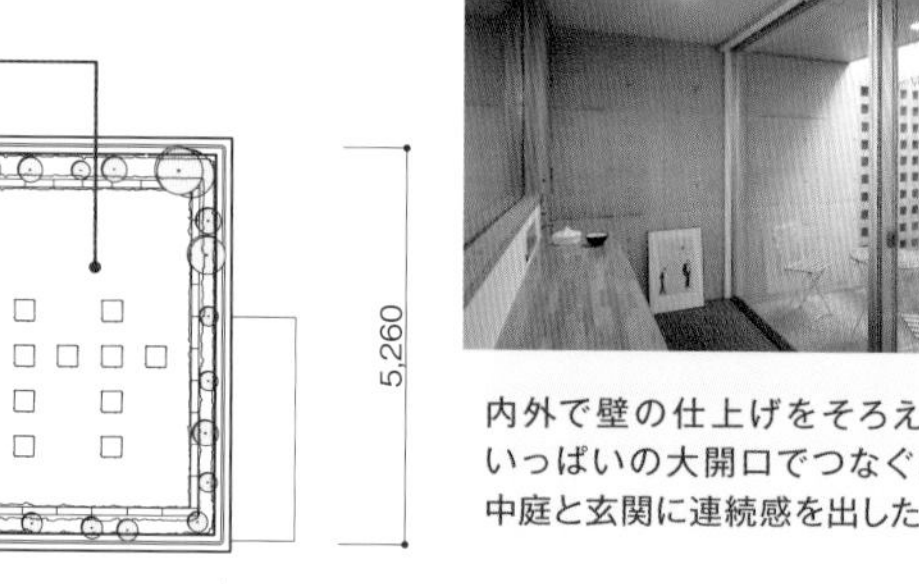

内外で壁の仕上げをそろえ、天井いっぱいの大開口でつなぐことで、中庭と玄関に連続感を出した

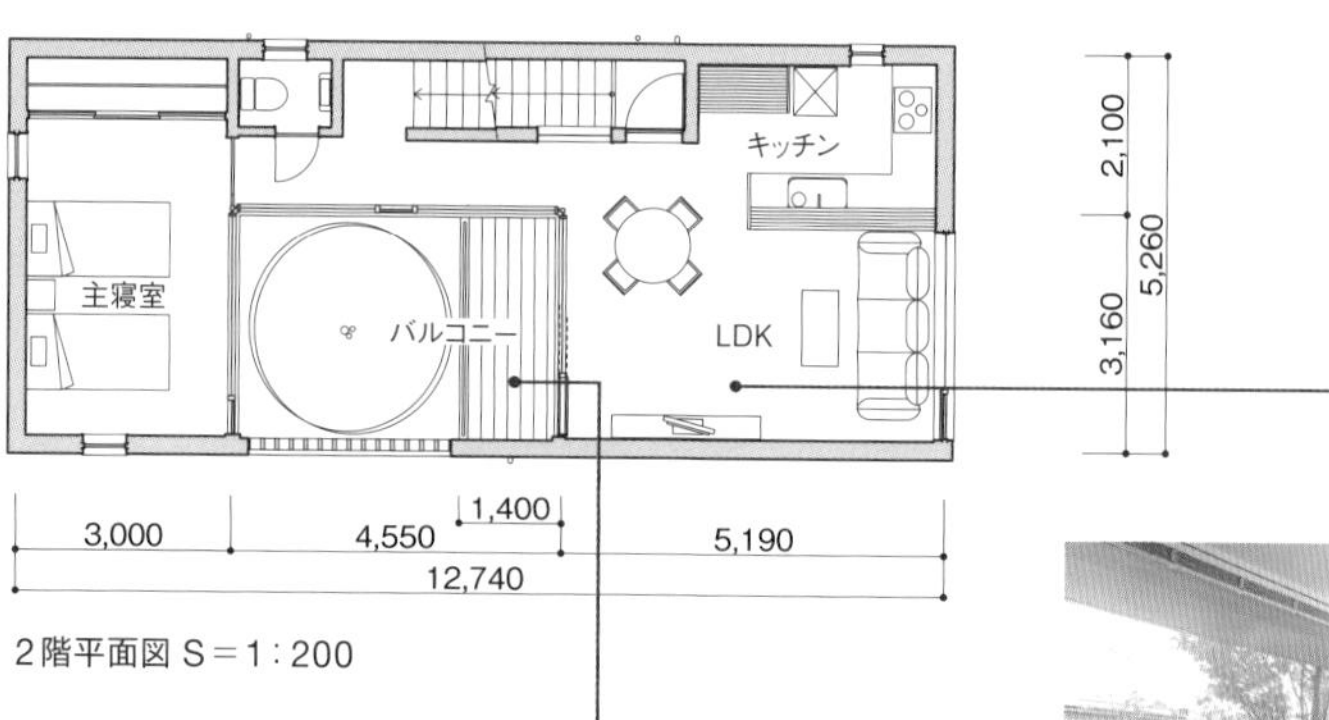

キッチン
主寝室
バルコニー
LDK
2,100
3,160
5,260
3,000
4,550
1,400
5,190
12,740

2階平面図 S＝1：200

2階LDKに設けたバルコニーにはベンチを置き、中庭の植栽を楽しめるよう工夫した

狭小地の場合には隣家の植栽を借景するのも手だ。ここではダイニングから隣家の桜が見える位置に開口部を設けた

やさしくしてネ

コートハウスの中庭に植栽を設ける

コートハウスは、住宅密集地であってもプライバシーの確保された中庭を設けられる優れた形式だ。居室の中庭が視覚的につながる半屋外のような空間は、限られた敷地を最大限広く感じさせようとした先人たちの創意工夫の賜物である。コートハウスの中庭に植栽を取り入れれば、緑のある屋外の雰囲気をより強く感じられる。ここでは、その手法で初心者が犯しがちなミスを避けるコツを紹介する。

「中海岸のコートハウス」(60頁)

技1　メンテナンスと通風を考え、コートハウス形式の1辺を開ける

1辺を建具にすれば搬入時やメンテナンス時の利便性が高まる

コートハウスの中庭で意外と忘れられがちなのが、植物の搬入経路の確保だ。ここでは、中庭を囲う4辺のうち1辺をスチール製の引戸とし、外部との通用口とした。これは、竣工後に行う植物のメンテナンス時（植物の剪定や追加など）にも役に立つだけでなく、植物の成長に必要な通風確保にも一役買っている。

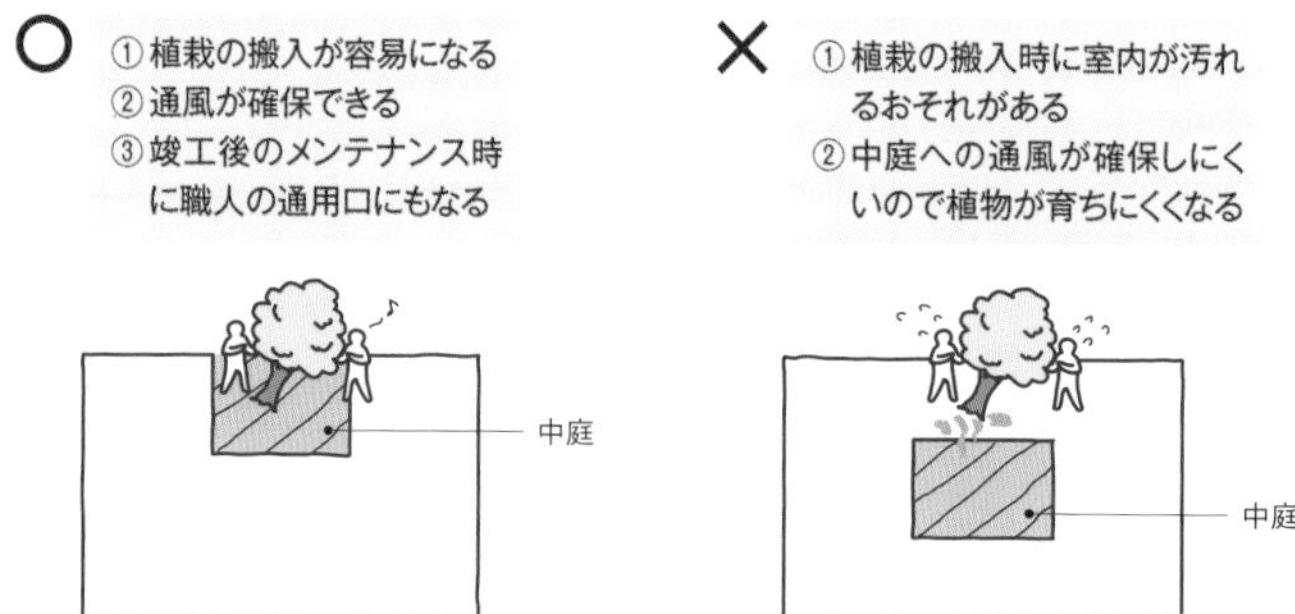
○
①植栽の搬入が容易になる
②通風が確保できる
③竣工後のメンテナンス時に職人の通用口にもなる
中庭
×
①植栽の搬入時に室内が汚れるおそれがある
②中庭への通風が確保しにくいので植物が育ちにくくなる
中庭

コの字プランの中心に中庭を設ける

建具上部を格子とすることで中庭に風が入り、植物の成長に必要な通風を確保できる

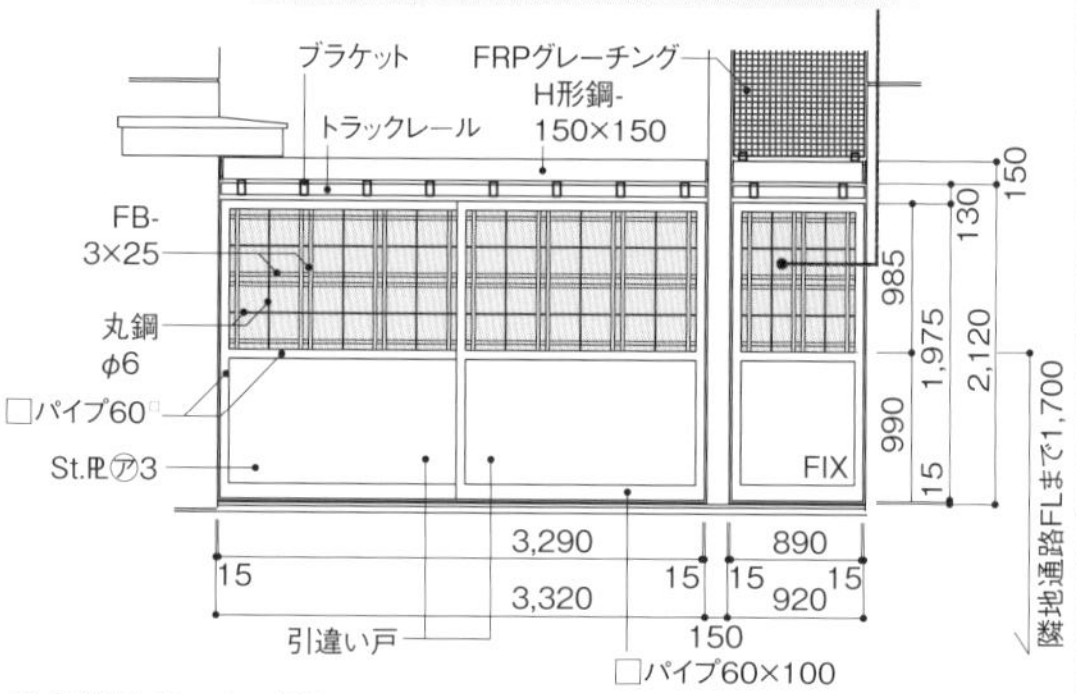

ブラケット
FRPグレーチング
H形鋼-150×150
トラックレール
FB-3×25
丸鋼φ6
□パイプ60
St.⑦3
FIX
150
130
985
1,975
2,120
990
15
隣地通路FLまで1,700
3,290
3,320
15
15
15
890
920
15
引違い戸
150
□パイプ60×100

建具姿図 S＝1：100

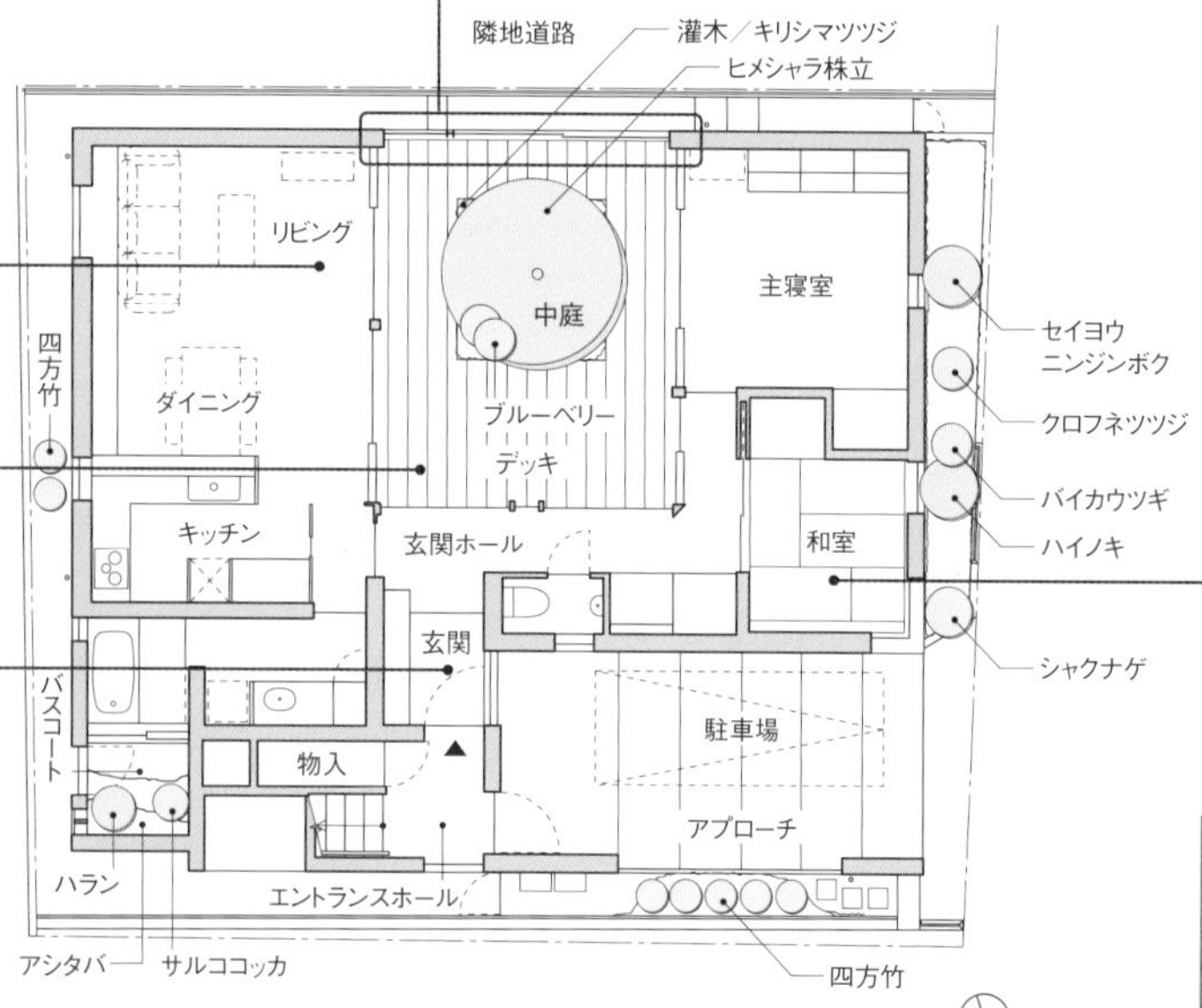

隣地道路
灌木／キリシマツツジ
ヒメシャラ株立
リビング
中庭
主寝室
四方竹
ダイニング
ブルーベリー
デッキ
セイヨウニンジンボク
クロフネツツジ
バイカウツギ
ハイノキ
キッチン
玄関ホール
和室
玄関
シャクナゲ
バスコート
物入
駐車場
アプローチ
ハラン
エントランスホール
アシタバ
サルココッカ
四方竹

平面図 S＝1：200

「中海岸のコートハウス」
設計：村田淳建築研究室　写真：村田淳建築研究室

和室から中庭を見る。中庭を見る際に建具の存在感が現れないよう、和室の障子は引込み戸とした

リビングから中庭を見る。隣地通路に面した建具［右図］は下部をスチールプレートでふさぎ、隣地通路の通行人からの視線を遮っている

ウッドデッキから寝室側の建物を見る。屋上庭園も設えたことで、ウッドデッキからは一層緑を感じることができる

玄関扉を開けると中庭と枝振りのきれいなヒメシャラが目に入る。大きなFIXガラスを用いることで内外の床の連続性が強く感じられる

技2　排水経路と防湿処理を検討する

外部空間を設計する際、ウッドデッキの素材には耐候性の高いものを選択することが多いが、そのさらに下の環境についての配慮は忘れられがちである。デッキ下の排水経路を確保し忘れたり、防湿処理を怠ったりすると、デッキ下に溜まった湿気がデッキ材を腐食させ、美観や使用時の安全性を損ねてしまう。デッキの下には防湿コンクリートを打ち、土が吸収しきれなかった雨水などは、排水用の枡を通して排出するよう心がけたい。

コートハウスの中庭における排水・防湿の○と×

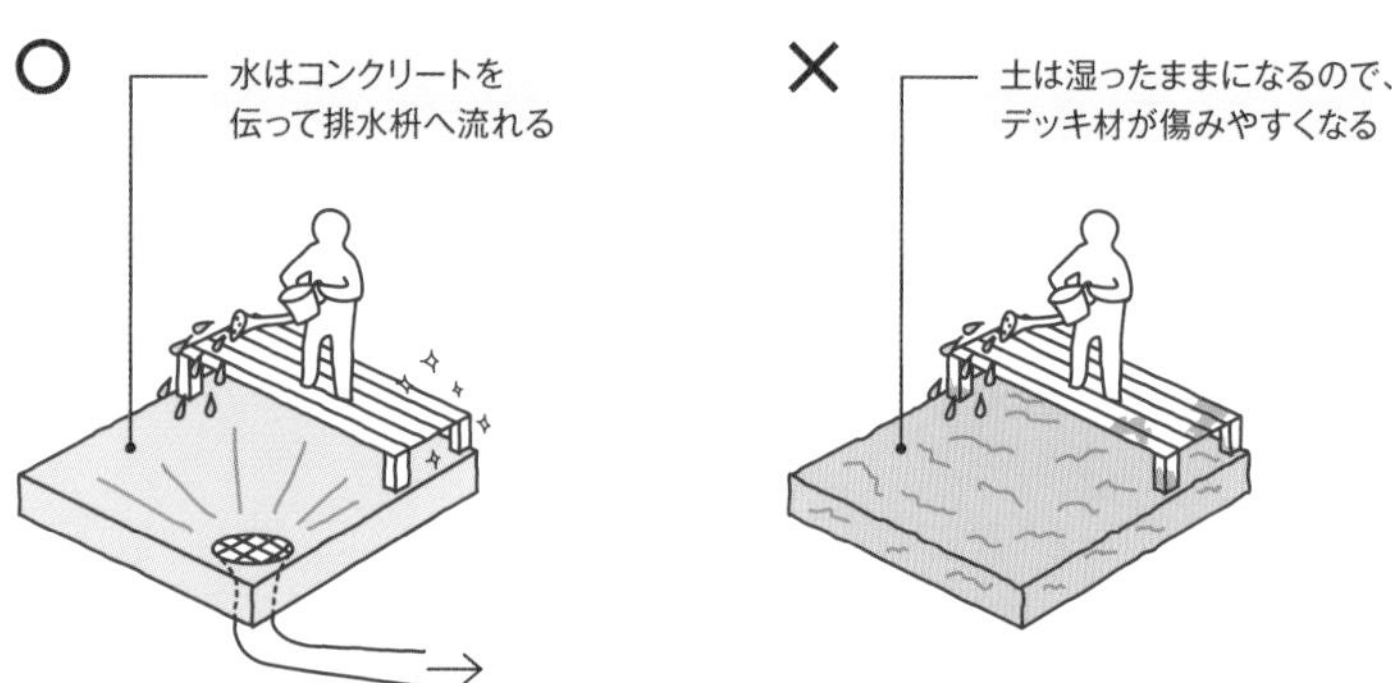

○
水はコンクリートを
伝って排水枡へ流れる
×
土は湿ったままになるので、
デッキ材が傷みやすくなる

ウッドデッキは竣工後のメンテナンス性を考えて設計する

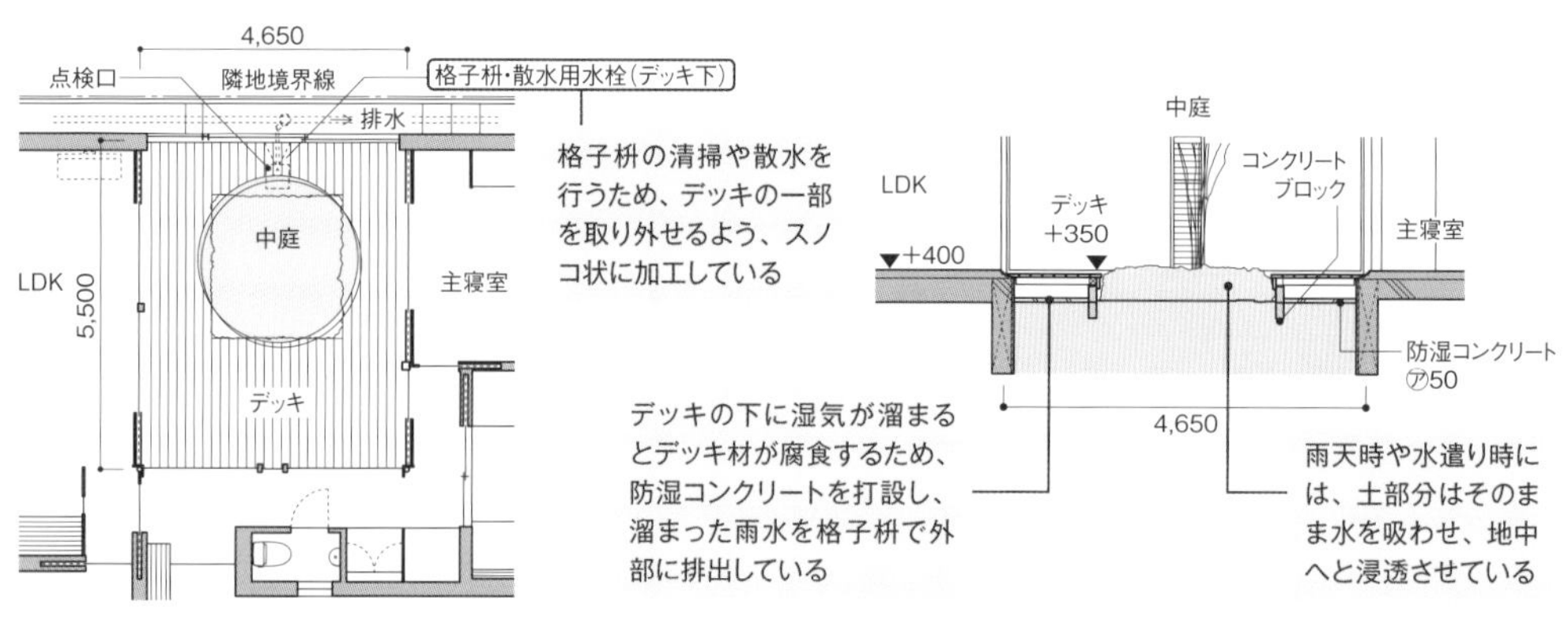

4,650
点検口
隣地境界線
格子枡・散水用水栓(デッキ下)
排水
格子枡の清掃や散水を行うため、デッキの一部を取り外せるよう、スノコ状に加工している
中庭
LDK
5,500
主寝室
デッキ
中庭
コンクリートブロック
LDK
デッキ
+350
+400
主寝室
防湿コンクリート
⑦50
4,650
デッキの下に湿気が溜まるとデッキ材が腐食するため、防湿コンクリートを打設し、溜まった雨水を格子枡で外部に排出している
雨天時や水遣り時には、土部分はそのまま水を吸わせ、地中へと浸透させている

1階部分平面図 S＝1：200　　中庭断面図 S＝1：150

中庭（ウッドデッキ）から植栽を見る。コートハウスの中庭は四方から見られるため、どこから見ても立ち姿の美しい樹種を選ぶとよい。ここでは季節感が感じられるよう主木にヒメシャラ(落葉樹)、その足元にはキリシマツツジとブルーベリーを植えた

「中海岸のコートハウス」
設計：村田淳建築研究室　写真：村田淳建築研究室

PART-2
中間領域

室内に土間空間を設ける

むやみに大開口を設けると、外部とのつながりが強くなりすぎてしまい、居心地のよさを損ねてしまうことがある。内外の連続性と居心地のよさを両立させたい場合には、室内外に連続した土間を設け、外部に深い軒を出してみよう。室の内外を曖昧につなぐ縁側のような空間が生まれ、内部と外部の連続性がもたらされる。ここでは、この中間領域を生かしたプランニングとその使い勝手を高めるためのテクニックを紹介する。

「ふるまいの庭」(66頁)

技1 土間を取り入れて光と陰影、スケールの対比をつくる

小さな住宅に半屋外空間を設けると、外部の陰影やスケール感を内部に取り込むことができる。ここでは、方形屋根の軒を深く出し、軒下のテラス空間とそれに続く半屋外に明るい土間を設けている。土間の奥は屋根なりの勾配天井をもつやや薄暗いリビングとし、その奥に水廻りを納めた。シンプルな田の字プランだが、天井高や陰影の変化によって表情豊かな空間を実現できる。

光と陰影、スケールのグラデーション

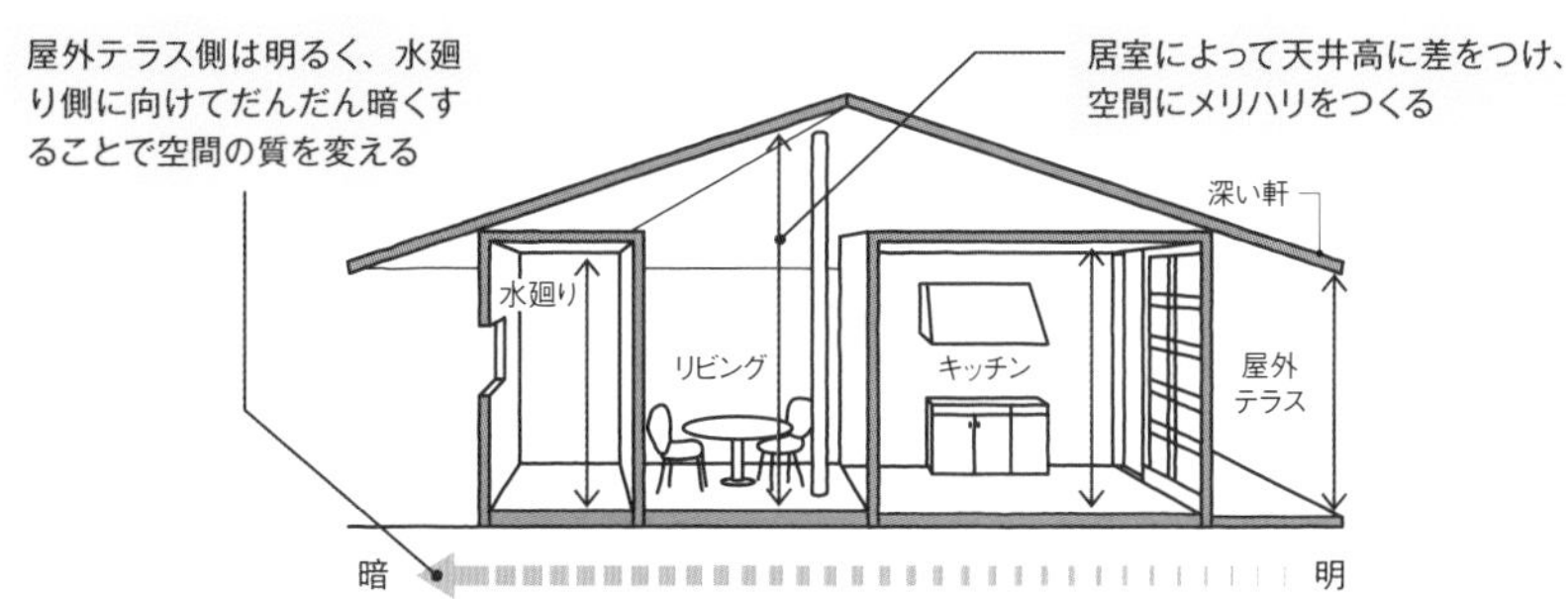
屋外テラス側は明るく、水廻り側に向けてだんだん暗くすることで空間の質を変える
居室によって天井高に差をつけ、空間にメリハリをつくる
深い軒
水廻り
リビング
キッチン
屋外テラス
暗
明

単純な田の字プランは半屋外空間で居室ごとに差をつける

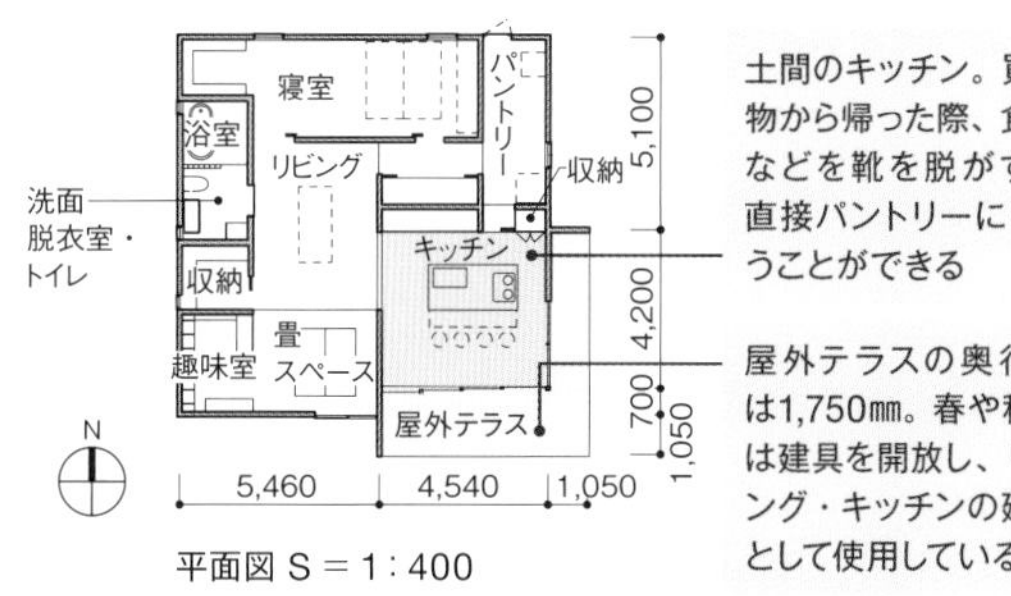
寝室
浴室
パントリー
収納
リビング
洗面脱衣室・トイレ
キッチン
収納
趣味室
畳スペース
屋外テラス
N
5,460
4,540
1,050
5,100
4,200
700
1,050

平面図 S＝1：400

土間のキッチン。買い物から帰った際、食材などを靴を脱がずに直接パントリーにしまうことができる

屋外テラスの奥行きは1,750㎜。春や秋には建具を開放し、リビング・キッチンの延長として使用している

天井高の差で空間に変化をつける

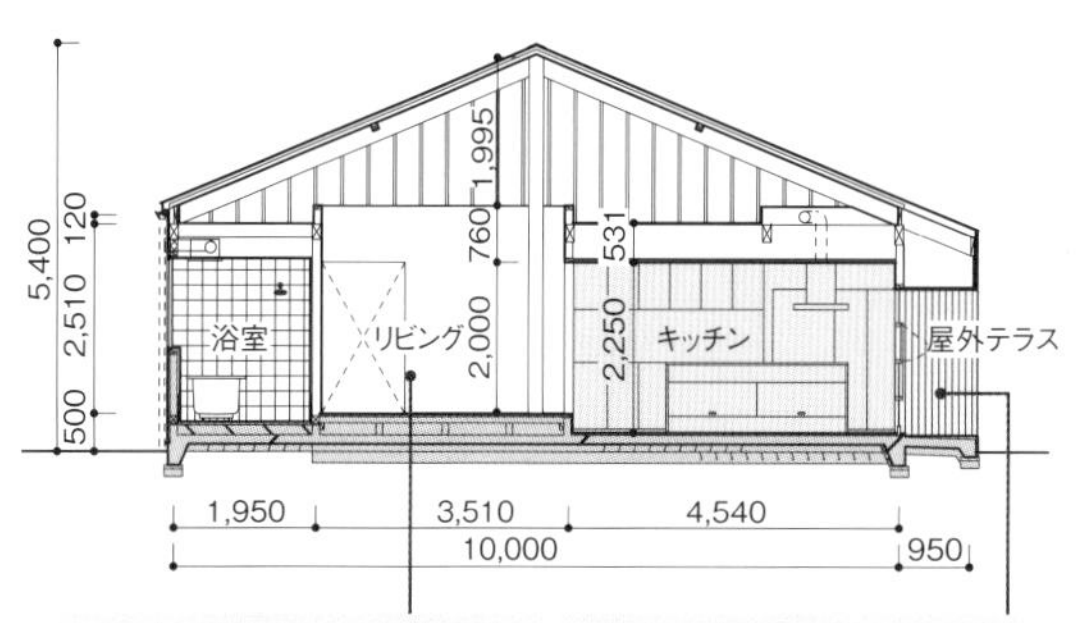
5,400
120
2,510
500
1,995
760
531
2,250
2,000
浴室
リビング
キッチン
屋外テラス
1,950
3,510
4,540
10,000
950

天井高2,250㎜の明るいキッチンに対し、その奥のリビングは天井高4,755㎜のやや薄暗い空間とし、両室を対比させる

開口上部に梁を設けその上に屋根垂木の2×12材を架け、軒先に支柱を出すことなく軒を深く出している

断面図 S＝1：200

「打越の家」

設計：赤座建築デザイン事務所　写真：赤座建築デザイン事務所

軒の出と合わせて設けた屋外テラス部分の床はコンクリート。室内の土間部分との段差を最小限にとどめ、モルタル仕上げの土間と境界ができないようにしている

技2　土間と高低差を活用して開放感とプライバシーを確保する

角地や2方向道路の敷地の場合、道路側からの視線の遮り方がポイントになる。ここでは道路を挟んで反対側にある公園の風景を室内から眺められるように、塀を設けていない。その代わりに室内外をつなぐ土間と深い軒、敷地の高低差、植栽によって、道路からの視線をコントロールしている。

高低差と土間が視線の交錯を回避する

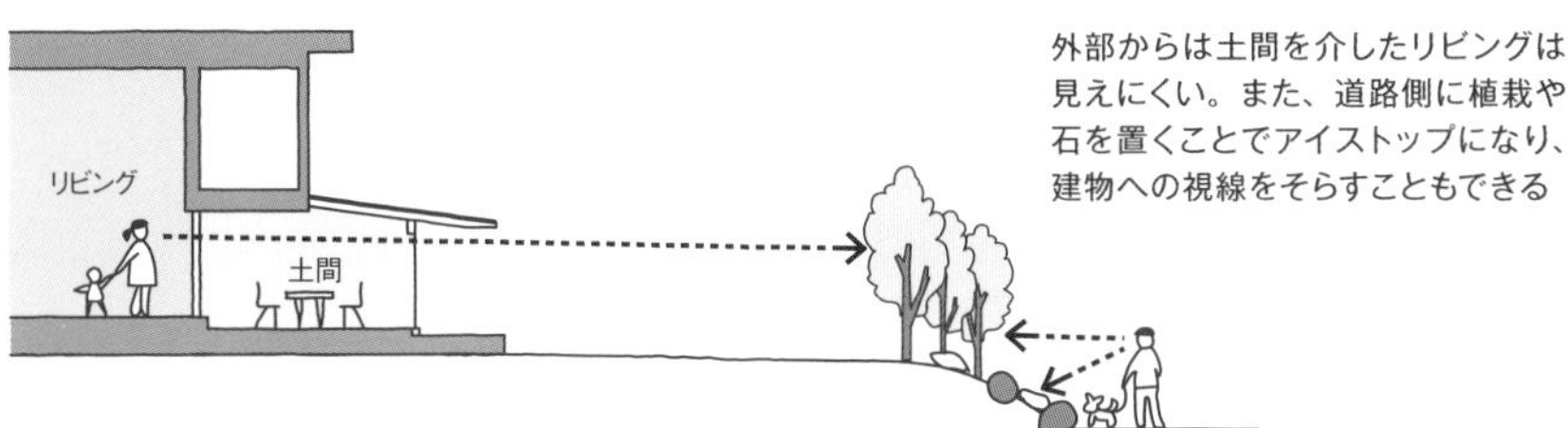

リビング
土間

外部からは土間を介したリビングは見えにくい。また、道路側に植栽や石を置くことでアイストップになり、建物への視線をそらすこともできる

土間でリビングと道路側を緩やかにつなぐ

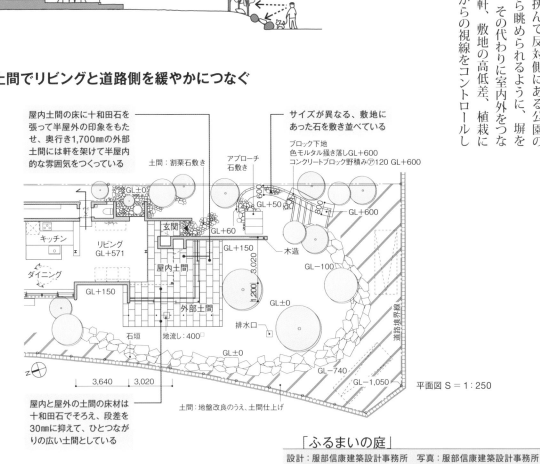

屋内土間の床に十和田石を張って半屋外の印象をもたせ、奥行き1,700㎜の外部土間には軒を架けて半屋内的な雰囲気をつくっている

サイズが異なる、敷地にあった石を敷き並べている

土間：割栗石敷き
アプローチ石敷き
ブロック下地
色モルタル掻き落しGL+600
コンクリートブロック野積み㋐120 GL+600
GL±0
GL+50
600
800
GL+600
玄関
GL+60
キッチン
リビング
GL+571
GL+150
木造
屋内土間
3,020
GL−100
ダイニング
GL+150
1,200
GL±0
外部土間
排水口
石垣
地流し：400□
道路境界線
GL±0
GL−740
GL−1,050
3,640
3,020
平面図 S＝1：250
土間：地盤改良のうえ、土間仕上げ

屋内と屋外の土間の床材は十和田石でそろえ、段差を30㎜に抑えて、ひとつながりの広い土間としている

「ふるまいの庭」
設計：服部信康建築設計事務所　写真：服部信康建築設計事務所

壁を１枚立てることで玄関へのアプローチを独立させ、落ち着いた空間にすることができる

前面道路側から建物内部への視線は、地盤の高低差や植栽、深い軒により遮られる

屋内土間は床材の十和田石と天井の垂木露しで、半屋外の印象を強めている

外部土間のボックスには地流し用水栓が入っており、美容師の奥さんが家族の髪を切るなど、さまざまな使い方を可能にしている

垂木露しで屋内と外部の土間をつなぐ

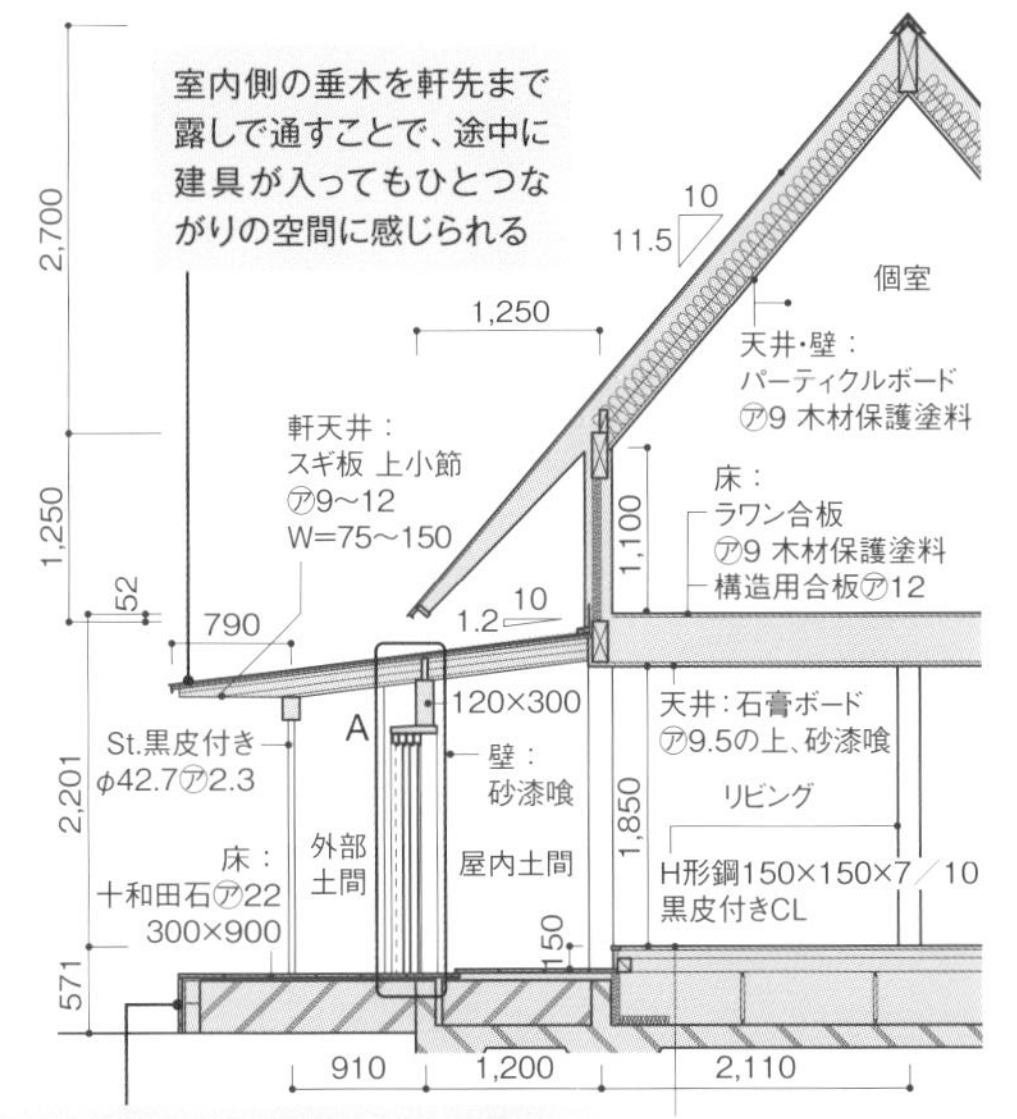
室内側の垂木を軒先まで露しで通すことで、途中に建具が入ってもひとつながりの空間に感じられる
2,700
1,250
52
2,201
571
10
11.5
個室
1,250
天井・壁：
パーティクルボード
㋐9 木材保護塗料
軒天井：
スギ板 上小節
㋐9〜12
W=75〜150
床：
ラワン合板
㋐9 木材保護塗料
構造用合板㋐12
1,100
1.2
10
790
120×300
St.黒皮付き
φ42.7㋐2.3
A
壁：
砂漆喰
天井：石膏ボード
㋐9.5の上、砂漆喰
リビング
1,850
外部土間
屋内土間
床：
十和田石㋐22
300×900
H形鋼150×150×7／10
黒皮付きCL
150
910
1,200
2,110

断面図
S＝1：100

土間床の立上りを床材と同じ十和田石にしたことで床の厚みが強調され、ボリュームのある屋根とのバランスがとれている

床：構造用合板㋐12の上、スギ上小節材㋐24 W=180 木材保護塗料（2色調合）

低めの建具で心地よい暗さをつくる

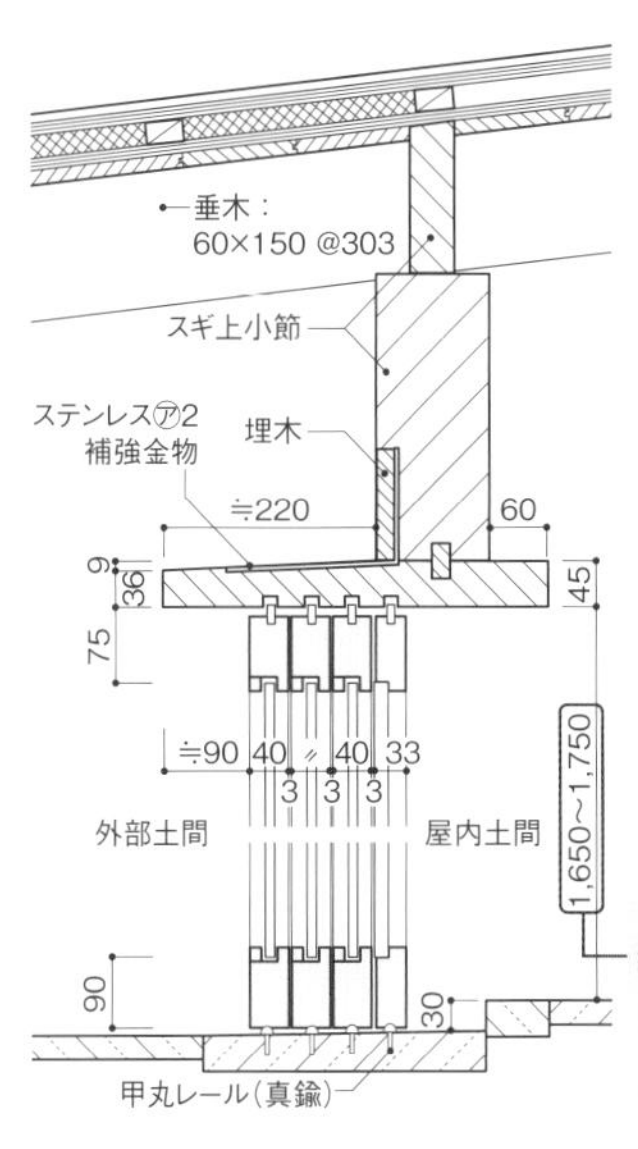
垂木：
60×150 @303
スギ上小節
ステンレス㋐2
補強金物
埋木
≒220
60
9
36
45
75
≒90 40 40 33
3 3 3
外部土間
屋内土間
1,650〜1,750
90
30
甲丸レール（真鍮）

建具の高さを1,600㎜に抑えることで、室内側は心地よい暗さの空間になる

A部分断面詳細図 S＝1：15

外部から室内への視線を遮る

建築基準法で接道義務［※］が定められている以上、住宅設計では、外部（前面道路や隣地）からの視線をどうやって避けるかという課題が必然的に生じる。前面道路や隣地から距離をとることも一手であるが、敷地が狭い場合や細長い場合には難しいことも多い。ここでは、室内の床レベルを操作して視線を遮る方法と、隣地側の壁を閉じながらも室内では閉塞感を感じない空間のつくり方を紹介する。

※ 建築物の敷地が道路に2mないしは3m以上接しなければならないとする義務（法43条）

「45°」(70頁)

技1 寝室の床レベルを上げる

天井の低さが落ち着きをもたらす

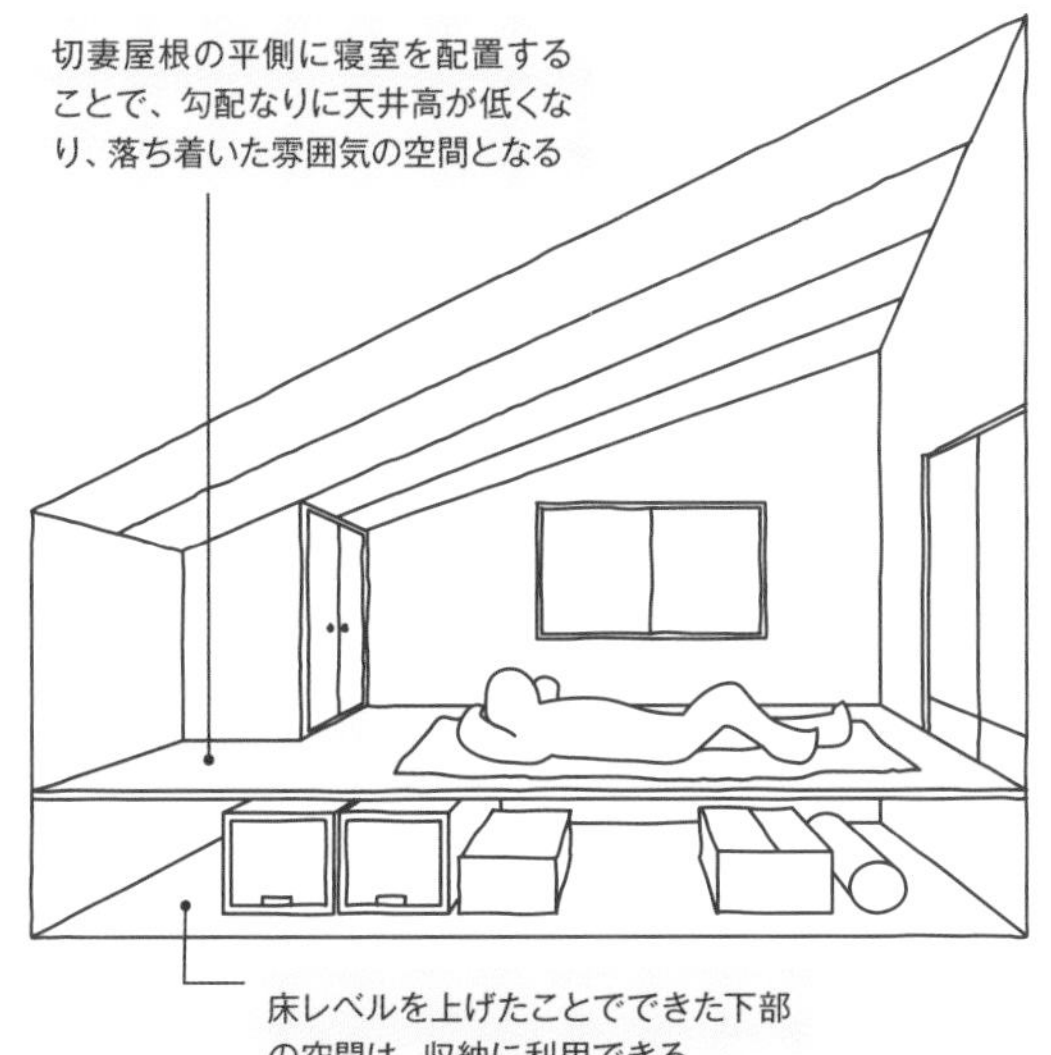
切妻屋根の平側に寝室を配置することで、勾配なりに天井高が低くなり、落ち着いた雰囲気の空間となる
床レベルを上げたことでできた下部の空間は、収納に利用できる

窓の位置が上がると防犯性も高まる

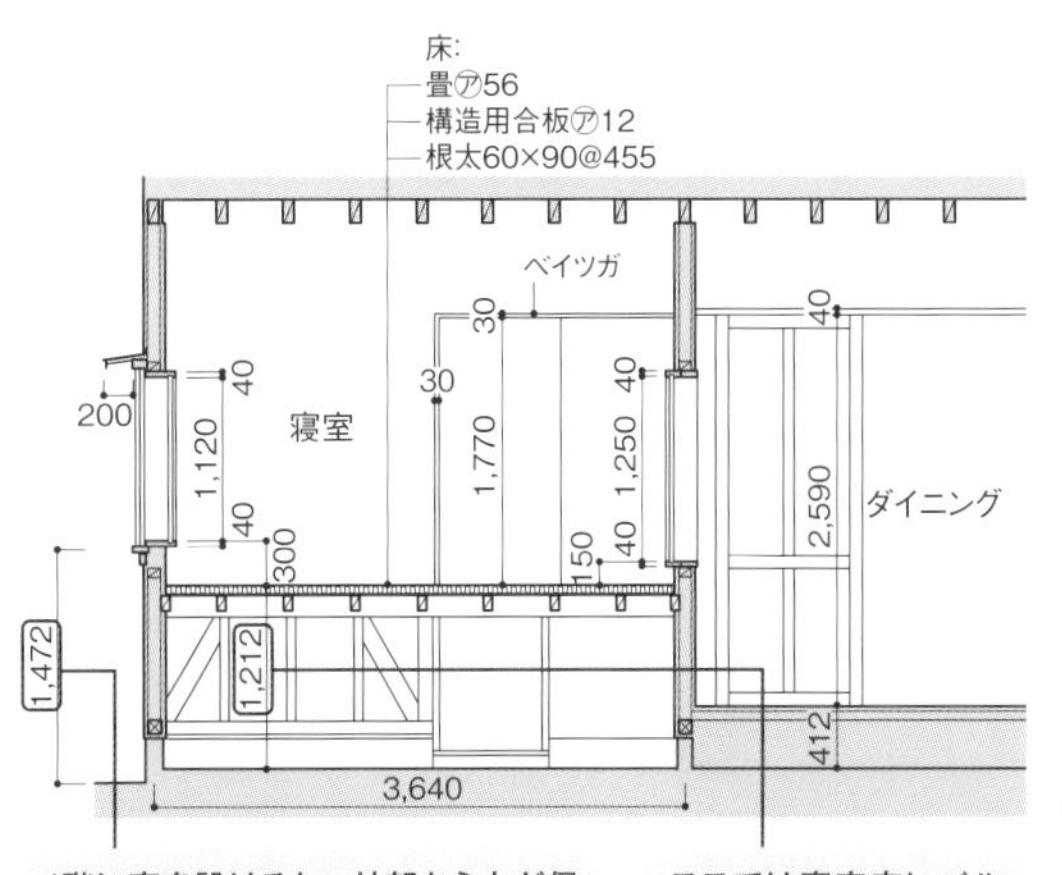
床:
畳⑦56
構造用合板⑦12
根太60×90@455
ベイツガ
寝室
ダイニング
200
1,120
1,770
1,250
2,590
1,472
1,212
412
3,640
断面図
S＝1：100
1階に窓を設けると、外部から人が侵入しやすく防犯性に欠けるが、窓の位置が高くなることで人が侵入しにくくなり、窓をあけて寝ることもできる
ここでは寝室床レベルを基礎から1,212㎜上げており、外部から寝室を見えにくくしている

寝室は外部からの視線が特に気になる場所である。外部からの視線を遮るには、寝室の床レベルを上げて、外部との視線の交錯を避けるとよい。床レベルを上げれば室内の天井高は低くなるので、重心の低い落ち着きのある寝室になるというメリットも得られる。また外部から侵入しにくくなり防犯性も高まるので、反対側に開口を設けて風の抜ける空間にするとより快適だ。

リビングから寝室を見る。寝室はリビングと隣接しており、天井の垂木の露しがリビングから続いており、意匠的な連続性をもたせている

「ハツ屋の家」
設計：杉下均建築工房　写真：杉下均建築工房

技2 隣家が迫っている敷地に1枚の壁を立てる

間口が狭い敷地で、隣地境界線いっぱいに隣家が建ち、隣家の設備機器が丸見えの場合、敷地境界線側に壁を立てれば隣地からの視線がカットできるうえ、その壁が諸室への光の反射板としての役割も果たす。また、このような敷地条件の場合、採光方法としてハイサイドライトは効果的。室内に採り込んだ光を拡散させるため、できるだけ高い位置に設置したい。

採光の反射率を上げて1階まで光を導くため、庭に面する外壁は白色にしている

ダイニングとリビングは天井の高さと仕上げ材を変えて印象を変えた。天井を下げて仕上げ材にレッドシダーを張ったリビングは落ち着きのある空間となっている

「45°」

設計：TSCアーキテクツ　写真：ナカサアンドパートナーズ・河野政人

45°に振った壁で視線の広がりをコントロール

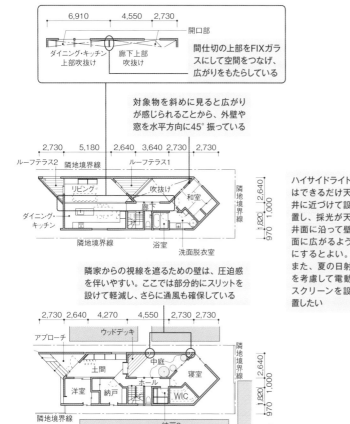

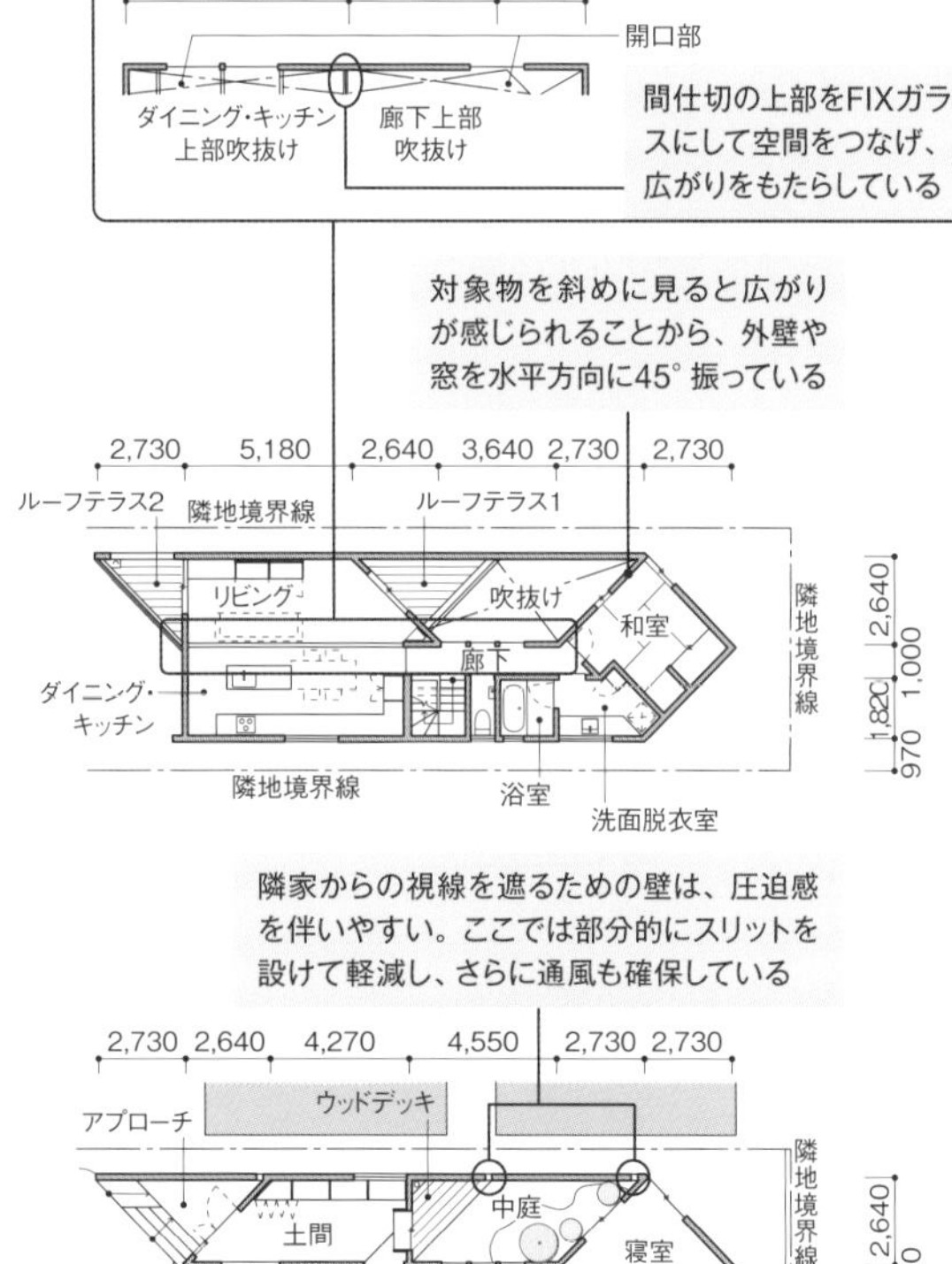
6,910
4,550
2,730
開口部
ダイニング・キッチン上部吹抜け
廊下上部吹抜け
間仕切の上部をFIXガラスにして空間をつなげ、広がりをもたらしている
対象物を斜めに見ると広がりが感じられることから、外壁や窓を水平方向に45°振っている
2,730 5,180 2,640 3,640 2,730 2,730
ルーフテラス2
隣地境界線
ルーフテラス1
リビング
吹抜け
和室
廊下
ダイニング・キッチン
隣地境界線
浴室
洗面脱衣室
2,640
1,000
1,820
970
隣家からの視線を遮るための壁は、圧迫感を伴いやすい。ここでは部分的にスリットを設けて軽減し、さらに通風も確保している
2,730 2,640 4,270 4,550 2,730 2,730
ウッドデッキ
アプローチ
土間
中庭
寝室
ホール
洋室
納戸
WIC
隣地境界線
納戸2
2,730 3,000 3,000 1,820 1,820 2,730 2,730
910
910
N

平面図 S＝1：400・ハイサイドライト部分平面図 S＝1：400

1枚の壁がプライバシーと採光を確保

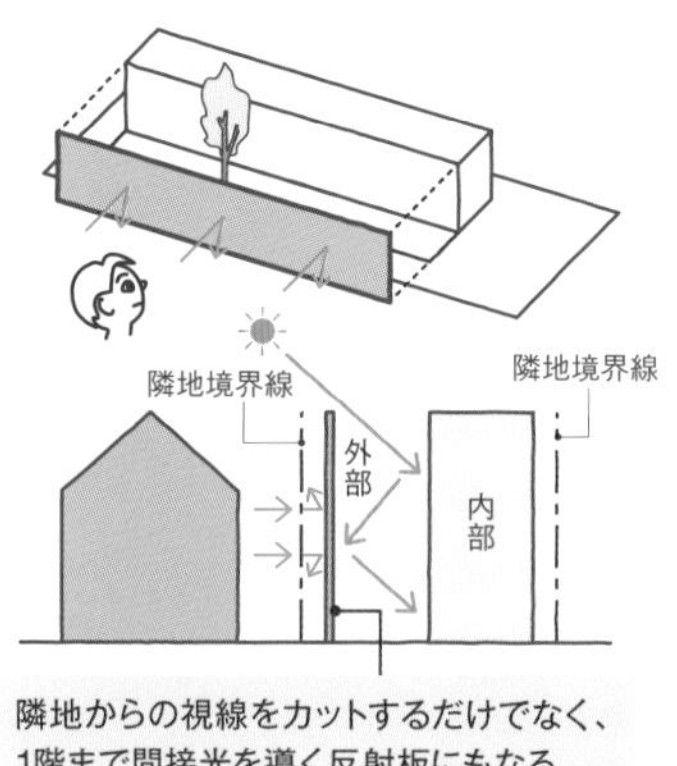
隣地境界線
外部
内部
隣地境界線

隣地からの視線をカットするだけでなく、1階まで間接光を導く反射板にもなる

ハイサイドライトは天井と壁面を利用して光を拡散させる

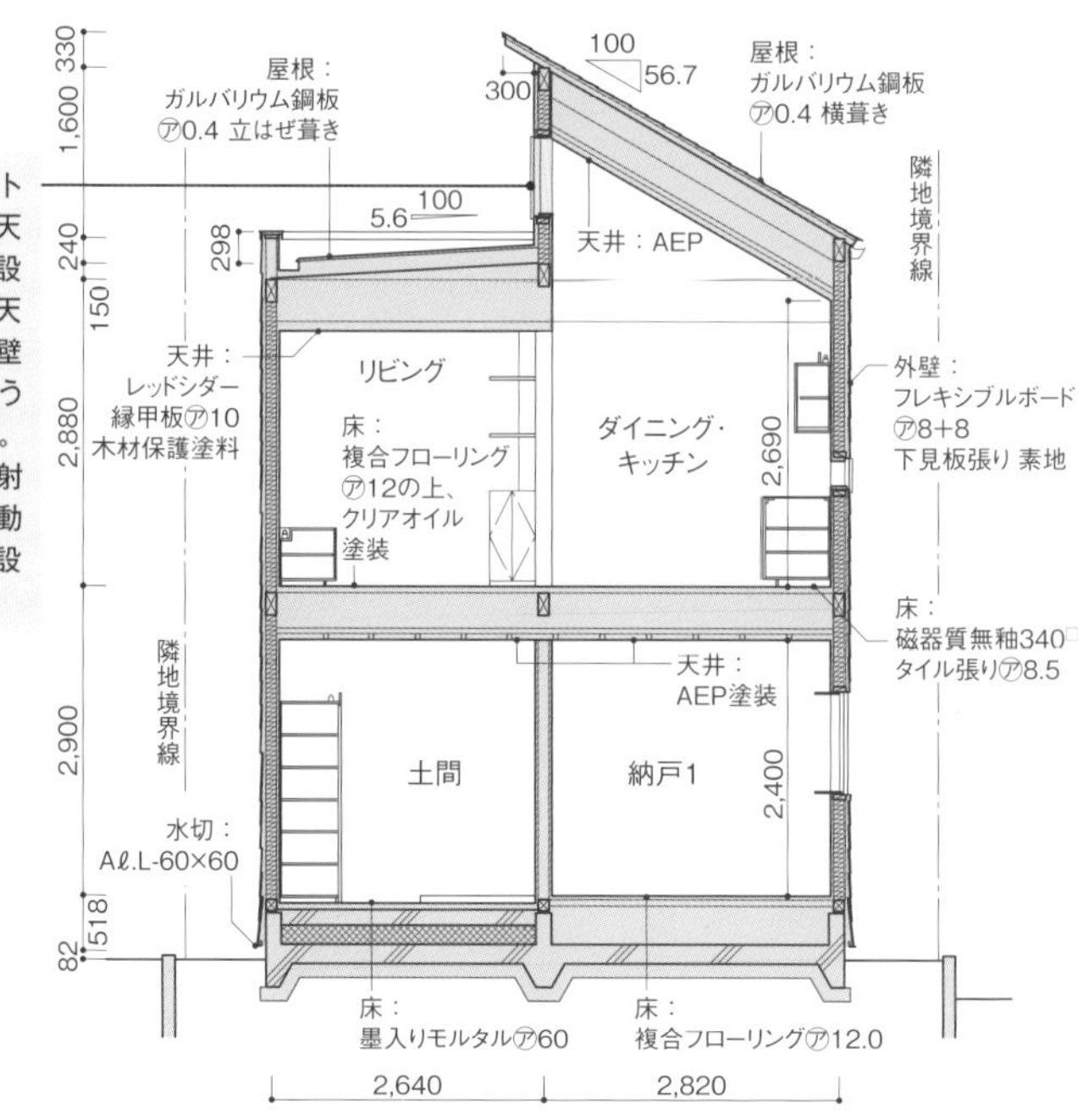
ハイサイドライトはできるだけ天井に近づけて設置し、採光が天井面に沿って壁面に広がるようにするとよい。また、夏の日射を考慮して電動スクリーンを設置したい
屋根：ガルバリウム鋼板㋐0.4 立はぜ葺き
屋根：ガルバリウム鋼板㋐0.4 横葺き
100
56.7
300
5.6
100
天井：AEP
隣地境界線
天井：レッドシダー縁甲板㋐10 木材保護塗料
リビング
床：複合フローリング㋐12の上、クリアオイル塗装
ダイニング・キッチン
外壁：フレキシブルボード㋐8+8 下見板張り 素地
床：磁器質無釉340□タイル張り㋐8.5
天井：AEP塗装
隣地境界線
土間
納戸1
水切：Aℓ.L-60×60
床：墨入りモルタル㋐60
床：複合フローリング㋐12.0
330
1,600
240
298
150
2,880
2,690
2,900
2,400
518
82
2,640
2,820

断面図 S＝1：120

掃出し窓＋窓ベンチで室内外をつなぐ

掃出し窓（テラス窓ともいう）は、窓面積が大きいので、通風・採光の効率がよく、開放感も得られるので、住宅では好んで採用される。一方で掃出し窓は、「外部の視線が気になる」「虫の侵入や浸水のおそれがある」といった短所も持ちあわせている。ここでは、掃出し窓に工夫を加えてベンチを設け、これらの弱点を補う策を紹介する。ベンチの座面と室内外の床レベルをどのように設定するかがポイントだ。

外
内

「久留米の家」(73頁)

技1　立上りと奥行きで開放感と囲われ感を両立する

開放的な掃出し窓は室内の囲われた雰囲気を損ないやすく、家具の配置や外部からの視線など配慮すべき点も多い。ここでは出窓を設けて外部からの視線を操作している。窓を床から310㎜立ち上げて室内の居心地を確保し、出窓の奥行きを1千200㎜にして寝ころんだり子どもが遊ぶ多目的なスペースにしたほか、出窓に落ちる影を利用して外部から室内側を見えにくくさせている。

建物の天井は色をつけて強調し、空間に広がりを感じさせている

「Gold Beetle」

設計：服部信康建築設計事務所　写真：服部信康建築設計事務所

開放的な窓は囲われ感を損ねやすい

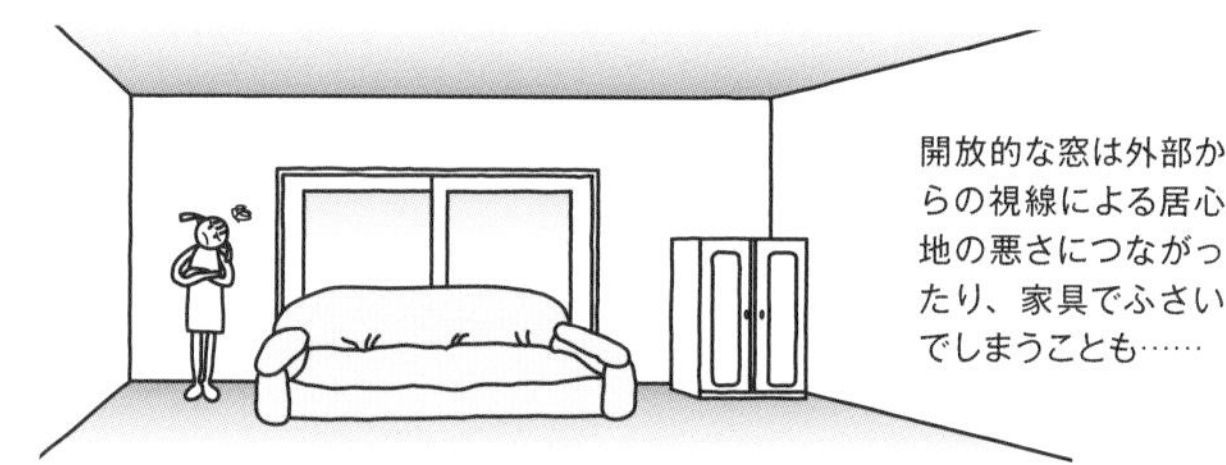
開放的な窓は外部からの視線による居心地の悪さにつながったり、家具でふさいでしまうことも……

多目的スペースを兼ねた窓をつくる

木製引戸の上桟の下端を天井の仕上げ面に、下桟の上端を床仕上げ面にそろえ、FIXガラスの枠を仕上げ側に呑み込ませることで、開口部に孔があいたように見せている

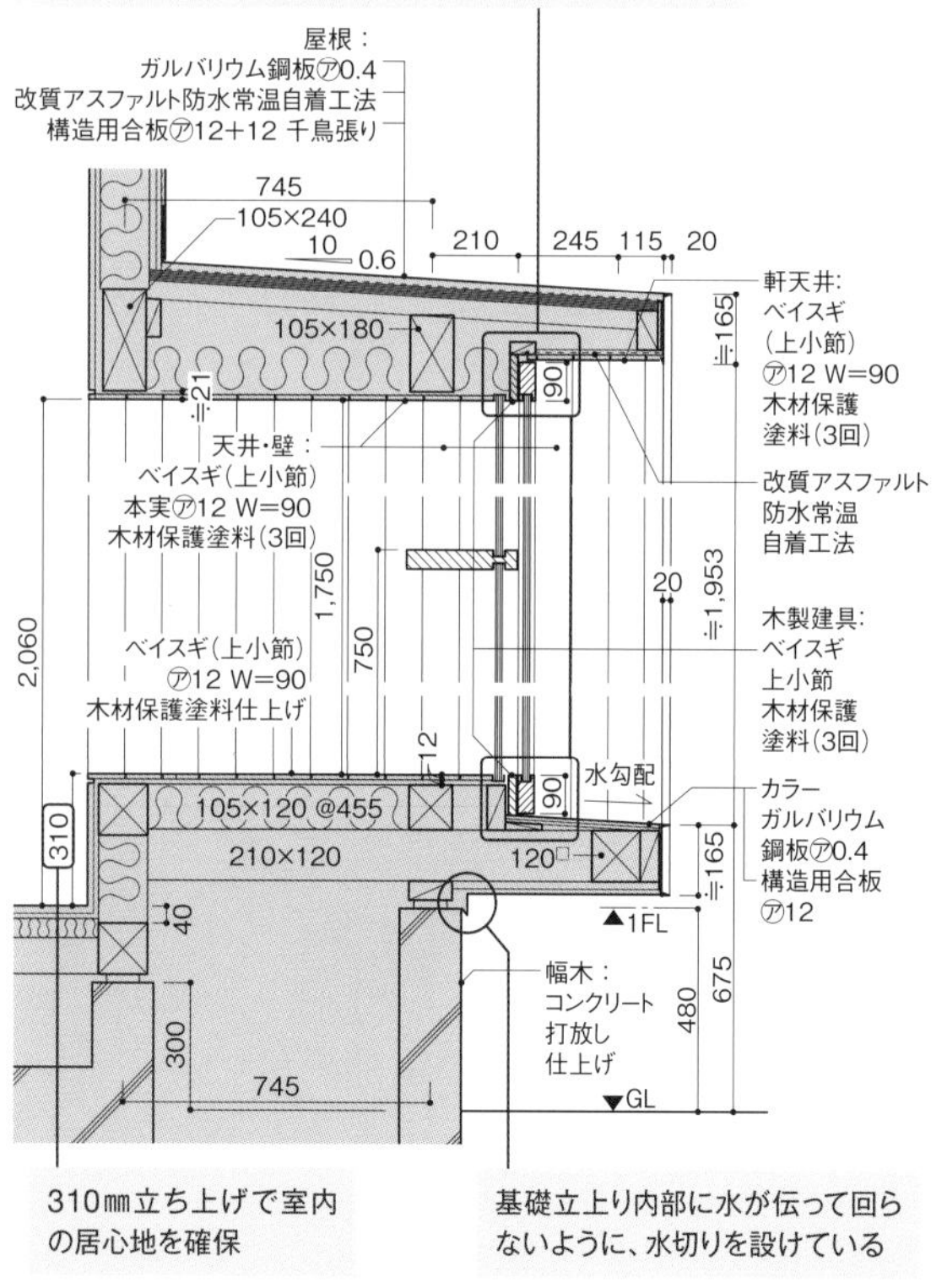
屋根：
ガルバリウム鋼板⑦0.4
改質アスファルト防水常温自着工法
構造用合板⑦12+12 千鳥張り
745
105×240
10
0.6
210
245
115
20
105×180
90
≒165
≒21
軒天井：
ベイスギ
(上小節)
⑦12 W=90
木材保護
塗料(3回)
天井・壁：
ベイスギ(上小節)
本実⑦12 W=90
木材保護塗料(3回)
改質アスファルト
防水常温
自着工法
1,750
20
≒1,953
2,060
750
ベイスギ(上小節)
⑦12 W=90
木材保護塗料仕上げ
木製建具：
ベイスギ
上小節
木材保護
塗料(3回)
12
水勾配
90
105×120 @455
310
210×120
120□
カラー
ガルバリウム
鋼板⑦0.4
構造用合板
⑦12
≒165
1FL
40
幅木：
コンクリート
打放し
仕上げ
300
480
675
745
GL
310㎜立ち上げで室内の居心地を確保
基礎立上り内部に水が伝って回らないように、水切りを設けている

断面詳細図 S＝1：30

出窓の開口部は右側に曲げて、外部の正対方向からの視線を遮っている

技2　機能性と意匠性を兼ね備えたウッドデッキをつくる

掃出し窓の先の室外に、室内と連続するようにデッキを設けると広がり感が生まれる。その際、デッキを掃出し窓から下げた位置に設ければベンチとして使えるほか、台風時の水の浸入や、ほこりや虫などの侵入を防ぎやすくなる。また、木製建具の下框が室内から見えなくなるため、開口部廻りがすっきりとする。

ウッドデッキと居室の床レベルの関係

① ウッドデッキの床を下げる

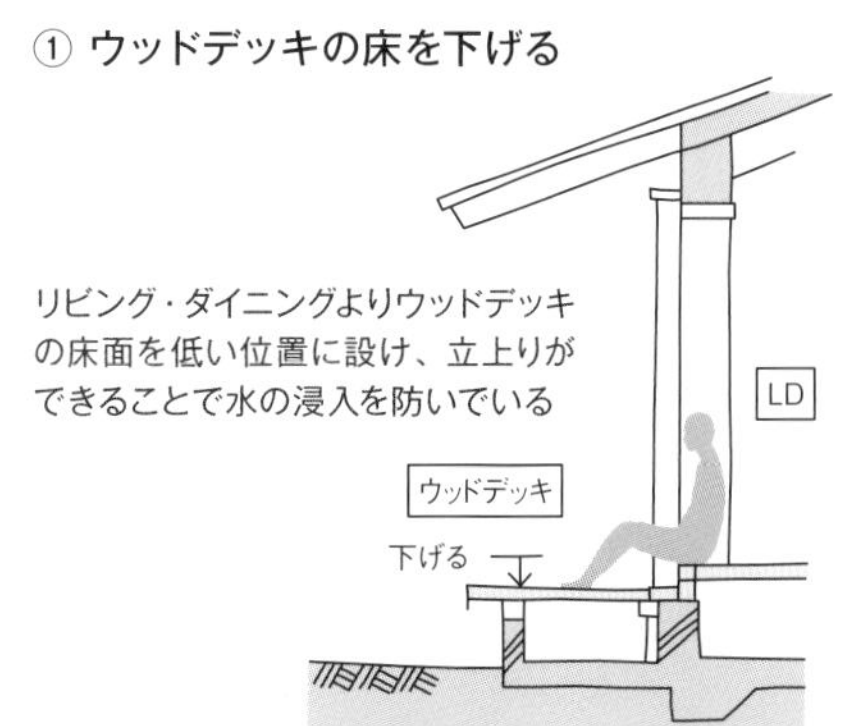
リビング・ダイニングよりウッドデッキの床面を低い位置に設け、立上りができることで水の浸入を防いでいる
LD
ウッドデッキ
下げる

② 開口部の室内側に立上がりを設ける

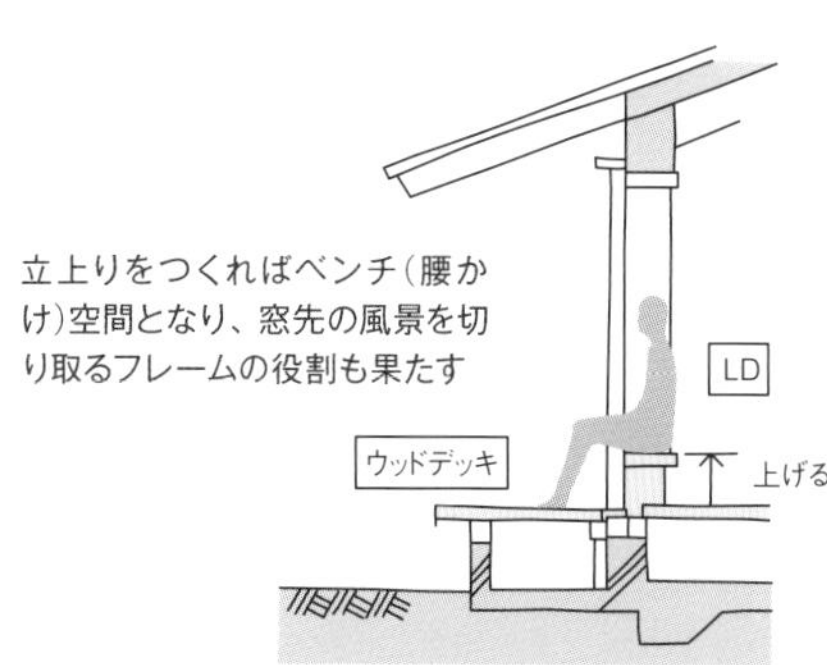
立上りをつくればベンチ（腰かけ）空間となり、窓先の風景を切り取るフレームの役割も果たす
LD
ウッドデッキ
上げる

近隣住宅との間に十分な距離があるこの事例では、リビング・ダイニング全面に掃出し窓を設け、庭とのつながりや存分に太陽と風を享受できるようにした

近隣住宅との距離が近いこの事例では、室内にいる安堵感やプライバシーを重視し、できる限り軒を低く設定している（「佐賀高木瀬の家」 写真：石井紀久）

ウッドデッキの床を下げ、ベンチ空間をつくる

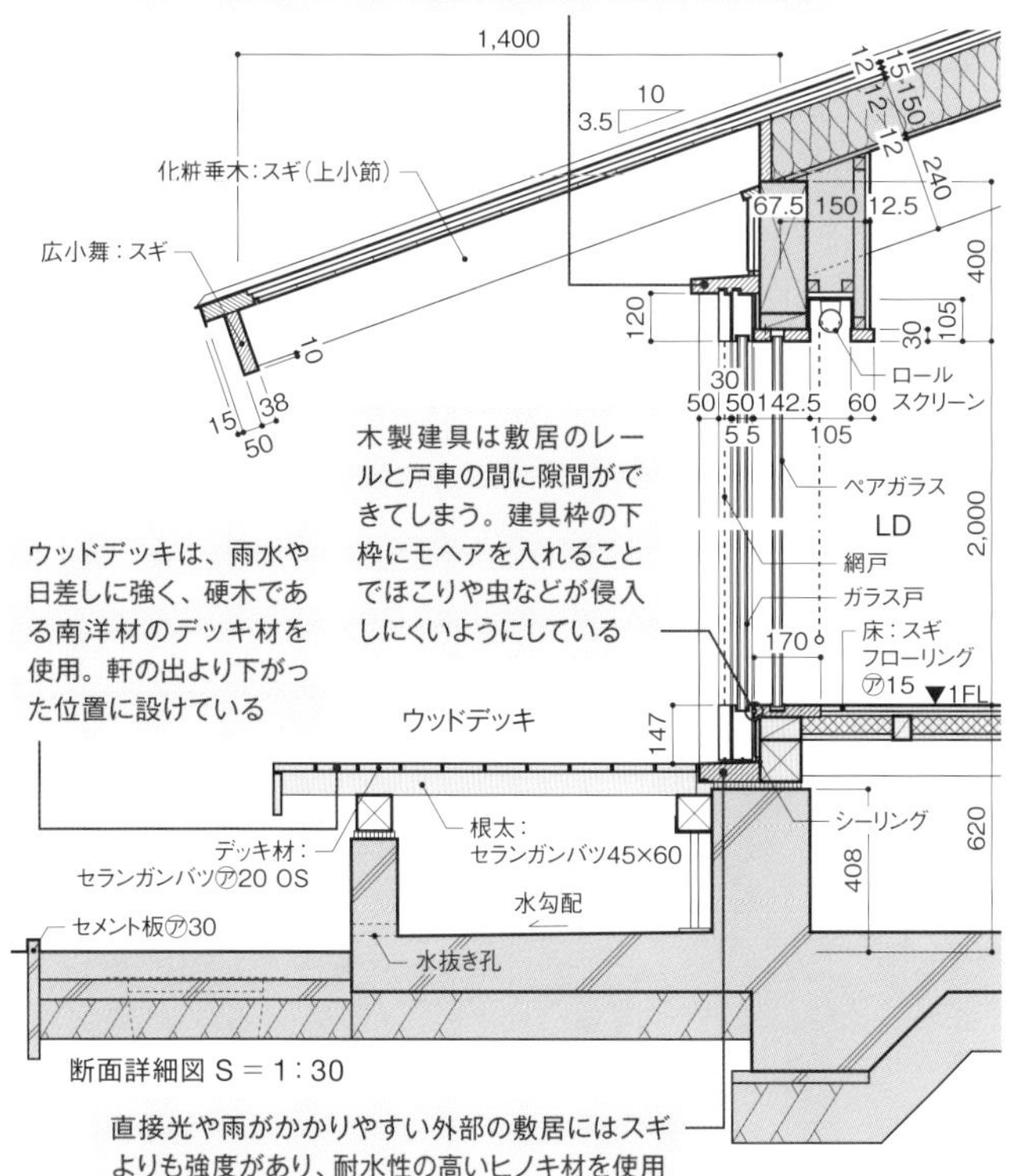
鴨居は溝加工が必要なため、十分な厚み（45㎜以上）が必要。レールの本数によっては集成材を使用し、反りの対策を行う
1,400
10
3.5
15
150
12
12
12
240
化粧垂木：スギ（上小節）
67.5
150
12.5
広小舞：スギ
400
120
30
105
10
15
38
50
30
50
50
142.5
60
ロール
スクリーン
5
5
105
木製建具は敷居のレールと戸車の間に隙間ができてしまう。建具枠の下枠にモヘアを入れることでほこりや虫などが侵入しにくいようにしている
ペアガラス
LD
2,000
ウッドデッキは、雨水や日差しに強く、硬木である南洋材のデッキ材を使用。軒の出より下がった位置に設けている
網戸
ガラス戸
170
床：スギ
フローリング
㋐15
1FL
ウッドデッキ
147
シーリング
620
根太：
セランガンバツ45×60
408
デッキ材：
セランガンバツ㋐20 OS
水勾配
セメント板㋐30
水抜き孔
断面詳細図 S＝1：30
直接光や雨がかかりやすい外部の敷居にはスギよりも強度があり、耐水性の高いヒノキ材を使用

「久留米の家」

設計：ヨシタケ ケンジ 建築事務所　施工：ASJ久留米スタジオ　写真：石井紀久

開口部の室内側に立上りを設け、ベンチ空間をつくる

「佐賀高木瀬の家」

設計：ヨシタケ ケンジ 建築事務所　施工：ASJ 佐賀スタジオ

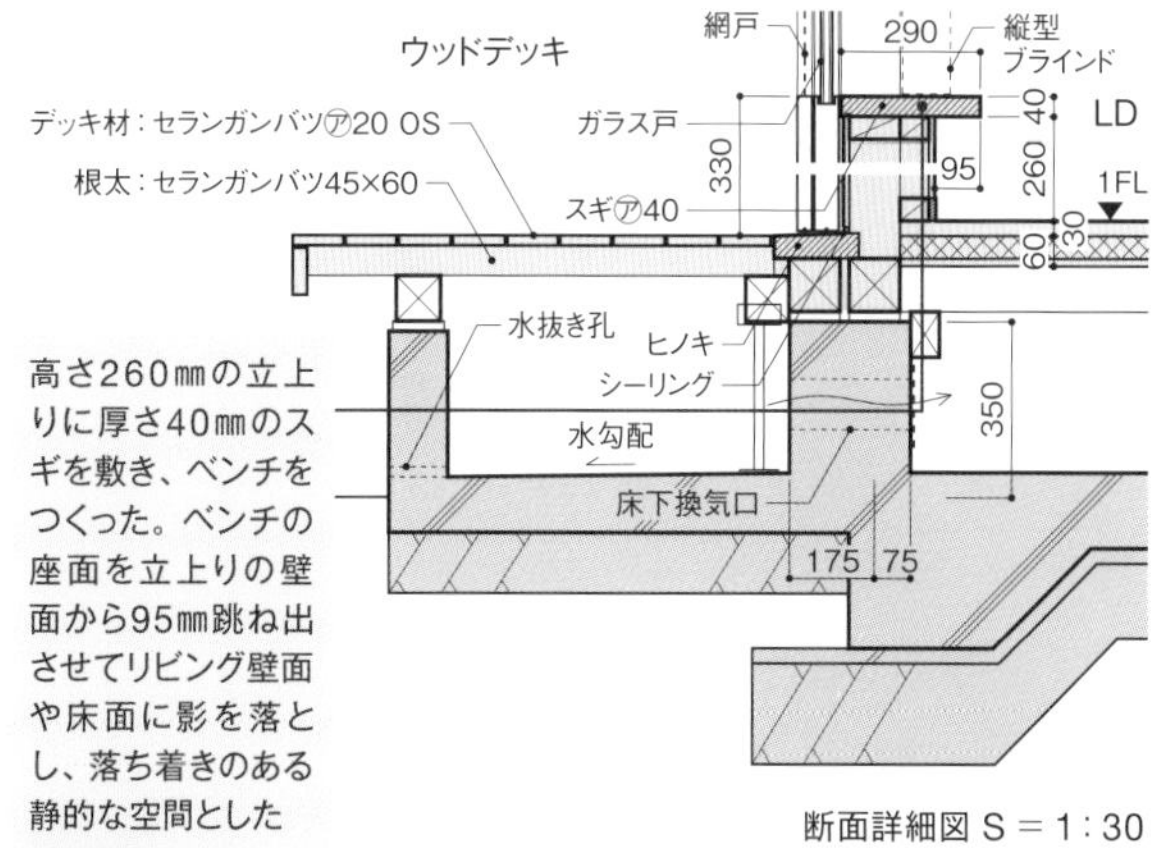
ウッドデッキ
網戸
290
縦型
ブラインド
デッキ材：セランガンバツ㋐20 OS
ガラス戸
40
LD
根太：セランガンバツ45×60
330
260
95
1FL
スギ㋐40
60
30
水抜き孔
ヒノキ
シーリング
350
水勾配
床下換気口
175
75
高さ260㎜の立上りに厚さ40㎜のスギを敷き、ベンチをつくった。ベンチの座面を立上りの壁面から95㎜跳ね出させてリビング壁面や床面に影を落とし、落ち着きのある静的な空間とした
断面詳細図 S＝1：30

リビング・ダイニングの先にウッドデッキを設けることで広がり感が生まれる。ここでは掃出し窓は両袖はめ殺し、中央合わせの引分け窓を採用

外と距離をとって室内に落ち着きを与える

前面道路と建物の距離を十分にとると、外部から室内を覗かれる心配がなくなり、住まい手は居心地のよさを感じやすくなる。しかし敷地面積が確保できないなどの敷地条件によっては十分な距離の確保が難しいこともある。そんな時こそ設計者の腕の見せ所となる。開口部の周囲に"場"を設けて外部との緩衝帯としたり、周辺道路と建物のレベルに差をつけて高低差で距離を稼いだりすればよいのだ。

「青庵」(78頁)

技1 開口部を室内側にセットバックさせて中間領域をつくる

広い開口でも外部からは目立たない

開口部の外側に壁と天井で覆われた奥行きのある空間があると、その空間は軒の深い縁側のように機能する。室内に差し込む日差しを抑制する効果があるので、室内にほどよい陰影ができて、落ち着きが得られる。その際、開口部の内側にベンチとして利用できる程度の小上りを設ければ、外部との距離感が一層強調される。

左右対称に開口を設ければ、室内の通風効率を上げられる

大きな開口を確保しても内側に奥まっているので、室内が外から目立ちにくい

外壁面から開口部を約2,100㎜セットバックさせている

開口部廻りの仕上げを統一して視線を誘導

「南城の平屋」
設計：松山建築設計室 写真：石井紀久

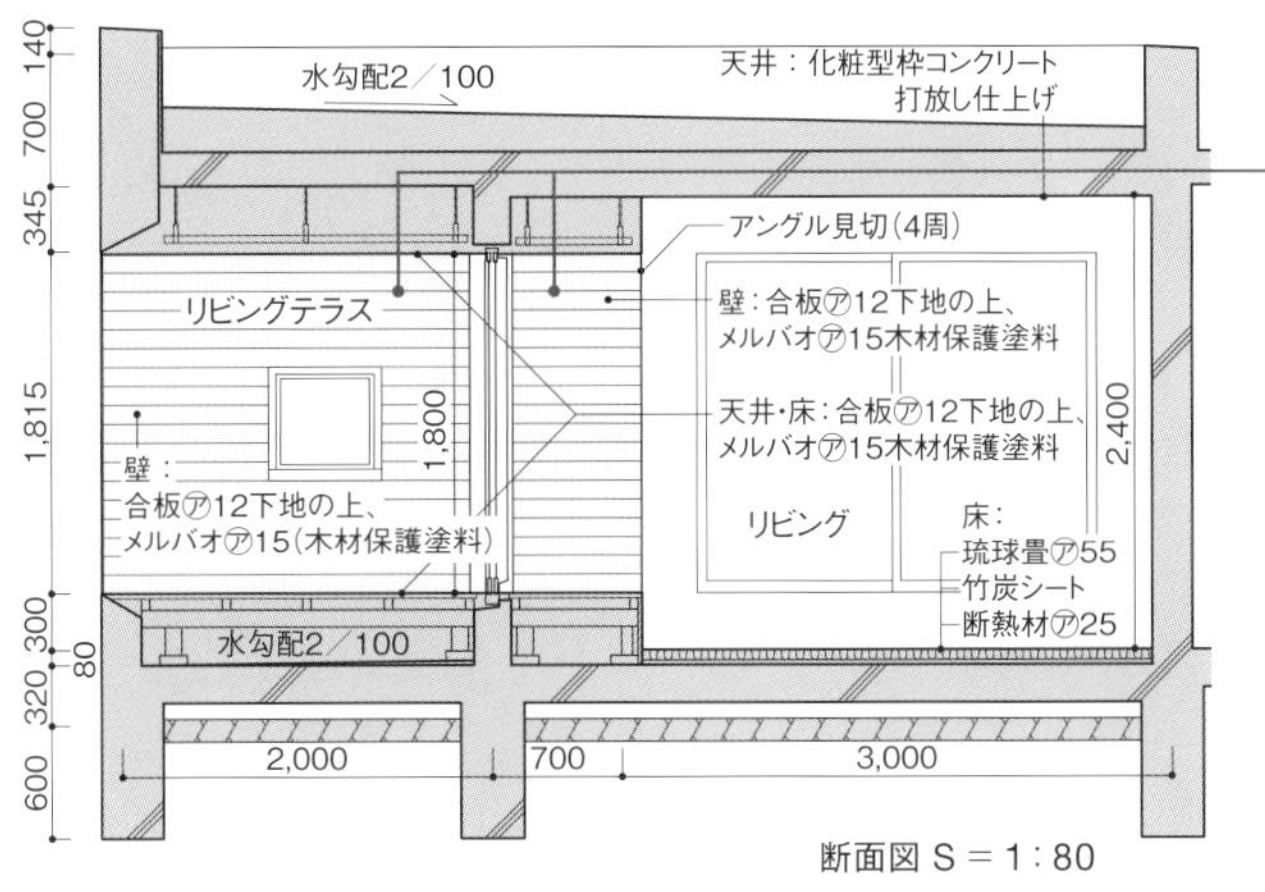
水勾配2／100
天井：化粧型枠コンクリート打放し仕上げ
アングル見切(4周)
リビングテラス
壁：合板㋐12下地の上、メルバオ㋐15木材保護塗料
天井・床：合板㋐12下地の上、メルバオ㋐15木材保護塗料
壁：合板㋐12下地の上、メルバオ㋐15(木材保護塗料)
リビング
床：琉球畳㋐55
竹炭シート
断熱材㋐25
水勾配2／100
140
700
345
1,815
300
320
80
600
1,800
2,400
2,000
700
3,000
断面図 S＝1：80

開口部の床、壁、天井を内外ともにすべて同一の素材で仕上げ、仕上げ材の方向性も外側に向けて統一することで、視線が自然と外部に向かう

リビングの南面の開口部。開口部廻りの床はリビングの床から300㎜立ち上げ、リビングに囲われ感をもたらしている

技2　内庭を緩衝帯にして都市でも豊かな住環境をつくる

二重の壁で豊かな内部環境をつくる

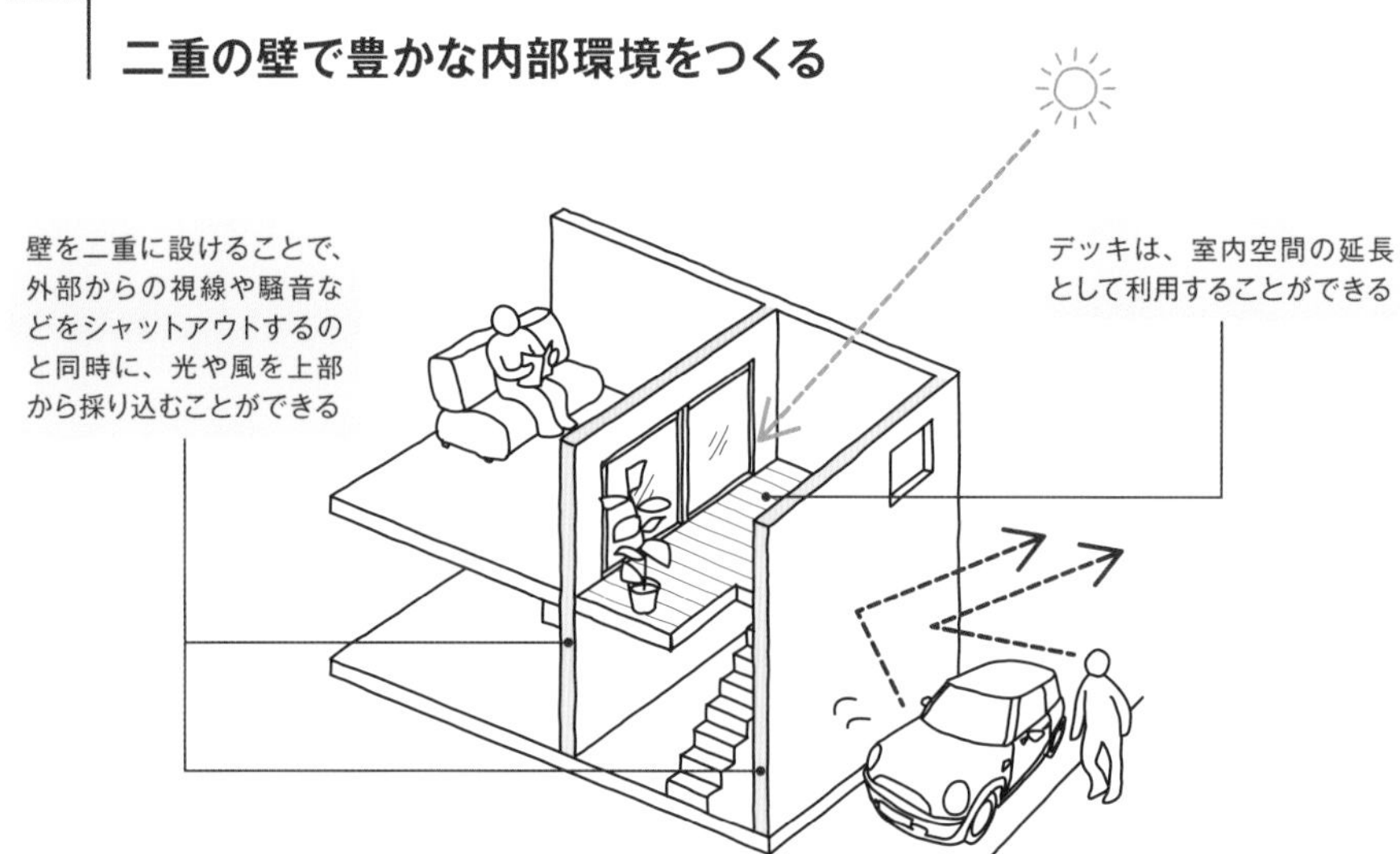

壁を二重に設けることで、外部からの視線や騒音などをシャットアウトするのと同時に、光や風を上部から採り込むことができる
デッキは、室内空間の延長として利用することができる

周辺環境が厳しい地域で住宅を建てる場合には、一旦壁でとじて、その内側に中庭を設けるとよい。2重の壁によって生じる中庭が、外部からの視線や騒音などの緩衝領域となる。同時に、光や風を採り込むことができるので、豊かな内部環境が形成される。その際、吹抜けを2層分とすれば、立体的にも外部の自然を採り込めるのでより効果が高まる。

中庭を３階デッキより見る。壁を白く塗装することで、光を下階まで反射して届けている

外部の庭も、部屋のようなスケールで構成されている。

壁があるので、夜間でもカーテンを開放しても周囲が気になりにくい。

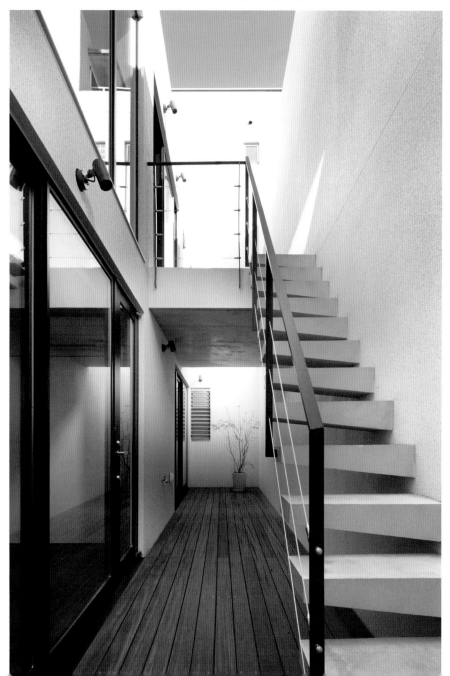

二重壁と中庭の配置関係

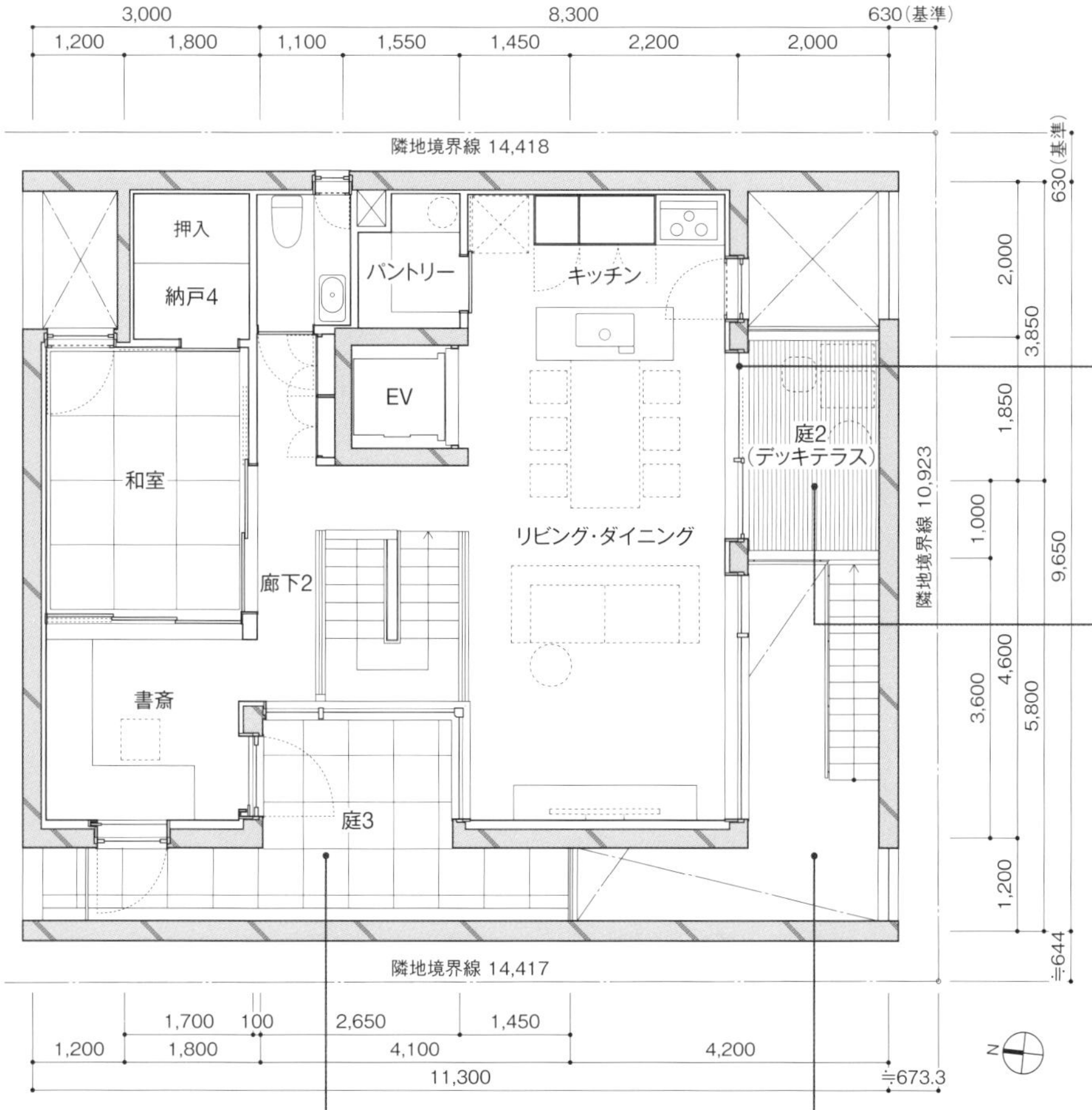

3,000　8,300　630（基準）
1,200　1,800　1,100　1,550　1,450　2,200　2,000
隣地境界線 14,418
押入
納戸4
パントリー
キッチン
EV
和室
庭2
（デッキテラス）
リビング・ダイニング
廊下2
書斎
庭3
隣地境界線 10,923
630（基準）　2,000　3,850　1,850　1,000　9,650　4,600　3,600　5,800　1,200　≒644
隣地境界線 14,417
1,700　100　2,650　1,450
1,200　1,800　4,100　4,200
11,300　≒673.3
N

平面図　S=1:120

廻りを壁で囲われているので、常時窓にカーテンを下ろさずに生活できる

2層の吹抜けになっており、光が下階まで落ちるとともに、上下の人の気配が感じられる

テラスは、内部の延長のように設けており、内外が一体に感じられる

中庭は、外周部に配置することで外部環境との緩衝帯になっている

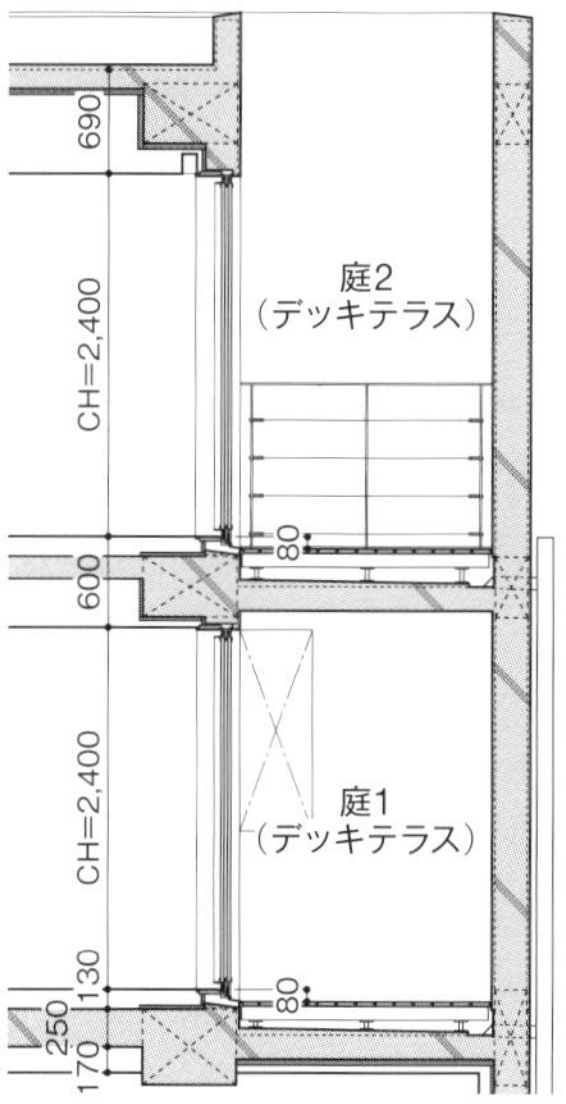

690
CH=2,400
庭2
（デッキテラス）
80
600
CH=2,400
庭1
（デッキテラス）
130　80
250
170

断面図　S=1:100

リビング・ダイニングより中庭を見る。外部からの視線や騒音は遮られ、光などの自然を採り込めるので、2重の壁による中庭は都市型住居の問題の解法として有効である

技3　高床にして、大開口を設ける

前面道路からの視線を遮るコツ

×

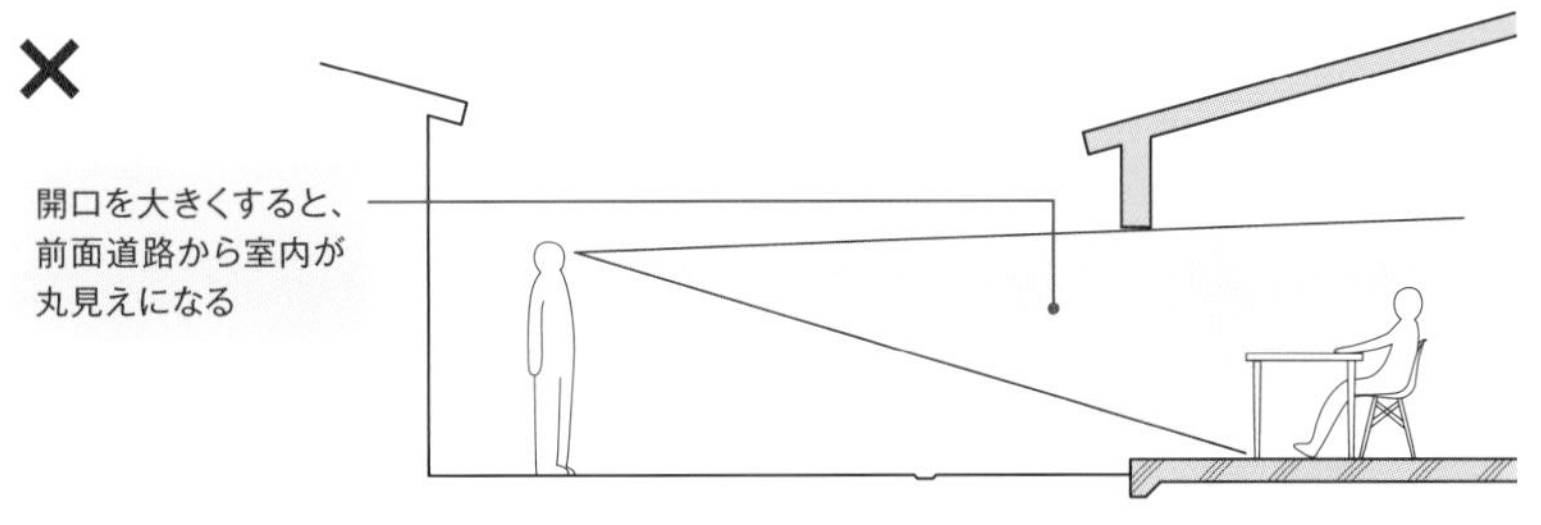
開口を大きくすると、前面道路から室内が丸見えになる

○

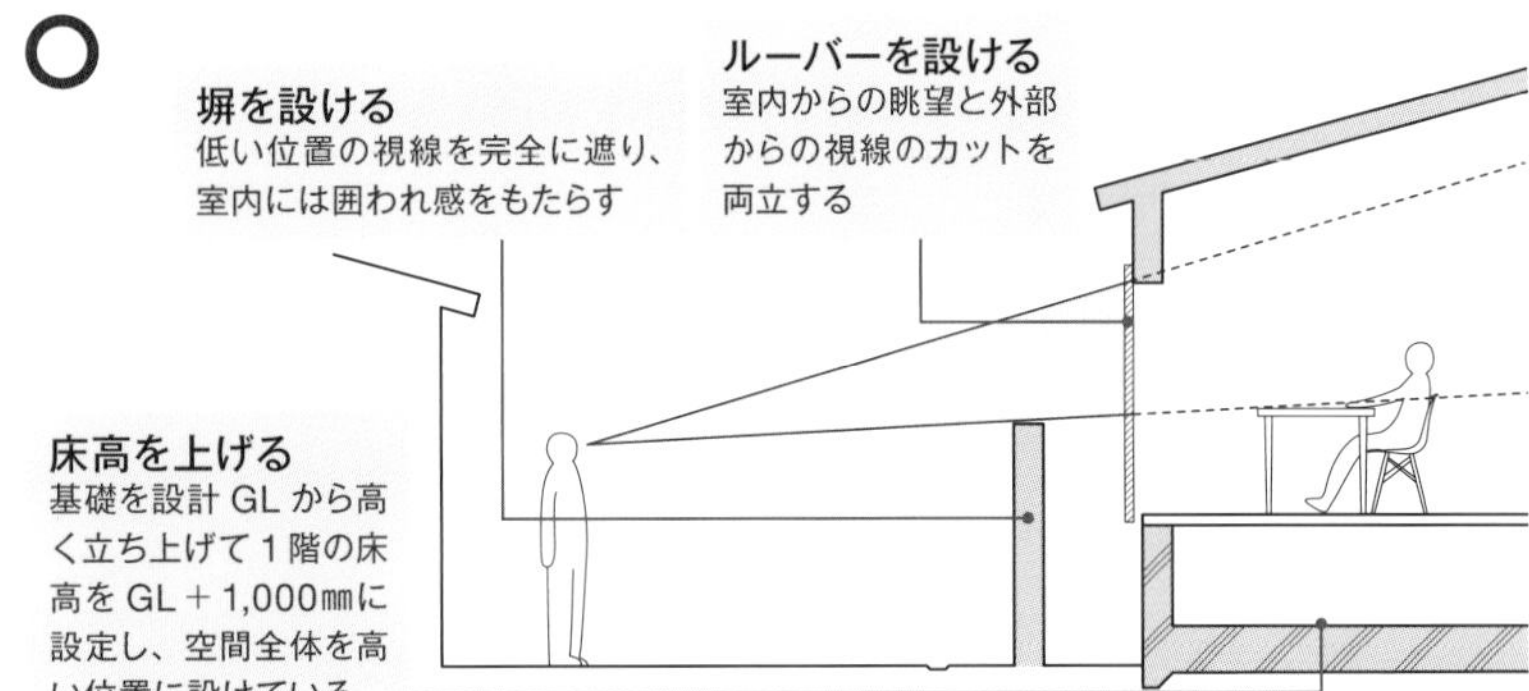
塀を設ける
低い位置の視線を完全に遮り、室内には囲われ感をもたらす
ルーバーを設ける
室内からの眺望と外部からの視線のカットを両立する
床高を上げる
基礎を設計GLから高く立ち上げて1階の床高をGL＋1,000㎜に設定し、空間全体を高い位置に設けている

高い床とルーバーによって、開放感とプライバシーの確保が両立できる

風や景色を取り込むことを目的に、道路に面している開口を大きくすると、「外からの視線」が問題となる。開口が大きくても、建物自体を敷地の地盤面よりも1,000㎜高い位置に設定すれば、外部からの視線をかわしながら、開放的な眺望を手に入れることができる。併せて、開口部にルーバーを設ければ、さらに外部から室内が見えにくくなる。

外壁をルーバーで統一する

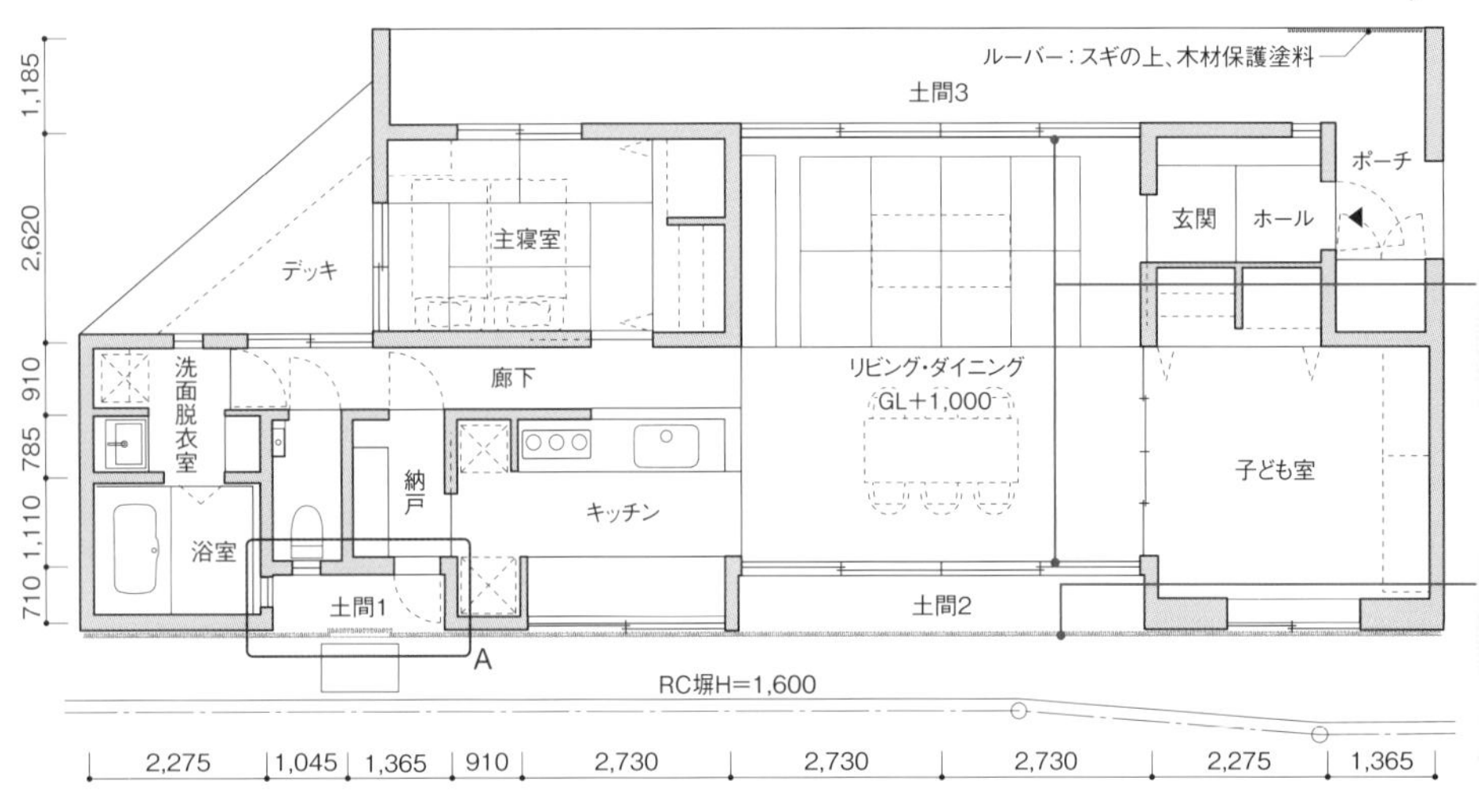
ルーバー：スギの上、木材保護塗料
土間3
ポーチ
玄関
ホール
主寝室
デッキ
洗面脱衣室
廊下
リビング・ダイニング
GL＋1,000
子ども室
納戸
キッチン
浴室
土間1
土間2
A
RC塀H＝1,600
1,185
2,620
910
785
1,110
710
2,275
1,045
1,365
910
2,730
2,730
2,730
2,275
1,365
リビングの南北に大きな開口を設けている。北側の開口部は前面道路に面しているため、ルーバーを設けている
外観の印象を統一させるために、北側の外壁面をすべてルーバーで覆っている。こうすることで開口部の存在がより目立たなくなる

平面図 S＝1：150

「青庵」
設計：松山建築設計室　写真：石井紀久

ルーバーを引戸にする

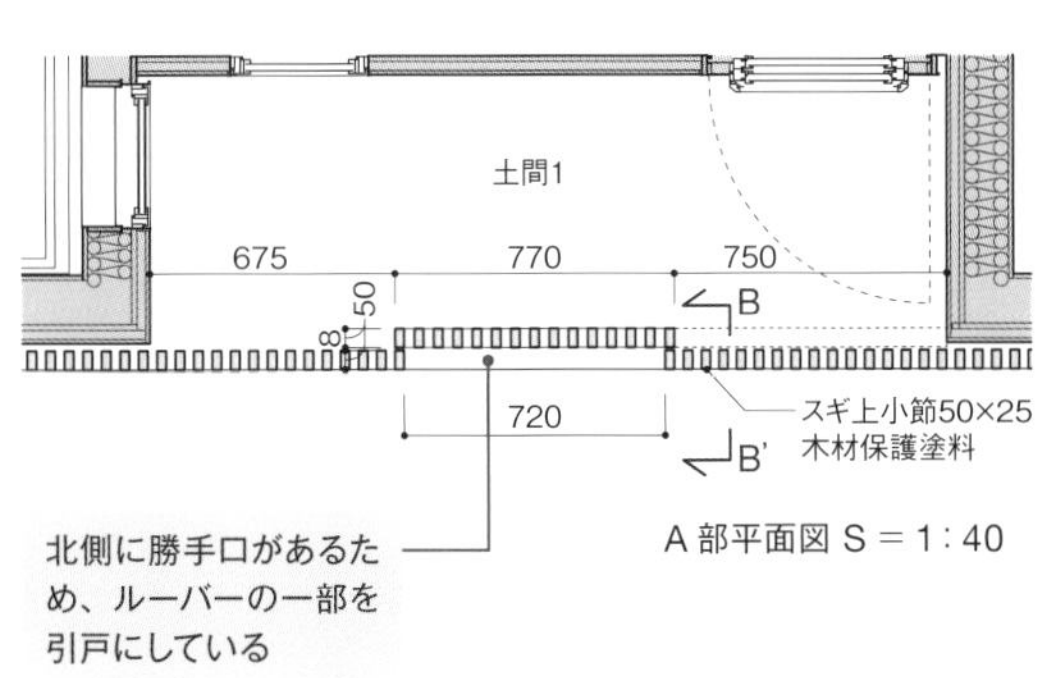
土間1
675
770
750
50
8
B
720
B'
スギ上小節50×25
木材保護塗料
北側に勝手口があるため、ルーバーの一部を引戸にしている

A部平面図 S＝1：40

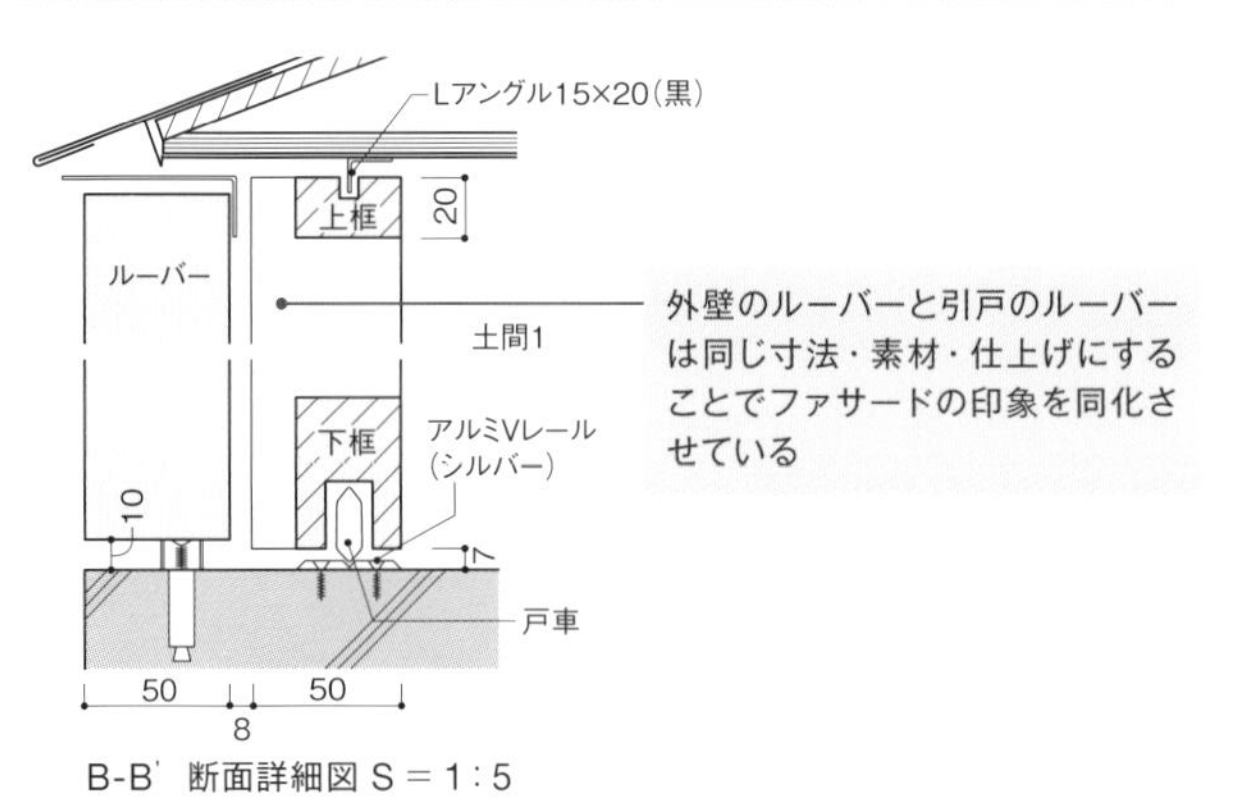
Lアングル15×20（黒）
上框
20
ルーバー
土間1
下框
アルミVレール（シルバー）
10
7
戸車
50
50
8
外壁のルーバーと引戸のルーバーは同じ寸法・素材・仕上げにすることでファサードの印象を同化させている

B-B' 断面詳細図 S＝1：5

PART-3
開口部

開口部の位置と大きさで採光量を操作する

居心地のよい空間をつくるには、室内に採り込まれる光、そしてそれに伴い生まれる影の影響を考慮した空間設計が肝要だ。光を採り込むための部位である外部開口部を、どこにどんな大きさで設けるか、十分に検討したい。ここでは開口部の位置を調整して、ワンルーム内に明るさの異なる空間をつくった例と、高低差があり平面形状も不整形な敷地条件を生かして視線の抜けをつくった例を紹介する。

PARIS

「成瀬の家」(82頁)

技1　光と影で性質が異なる空間をつくる

光と影でゾーニングする

開口部から差し込む光をうまく操作すると、広いワンルームのあちこちに性質の異なる居場所が生まれ、空間にメリハリをつけることができる。ダイニングテーブルを配置する場所には、窓からの光。リビングの一番奥では、トップライトから注ぐ光を壁面に反射させて奥行き感が強調されるように設えた。

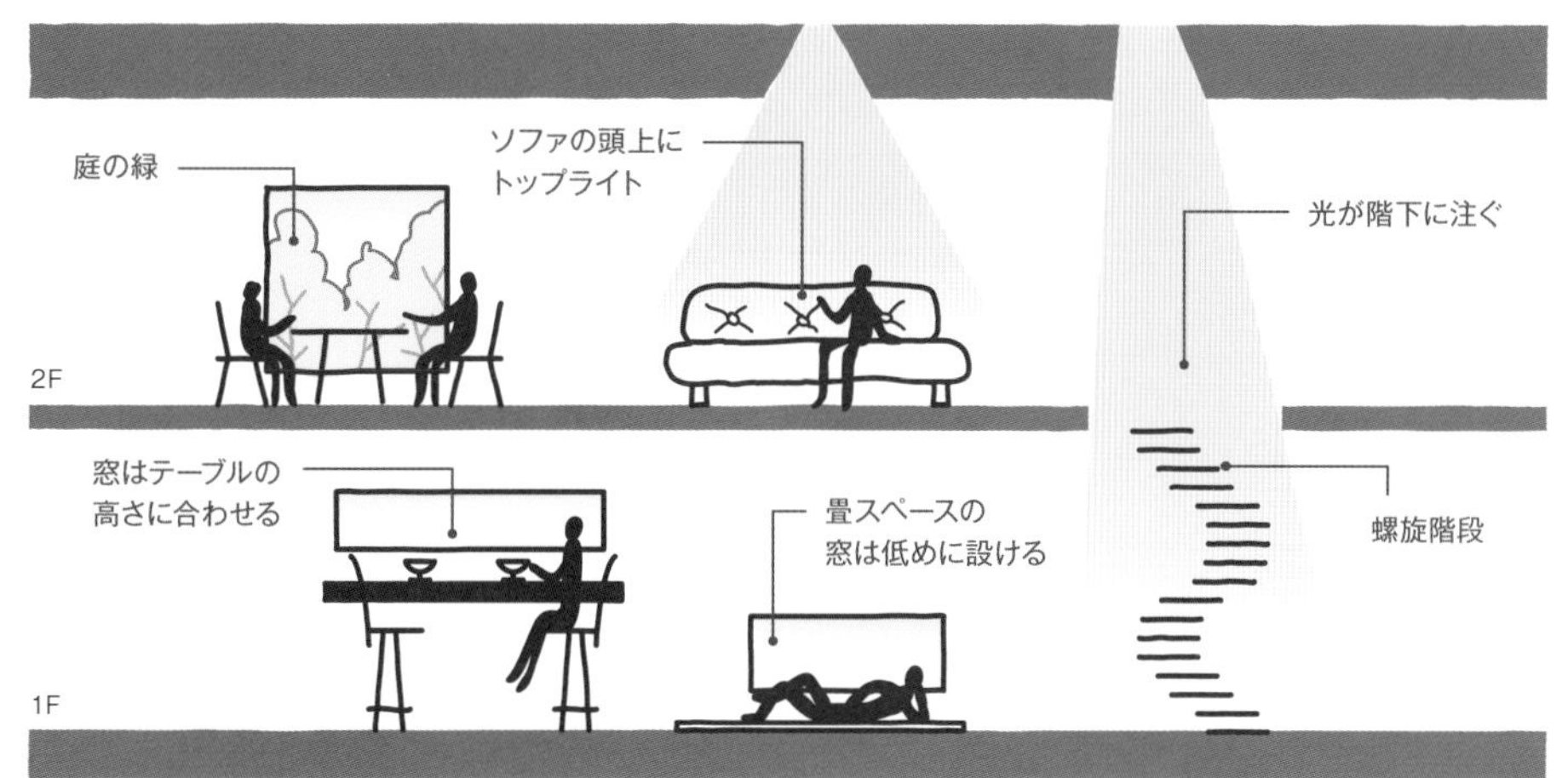

庭の緑
ソファの頭上に
トップライト
光が階下に注ぐ
2F
窓はテーブルの
高さに合わせる
畳スペースの
窓は低めに設ける
螺旋階段
1F

トップライト・窓の位置とインテリア配置は同時に考える

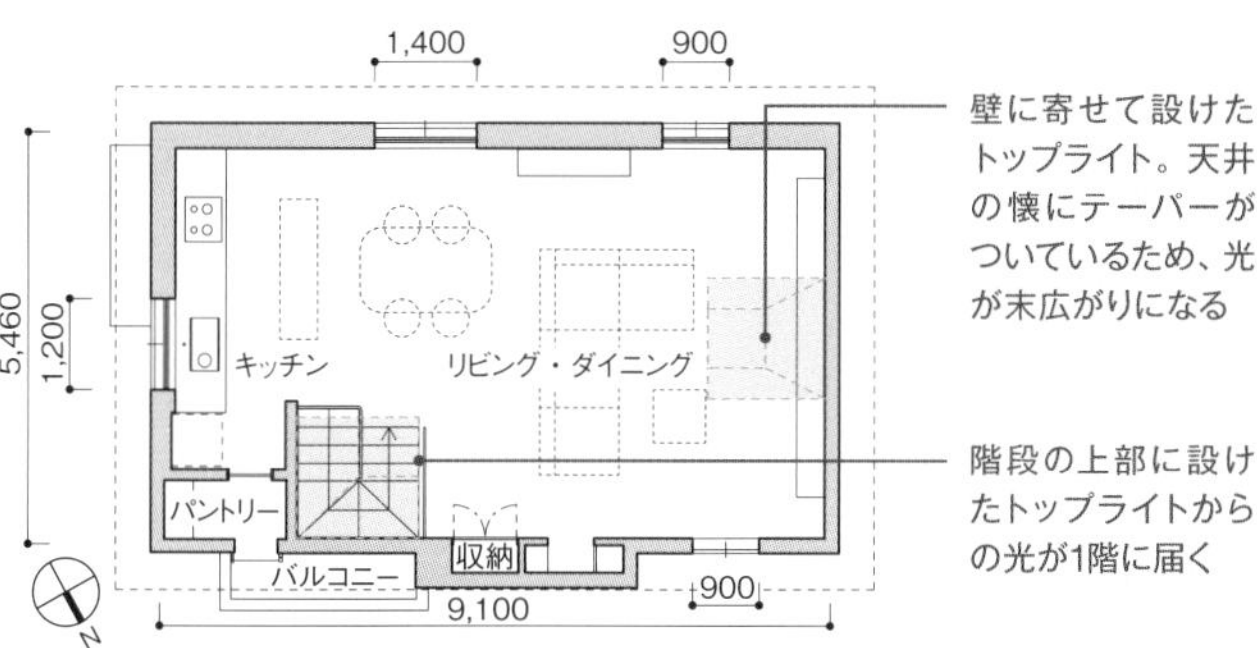

1,400
900
5,460
1,200
キッチン
リビング・ダイニング
パントリー
バルコニー
収納
900
9,100
壁に寄せて設けたトップライト。天井の懐にテーパーがついているため、光が末広がりになる
階段の上部に設けたトップライトからの光が1階に届く

平面図 S＝1：200

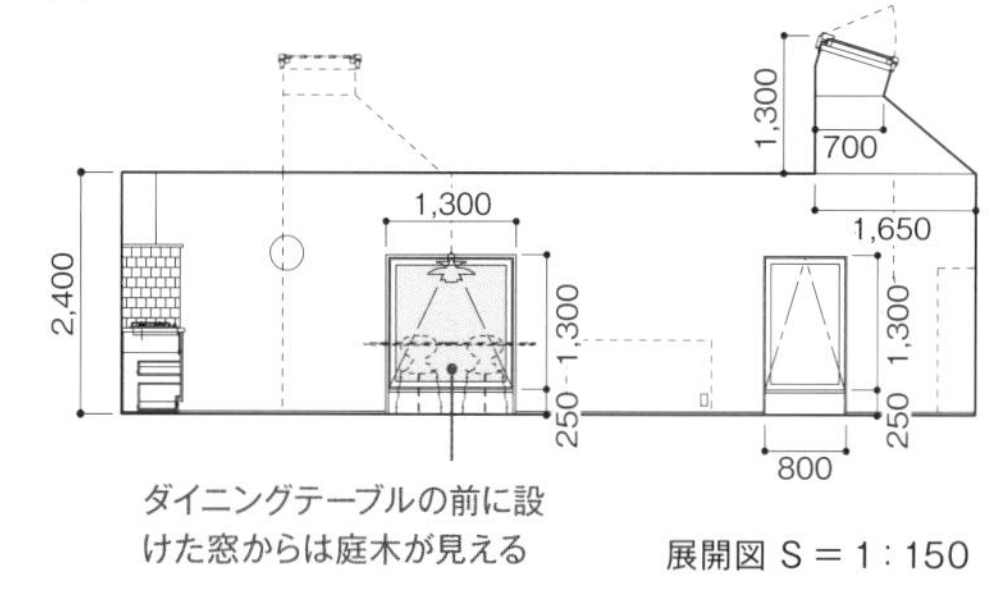

1,300
700
1,300
1,650
2,400
1,300
250
1,300
250
800
ダイニングテーブルの前に設けた窓からは庭木が見える

展開図 S＝1：150

「相模原の家」
設計：若原アトリエ　写真：若原アトリエ

上：2階中央から階段方向を見る。トップライトからの光が階段を介して階下へ注ぐ
下：2階中央からリビング・ダイニング側を見る。正面の壁面を濃いグリーンで塗装し、光の陰影を強調している

ダイニングチェアやソファに座った際に窓の外が見られるよう、開口部はやや低めに設けている

技2　壁を斜めに設け、視線の抜けと採光量を調整する

方位別居室のメリット・デメリット

西向き
夕日が入り、一般的な人の活動時間帯で日照時間が一番長い。夏場は室内が暑くなりがちで、家具などが日焼けしやすい

北向き
直射日光は入らないので、冬場は寒くなりがち。窓から見える植栽は直射日光に照らされているので、景色が美しく見える

浴室
寝室
洗面室
LDK
寝室
玄関
N

東向き
朝日が入るので午前中は明るいが、午後は暗くなりがち

南向き
日中の日当りがよく、明るい。室温が高くなりすぎないよう注意が必要

屋根なりに低くなる天井勾配と、敷地なりに高くなった床高によって、南側のリビングの開口高さを絞りつつ、南側への視線の抜けをつくっている

敷地形状を生かして天井高を操作する

たとえ敷地が不整形でも個性的な空間を生み出すための足掛かりと前向きにとらえたい。ここでは三角形の敷地1辺と平行に居室を設えて屋根を架け、南に向かって開いた扇形の住宅中央にLDKを設けた。日差しの強い西側や道路に面した北側では開口を絞り、西日と前面道路からの視線をカットしながら、南からの採光を確保している。

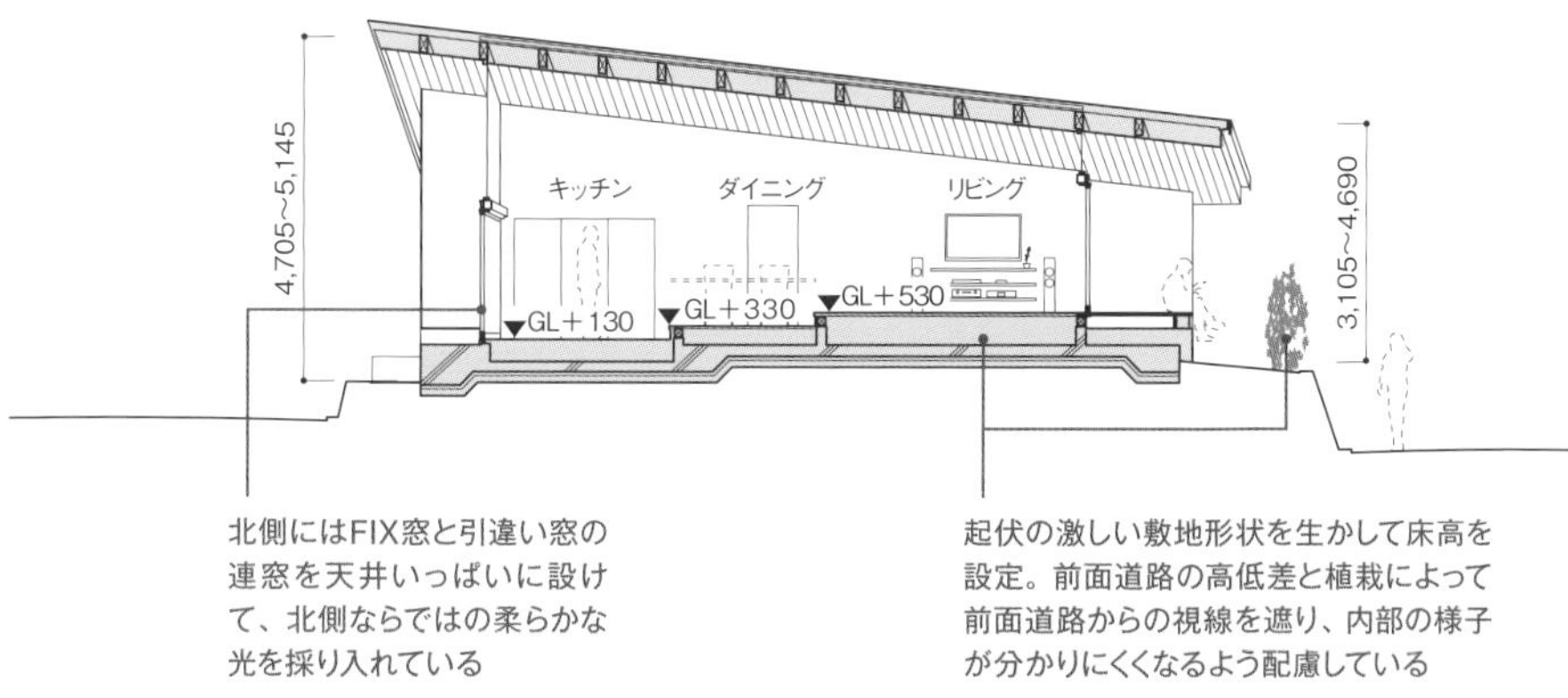

4,705～5,145
キッチン
ダイニング
リビング
GL＋130
GL＋330
GL＋530
3,105～4,690
北側にはFIX窓と引違い窓の連窓を天井いっぱいに設けて、北側ならではの柔らかな光を採り入れている
起伏の激しい敷地形状を生かして床高を設定。前面道路の高低差と植栽によって前面道路からの視線を遮り、内部の様子が分かりにくくなるよう配慮している

断面図 S＝1：200

開口部の大きさは方位に合わせて決める

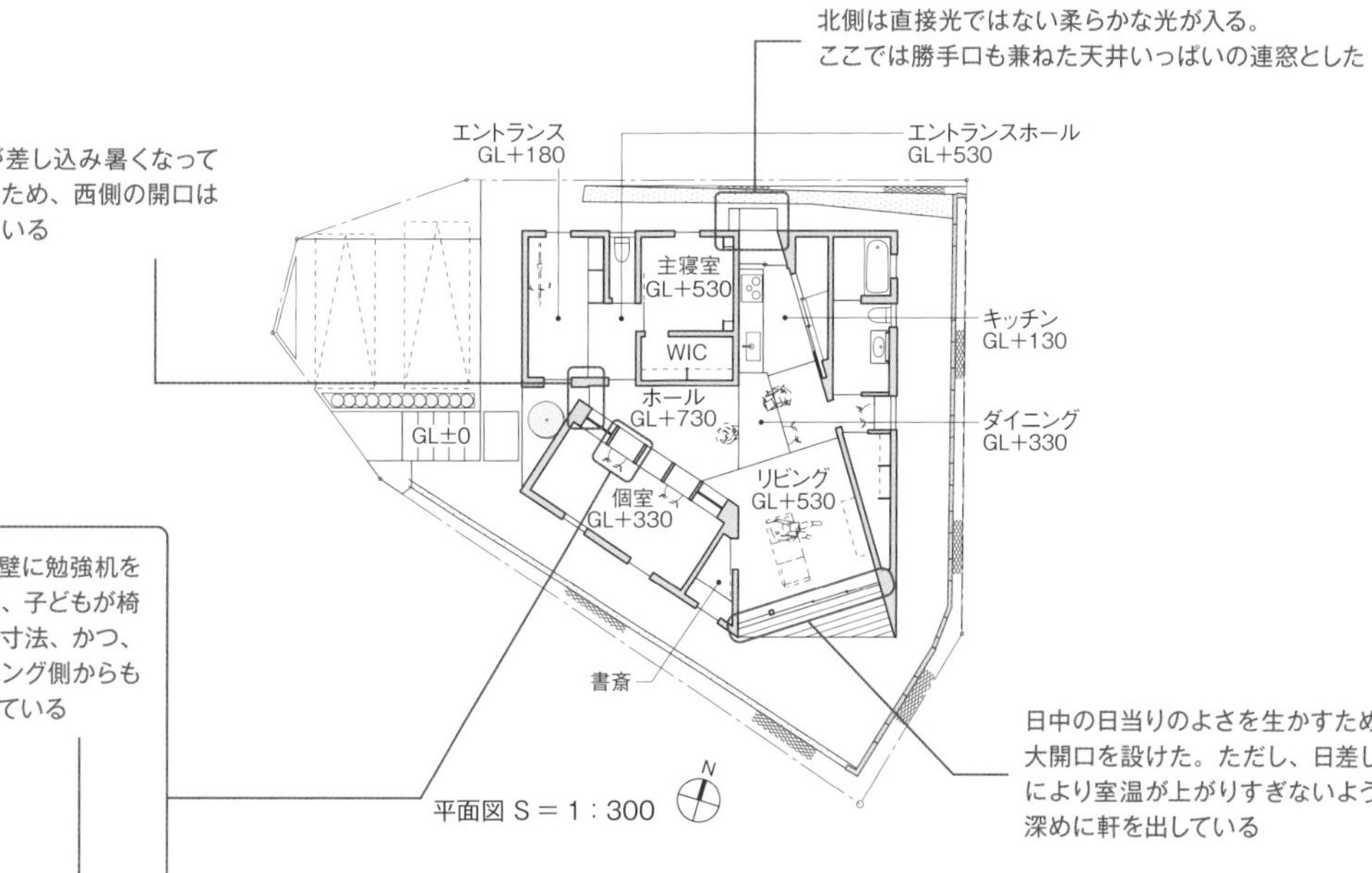

北側は直接光ではない柔らかな光が入る。ここでは勝手口も兼ねた天井いっぱいの連窓とした
夕日が差し込み暑くなってしまうため、西側の開口は絞っている
エントランス GL＋180
エントランスホール GL＋530
主寝室 GL＋530
WIC
キッチン GL＋130
ホール GL＋730
ダイニング GL＋330
GL±0
リビング GL＋530
個室 GL＋330
書斎
日中の日当りのよさを生かすため大開口を設けた。ただし、日差しにより室温が上がりすぎないよう深めに軒を出している
平面図 S＝1：300
N

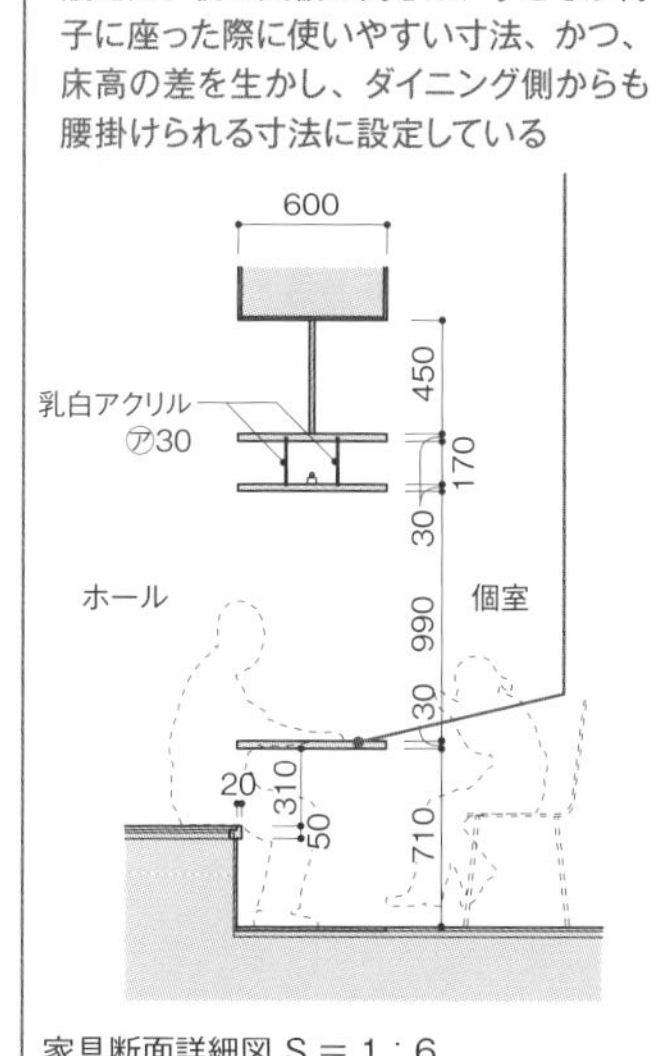

ダイニングと個室の間仕切壁に勉強机を設えた。机の天板の高さは、子どもが椅子に座った際に使いやすい寸法、かつ、床高の差を生かし、ダイニング側からも腰掛けられる寸法に設定している
600
450
乳白アクリル ㋐30
170
30
ホール
個室
990
30
20
310
50
710
家具断面詳細図 S＝1：6

「成瀬の家」
設計：MDS　写真：西川公朗

リビングから玄関ホール・アプローチ（写真左手）とキッチン（写真右手）を見る。玄関に来た来客や前面道路を通行する人から室内が見えすぎないよう、アプローチ側（西側）とキッチン側（北側）の開口部の幅を狭めた。アプローチ側の狭めた開口は西日をカットする効果もある

開口部廻りの壁面形状で光を操作する

外部開口部は外部から室内に光と風を取り込む部位である。一般的にはその大きさや設置位置、開閉形式などが設計時の検討事項として挙げられる。もちろんこれらも検討すべき事項ではあるものの、「外部開口部から採り込まれた光が室内にどのように広がるか」という想像にまで一歩踏み込んで設計できれば、空間の質はより向上する。ここでは、外部開口部の上下左右にある壁面形状を生かして光の見せ方を工夫した例を紹介する。

技1 左右の壁にテーパーをつけて光を水平方向に導く

壁をふかして光の広がりを制限する

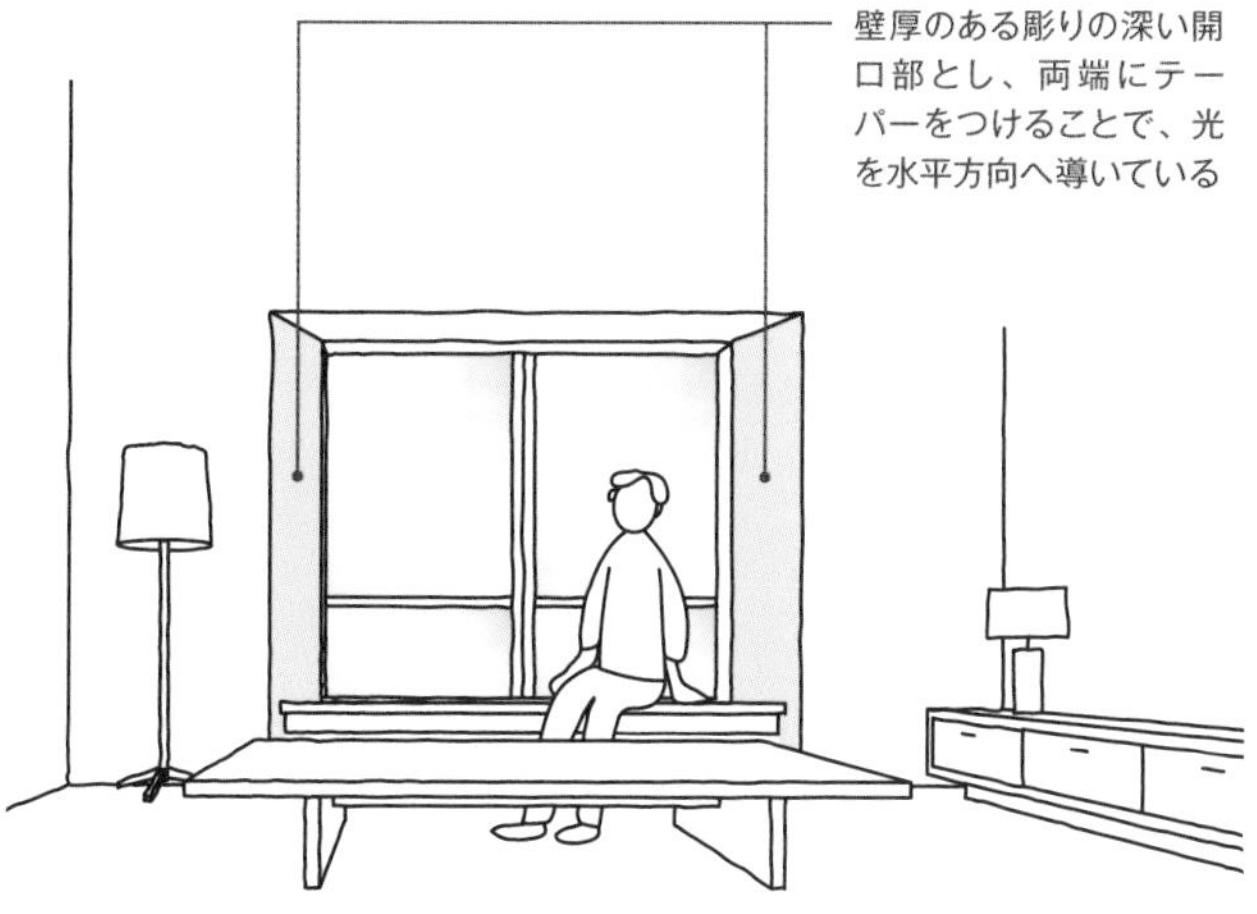
壁厚のある彫りの深い開口部とし、両端にテーパーをつけることで、光を水平方向へ導いている

段差を設けて居場所を増やす

床座部分と土間をつなぐ段差は、それ自体が腰かけとなり、居場所が生まれる

「富里の家」(86頁)

床座の空間を吹抜けとしたときに感じる天井の高さが、居心地のよさにつながるとは必ずしも限らない。ここでは、高さを抑えた開口部両端の壁をふかしてテーパーをつけ、光を水平方向に導き、吹抜け上部をあえて暗くすることで空間の重心を下げ、居心地のよい居場所を生み出している。

素材で空間に変化をつける

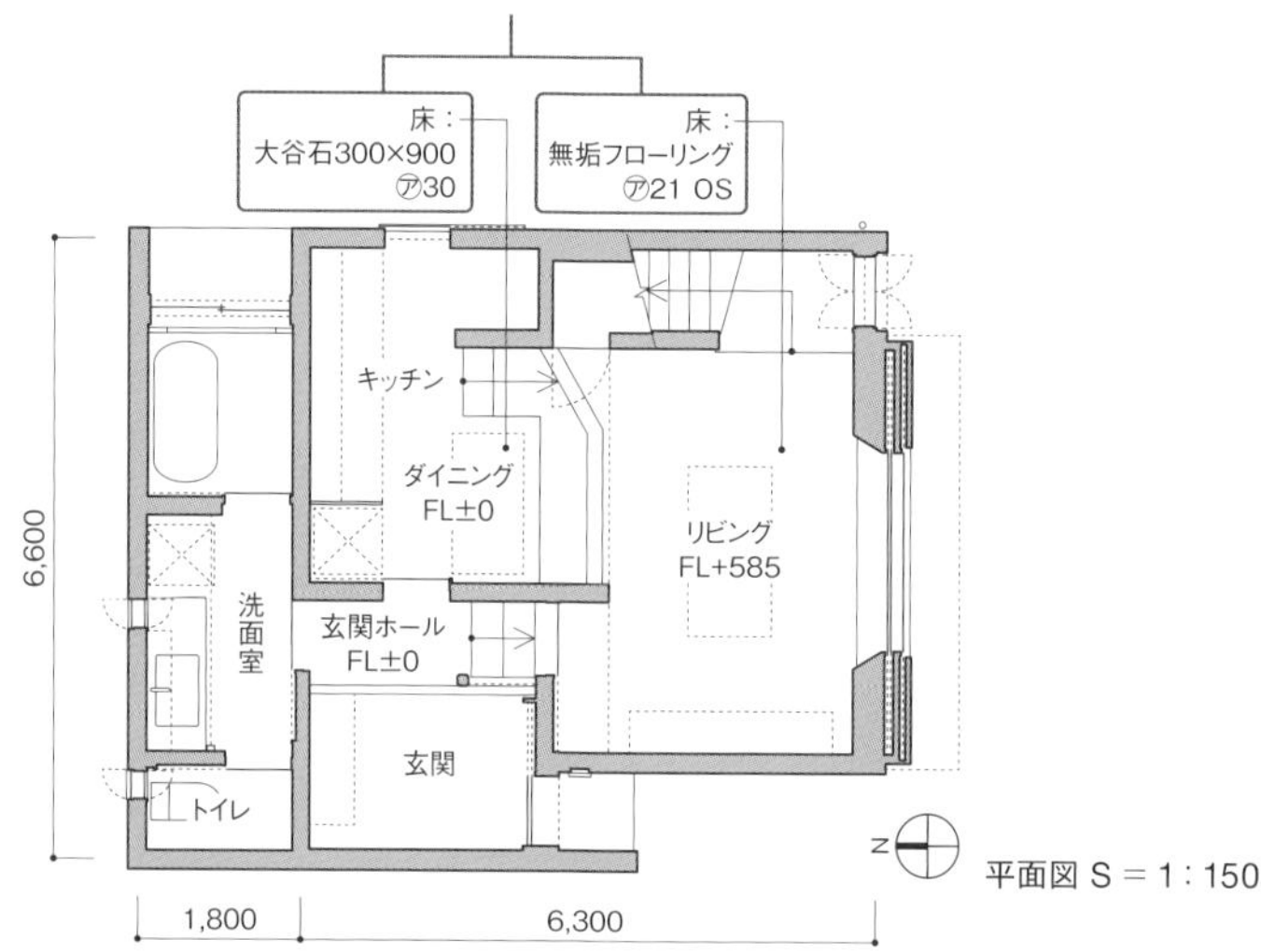

床座のリビングと土間は段差を介してつながっている。床材はそれぞれフローリングと大谷石。床材が切り替わることで空間に変化が生まれる
床：大谷石300×900 ㋐30
床：無垢フローリング ㋐21 OS
キッチン
ダイニング FL±0
リビング FL+585
洗面室
玄関ホール FL±0
玄関
トイレ
6,600
1,800
6,300

平面図 S＝1：150

光の広がり方に変化をつける

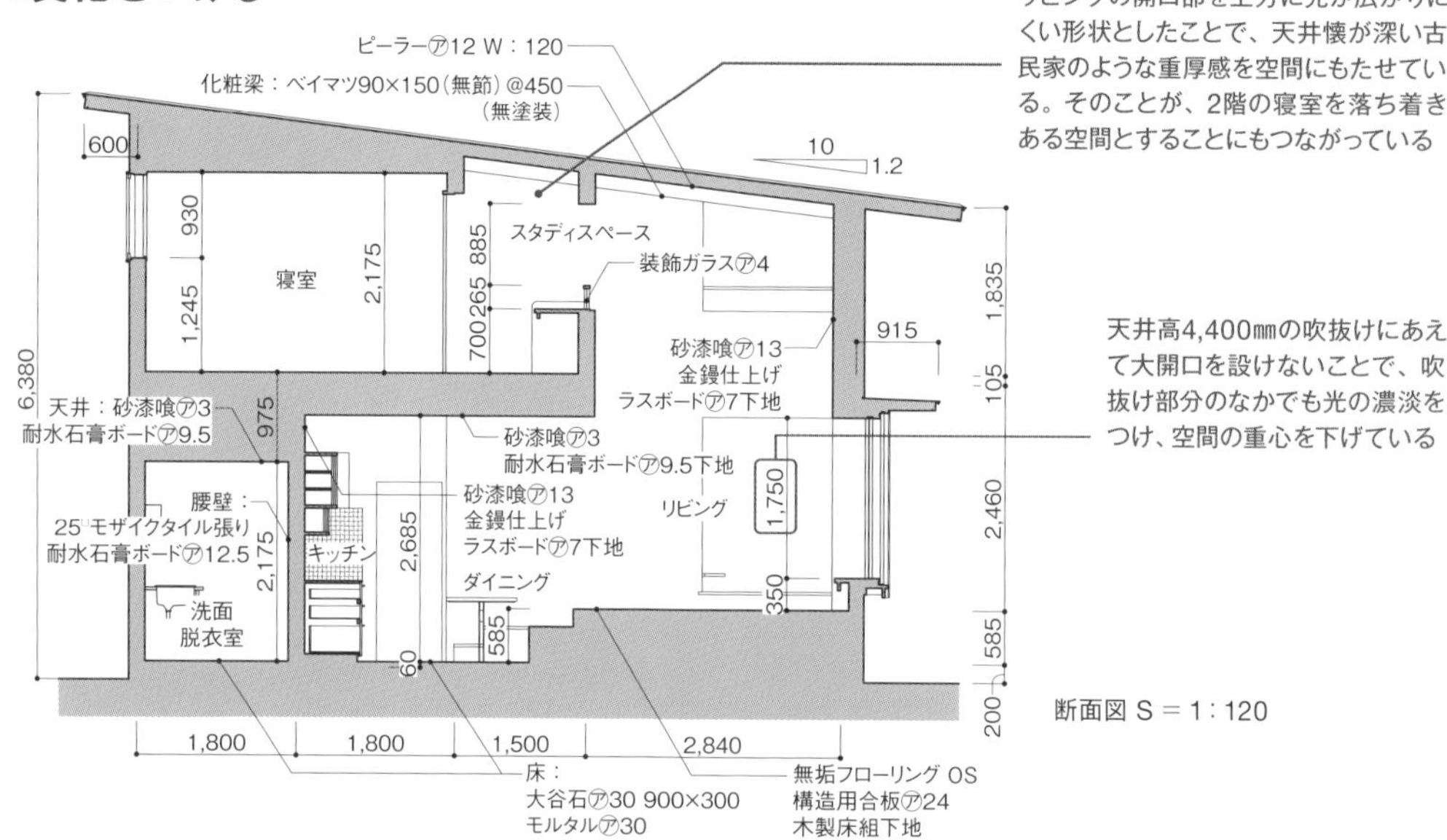

リビングの開口部を上方に光が広がりにくい形状としたことで、天井懐が深い古民家のような重厚感を空間にもたせている。そのことが、2階の寝室を落ち着きある空間とすることにもつながっている
天井高4,400㎜の吹抜けにあえて大開口を設けないことで、吹抜け部分のなかでも光の濃淡をつけ、空間の重心を下げている
ピーラー㋐12 W：120
化粧梁：ベイマツ90×150（無節）@450（無塗装）
スタディスペース
装飾ガラス㋐4
寝室
砂漆喰㋐13 金鏝仕上げ ラスボード㋐7下地
天井：砂漆喰㋐3 耐水石膏ボード㋐9.5
砂漆喰㋐3 耐水石膏ボード㋐9.5下地
腰壁：25□モザイクタイル張り 耐水石膏ボード㋐12.5
砂漆喰㋐13 金鏝仕上げ ラスボード㋐7下地
リビング
キッチン
ダイニング
洗面脱衣室
床：大谷石㋐30 900×300 モルタル㋐30
無垢フローリング OS 構造用合板㋐24 木製床組下地
1,800
1,800
1,500
2,840

断面図 S＝1：120

「富里の家」

設計：山田誠一建築設計事務所　写真：新澤一平

TV台とリビングテーブルには、ともにクルミ材を用い、統一感を出している。低めの高さで設えることで、空間の重心を下げている

簾戸を開け放った状態。戸袋にしまい込むことで、余計な線のないすっきりした開口部を実現している（写真：松村隆史）

ベンチを兼ねた彫りの深い開口部をつくる

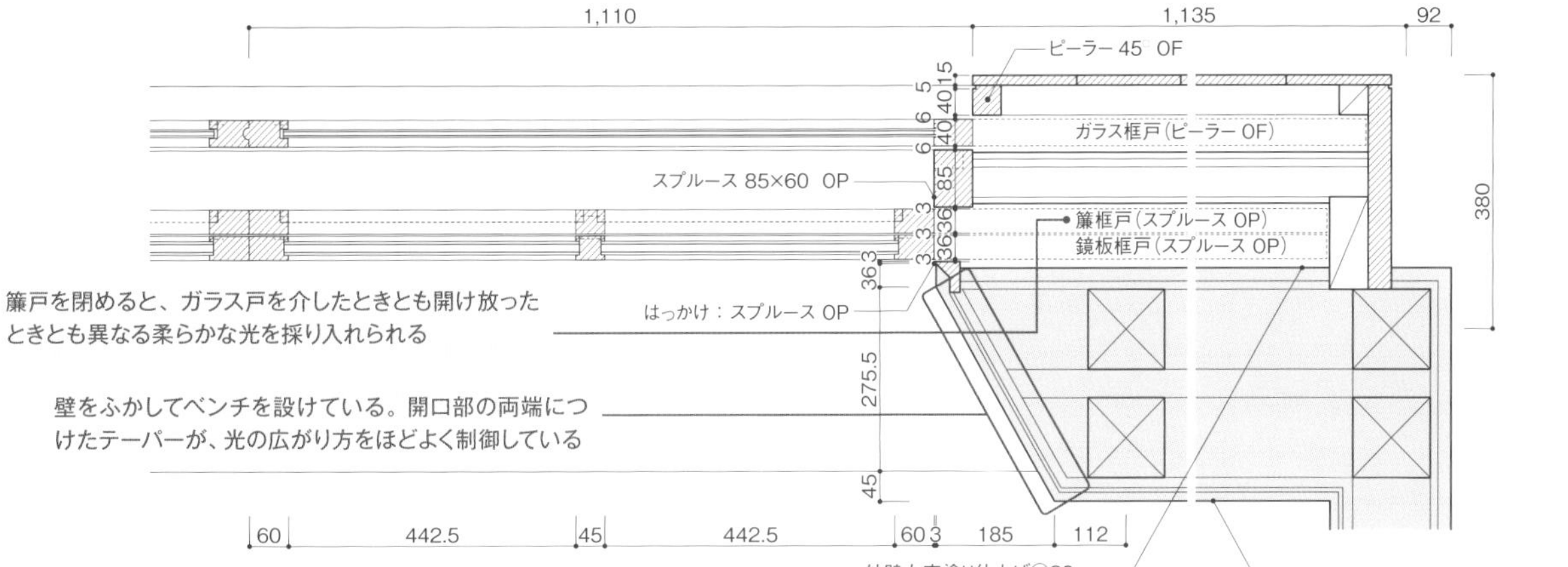

1,110
1,135
92
ピーラー 45 OF
ガラス框戸（ピーラー OF）
スプルース 85×60 OP
簾框戸（スプルース OP）
鏡板框戸（スプルース OP）
380
簾戸を閉めると、ガラス戸を介したときとも開け放ったときとも異なる柔らかな光を採り入れられる
はっかけ：スプルース OP
壁をふかしてベンチを設けている。開口部の両端につけたテーパーが、光の広がり方をほどよく制御している
275.5
45
60 442.5 45 442.5 60 3 185 112
外壁左官塗り仕上げ⑦20
構造用合板⑦12
壁胴縁18×45@450（縦横）
ラスボード⑦7
砂漆喰⑦13

建具平面詳細図 S＝1：15

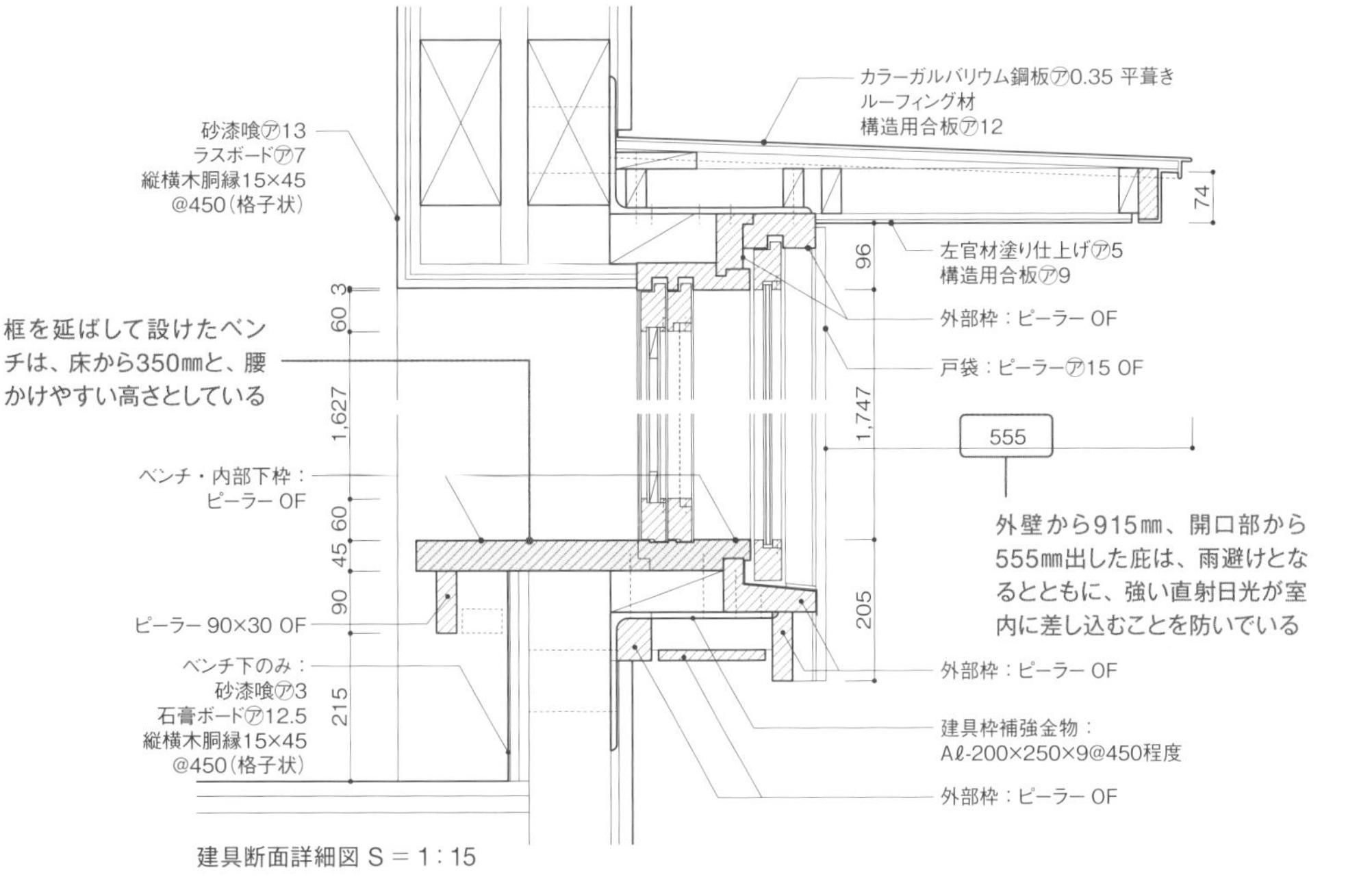

カラーガルバリウム鋼板⑦0.35 平葺き
ルーフィング材
構造用合板⑦12
74
砂漆喰⑦13
ラスボード⑦7
縦横木胴縁15×45
@450（格子状）
左官材塗り仕上げ⑦5
構造用合板⑦9
96
外部枠：ピーラー OF
框を延ばして設けたベンチは、床から350㎜と、腰かけやすい高さとしている
戸袋：ピーラー⑦15 OF
1,627
1,747
555
ベンチ・内部下枠：
ピーラー OF
外壁から915㎜、開口部から555㎜出した庇は、雨避けとなるとともに、強い直射日光が室内に差し込むことを防いでいる
ピーラー 90×30 OF
205
ベンチ下のみ：
砂漆喰⑦3
石膏ボード⑦12.5
縦横木胴縁15×45
@450（格子状）
215
外部枠：ピーラー OF
建具枠補強金物：
Aℓ-200×250×9@450程度
外部枠：ピーラー OF

建具断面詳細図 S＝1：15

技2　開口部の形状を工夫して、室内いっぱいに光を採り込む

柔らかい曲面をつくるポイント

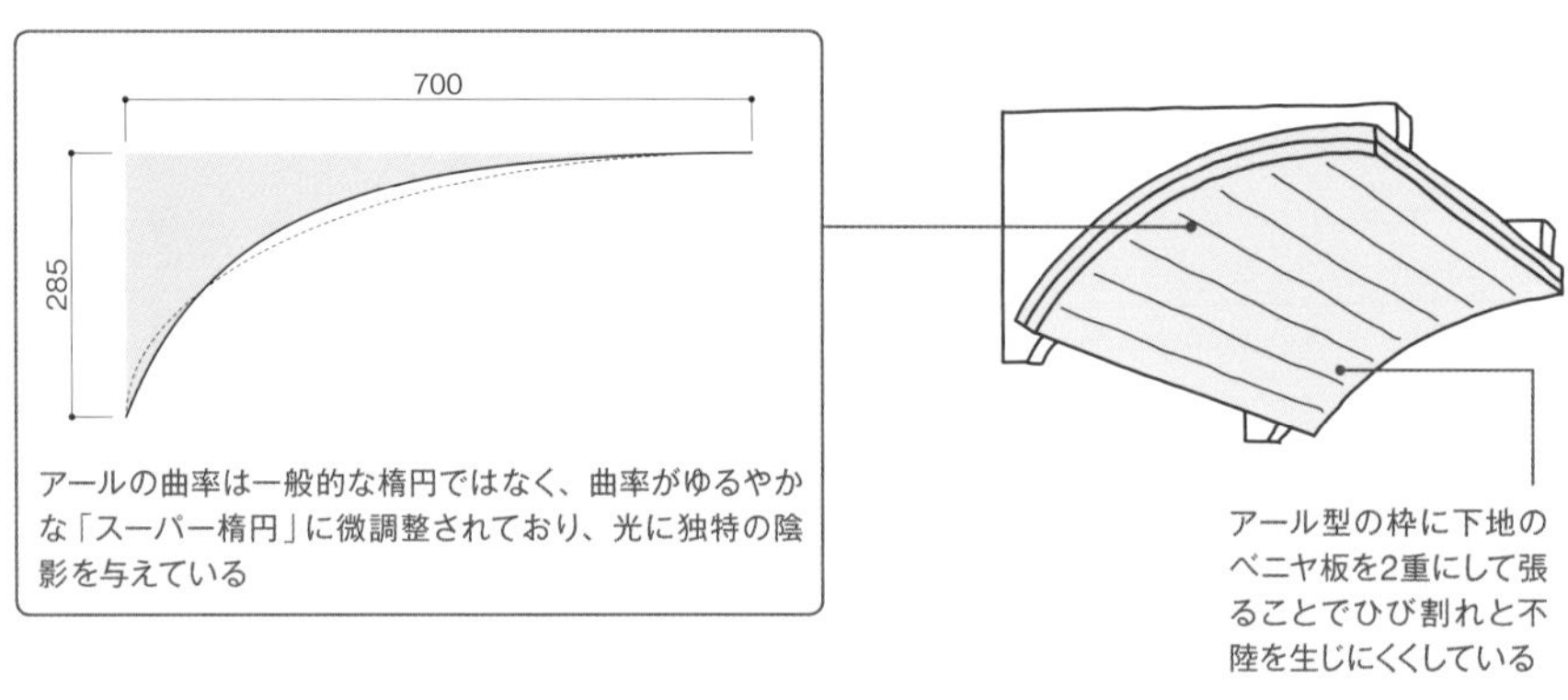
700
285
アールの曲率は一般的な楕円ではなく、曲率がゆるやかな「スーパー楕円」に微調整されており、光に独特の陰影を与えている
アール型の枠に下地のベニヤ板を2重にして張ることでひび割れと不陸を生じにくくしている

曲面部分。光が柔らかく広がっている

「h20e」

設計：アオイデザイン　写真：ナカサアンドパートナーズ・大谷宗平

リビング・ダイニングを見る。床はフレンチオークの無垢材のヘリンボーン張りで、グレーの塗装を施すことにより空間の質感を統一している

リビング・ダイニングから開口部を見る。5 枚の障子は中央部の 1 枚に収まる。写真右側には、既存の柱の厚みを利用した収納を設けている

光でつながるワンルーム

マンションのリノベーションでは、開口部が限定されるために光の採り入れ方が課題となる。ここでは、個々の部屋は仕切りながらも、壁の上部を開放することで、住戸全体に光が行きわたるように計画した。また、光の広げ方にも工夫を凝らしたい。開口部と、部屋を区切る大梁部分につながる天井を曲面にすることで、光を柔らかく拡散している。

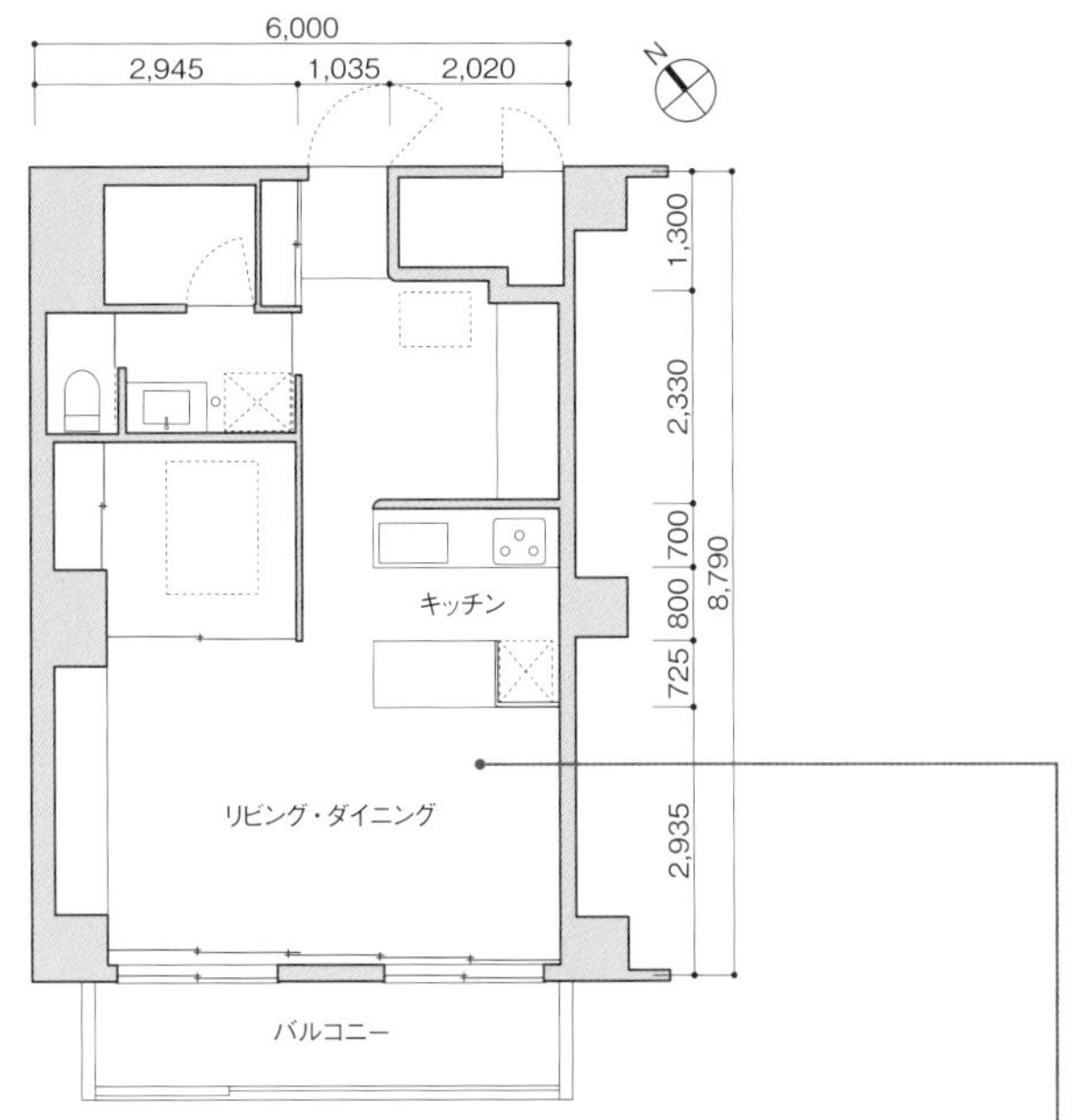
6,000
2,945
1,035
2,020
N
1,300
2,330
700
800
725
2,935
8,790
キッチン
リビング・ダイニング
バルコニー

平面図 S＝1：150

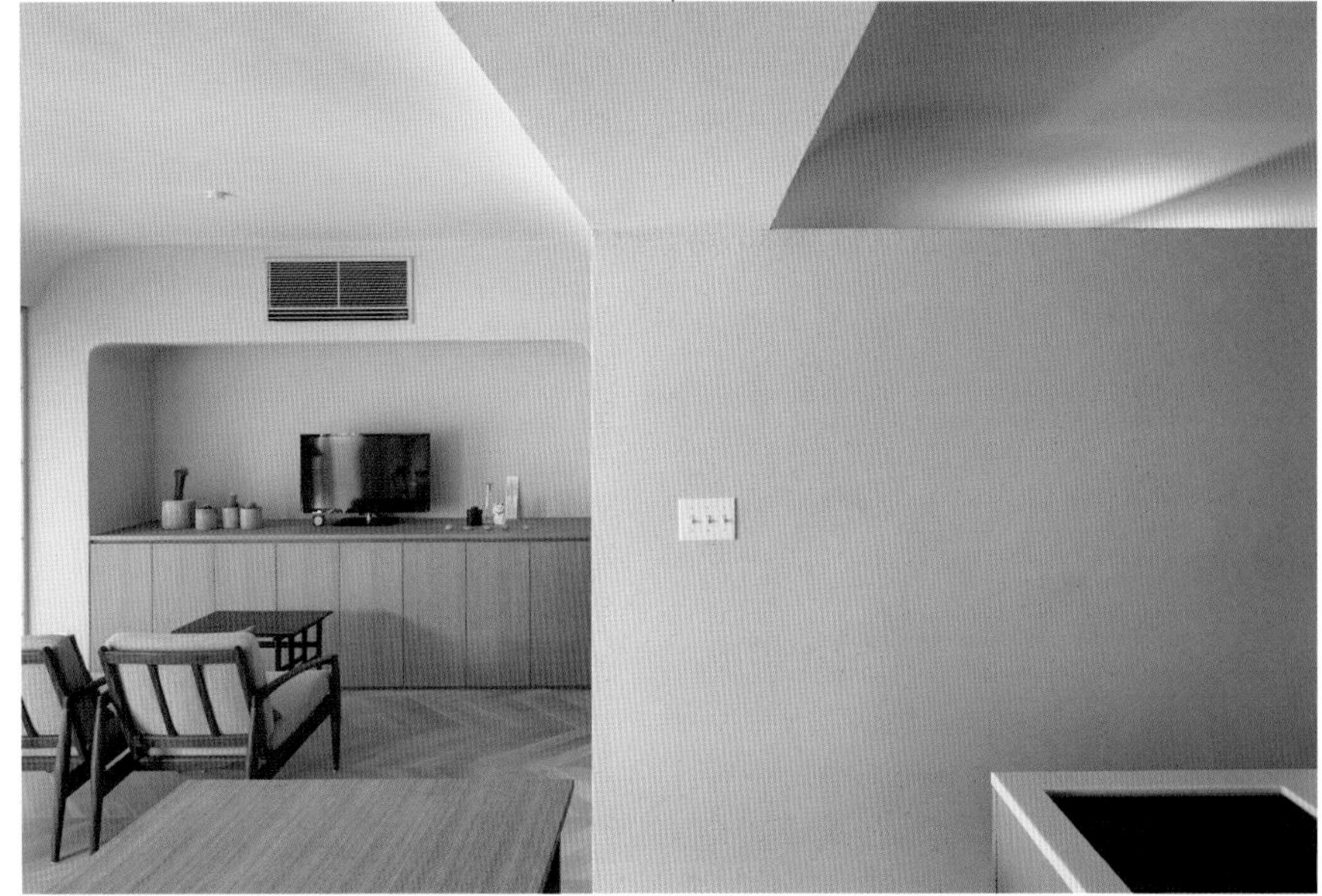

各部屋の上部の壁と天井の取り合いは、水廻り以外は全て曲面でつながっている。そのため、曲面を介した光が住戸全体に拡散して伝わる

光に表情を与えるしつらえ方

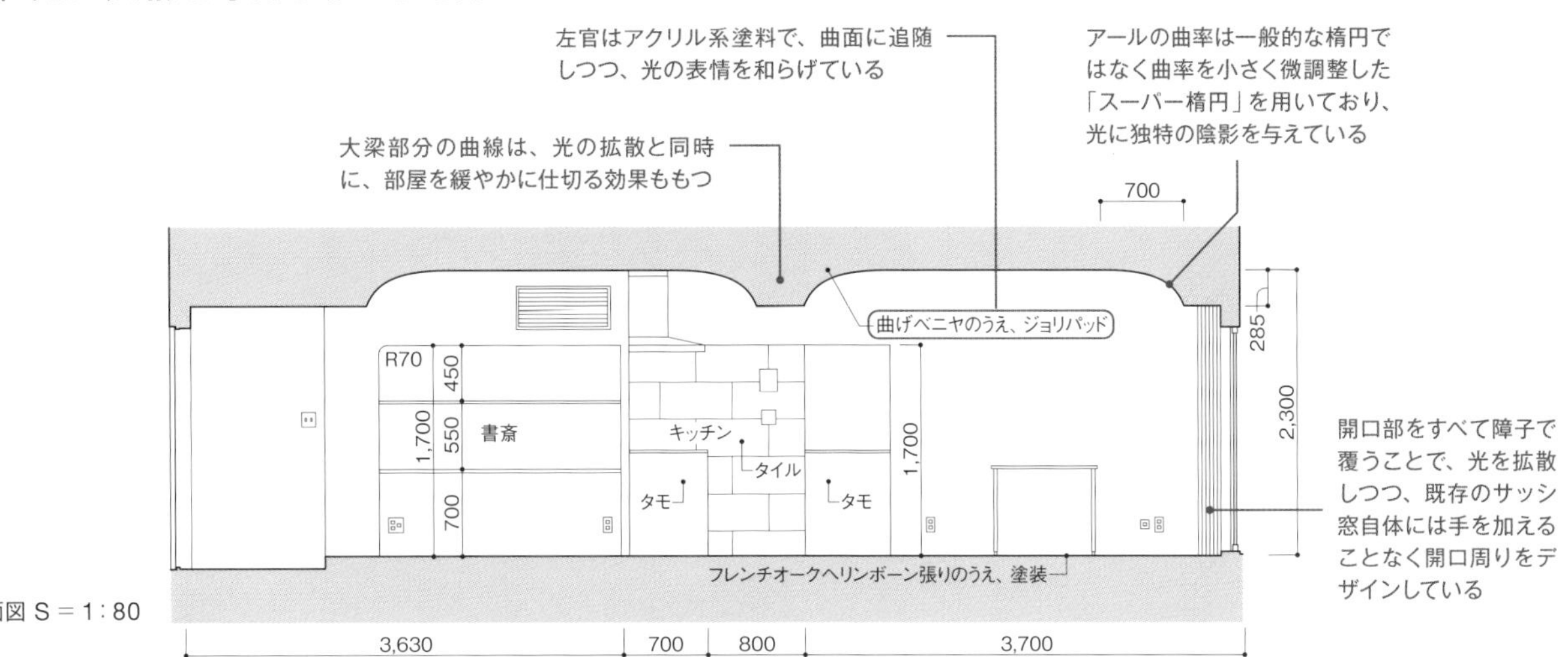
左官はアクリル系塗料で、曲面に追随しつつ、光の表情を和らげている
アールの曲率は一般的な楕円ではなく曲率を小さく微調整した「スーパー楕円」を用いており、光に独特の陰影を与えている
大梁部分の曲線は、光の拡散と同時に、部屋を緩やかに仕切る効果ももつ
700
曲げベニヤのうえ、ジョリパッド
R70
450
550
700
1,700
書斎
キッチン
タイル
タモ
タモ
1,700
285
2,300
開口部をすべて障子で覆うことで、光を拡散しつつ、既存のサッシ窓自体には手を加えることなく開口周りをデザインしている
フレンチオークヘリンボーン張りのうえ、塗装
3,630
700
800
3,700

断面図 S＝1：80

技3　開口部上部に**張り出し**を設け、**光溜まり**をつくる

光が溜まる仕組みをつくるポイント＿「瓦の家」（設計：河合啓吾建築設計事務所／写真：河合啓吾）

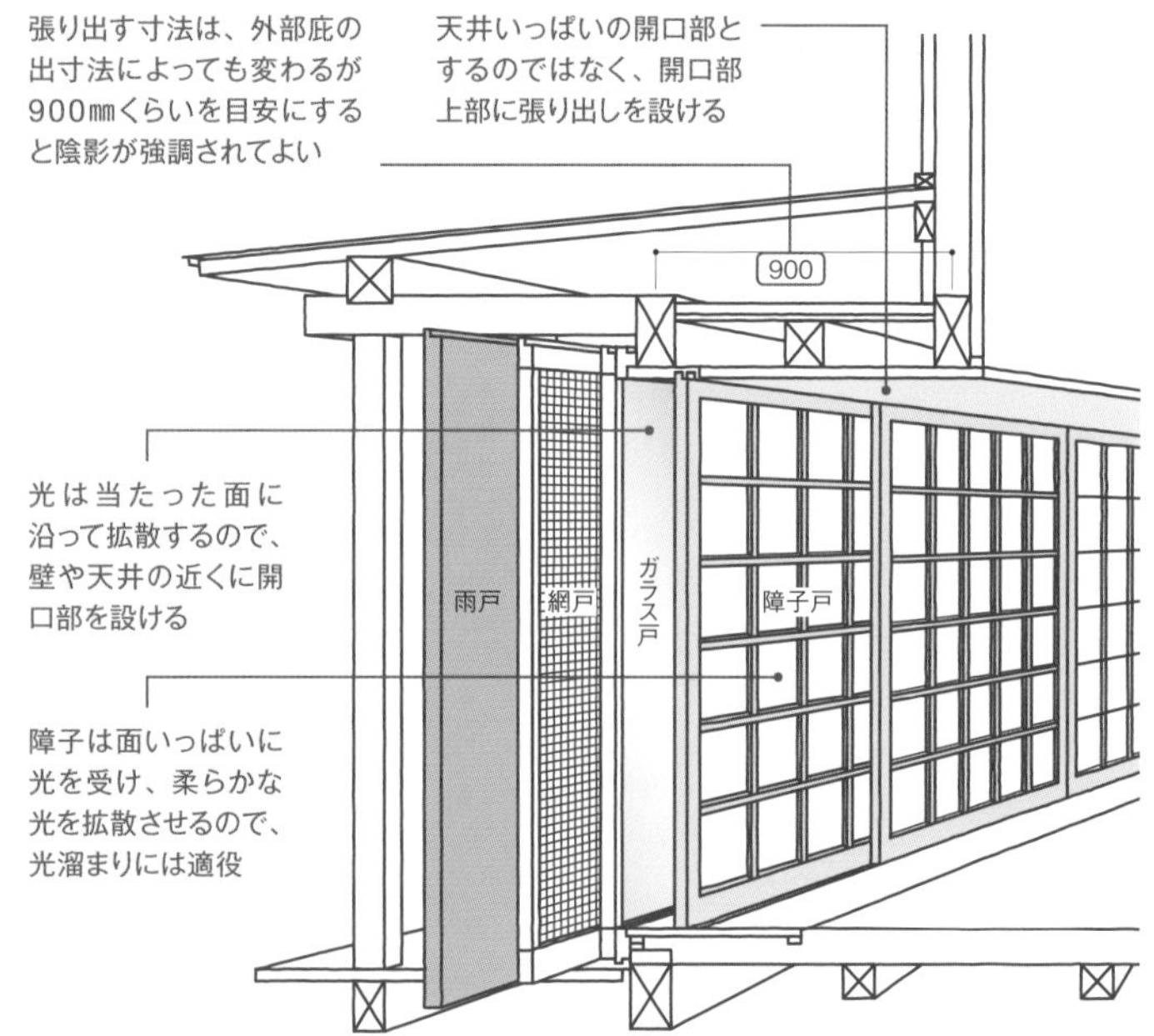

張り出す寸法は、外部庇の出寸法によっても変わるが900㎜くらいを目安にすると陰影が強調されてよい
天井いっぱいの開口部とするのではなく、開口部上部に張り出しを設ける
900
光は当たった面に沿って拡散するので、壁や天井の近くに開口部を設ける
雨戸
網戸
ガラス戸
障子戸
障子は面いっぱいに光を受け、柔らかな光を拡散させるので、光溜まりには適役

障子を閉めた状態。外部の視線を遮りつつ、光を導く

床座で生活するため、できるだけ重心が低くなるよう、開口高さを1,700㎜に抑え、高さ方向に間延びしないようにしている

開口部から採り入れた光を壁や天井などに回し、光のグラデーション（陰影）を視覚的に認識できるようにすると、空間に奥行き感が出る。そのため、開口部はできるだけ壁や天井際に設けたい。また、開口部上部に光溜まりとなるよう張り出しを設ければ、より陰影に富んだ空間になる。

「瓦の家」

設計：河合啓吾建築設計事務所　写真：河合啓吾

ロフトに至る通路の部分は梁材を並べたことで、意匠的にも軽やかな印象になった

通路

「瓦の家」
設計：河合啓吾建築設計事務所　写真：河合啓吾

光の回り方を考慮して寸法を決める

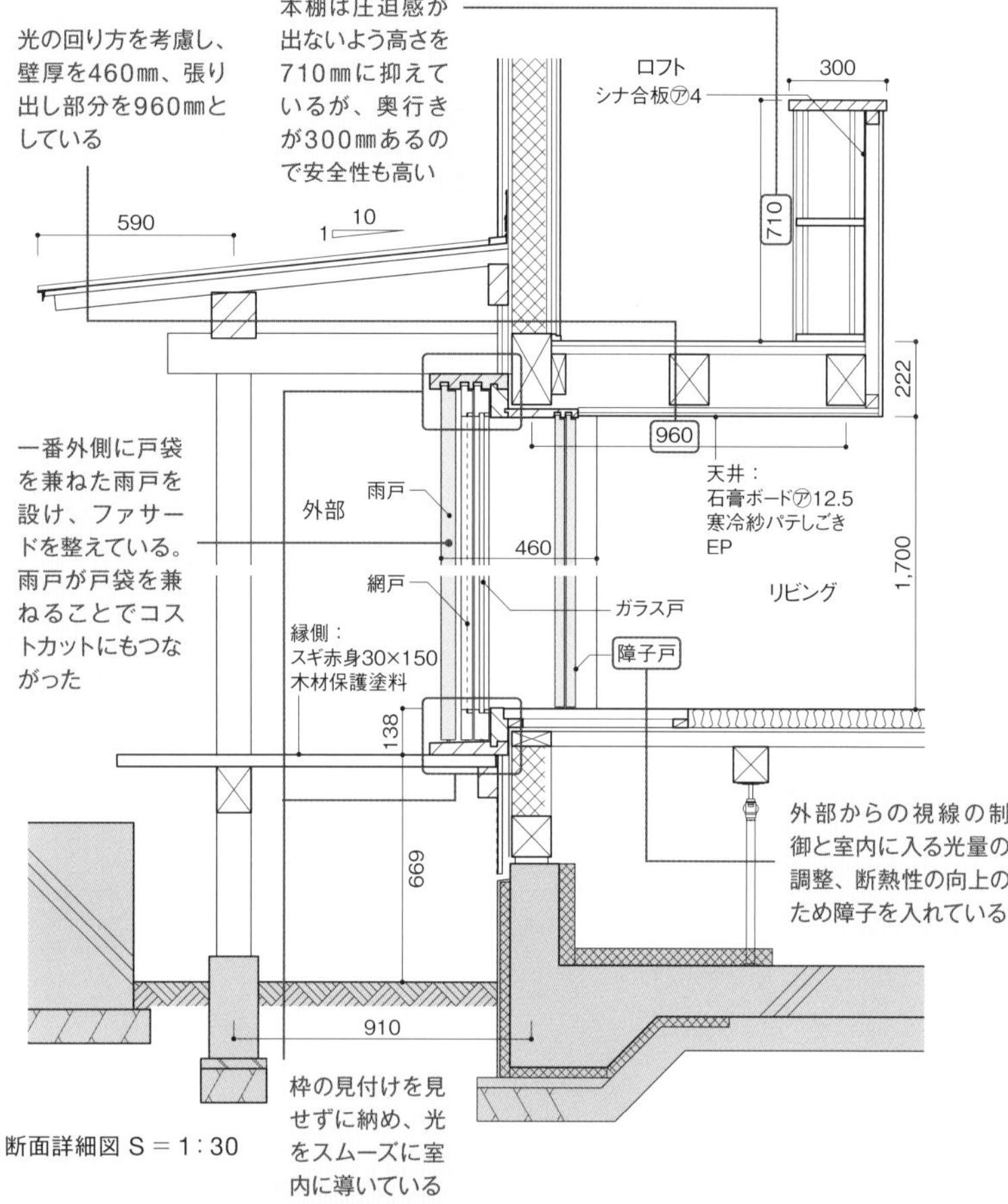

光の回り方を考慮し、壁厚を460㎜、張り出し部分を960㎜としている
本棚は圧迫感が出ないよう高さを710㎜に抑えているが、奥行きが300㎜あるので安全性も高い
ロフト
シナ合板㋐4
300
590
10
1
710
222
960
一番外側に戸袋を兼ねた雨戸を設け、ファサードを整えている。雨戸が戸袋を兼ねることでコストカットにもつながった
雨戸
外部
天井：
石膏ボード㋐12.5
寒冷紗パテしごき
EP
460
1,700
網戸
ガラス戸
リビング
縁側：
スギ赤身30×150
木材保護塗料
障子戸
138
外部からの視線の制御と室内に入る光量の調整、断熱性の向上のため障子を入れている
699
910
枠の見付けを見せずに納め、光をスムーズに室内に導いている

断面詳細図 S＝1：30

光溜まりをつくる張り出しを有効活用する

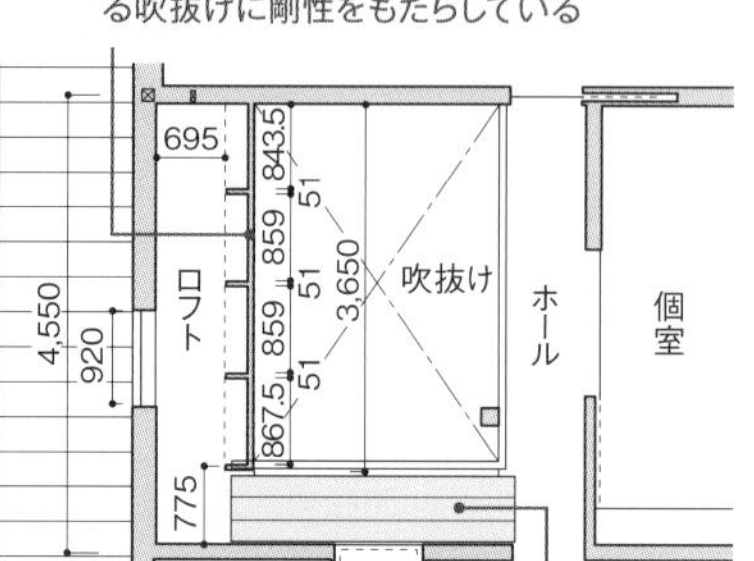

本棚スペースは、構造的に弱くなる吹抜けに剛性をもたらしている
695
843.5
51
859
3,650
吹抜け
ロフト
ホール
個室
4,550
920
867.5
775
ロフトへの通路にほかの部分とは異なるベイマツの梁材105×210㎜を3本並べて使うことで、ロフトの独立性を高めている

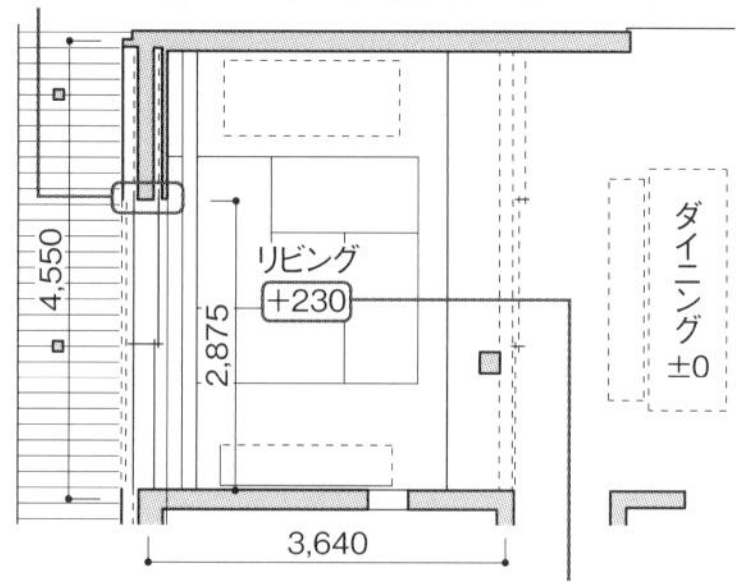

壁厚（外側雨戸から内壁まで460㎜）を大きくすることで、光の回り方を調整している
4,550
リビング
+230
2,875
ダイニング
±0
3,640
リビングはダイニングよりフロアレベルを230㎜上げ、床座の空間としている

平面図 S＝1：150

ダイニングからリビングを見る。リビングまで緩やかに光が回り込む

技4　袖壁を設けた窓を天井に寄せて上下に光を広げる

天井高が低いと空間の重心が下がる。落ち着いた心地よさがある一方、圧迫感が生まれる場合もある。ここでは、窓を天井に寄せて光を天井に回し、上方を明るくすることで、重心の低さと開放感を両立させている。窓の両側に設けた袖壁によって、絞られた光が黒レンガの床を鈍く照らし、落ち着いた雰囲気を生み出している。

天井をきれいに照らすポイントは窓の位置

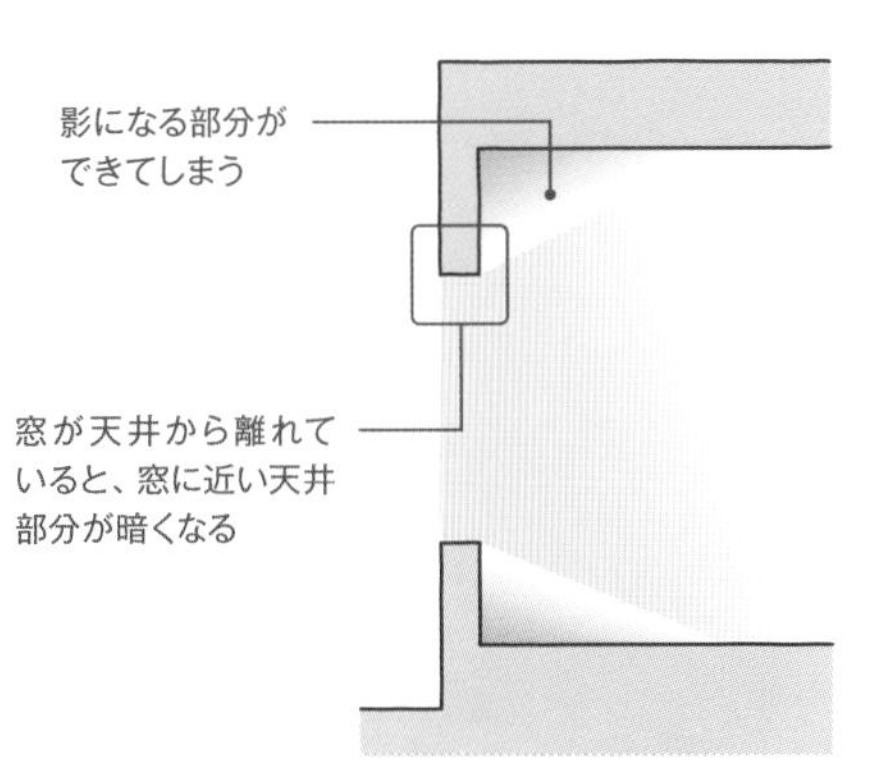

窓が天井から離れている場合
影になる部分ができてしまう
窓が天井から離れていると、窓に近い天井部分が暗くなる

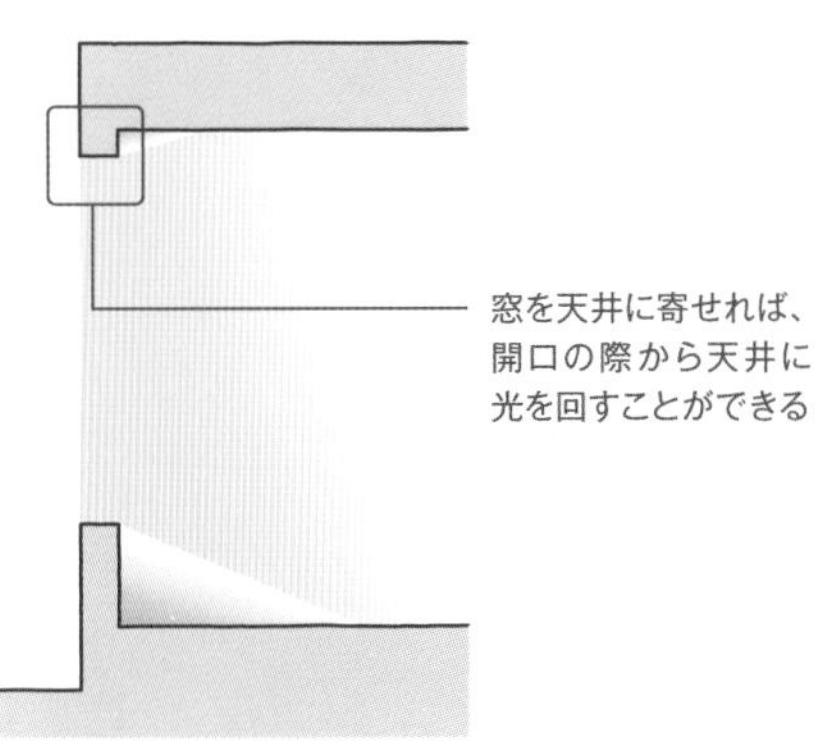

窓と天井が近い場合
窓を天井に寄せれば、開口の際から天井に光を回すことができる

光が広がる天井面は砂漆喰の仕上げで、砂の陰影を際立たせている

庇で外部環境との関係を調整

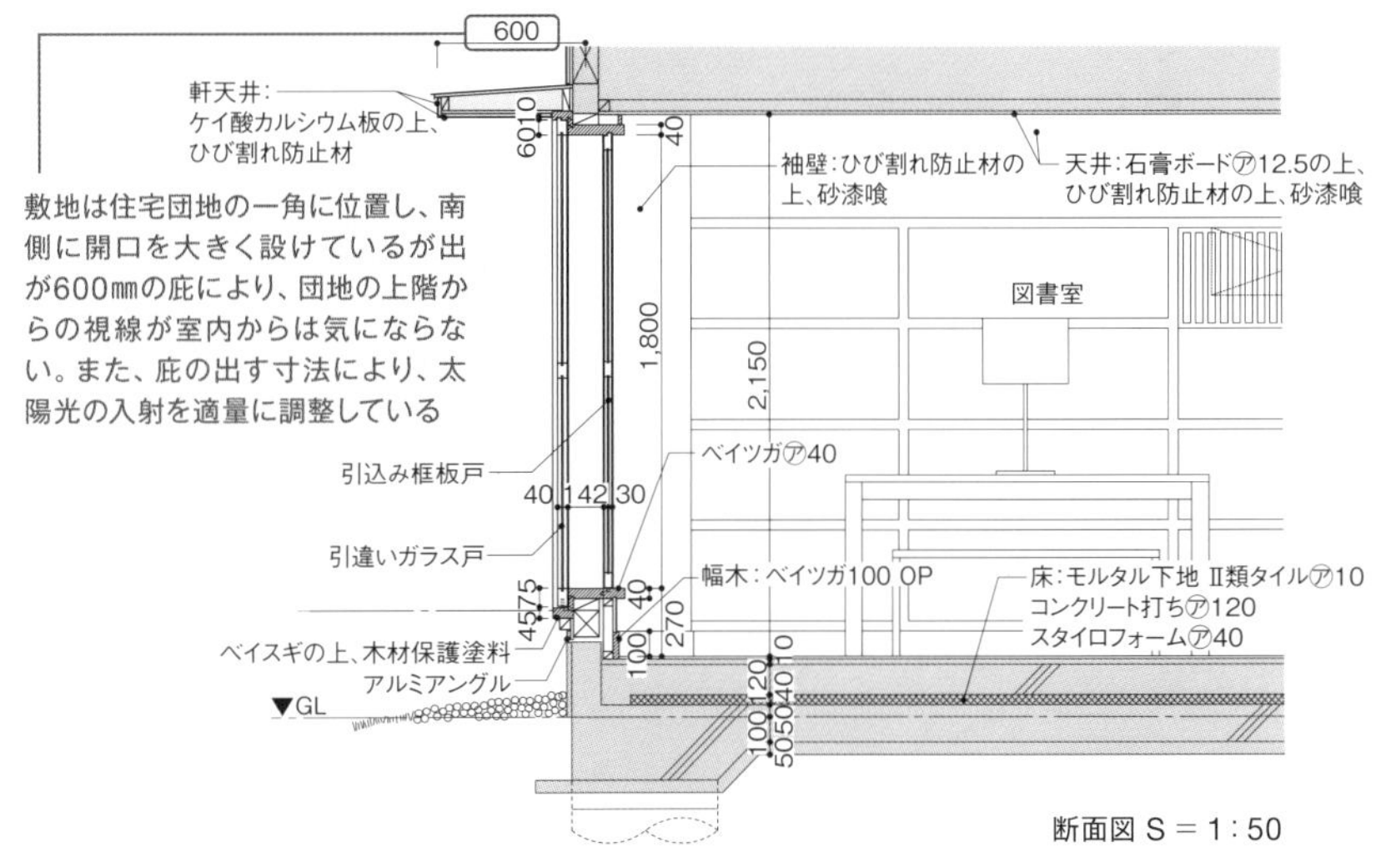

600
軒天井：ケイ酸カルシウム板の上、ひび割れ防止材
袖壁：ひび割れ防止材の上、砂漆喰
天井：石膏ボード㋐12.5の上、ひび割れ防止材の上、砂漆喰
図書室
1,800
2,150
引込み框板戸
40 142 30
ベイツガ㋐40
引違いガラス戸
幅木：ベイツガ100 OP
床：モルタル下地 Ⅱ類タイル㋐10
コンクリート打ち㋐120
スタイロフォーム㋐40
ベイスギの上、木材保護塗料
アルミアングル
▼GL
断面図 S＝1：50

敷地は住宅団地の一角に位置し、南側に開口を大きく設けているが出が600㎜の庇により、団地の上階からの視線が室内からは気にならない。また、庇の出す寸法により、太陽光の入射を適量に調整している

「かみのきの家」
設計：杉下均建築工房　写真：杉下均建築工房

袖壁の厚みが光の拡散のポイント

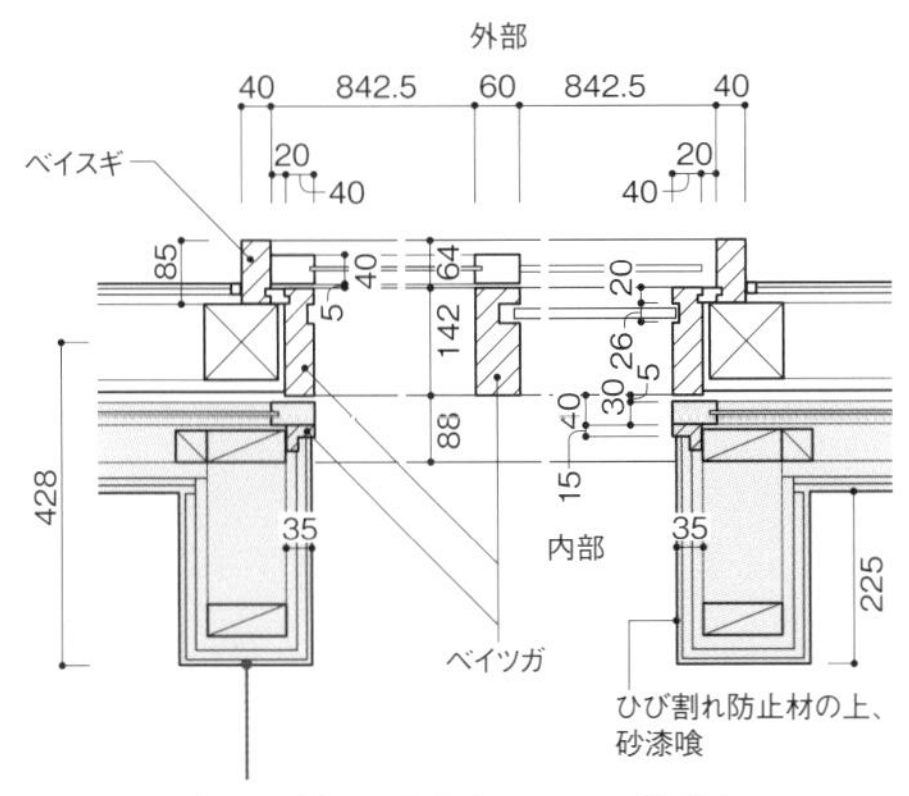

外部
40 842.5 60 842.5 40
ベイスギ
内部
ベイツガ
ひび割れ防止材の上、砂漆喰
428
225
開口部平面詳細図 S＝1：20

開口部の両側には奥行き225㎜の袖壁を設けており、光の拡散方向を絞っている

枠の素材を内と外で使い分ける

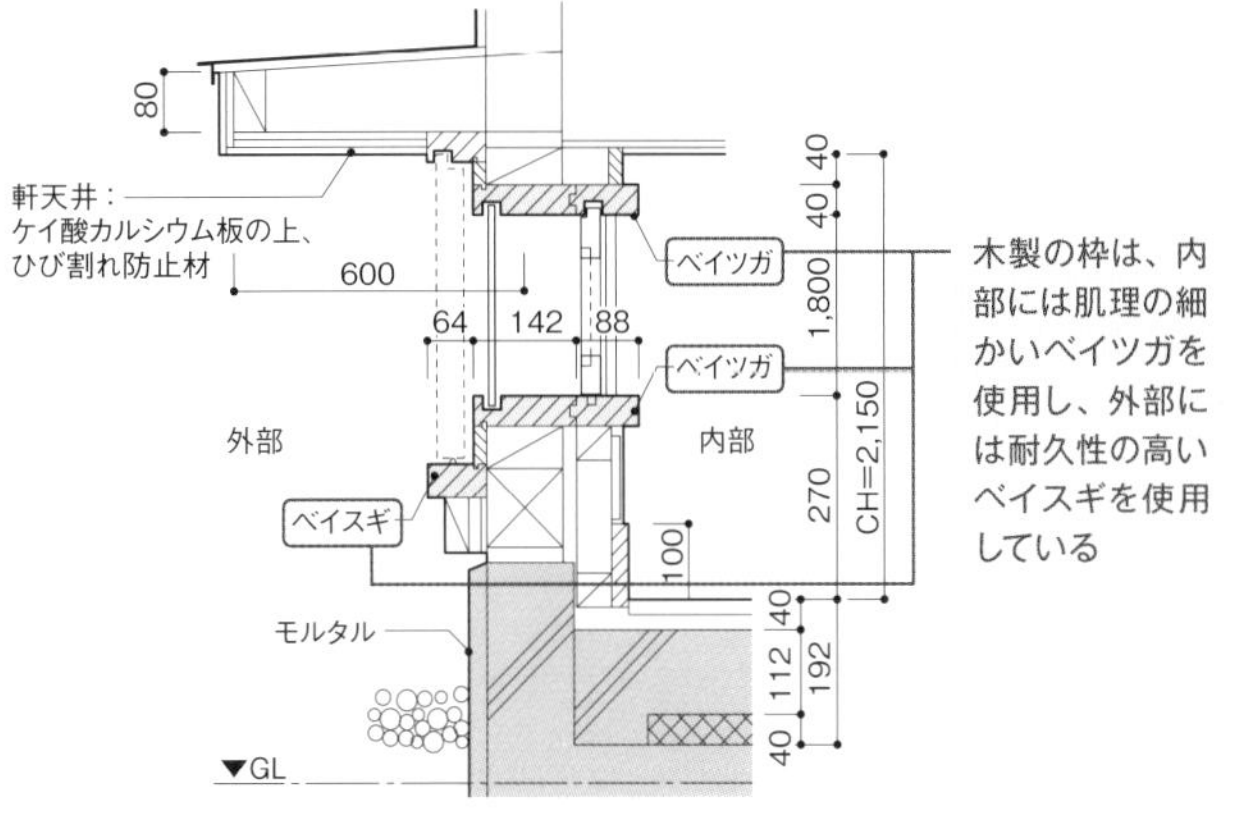

軒天井：ケイ酸カルシウム板の上、ひび割れ防止材
600
64 142 88
ベイツガ
ベイツガ
外部
内部
ベイスギ
モルタル
▼GL
1,800
CH=2,150
開口部断面詳細図 S＝1：20

木製の枠は、内部には肌理の細かいベイツガを使用し、外部には耐久性の高いベイスギを使用している

開口部の位置で見える景色を操作する

外部開口部には光や風を取り込む役割のほか、屋外の景色を楽しんだり、視線の抜けをつくったりする役割もある。それゆえ、建物の周囲に緑や美しい眺めがある場合には、その面に積極的に開き、逆に、前面道路（人や車の通行）など見せたくないものがある場合にはできるだけ閉じると言った工夫が住まい手の満足度アップにつながる。ここでは室内外の関係性から導き出された外部開口部の設置位置について解説する。

「守山のいえ」（96頁）

技1　腰窓の高さは視線の抜けを考慮して設定する

腰窓の高さは外部との関係で決める

腰窓は通常、床から900㎜や1千100㎜の高さに設けられることが多い。しかし、道路沿いの腰窓をそのような高さにすると、通行人と視線が交錯してしまい、プライバシーや安心感が得られにくい。そこで、ここではサッシの高さを通常よりも少し床から高い1千350㎜に設定。この高さなら、内部と外部の視線の交錯を避けられるとともに、上方の景色を取り込み、明るさと広がりを室内にもたらす。

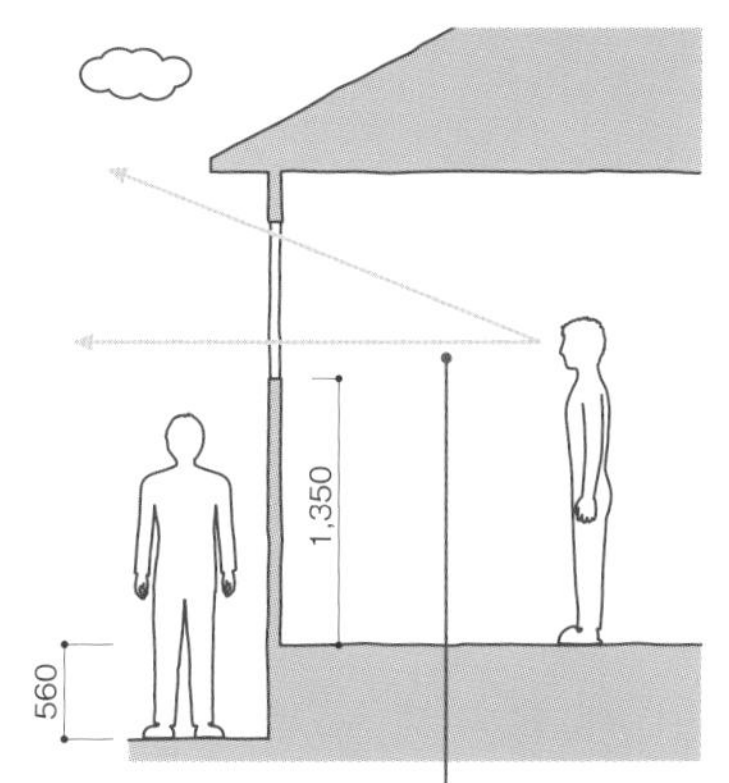
1,350
560

通常より高い位置に腰窓を設けると、内部と外部の視線が交錯することもないうえ、視線が上へと向かう

腰窓と掃出し窓を使い分ける

道路や隣家に面した開口部は腰窓とし、高めの位置に設ける。その窓からは空を見上げることとなり、広がりが感じられる空間になる

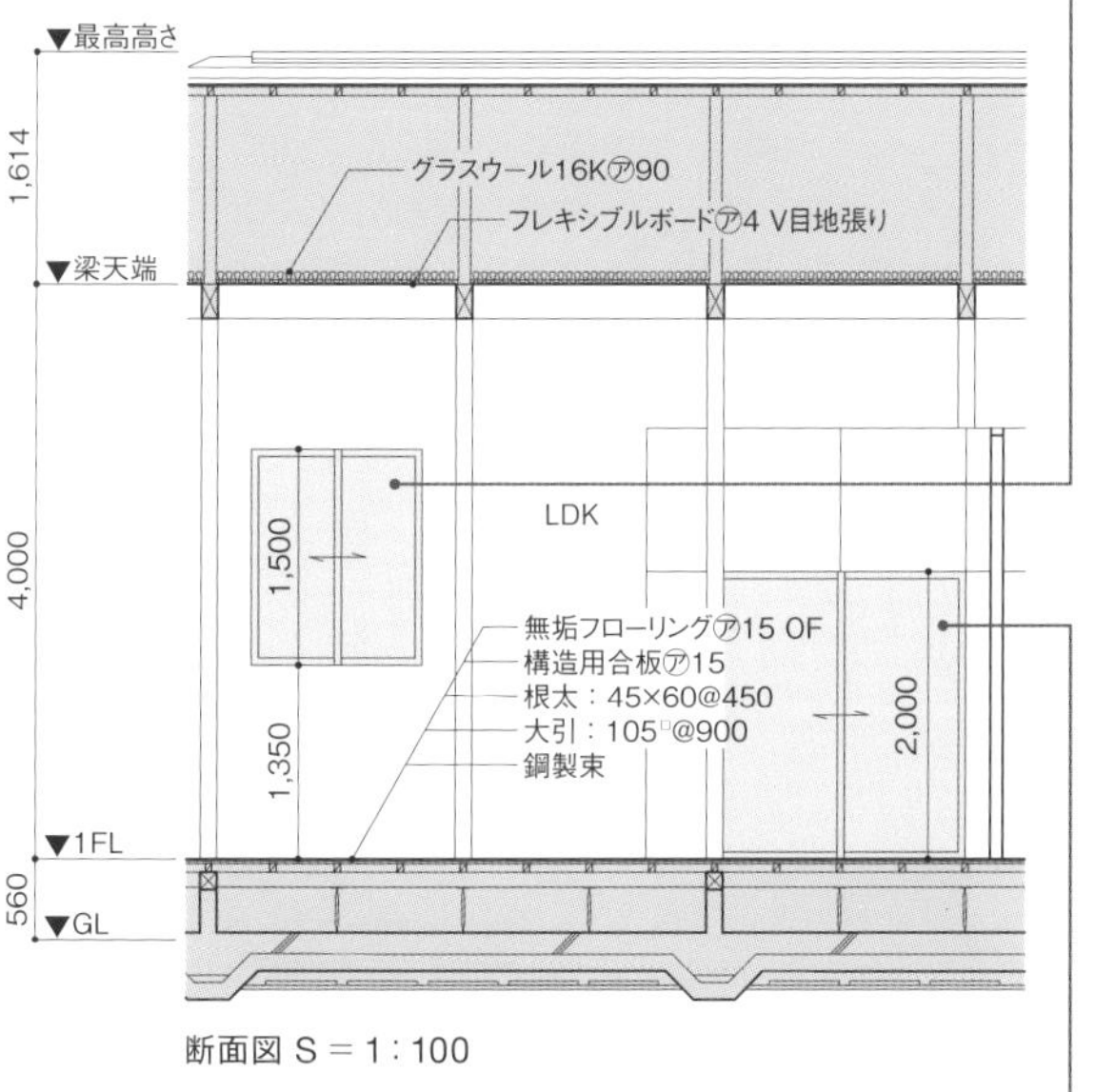
▼最高高さ
1,614
グラスウール16K㋐90
フレキシブルボード㋐4 V目地張り
▼梁天端
4,000
LDK
1,500
無垢フローリング㋐15 OF
構造用合板㋐15
根太：45×60@450
大引：105□@900
鋼製束
2,000
1,350
▼1FL
560
▼GL

断面図 S＝1：100

テラスなどの中間領域に面する開口部は掃出し窓とし、テラスを介して緩やかに外の景色を取り込む

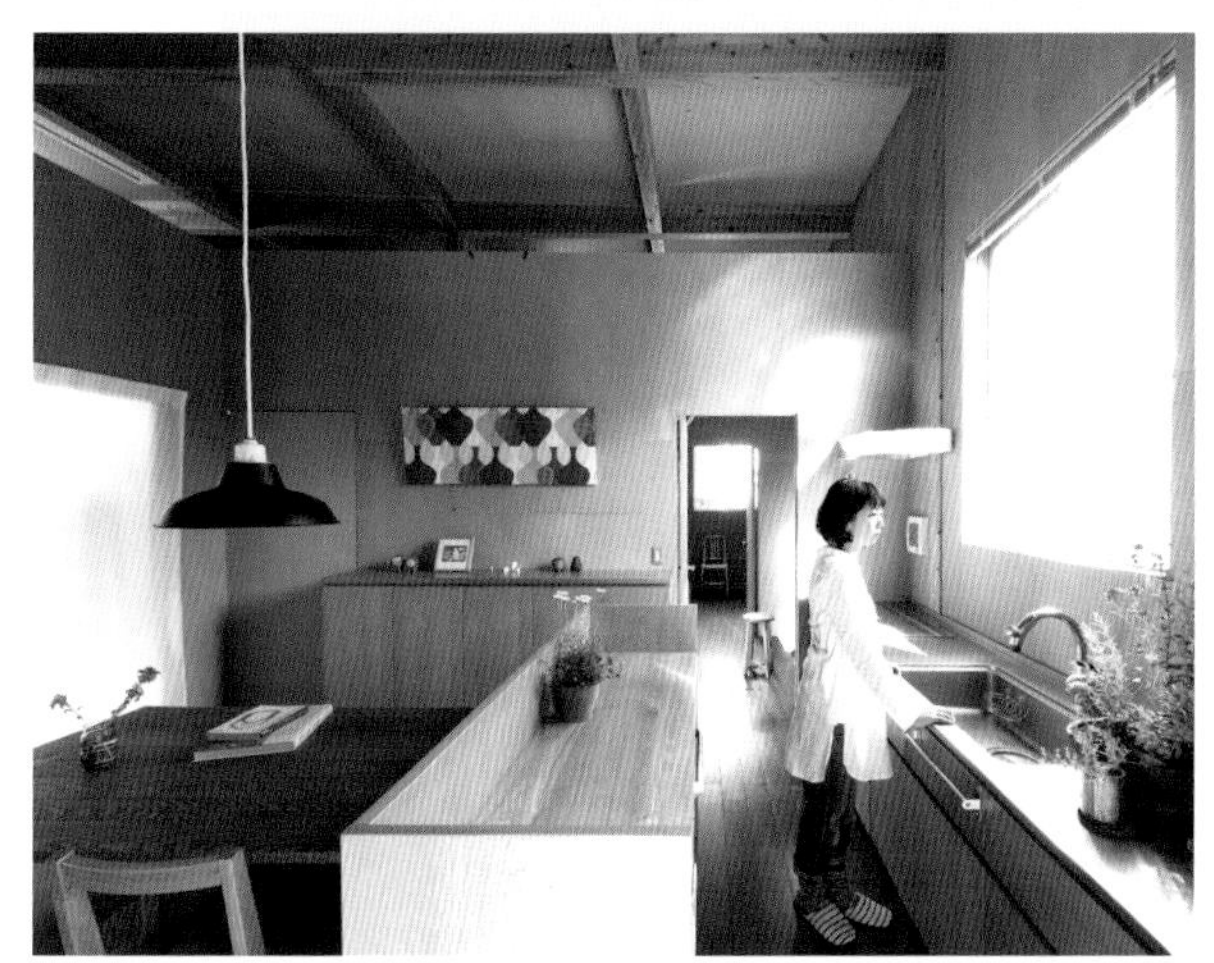

「大橋のいえ」
設計：atelier cube　写真：井上聡

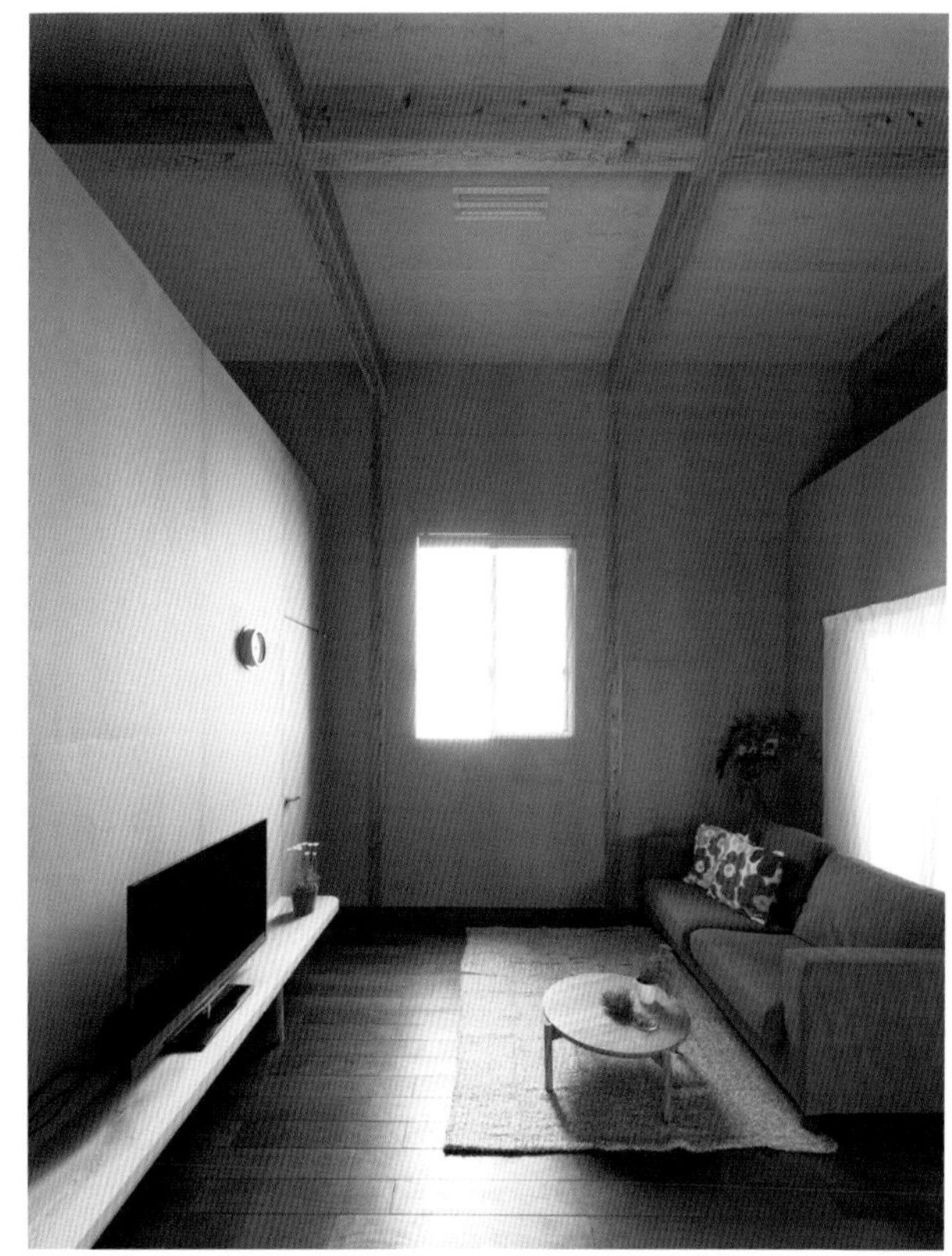

写真正面の腰窓からは、明るい光が差し込む。露しの柱と天井で構成される天井高4mの大きなワンルームのなかに、高さ3mの間仕切壁を設け、適度に空間を仕切った

技2　平面の欠込みで外部空間を取り込む

眺めのよい景色が2方向にある場合は、平面に欠込みを設けるとよい。その入隅に窓を設ければ、敷地いっぱいの建築面積を確保しながら、2方向の景色を内部に取り込むことができる。

欠込みで窓の方向性を操作する

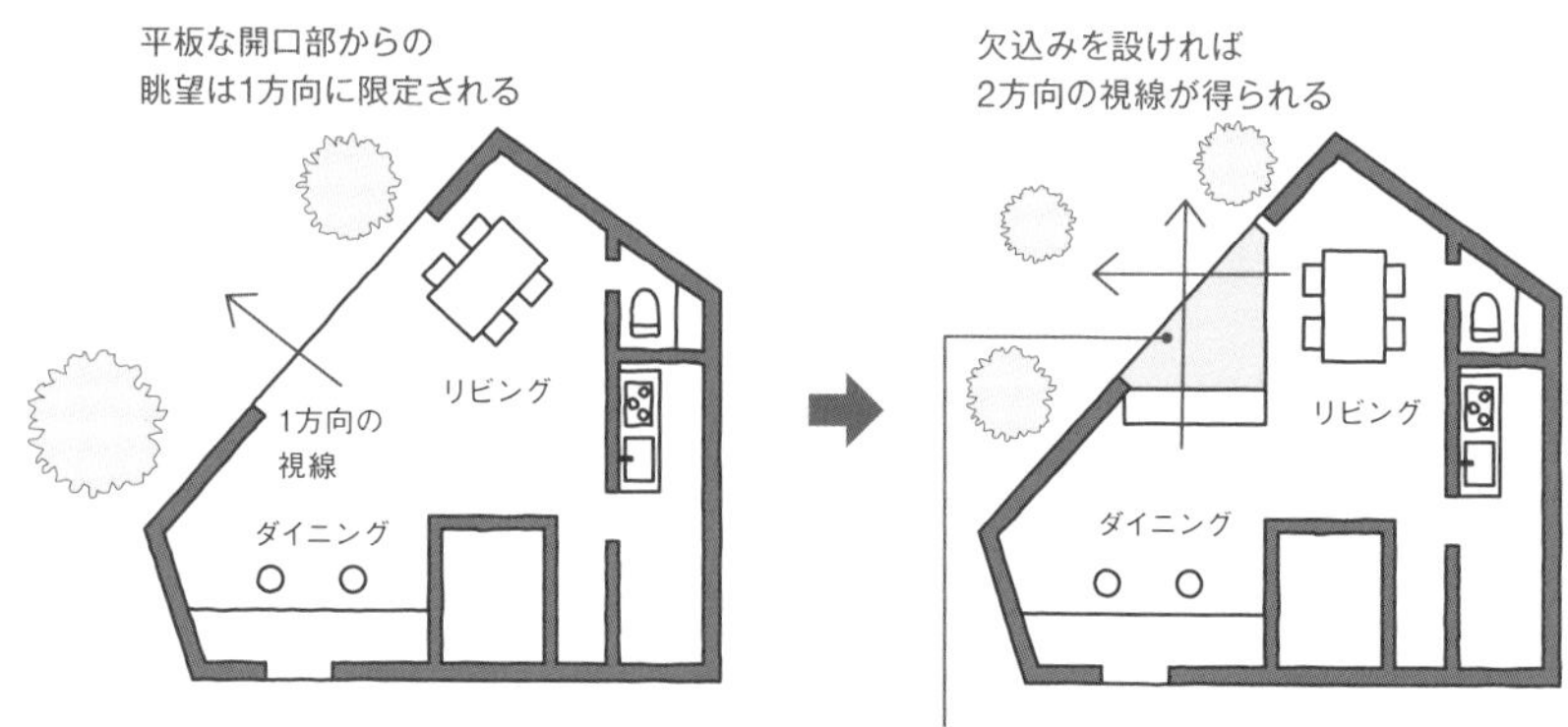

平板な開口部からの
眺望は1方向に限定される
1方向の
視線
リビング
ダイニング
欠込みを設ければ
2方向の視線が得られる
リビング
ダイニング
欠込みによって生まれたテラスが
内外を柔らかくつなぐ

敷地の高低差に合わせて内部にレベル差をつくる

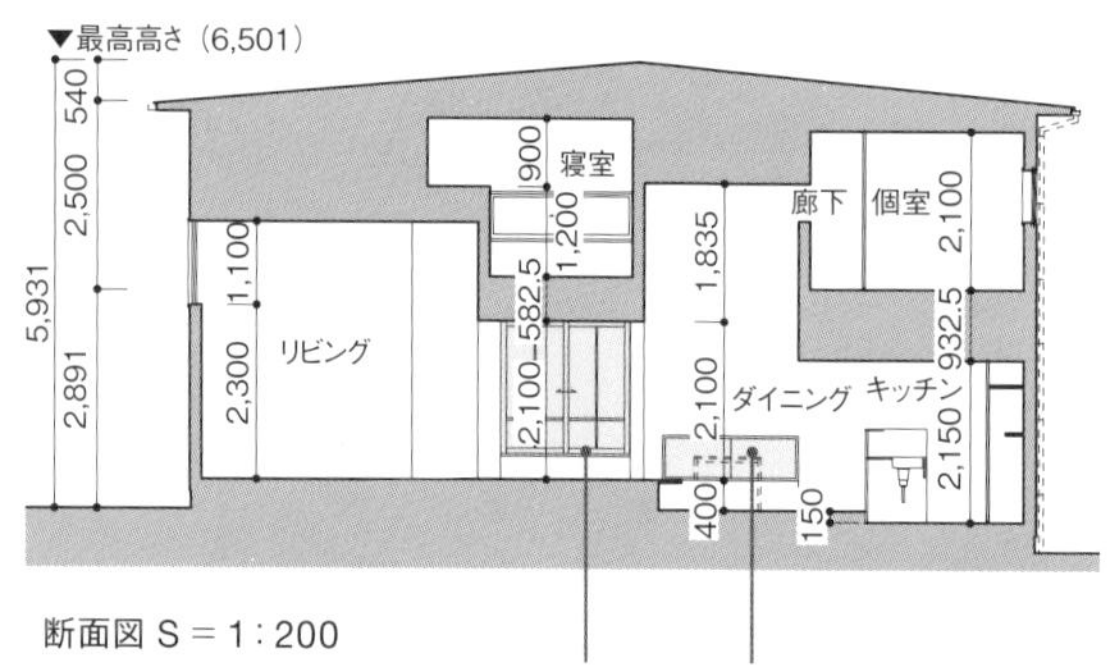

▼最高高さ（6,501）
540
2,500
5,931
2,891
1,100
2,300
リビング
900
寝室
1,200
2,100−582.5
1,835
廊下
個室
2,100
932.5
2,100
ダイニング
キッチン
2,150
400
150

断面図 S＝1：200

高低差が1.8mほどある敷地なので、複数の床レベルを設定している。開口部も床レベルに合わせ、高さに変化をつけた

「守山のいえ」
設計：赤座建築デザイン事務所 写真：赤座建築デザイン事務所

ダイニングから開口部を見る。段差によって、室内にさまざまな奥行きが生れている

ベンチの幅分の棚を設けている

場所によって開口部廻りの設えを変える

欠込みによって生まれたテラススペースはコンクリート仕上げ。半屋外空間として活用している

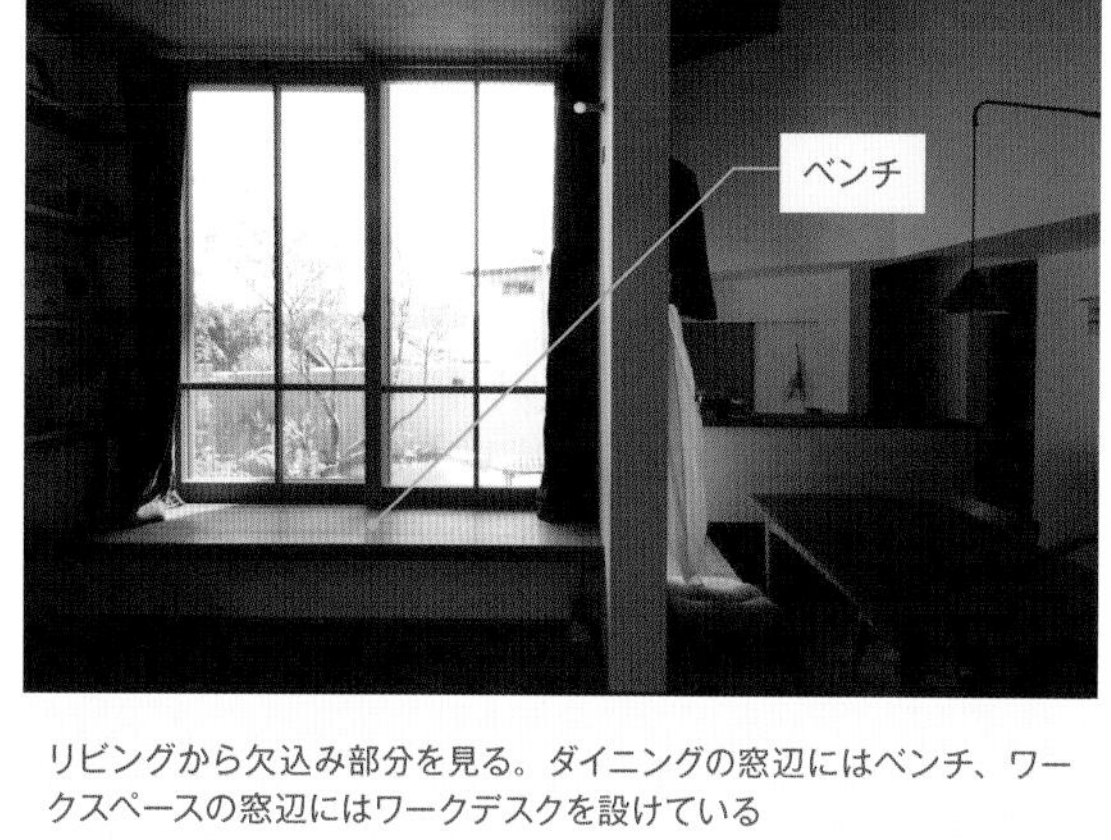
ベンチ

リビングから欠込み部分を見る。ダイニングの窓辺にはベンチ、ワークスペースの窓辺にはワークデスクを設けている

ダイニングから150㎜下がったキッチンは、ダイニングと比べ天井高も低い。囲われた落ち着いた空間になっている

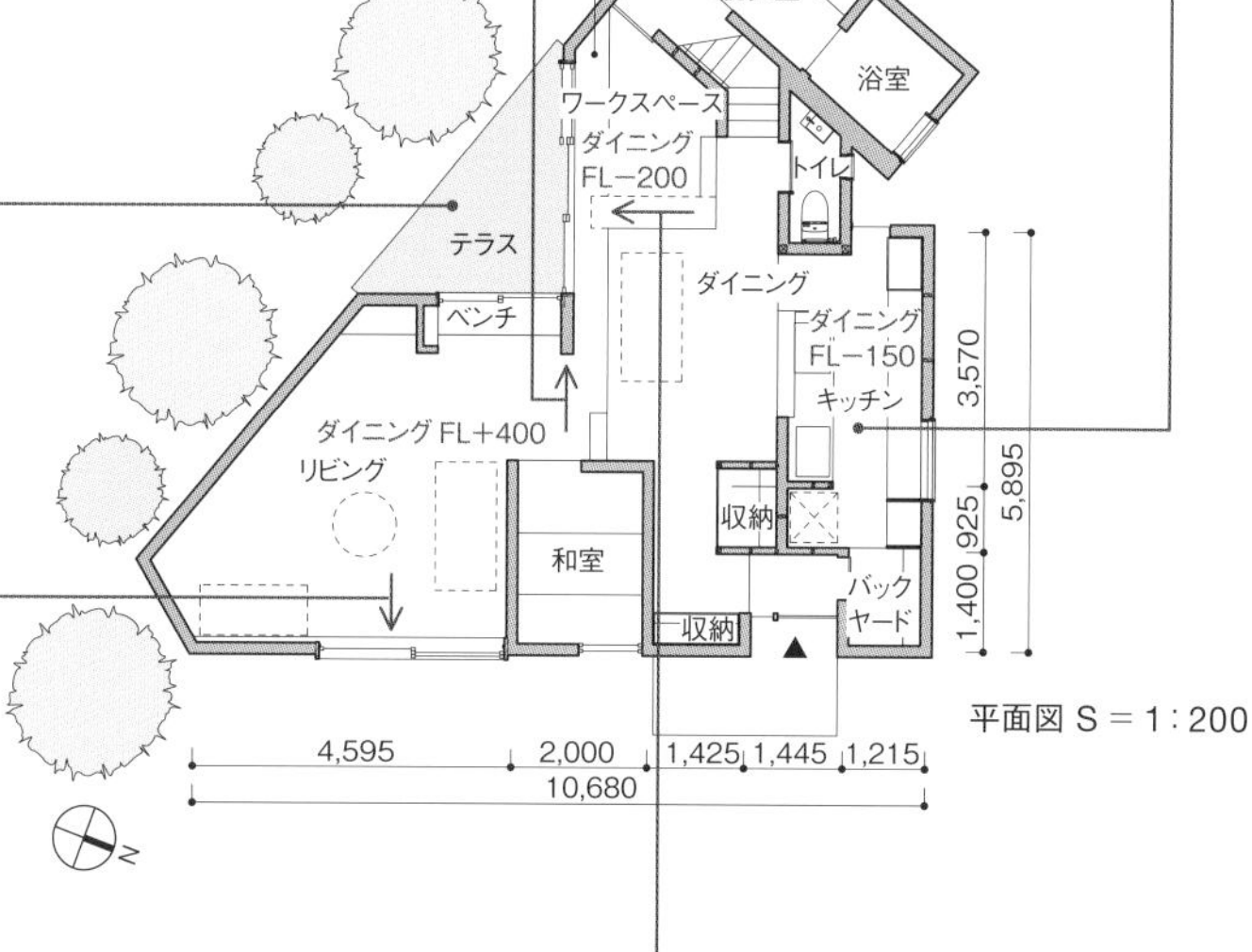
ワークデスク
洗面
脱衣室
浴室
ワークスペース
ダイニング
FL−200
トイレ
テラス
ダイニング
ベンチ
ダイニング
FL−150
キッチン
ダイニング FL＋400
リビング
収納
和室
収納
バック
ヤード
3,570
5,895
1,400
925
4,595
2,000
1,425
1,445
1,215
10,680
N

平面図 S＝1：200

スリット窓

真っ白な壁は緊張感が強い。ベンチに座った際の視線の高さにスリット状の窓を設け、街路樹の景色を取り込むことで、緊張と緩和を生じさせている

ワークデスク

床のレベル差により、リビングの床はダイニングではベンチ、ワークスペースではワークデスクになる

技3　窓を壁際に寄せて風景と光を切り取る

切り取られる風景は、開口の位置で決まる。そのため、部屋の印象は開口の位置によって大きく左右される。木曽川の桜並木の堤に建つこの住宅には、前面の風景を取り込むための横長の開口が設けられている。壁に寄せた開口に立上りをつけて、光と風景を切り取っている。サッシの枠を隠すと、風景をより純粋に楽しめる。

重心を抑え、遠方の景色に意識を向ける

2,000
220

製作の座卓の高さは220㎜。既製品の座卓は350㎜程度だが、食事などの動作で肘が付くことも多く、それよりも100㎜近く下げることで、肘の付かない快適な高さとなっている。天井と座卓の低さが、高さを抑え、幅をもたせた横長の開口へと意識を向けさせる

天井高は2,000㎜と、重心の低い落ち着いた空間となっている

「加茂の家」
設計：杉下均建築工房　写真：杉下均建築工房

風景をダイニングの奥まで引き込む

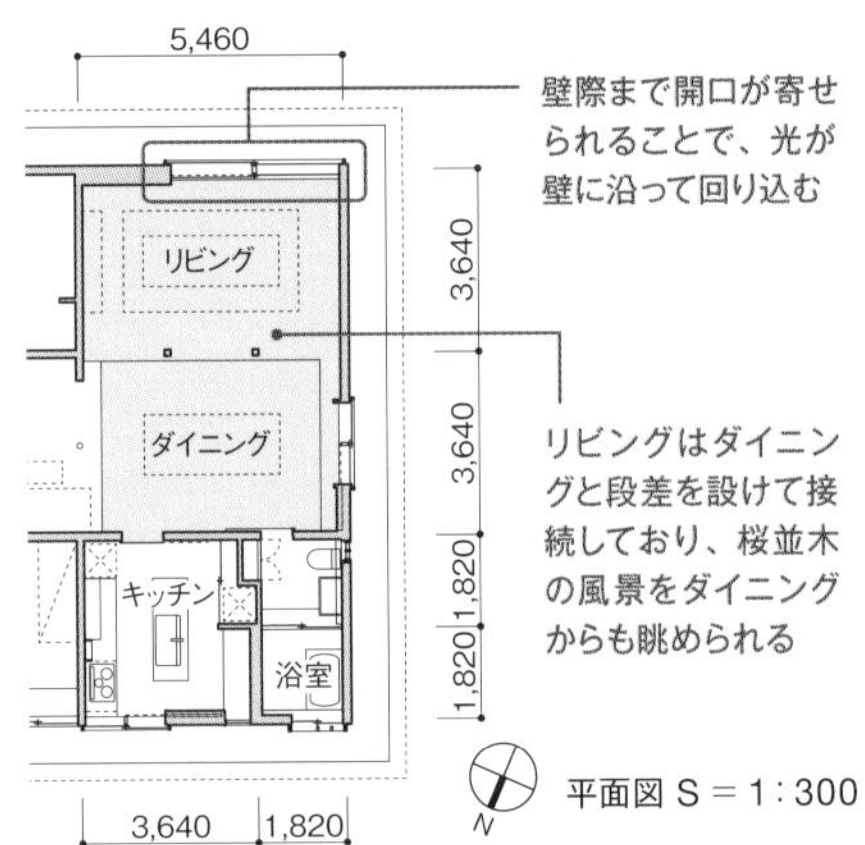

5,460
リビング
ダイニング
キッチン
浴室
3,640
3,640
1,820
1,820
3,640
1,820
N

壁際まで開口が寄せられることで、光が壁に沿って回り込む

リビングはダイニングと段差を設けて接続しており、桜並木の風景をダイニングからも眺められる

平面図 S＝1：300

枠材のスギは白く塗装。素地のままだと絵の額縁のような存在感が出すぎてしまうので、ここでは風景に視線が自然と向かうように枠の存在感を消した

立上りが囲われ感を生む

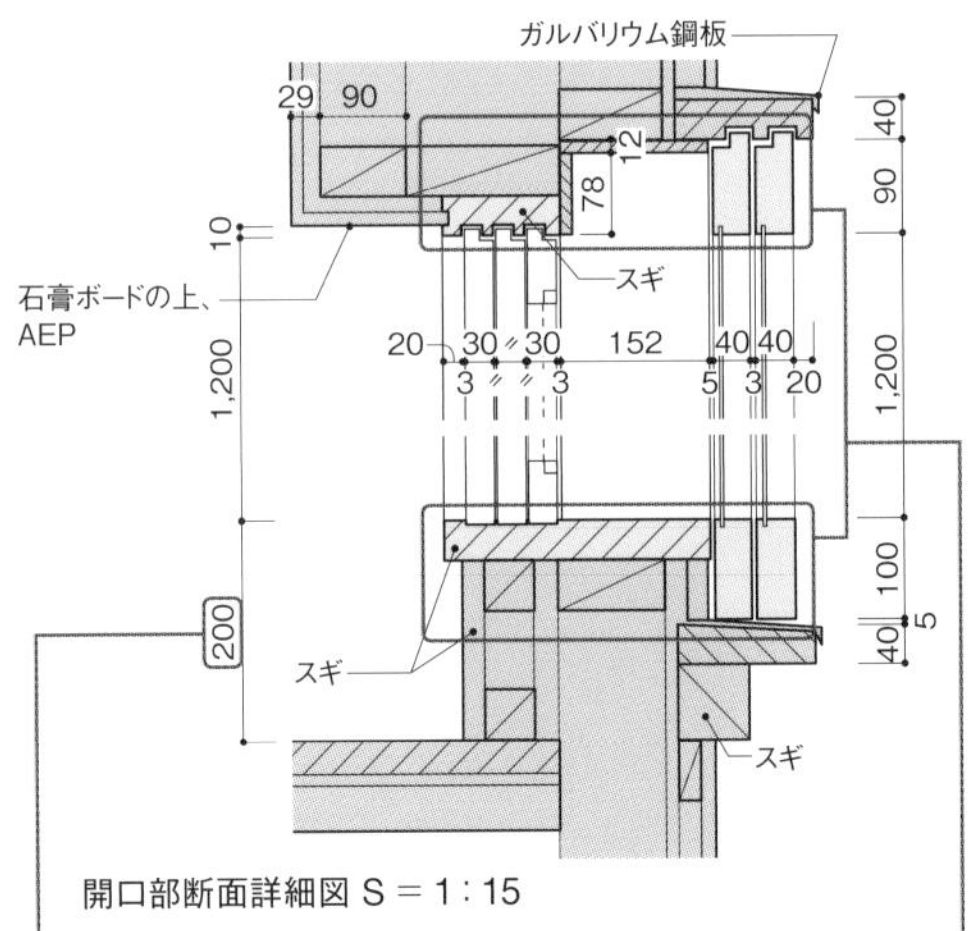

ガルバリウム鋼板
29
90
12
78
40
90
10
石膏ボードの上、AEP
スギ
20
30
30
152
40
40
3
3
5
3
20
1,200
1,200
100
5
40
200
スギ
スギ

開口部断面詳細図 S＝1：15

掃出し窓にせず建具枠の下端を床レベルから200㎜上げている。これにより、適度な囲われ感が生まれる

障子の上下の枠材と、引違い窓の上框・下框の高さをそろえることで、障子を引き込んだ際に引違い窓の框が見えなくなる

サッシの枠を隠して美しい納まりに

風景をより身近に感じるためにサッシの枠はできるだけ隠したい。ここでは、壁の外側にサッシを設けたうえで、開口の中央にも垂直材を設けて枠が隠れるように納めている

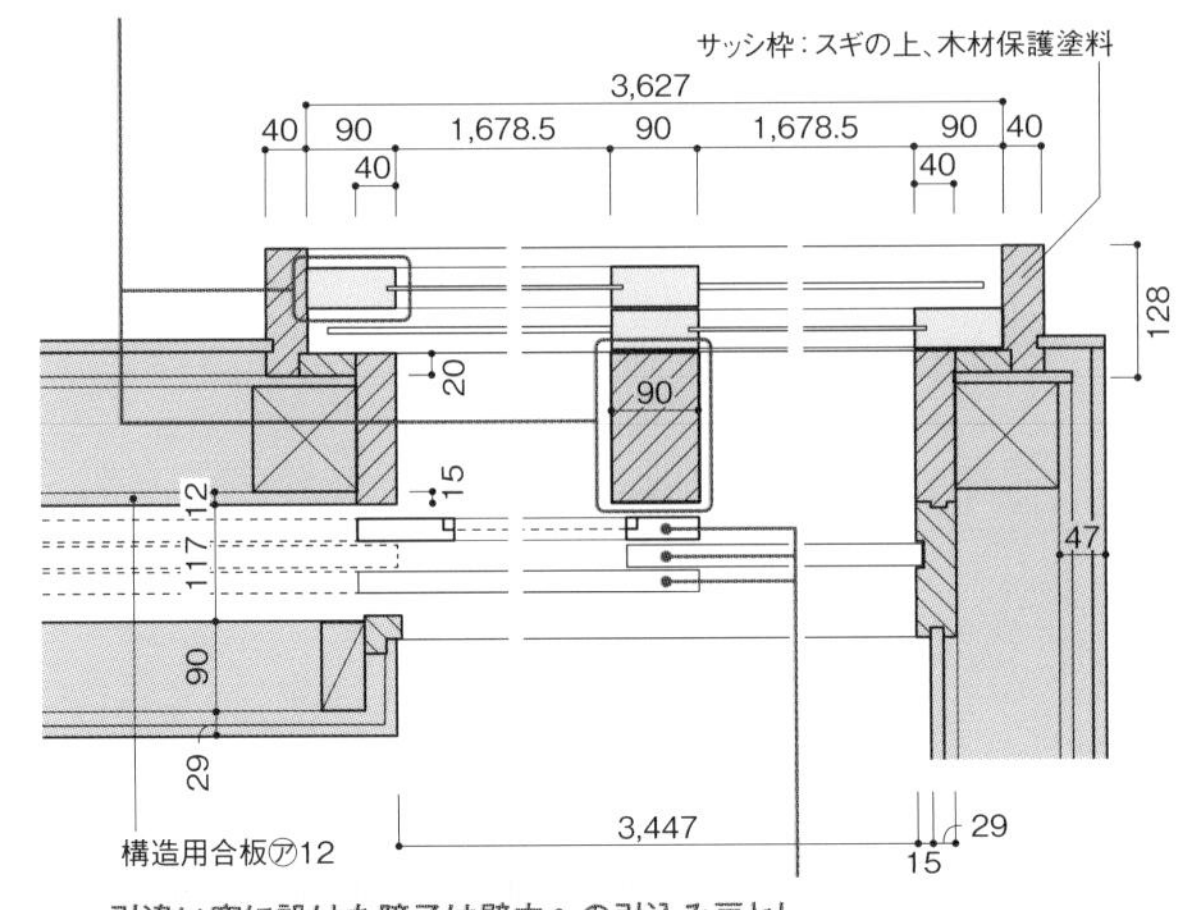

サッシ枠：スギの上、木材保護塗料
3,627
40
90
1,678.5
90
1,678.5
90
40
40
40
128
20
90
15
12
117
47
90
29
3,447
29
15
構造用合板⑦12

引違い窓に設けた障子は壁内への引込み戸として景色を眺める際の邪魔にならないようにした

開口部断面詳細図 S＝1：15

技4 開口位置と壁のバランスが大切

開口部を絞ることで眺めが際立つ

外部開口部の配置を考えるときは、その家で一番よい眺めが得られる場所に「主役の窓」をつくるよう心がけるとよい。「主役の窓」を効果的に見せるには、窓の開け方も大切だが、その周辺の閉じ方に気を配ることも重要なポイントだ。開口の数を必要最小限にすれば、光が印象的な陰影を生み、開口部の効果がより高まる。

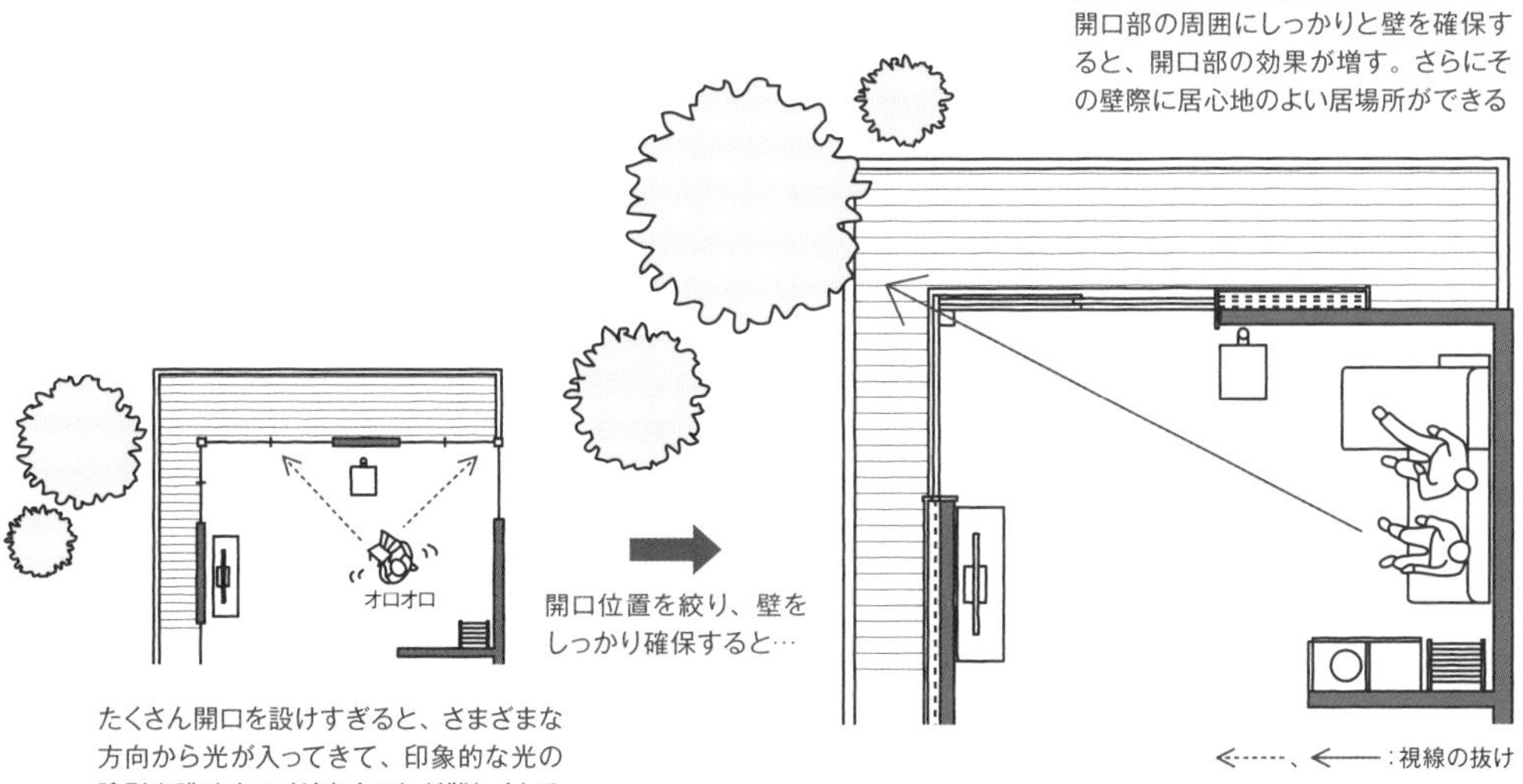

オロオロ

たくさん開口を設けすぎると、さまざまな方向から光が入ってきて、印象的な光の陰影や眺めをつくり出すことが難しくなる

開口位置を絞り、壁をしっかり確保すると…

眺めのよい開口を際立たせるために、開口部の周囲にしっかりと壁を確保すると、開口部の効果が増す。さらにその壁際に居心地のよい居場所ができる

←-----、←―― : 視線の抜け

眺めを邪魔する要素は極力取り除く

「カヅノキハウス」
設計：しまだ設計室 写真：島田貴史

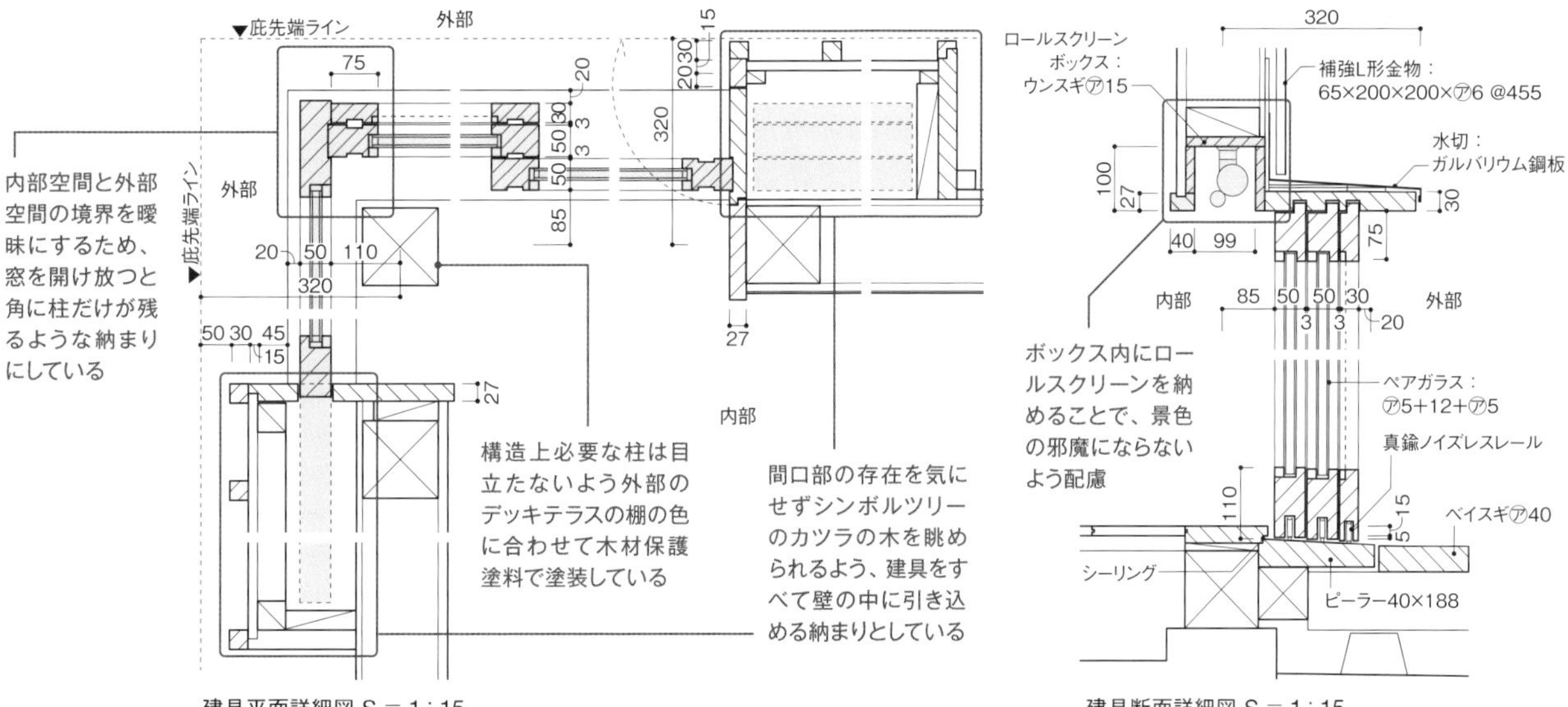

▼庇先端ライン
外部
▼庇先端ライン
外部
内部
75
20
50
110
320
50 30 45
15
27
85
20 30
15
320
ロールスクリーンボックス：ウンスギ㋐15
補強L形金物：65×200×200×㋐6 @455
水切：ガルバリウム鋼板
100
27
40 99
30
75
内部
85 50 50 30
3 3 20
外部
ペアガラス：㋐5+12+㋐5
真鍮ノイズレスレール
110
5 15
ベイスギ㋐40
シーリング
ビーラー40×188

内部空間と外部空間の境界を曖昧にするため、窓を開け放つと角に柱だけが残るような納まりにしている

構造上必要な柱は目立たないよう外部のデッキテラスの棚の色に合わせて木材保護塗料で塗装している

間口部の存在を気にせずシンボルツリーのカツラの木を眺められるよう、建具をすべて壁の中に引き込める納まりとしている

ボックス内にロールスクリーンを納めることで、景色の邪魔にならないよう配慮

建具平面詳細図 S＝1：15

建具断面詳細図 S＝1：15

外部の植栽は季節や天候、時間によって刻々と変化する。自然の少ない都市部でも、窓から1本の木が眺められるだけで、風や光、季節の移ろいを感じることができる

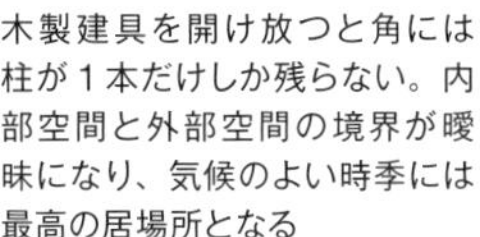

木製建具を開け放つと角には柱が1本だけしか残らない。内部空間と外部空間の境界が曖昧になり、気候のよい時季には最高の居場所となる

大開口でも外部の視線が気にならない工夫

大開口を設けて開放的な空間をつくりたいという要望は多い。しかし、外部開口部は大きければ大きいほど温熱環境やプライバシー確保などの面で弱点となりやすい部位でもある。大開口を設けること自体が目的となってしまわないよう注意しなければならない。大開口がもたらす開放感と居心地のよさを両立するためには、ルーバーや格子戸を上手に活用して、外部の視線や太陽光を遮るとよいだろう。

「長浦の家」(101頁)

技1　シーンに応じて透け方を変えられる木製竪格子戸

無双窓［※］の考え方で視線を自由にコントロールする

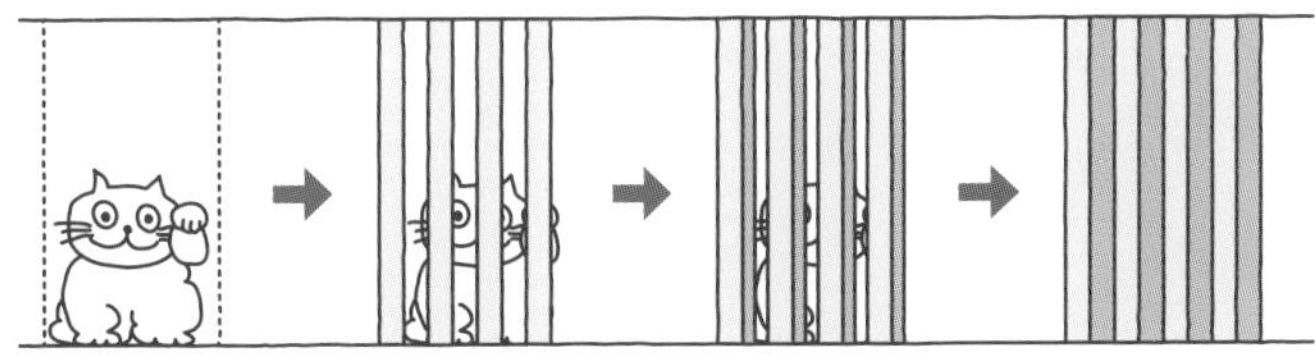

※ 板を一定の間隔で並べた引戸を2枚重ね、ずらすことで隙間を調整する窓のこと

プライバシーは守りたいが、塀などで囲いたくはない。そういった場合、可動式の木製竪格子戸が有効である。竪格子どうしの重なりで板戸に見せることもでき、生活シーンに応じた使い方ができる。透けすぎたり、格子の存在感が強く出すぎたりしないように、格子の見付けや見込み寸法を調整したい。

水平方向に長い外壁に沿って開口部を設け、その外側に木製竪格子戸を設置、道路からの視線を制御している

「長浦の家」
設計：服部信康建築設計事務所　写真：服部信康建築設計事務所

斜め天井で光を拡散する

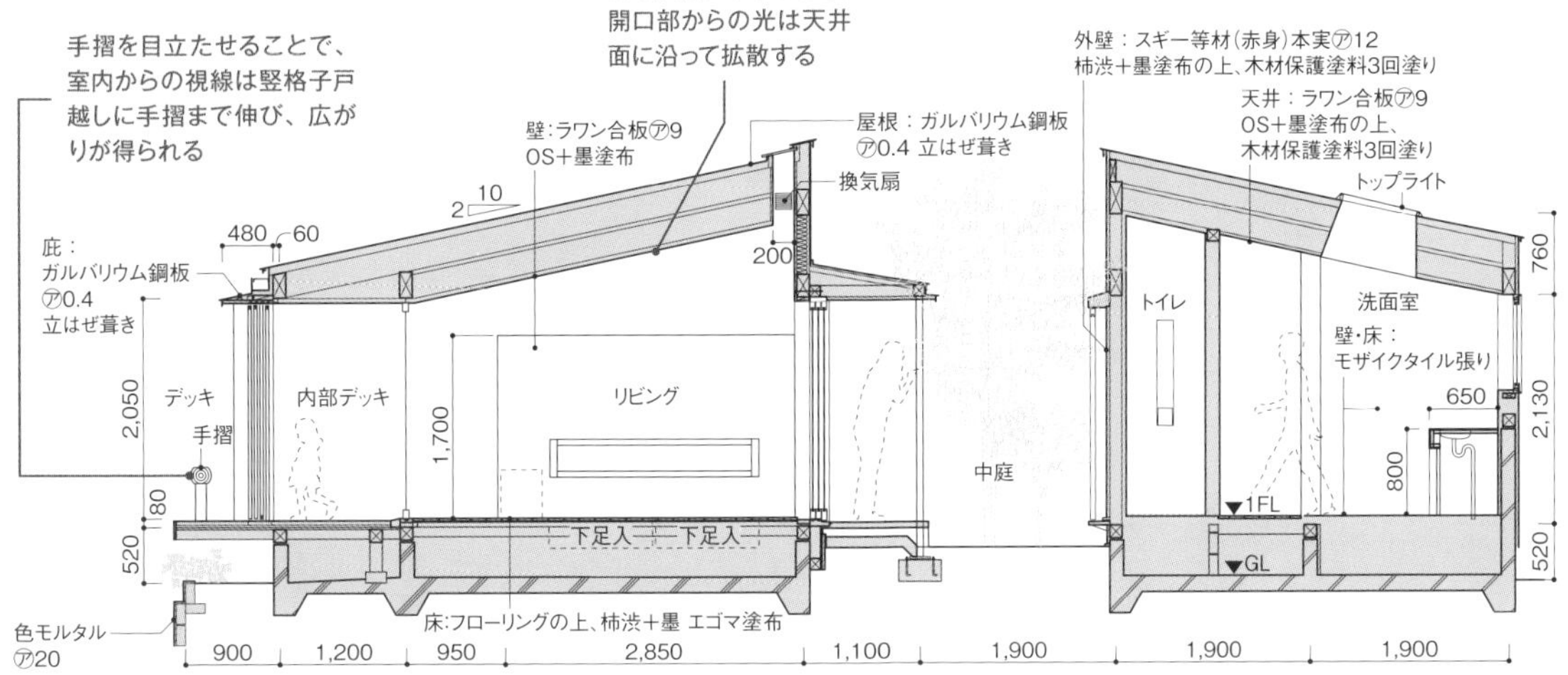

手摺を目立たせることで、室内からの視線は竪格子戸越しに手摺まで伸び、広がりが得られる
斜め天井にすることで、開口部からの光は天井面に沿って拡散する
外壁：スギー等材（赤身）本実㋐12
柿渋+墨塗布の上、木材保護塗料3回塗り
天井：ラワン合板㋐9
OS+墨塗布の上、
木材保護塗料3回塗り
トップライト
壁：ラワン合板㋐9
OS+墨塗布
屋根：ガルバリウム鋼板
㋐0.4 立はぜ葺き
換気扇
庇：
ガルバリウム鋼板
㋐0.4
立はぜ葺き
480
60
2
10
200
760
デッキ
手摺
内部デッキ
リビング
中庭
トイレ
洗面室
壁・床：
モザイクタイル張り
650
2,050
1,700
2,130
800
80
520
1FL
GL
下足入
色モルタル
㋐20
床：フローリングの上、柿渋+墨 エゴマ塗布
900
1,200
950
2,850
1,100
1,900
1,900
1,900

断面図 S＝1：100

竪格子戸で囲われた内部デッキは、外部からの視線が遮られるため安心感が得られる

引き込み可能な木製竪格子戸の納まり

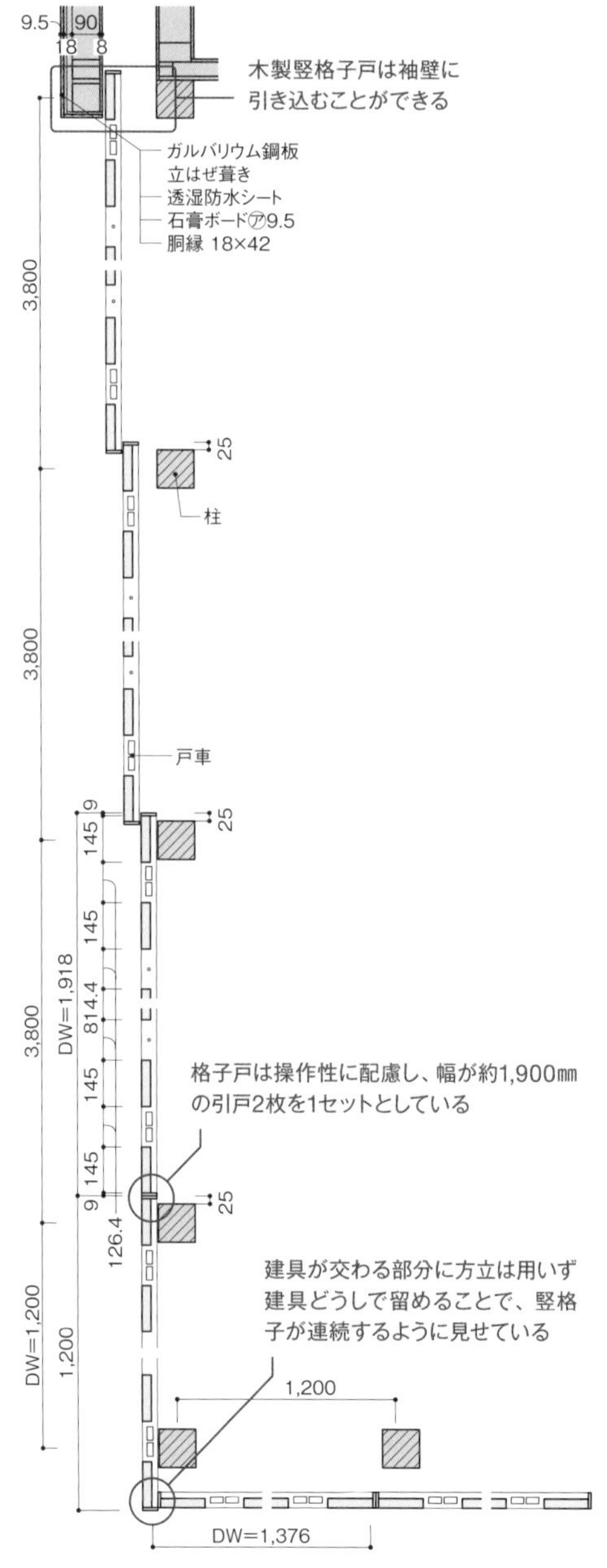

9.5
90
18
8
木製竪格子戸は袖壁に引き込むことができる
ガルバリウム鋼板
立はぜ葺き
透湿防水シート
石膏ボード㋐9.5
胴縁 18×42
3,800
25
柱
3,800
戸車
9
145
145
814.4
145
145
9
126.4
DW=1,918
3,800
格子戸は操作性に配慮し、幅が約1,900㎜の引戸2枚を1セットとしている
建具が交わる部分に方立は用いず建具どうしで留めることで、竪格子が連続するように見せている
1,200
DW=1,200
1,200
DW=1,376

平面詳細図 S＝1：30

キッチンで親世帯とつながる二世帯住宅

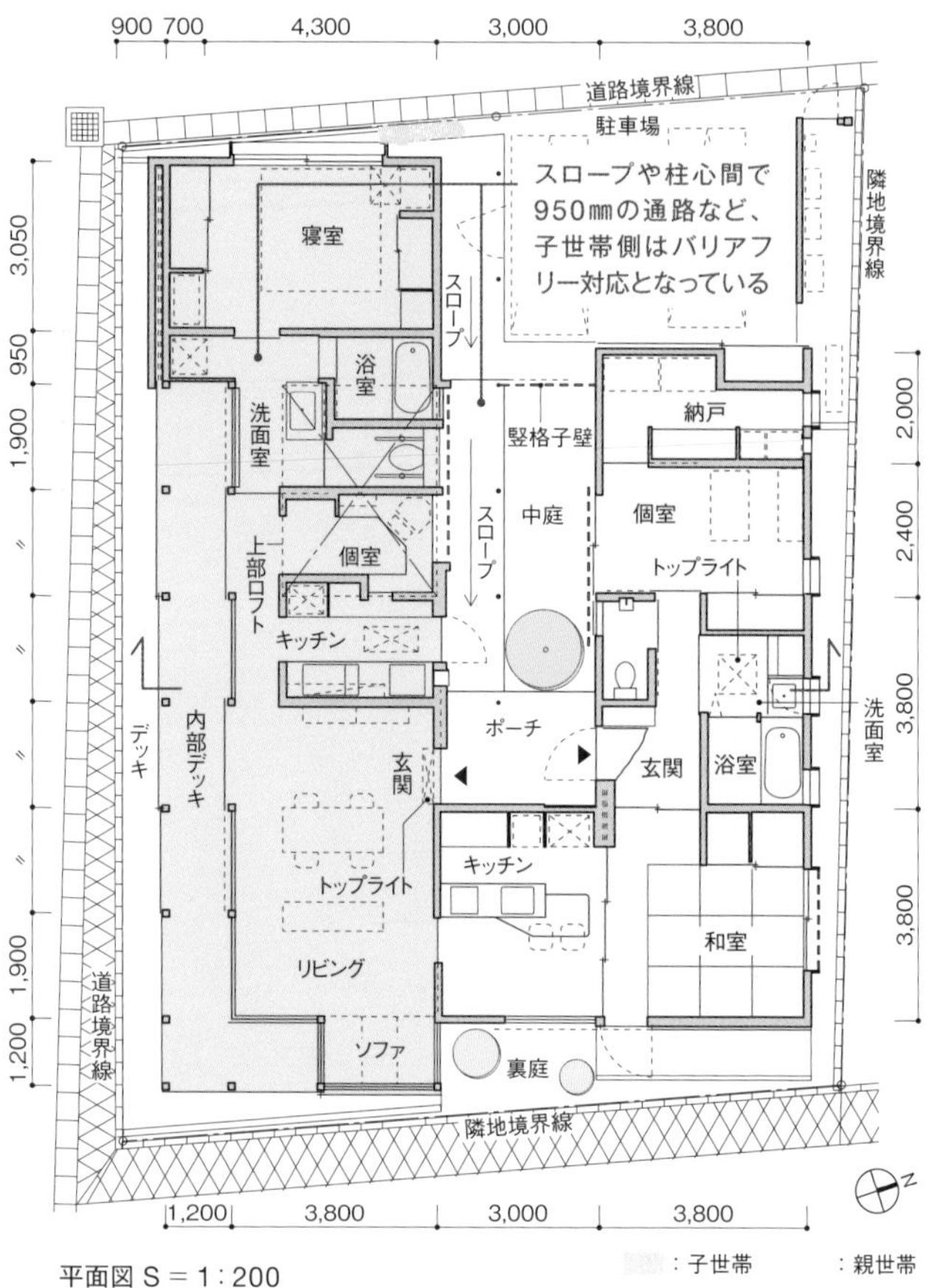

900 700
4,300
3,000
3,800
道路境界線
駐車場
スロープや柱心間で950㎜の通路など、子世帯側はバリアフリー対応となっている
隣地境界線
寝室
スロープ
浴室
洗面室
竪格子壁
納戸
中庭
個室
上部ロフト
個室
トップライト
キッチン
デッキ
内部デッキ
ポーチ
玄関
玄関
浴室
洗面室
キッチン
トップライト
和室
リビング
道路境界線
ソファ
裏庭
隣地境界線
3,050
950
1,900
1,900
1,200
2,000
2,400
3,800
3,800
1,200
3,800
3,000
3,800
N

平面図 S＝1：200

：子世帯　：親世帯

「長浦の家」

設計：服部信康建築設計事務所　写真：服部信康建築設計事務所

外部とのつながり方を変えられる木製竪格子戸

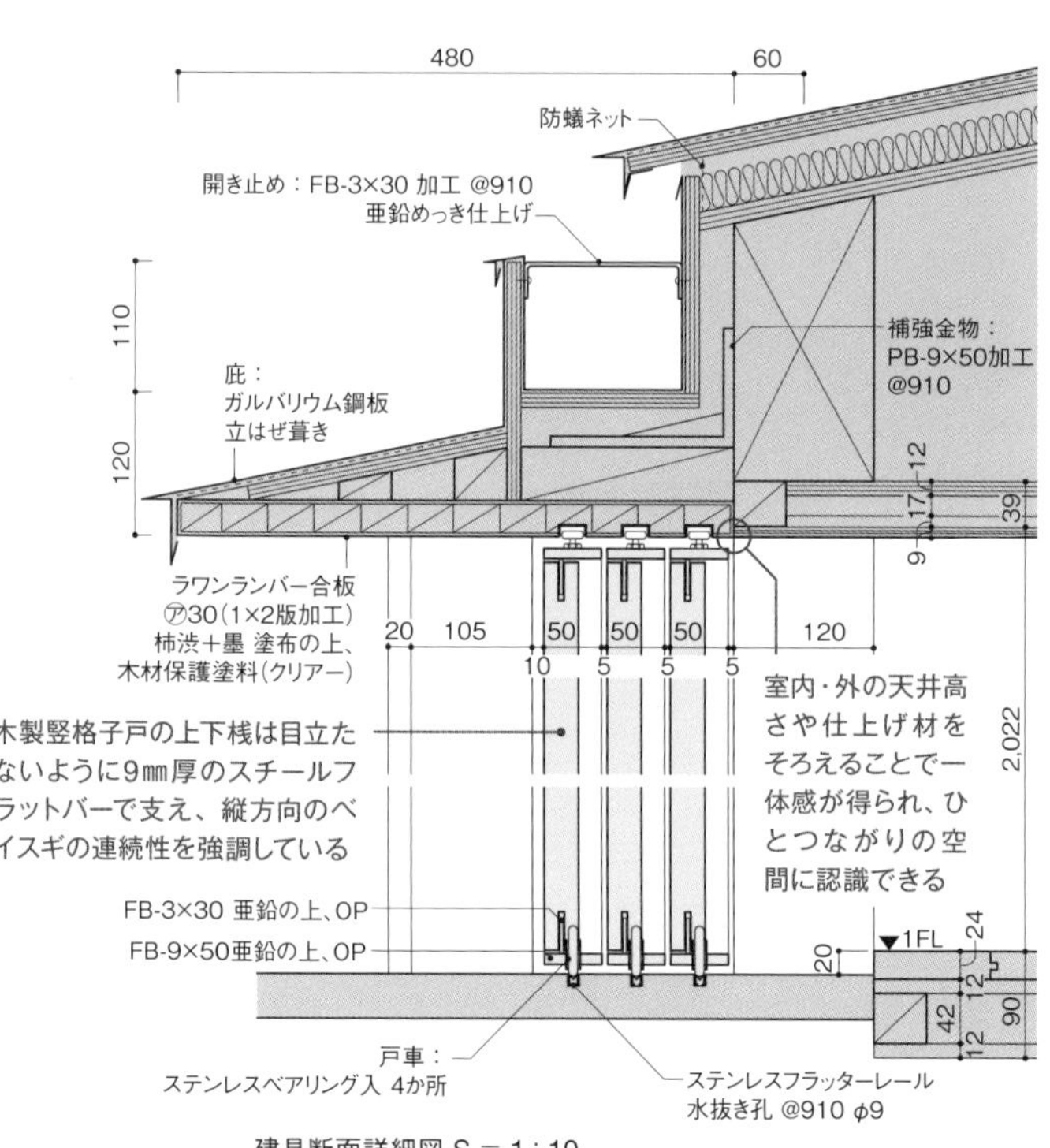

480
60
防蟻ネット
開き止め：FB-3×30 加工 @910
亜鉛めっき仕上げ
補強金物：
PB-9×50加工
@910
110
120
庇：
ガルバリウム鋼板
立はぜ葺き
12
17
9
39
ラワンランバー合板
㋐30（1×2版加工）
柿渋＋墨 塗布の上、
木材保護塗料（クリアー）
20
105
50
50
50
120
10
5
5
5
木製竪格子戸の上下桟は目立たないように9㎜厚のスチールフラットバーで支え、縦方向のベイスギの連続性を強調している
室内・外の天井高さや仕上げ材をそろえることで一体感が得られ、ひとつながりの空間に認識できる
2,022
FB-3×30 亜鉛の上、OP
FB-9×50亜鉛の上、OP
1FL
24
20
12
42
12
90
戸車：
ステンレスベアリング入 4か所
ステンレスフラッターレール
水抜き孔 @910 φ9

建具断面詳細図 S＝1：10

木製竪格子戸がなくなると手摺の存在が強調され、内部デッキは外部デッキと一体に見えて開放感が得られる

ガラス戸から木製竪格子戸を1,200㎜離すことで視線が遠くなり、竪格子が連続する「面」に感じられる

技2　大開口に格子折戸を組み合わせる

外側格子折戸は「開きながら閉じること」が可能

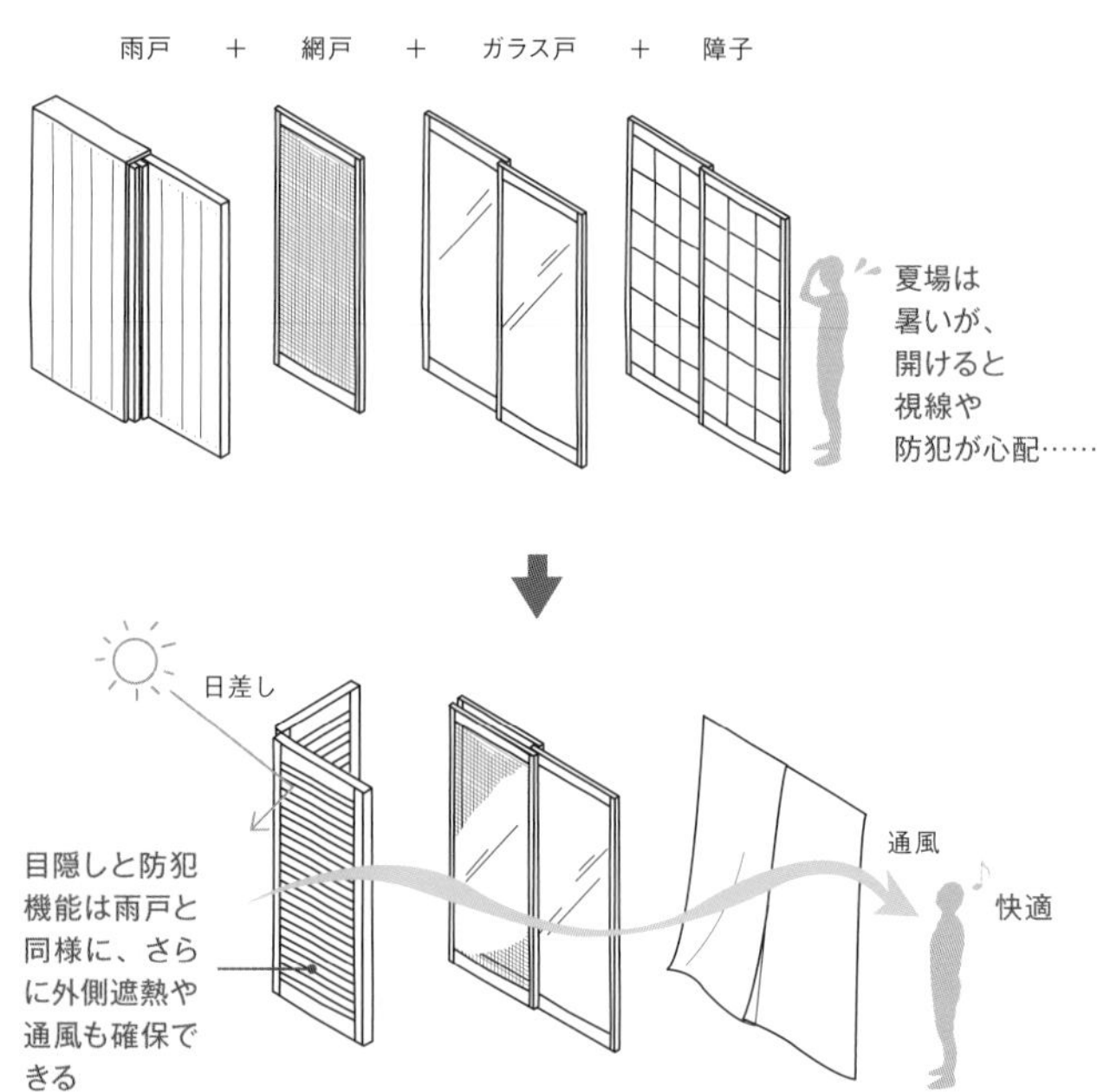

雨戸　＋　網戸　＋　ガラス戸　＋　障子
夏場は暑いが、開けると視線や防犯が心配……
日差し
目隠しと防犯機能は雨戸と同様に、さらに外側遮熱や通風も確保できる
通風
快適
外部格子折戸　＋　網戸付きアルミサッシ　＋　レースカーテン

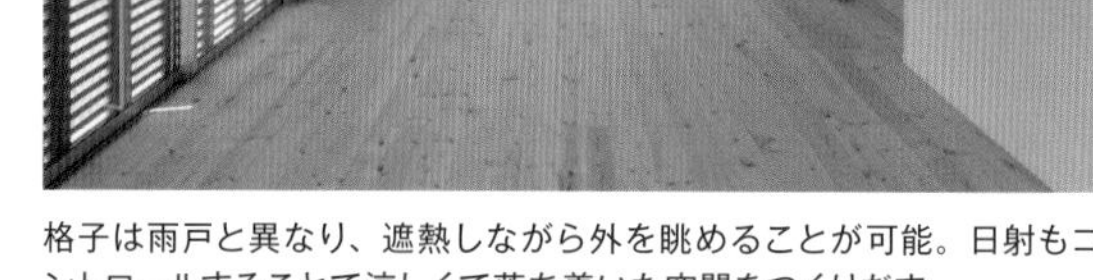

格子は雨戸と異なり、遮熱しながら外を眺めることが可能。日射もコントロールすることで涼しくて落ち着いた空間をつくりだす

居室に大開口を設けても、暑かったり、周囲の視線が気になったりで、結局はカーテンや障子などで視界を遮ってしまうことが多い。そこで光や視線をほどよく通し、通風も可能な外側格子折戸を開口部に設けると、暮らしやすさや安心感をつくりだせるのだ。

「桜ヶ丘の住宅」
設計：有田佳生建築設計事務所　写真：有田佳生建築設計事務所

1階・2階の吹抜け部分の窓の配置

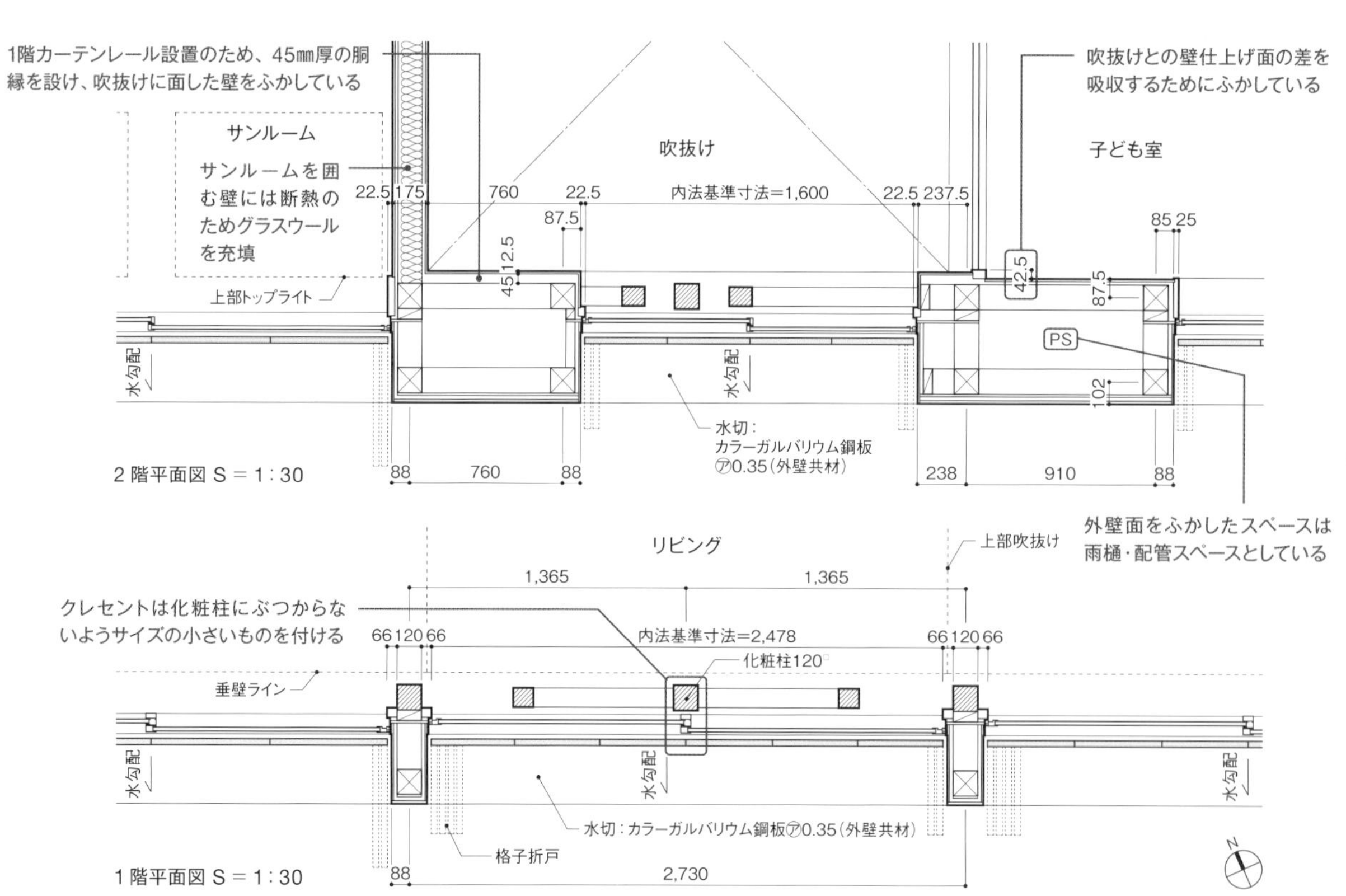

1階カーテンレール設置のため、45㎜厚の胴縁を設け、吹抜けに面した壁をふかしている
サンルーム
サンルームを囲む壁には断熱のためグラスウールを充填
吹抜け
吹抜けとの壁仕上げ面の差を吸収するためにふかしている
子ども室
22.5 175　760　22.5　内法基準寸法=1,600　22.5 237.5
87.5
12.5
45
42.5
85 25
87.5
上部トップライト
PS
水勾配
102
水切：カラーガルバリウム鋼板㋐0.35（外壁共材）
2階平面図 S＝1：30
88　760　88　238　910　88
外壁面をふかしたスペースは雨樋・配管スペースとしている
リビング
上部吹抜け
1,365　1,365
クレセントは化粧柱にぶつからないようサイズの小さいものを付ける
66 120 66　内法基準寸法=2,478　66 120 66
化粧柱120□
垂壁ライン
水切：カラーガルバリウム鋼板㋐0.35（外壁共材）
格子折戸
1階平面図 S＝1：30
88　2,730
N

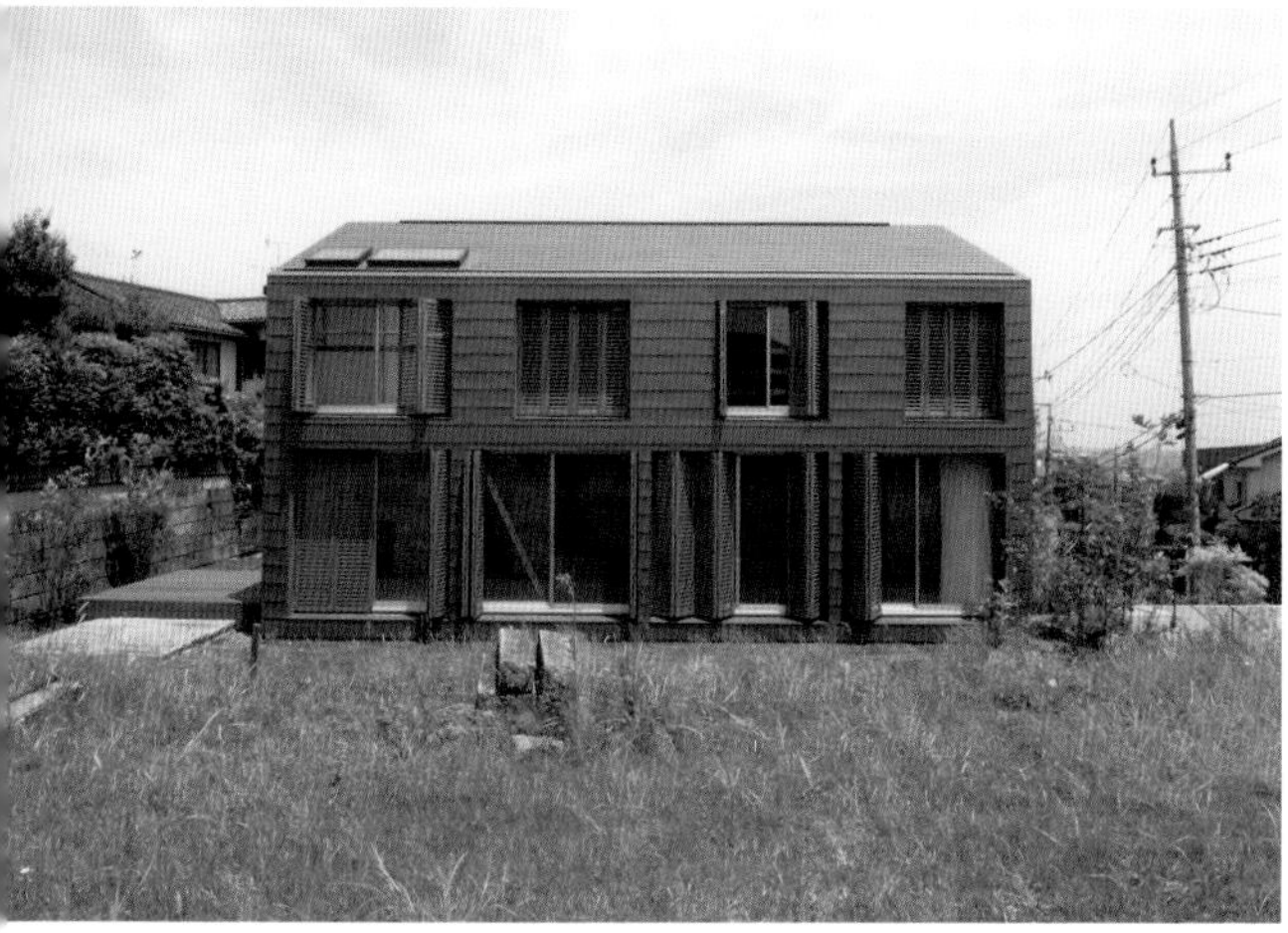

外壁面のふかした部分は内樋を設ける以外にも、この奥行き内で箱樋・オーバーフローの処理、竪樋・雑排水管の配管、ホールダウン金物の隠蔽などを行っている

金物は屋外専用のものを使用し、建具はスギ上小節材で製作のうえ、木材保護塗装仕上げとした。ラッチにより開閉両方の状態で固定が可能

レースカーテンの主な役割は夜間の目隠しだが、日の低い朝や冬の時期には外部格子の影を楽しむスクリーンとなる
(「舞浜の住宅」 設計：有田佳生建築設計事務所 写真：有田佳生建築設計事務所)

外側格子折戸のは格子の断面形状が肝

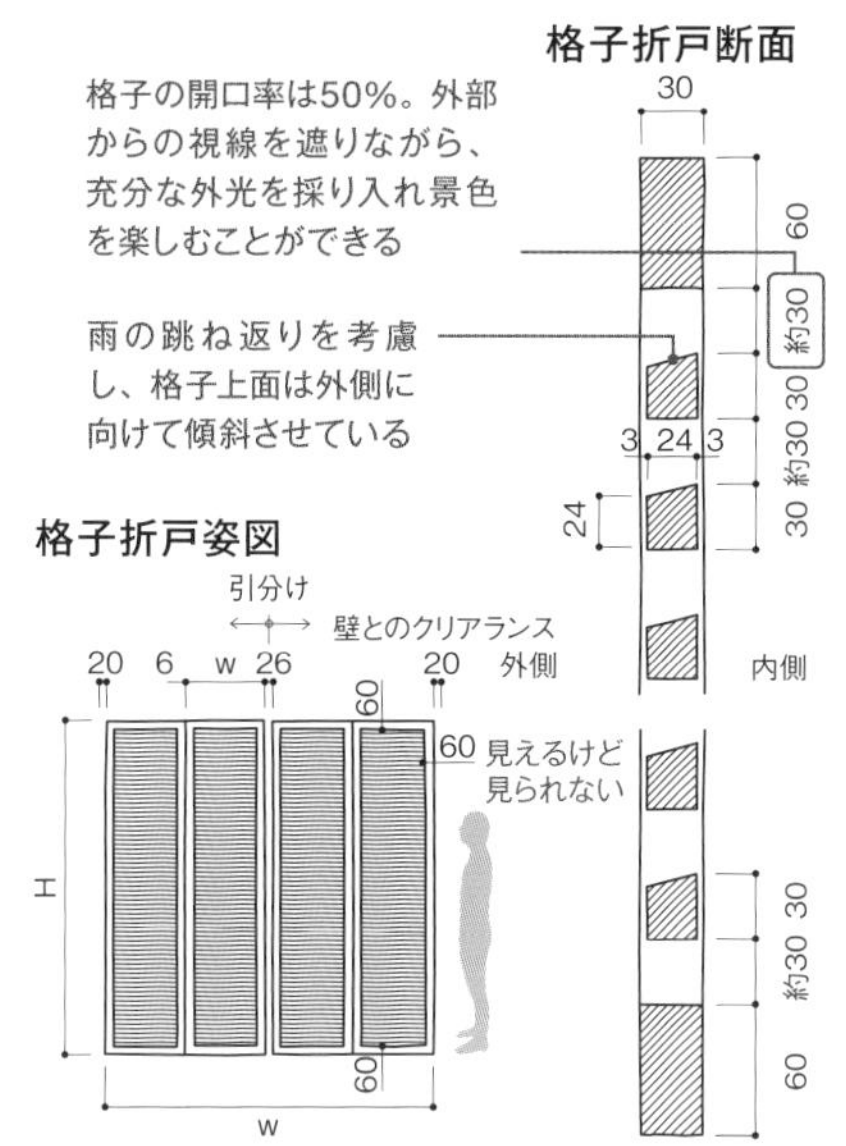
格子折戸断面
格子の開口率は50%。外部からの視線を遮りながら、充分な外光を採り入れ景色を楽しむことができる
雨の跳ね返りを考慮し、格子上面は外側に向けて傾斜させている
30
60
約30
30
約30
30
3 24 3
24
内側
30
約30
60
格子折戸姿図
引分け
壁とのクリアランス
20 6 w 26 20 外側
60
60 見えるけど見られない
H
60
w

外壁面をふかすことで庇や設備スペースなどの機能をもたせる

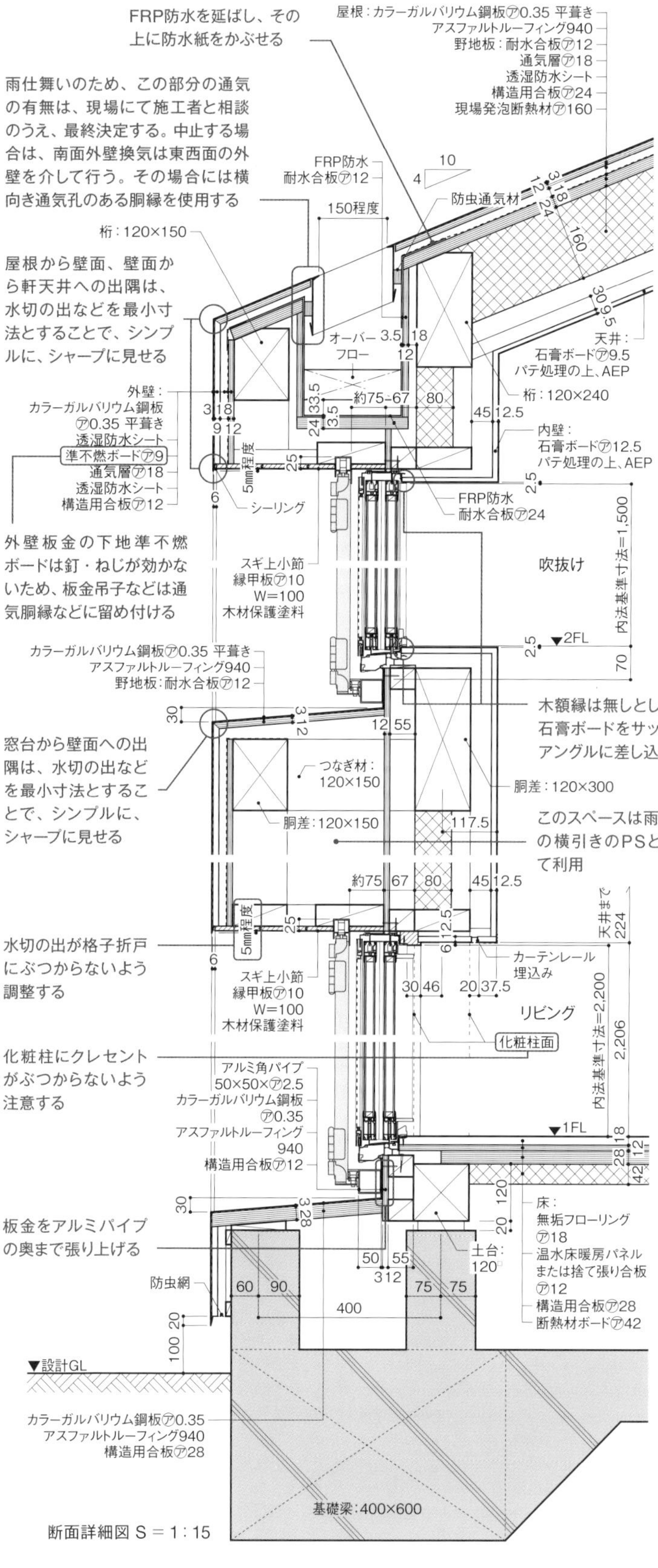

FRP防水を延ばし、その上に防水紙をかぶせる

雨仕舞いのため、この部分の通気の有無は、現場にて施工者と相談のうえ、最終決定する。中止する場合は、南面外壁換気は東西面の外壁を介して行う。その場合には横向き通気孔のある胴縁を使用する

屋根から壁面、壁面から軒天井への出隅は、水切の出などを最小寸法とすることで、シンプルに、シャープに見せる

外壁板金の下地準不燃ボードは釘・ねじが効かないため、板金吊子などは通気胴縁などに留め付ける

窓台から壁面への出隅は、水切の出などを最小寸法とすることで、シンプルに、シャープに見せる

水切の出が格子折戸にぶつからないよう調整する

化粧柱にクレセントがぶつからないよう注意する

板金をアルミパイプの奥まで張り上げる

木額縁は無しとし、石膏ボードをサッシアングルに差し込む

このスペースは雨樋の横引きのPSとして利用

屋根：カラーガルバリウム鋼板㋐0.35 平葺き
アスファルトルーフィング940
野地板：耐水合板㋐12
通気層㋐18
透湿防水シート
構造用合板㋐24
現場発泡断熱材㋐160

FRP防水
耐水合板㋐12
防虫通気材
桁：120×150
オーバーフロー
天井：石膏ボード㋐9.5 パテ処理の上、AEP
桁：120×240
外壁：カラーガルバリウム鋼板㋐0.35 平葺き
透湿防水シート
準不燃ボード㋐9
通気層㋐18
透湿防水シート
構造用合板㋐12
内壁：石膏ボード㋐12.5 パテ処理の上、AEP
シーリング
FRP防水
耐水合板㋐24
吹抜け
スギ上小節 縁甲板㋐10 W=100 木材保護塗料
内法基準寸法=1,500
2FL
カラーガルバリウム鋼板㋐0.35 平葺き
アスファルトルーフィング940
野地板：耐水合板㋐12
つなぎ材：120×150
胴差：120×150
胴差：120×300
カーテンレール埋込み
リビング
化粧柱面
内法基準寸法=2,200
天井まで224
アルミ角パイプ 50×50×㋐2.5
カラーガルバリウム鋼板㋐0.35
アスファルトルーフィング940
構造用合板㋐12
1FL
床：無垢フローリング㋐18
温水床暖房パネルまたは捨て張り合板㋐12
構造用合板㋐28
断熱材ボード㋐42
土台：120□
防虫網
設計GL
カラーガルバリウム鋼板㋐0.35
アスファルトルーフィング940
構造用合板㋐28
基礎梁：400×600

断面詳細図 S＝1：15

窓の役割を分けて考える

窓は、通風・採光・眺望・人の出入りなど、さまざまな役割をもっている。引違い窓に採光と通風の役割をもたせるなど、通常は1つの窓が複数の役割を担うことが多い。しかし、居心地のよい住宅を設計するためには、一つひとつの窓に、それぞれ最も適した役割を分担させるという手法にも通じておきたい。ここでは、開閉形式による特徴を生かしてそれぞれ採光・通風・眺望の役割をもつ窓を設けた例を紹介する。

「桜新町・緑庭の平屋」

技1 通風窓と眺める窓を分ける

役割に適した窓の開きを考え

庭の風景を楽しむためのピクチャーウィンドウと、通風のための窓は、分けて設けるとそれぞれのメリットを最大限生かすことができる。ここでは、通風のために網戸の役割も兼ねた簾戸を設けることで、庭の風景を邪魔しない大きなＦＩＸのピクチャーウィンドウを設けることができた。

引違い・片引き窓の場合

[通風]必要な時に窓を開けて風を取り入れられる
[人の出入り]掃出し窓なら内外の出入りが可能
[眺望]サッシ枠が気になる

FIX窓の場合

[眺望]框が細くでき、ガラス面に余分な線が出ないので、存分に景色が眺められる
[採光]框が細くガラス面に余分な線が出ないので、採光時に影ができない

縦辷り出し戸＋簾戸の場合

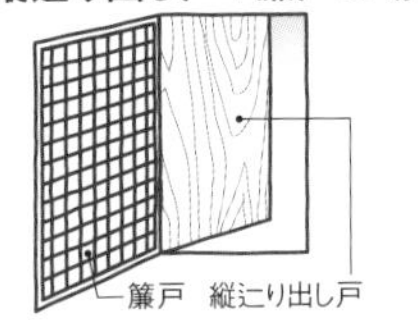
簾戸
縦辷り出し戸

[通風]簾戸のみを閉めれば虫の侵入を防ぎながら、通風が可能

通風と眺望で窓の種類を分ける

「桜新町・緑庭の平屋」
設計：村田淳建築研究室 写真：村田淳建築研究室

2,470 3,600 4,095
910 4,550 1,820 2,275
主庭
軒ライン
濡れ縁
土間
A
玄関
リビング・ダイニング

部分平面図
S＝1：250

旧家屋からの建替えであったため、昔の面影を感じられるよう既存の樹木を残し、L字形のリビング・ダイニングを設けた

コンクリート洗出し仕上げの濡れ縁を設け、室内外をつなぐ役割をもたせている

リビングから通風用の窓と眺望用のFIX窓を見る。ここではスチールの柱を立てることで構造を支えているため、壁をつくらず木製建具での直角連窓を実現している

軒が深くかかっており、雨掛かりのおそれが少ないため、チーク張りの壁と一体感が出るよう、鴨居と敷居にはあえて板金を巻いていない

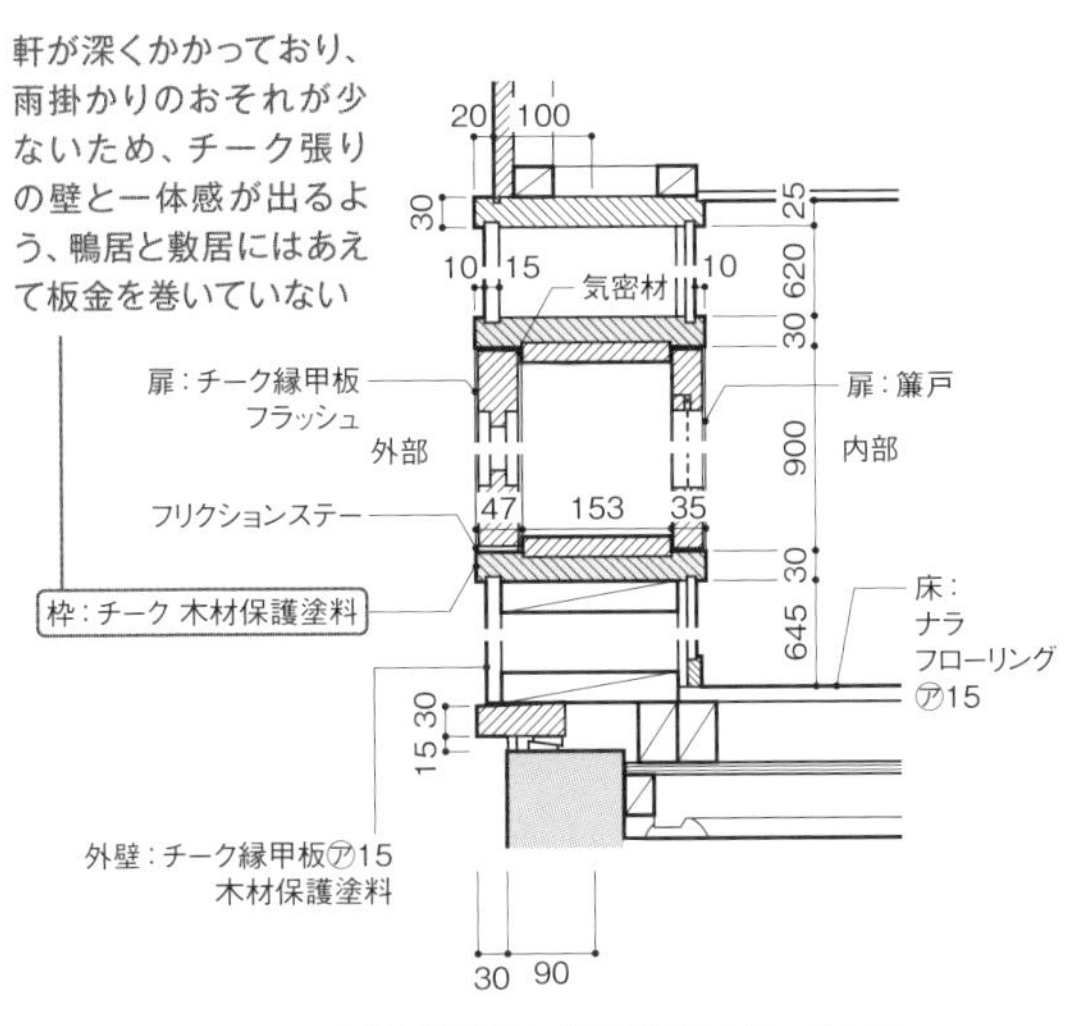
20 100
30 25
10 15 10
気密材
620
30
扉：チーク緑甲板フラッシュ
外部
扉：簾戸
内部
900
フリクションステー
47 153 35
30
枠：チーク 木材保護塗料
床：ナラフローリング㋐15
645
30
15
外壁：チーク緑甲板㋐15 木材保護塗料
30 90

A部（通風窓）断面詳細図 S＝1：15

通風用窓の木扉（屋外側）と簾戸（室内側）を開いたところ。通風は簾戸だけを閉じて確保する

技2　通風窓と採光窓を分ける

奥行きのあるリビングを設ける場合、建物の中心部には開口部からの光が届かず、暗い印象になりがちだ。ここでは、吹抜けのある大きなリビングの1階窓を通風・眺望用の掃出し窓とし、吹抜け部分に1階の窓面より1間（1千820㎜）室内側に後退させた幅2千165㎜・高さ2千270㎜のFIX窓を設置して、建物中心部まで光を届けている。

ハイサイドライトの設置位置を考える

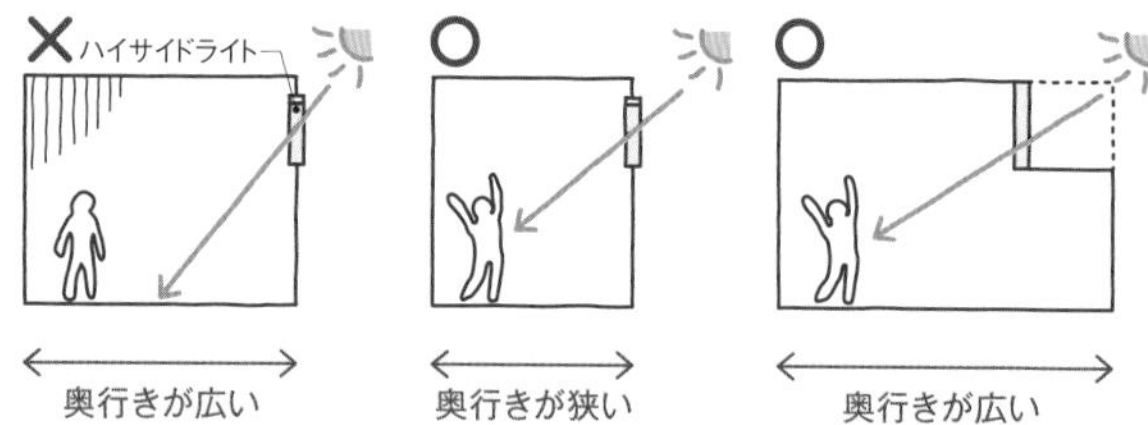

×
ハイサイドライト
○
○
奥行きが広い
奥行きが狭い
奥行きが広い

大きなハイサイドでリビングに光を採り入れる

2階（吹抜け）部分のFIX窓は、窓面を1,820㎜後退させてバルコニーとすることで、ハイサイドライトの清掃性も向上する

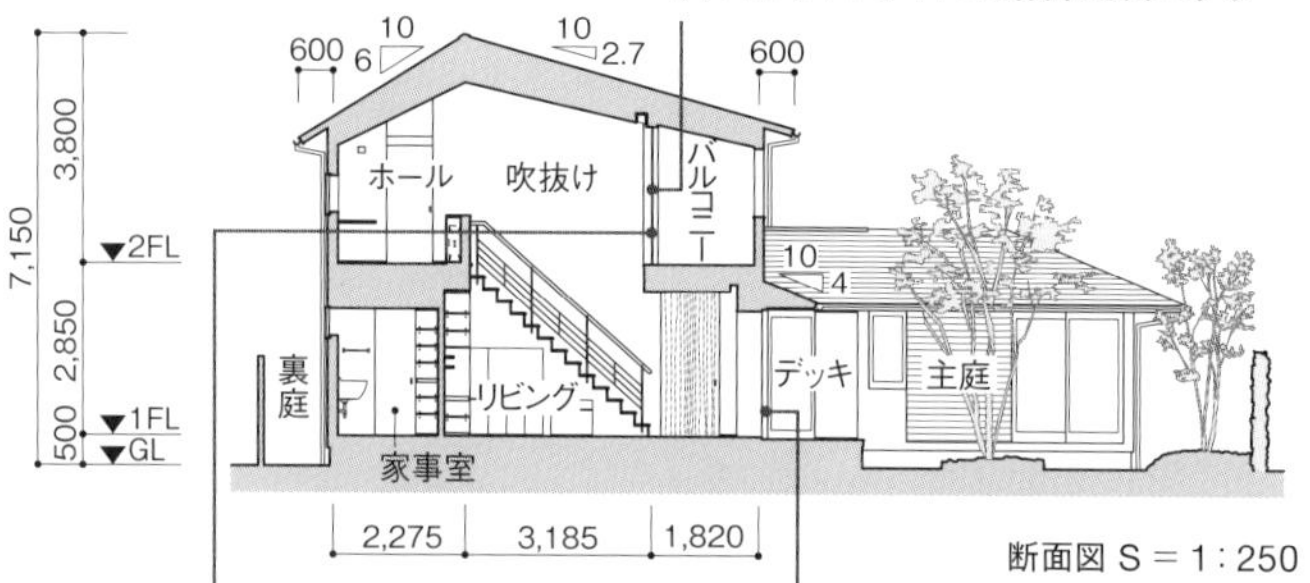

ホール
吹抜け
バルコニー
2FL
1FL
GL
裏庭
リビング
デッキ
主庭
家事室
7,150
3,800
2,850
500
600
10
6
2.7
2,275
3,185
1,820

断面図 S＝1：250

奥行きのあるリビングに採光を確保するため、大きなハイサイドライトを設けた。冬にはガラスが冷えてコールドドラフト［※］が発生するおそれがあるため、ロールスクリーンで空気層をつくることで対策を施した

通風と庭の植栽を眺めるために直角連窓の大開口を設けた［下図参照］。眺めを邪魔しないようFIXの大開口を設えただけではなく、一部を片引き窓とすることで、庭へのアクセスもしやすくなっている

※ 冬季に暖かい室内の空気が冷たい壁や窓に触れて冷やされ、床面に下降する現象

「上野毛の家」

設計：村田淳建築研究室　写真：田中宏明＋田中宏明写真工房

ロールスクリーン巻き上げの最上位点は調整できるが、上がりすぎると蓋に引っかかり下りなくなるため、蓋の端部に設けたボトム・バー押さえで位置調整の余裕をもたせている

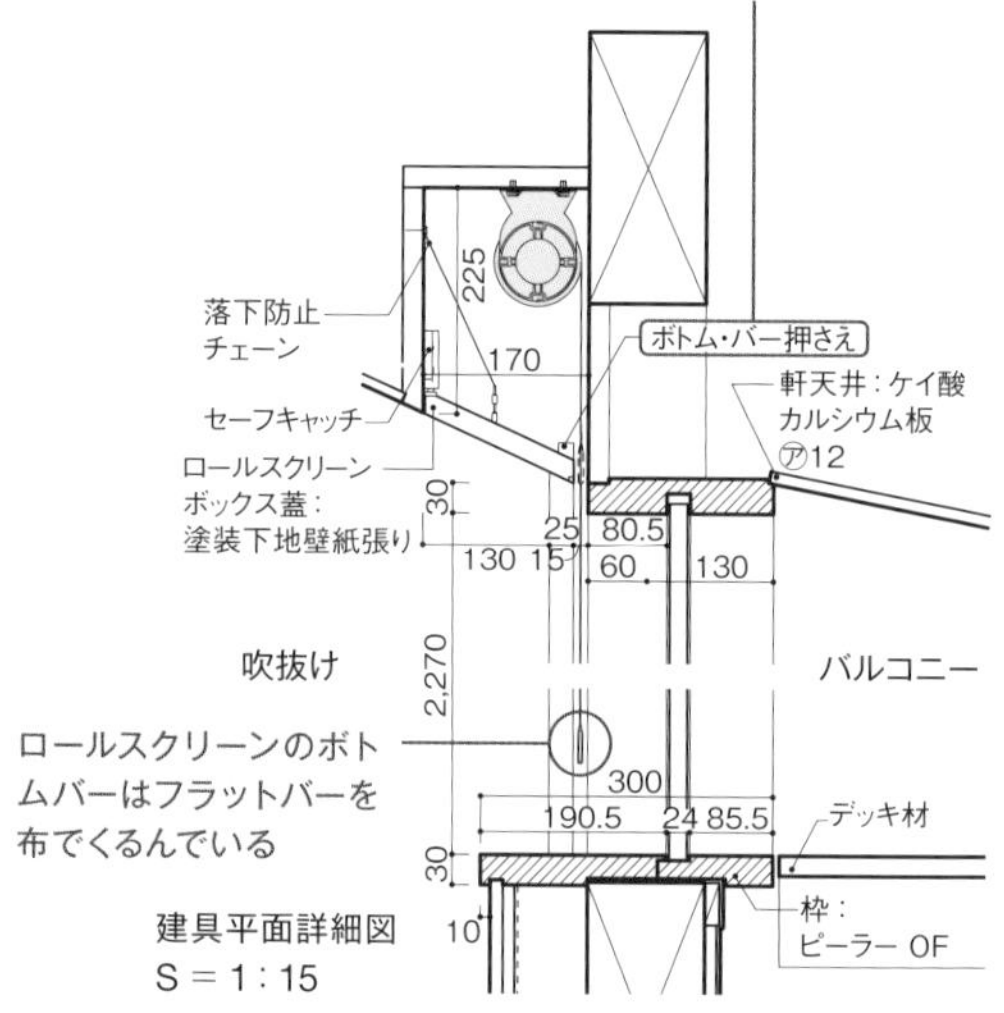

落下防止チェーン
セーフキャッチ
ロールスクリーンボックス蓋：塗装下地壁紙張り
ボトム・バー押さえ
軒天井：ケイ酸カルシウム板㋐12
吹抜け
バルコニー
デッキ材
枠：ピーラー OF
225
170
30
25
80.5
130
15
60
130
2,270
300
190.5
24
85.5
30
10

ロールスクリーンのボトムバーはフラットバーを布でくるんでいる

建具平面詳細図 S＝1：15

季節に応じて建具を使い分け、温熱環境を高める

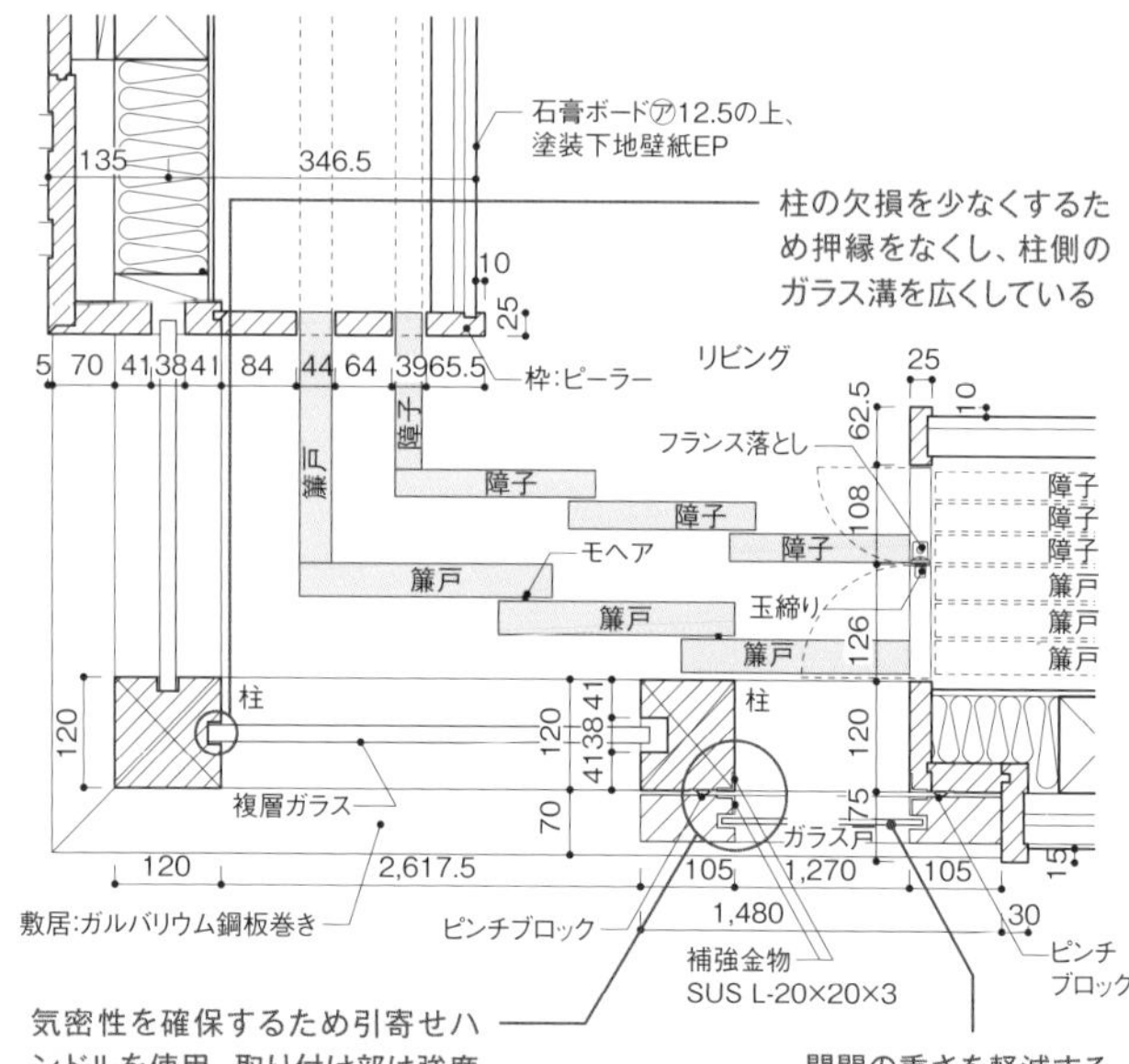

石膏ボード㋐12.5の上、塗装下地壁紙EP
柱の欠損を少なくするため押縁をなくし、柱側のガラス溝を広くしている
枠：ピーラー
リビング
フランス落とし
モヘア
玉縁り
障子
簾戸
柱
複層ガラス
ガラス戸
敷居：ガルバリウム鋼板巻き
ピンチブロック
補強金物 SUS L-20×20×3
135
346.5
10
25
120
2,617.5
105
1,270
105
1,480
30

気密性を確保するため引寄せハンドルを使用。取り付け部は強度確保のため金物で補強する

開閉の重さを軽減するため真空ガラスを使用

建具平面詳細図 S＝1：15

リビングから庭を見る。庭の風景を楽しむために設けたFIXの直角連窓は、構造柱と方立を兼用することで、より線の少ないシンプルな納まりとしている

連窓の手前には、季節に応じた建具を引込み戸として設えた。夏には網戸を兼ねた簾戸、冬には採り入れられた光を柔らかく拡散する障子が活躍する（写真：村田淳建築研究室）

密集地では ハイサイドライトを活用する

前面道路や隣家までの距離が近い場合には、プライバシーを守るため、「外部開口部にカーテンなどを付けて視線を遮る」ないしは「外部開口部は設けない」という選択を迫られることがある。そんなときにはハイサイドライトを活用してほしい。ハイサイドライトを設置する際には、①雨仕舞いに注意を払い、②光の採り込み方を十分に検討し、③設置位置（方角・高さ）やサイズ、サッシ枠の見え方などにも気を配る。

「佐賀高木瀬の家」（110頁）

技1 ハイサイドライトの光を壁伝いに奥まで届ける

ハイサイドライトの光をホールを介して採り入れる

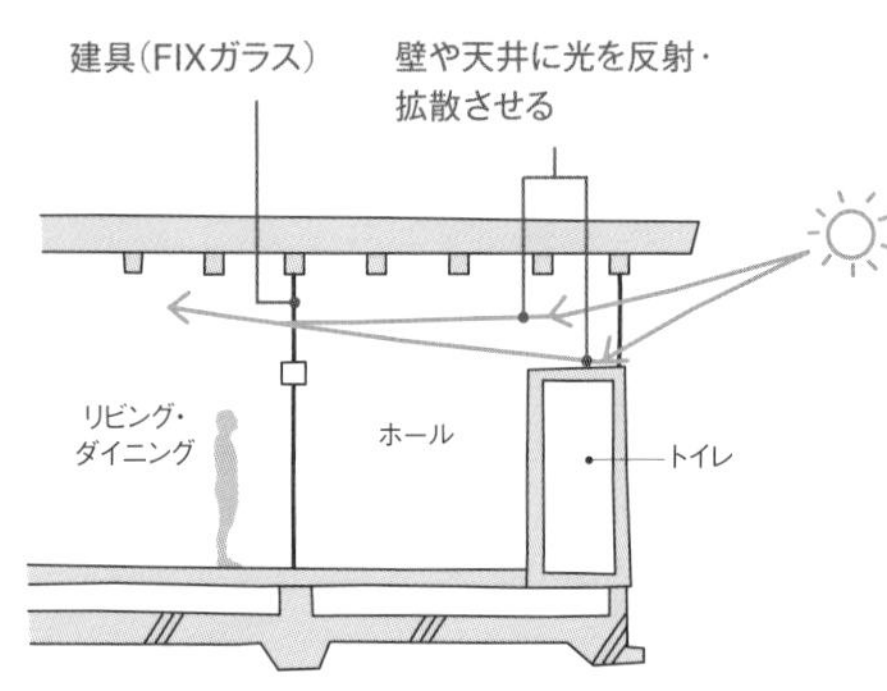
建具(FIXガラス)
壁や天井に光を反射・拡散させる
リビング・ダイニング
ホール
トイレ

敷地周囲の諸条件で採光が難しい場合、ハイサイドライトを設けるという方法がある。落ち着きのある柔らかな光を採り入れるには、ハイサイドライトを居室に設けるのではなく、ユーティリティなど居室以外の場所に光を一度反射・拡散させてから採り入れるとよい。落ち着いた空間をつくりだすことができる。

ハイサイドライトからの反射光が壁伝いにホール、リビングに届く。リビングは断面の大きい梁に包まれた落ち着きのある空間とするため、南面（窓面）の軒桁はFLから2.2 mと高さを抑えている

ハイサイドライトと建具位置を連続させる

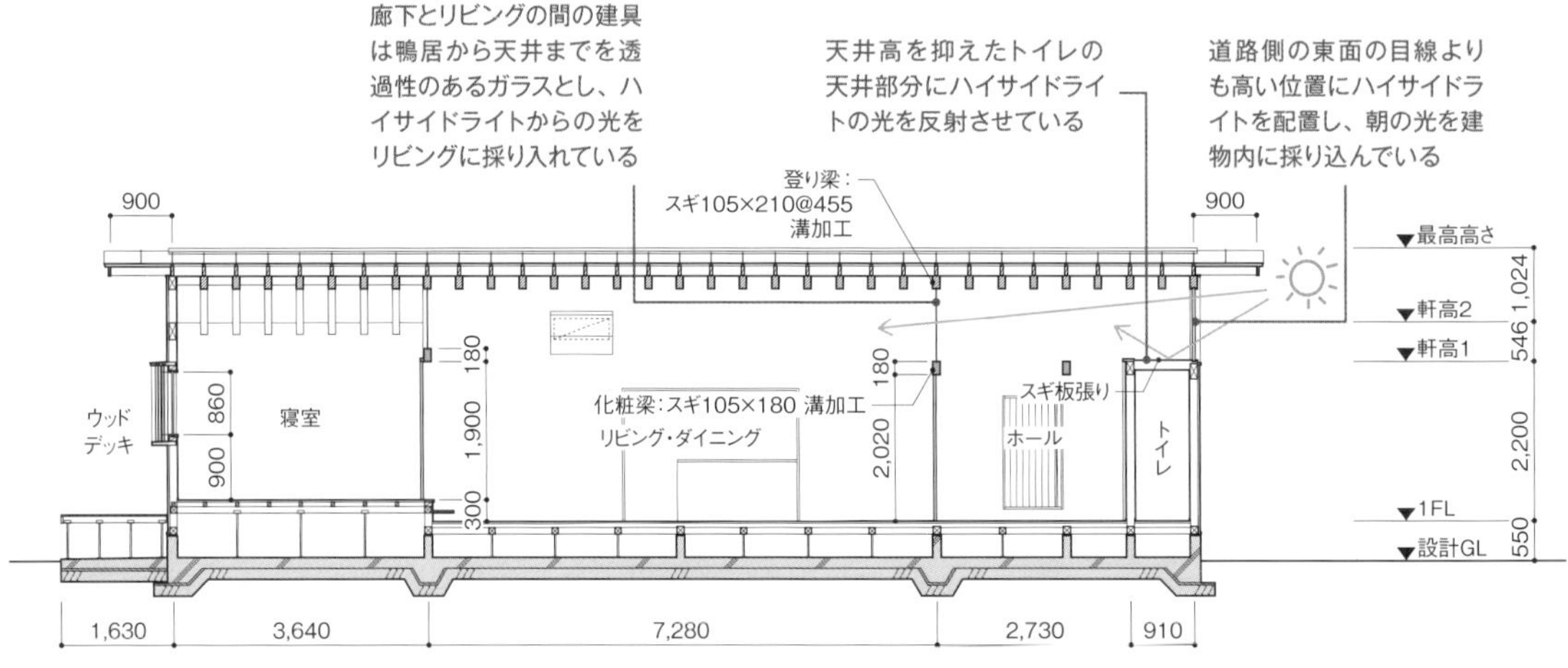
廊下とリビングの間の建具は鴨居から天井までを透過性のあるガラスとし、ハイサイドライトからの光をリビングに採り入れている
天井高を抑えたトイレの天井部分にハイサイドライトの光を反射させている
道路側の東面の目線よりも高い位置にハイサイドライトを配置し、朝の光を建物内に採り込んでいる
登り梁：スギ105×210@455 溝加工
900
900
最高高さ
軒高2
軒高1
1FL
設計GL
1,024
546
2,200
550
ウッドデッキ
寝室
860
900
180
1,900
300
化粧梁：スギ105×180 溝加工
リビング・ダイニング
180
2,020
スギ板張り
ホール
トイレ
1,630
3,640
7,280
2,730
910

断面図 S＝1：150

建具の存在感を消すために廊下とリビングの間の建具は引込み戸とする

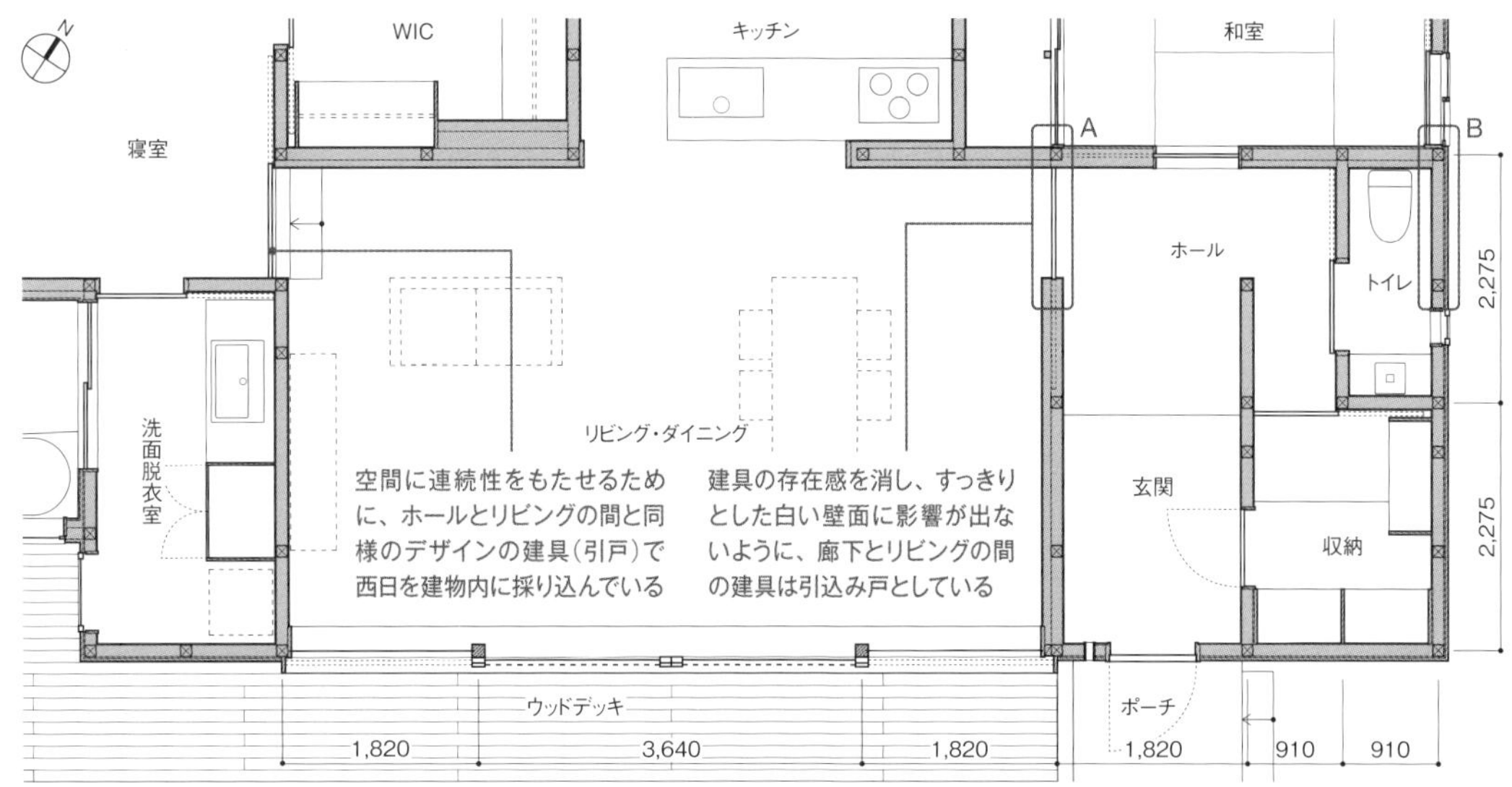
WIC
キッチン
和室
寝室
ホール
トイレ
洗面脱衣室
リビング・ダイニング
空間に連続性をもたせるために、ホールとリビングの間と同様のデザインの建具(引戸)で西日を建物内に採り込んでいる
建具の存在感を消し、すっきりとした白い壁面に影響が出ないように、廊下とリビングの間の建具は引込み戸としている
玄関
収納
ウッドデッキ
ポーチ
1,820
3,640
1,820
1,820
910
910
2,275
2,275
A
B

平面図 S＝1：100

「佐賀高木瀬の家」
設計：ヨシタケ ケンジ 建築事務所　施工：ASJ佐賀スタジオ　写真：石井紀久

廊下とリビングの間の建具はハイサイドライトと同じ形状（A部）

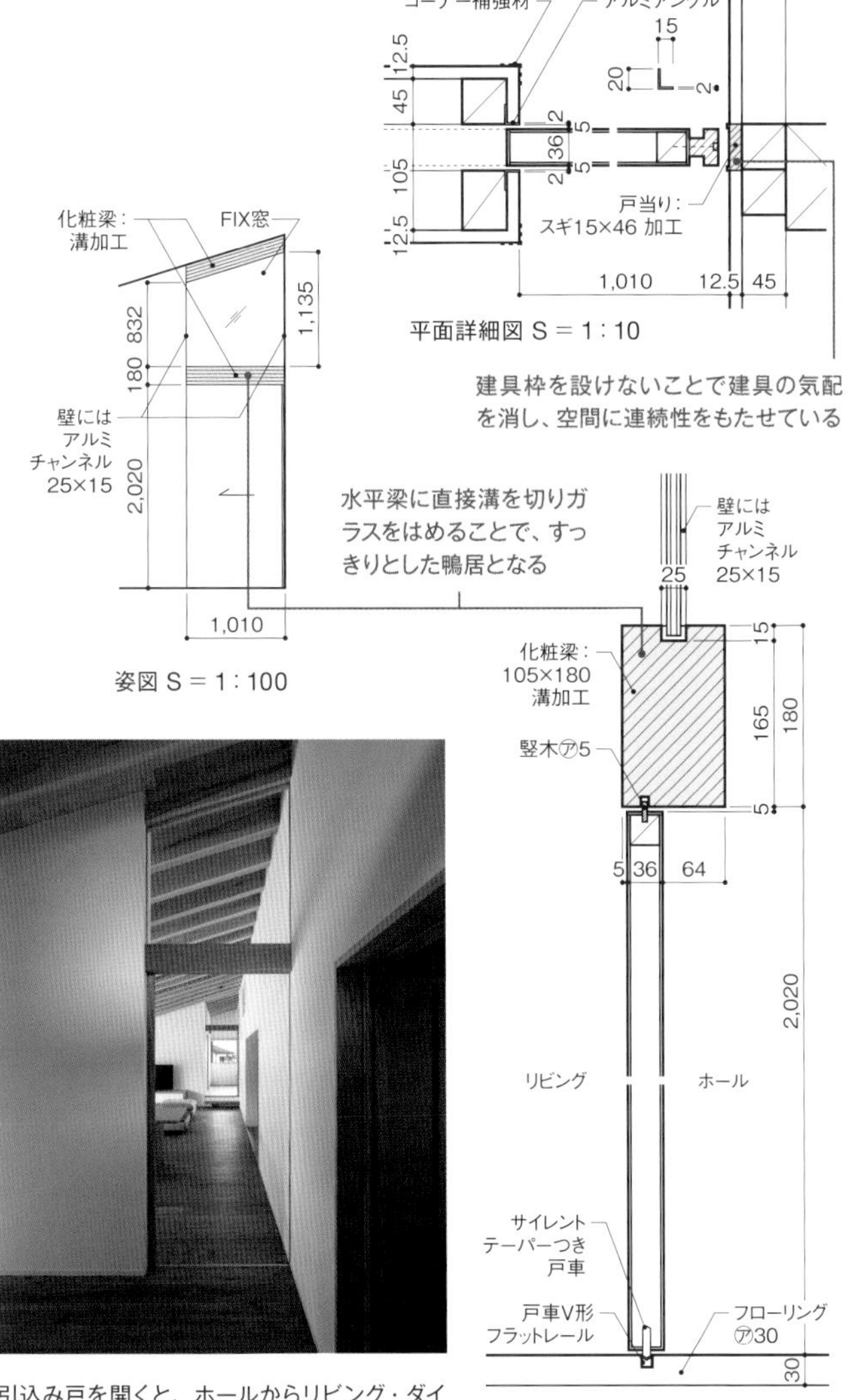
コーナー補強材
アルミアングル
戸当り：スギ15×46 加工
1,010
平面詳細図 S＝1：10
建具枠を設けないことで建具の気配を消し、空間に連続性をもたせている
化粧梁：溝加工
FIX窓
壁にはアルミチャンネル25×15
1,135
2,020
1,010
姿図 S＝1：100
水平梁に直接溝を切りガラスをはめることで、すっきりとした鴨居となる
壁にはアルミチャンネル25×15
化粧梁：105×180 溝加工
竪木㋐5
リビング
ホール
サイレントテーパーつき戸車
戸車V形フラットレール
フローリング㋐30
断面詳細図 S＝1：10

引込み戸を開くと、ホールからリビング・ダイニング、さらに寝室までひとつながりとなる

トイレ上部にハイサイドライトを設ける（B部）

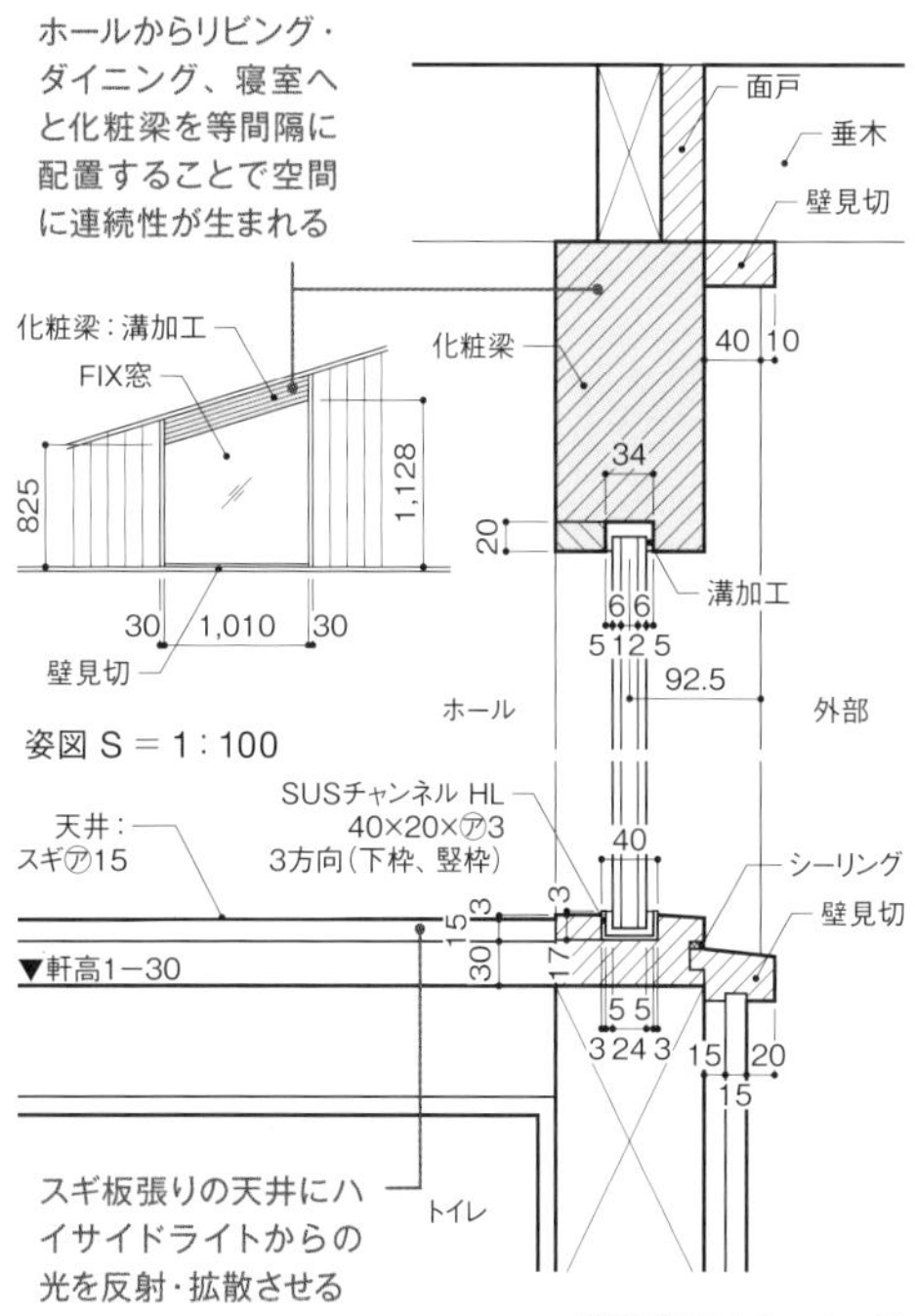
ホールからリビング・ダイニング、寝室へと化粧梁を等間隔に配置することで空間に連続性が生まれる
面戸
垂木
壁見切
化粧梁
化粧梁：溝加工
FIX窓
溝加工
壁見切
姿図 S＝1：100
ホール
外部
SUSチャンネル HL 40×20×㋐3 3方向(下枠、竪枠)
天井：スギ㋐15
シーリング
壁見切
▼軒高1−30
スギ板張りの天井にハイサイドライトからの光を反射・拡散させる
トイレ
断面詳細図 S＝1：10

外観は桁上部からはじまるハイサイドライトの木枠に合わせ、桁から上をスギ板張り、下を左官仕上げとした

PART-3 開口部 密集地ではハイサイドライトを活用する

技2　ハイサイドライトでプライバシーを確保

開口部の設け方次第で1階と2階は異なる印象に

住宅にはオープンにしたい場所とクローズにしたい場所の両方が求められることが多い。ここでは、ＬＤＫなど家族が集まる主な機能を1階に、寝室などのプライベートな空間を2階にまとめた。1階は前面道路に対して開放的に構え、2階はハイサイドライトで光を採り入れ、プライバシーを確保している。

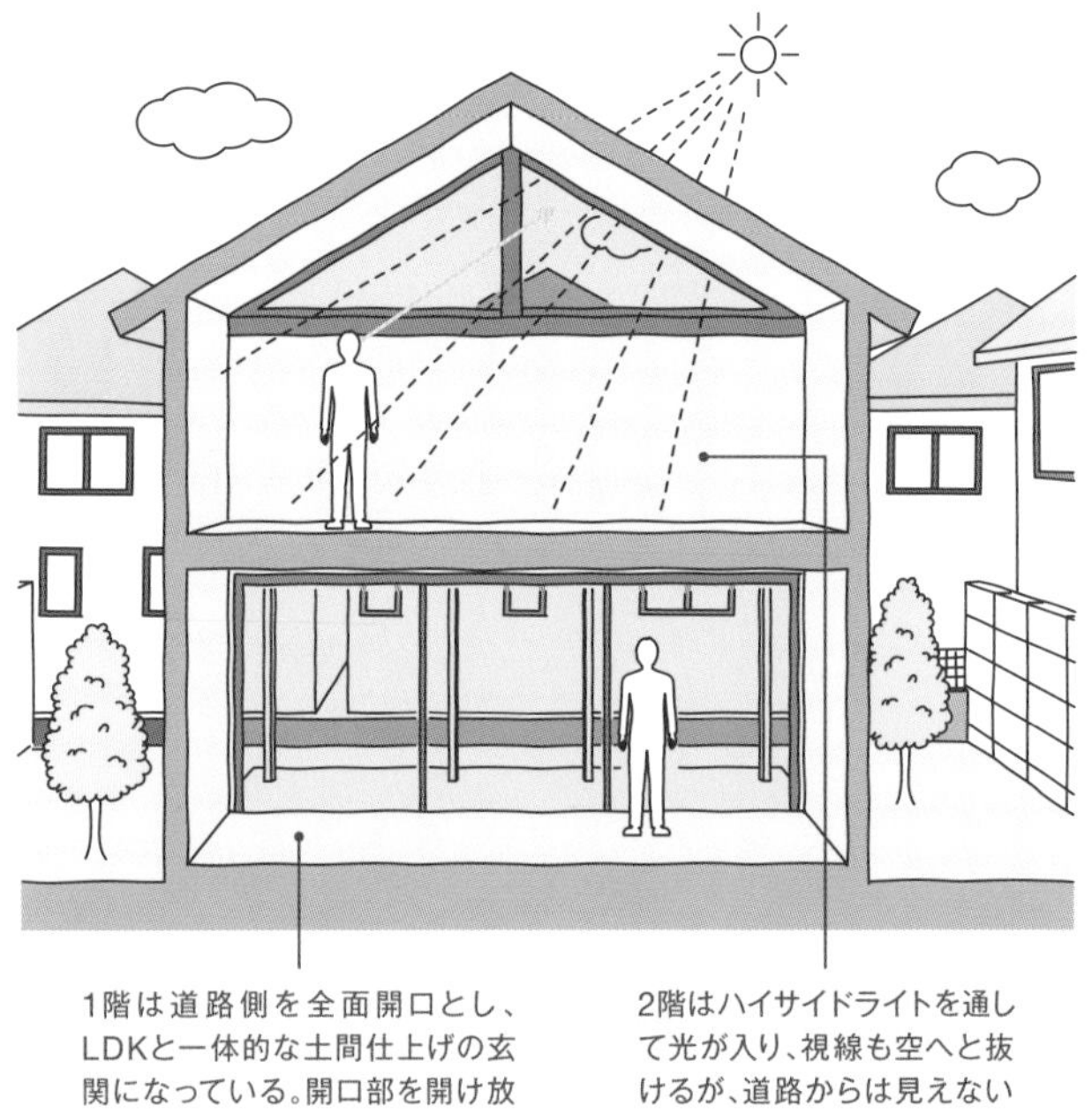

1階は道路側を全面開口とし、LDKと一体的な土間仕上げの玄関になっている。開口部を開け放てば外部と一体的な空間になる

2階はハイサイドライトを通して光が入り、視線も空へと抜けるが、道路からは見えないので落ち着いた空間になる

軒が居心地のよさをつくる

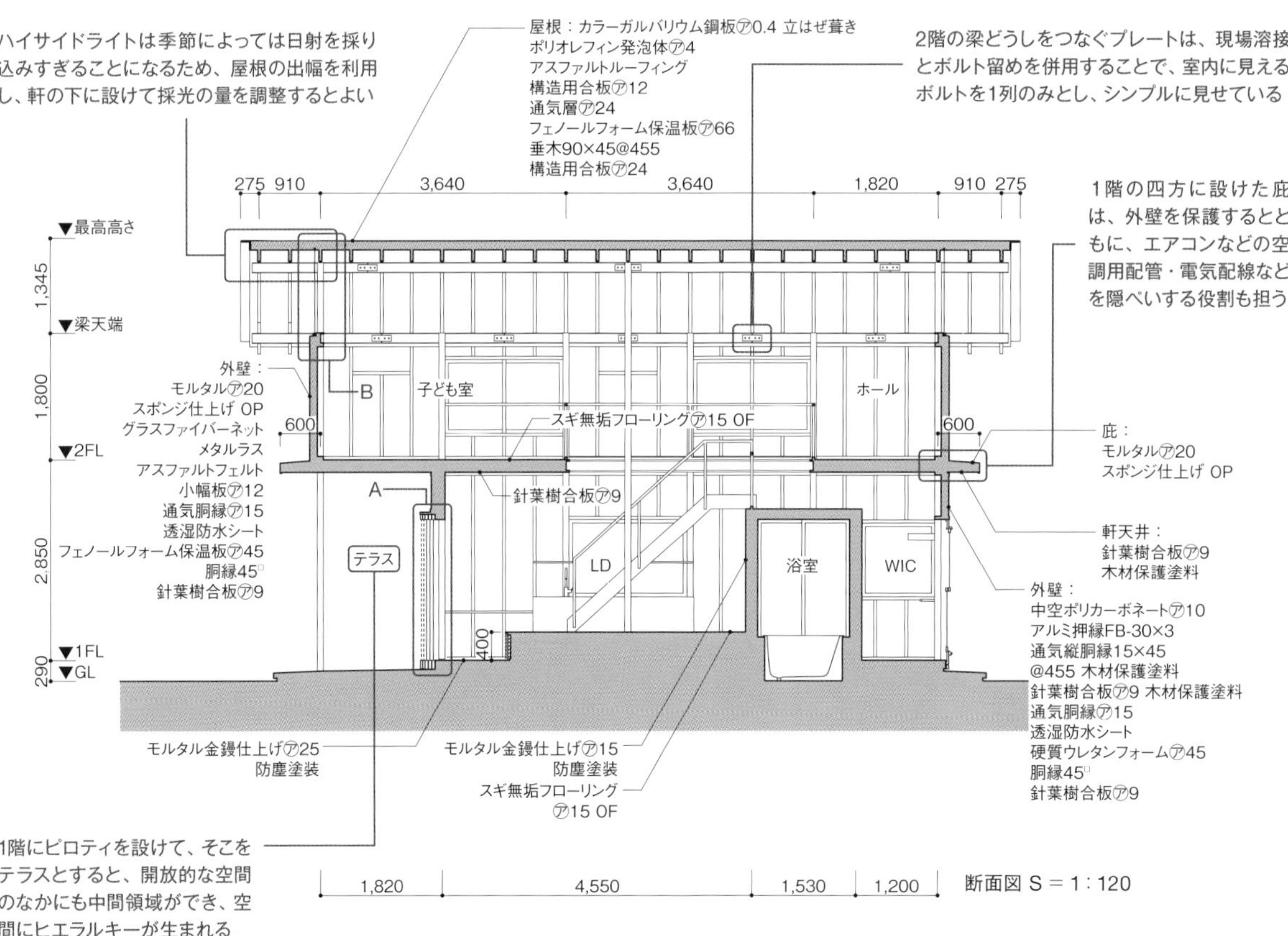

ハイサイドライトは季節によっては日射を採り込みすぎることになるため、屋根の出幅を利用し、軒の下に設けて採光の量を調整するとよい
屋根：カラーガルバリウム鋼板㋐0.4 立はぜ葺き
ポリオレフィン発泡体㋐4
アスファルトルーフィング
構造用合板㋐12
通気層㋐24
フェノールフォーム保温板㋐66
垂木90×45@455
構造用合板㋐24
2階の梁どうしをつなぐプレートは、現場溶接とボルト留めを併用することで、室内に見えるボルトを1列のみとし、シンプルに見せている
1階の四方に設けた庇は、外壁を保護するとともに、エアコンなどの空調用配管・電気配線などを隠ぺいする役割も担う
275　910　3,640　3,640　1,820　910　275
▼最高高さ
1,345
▼梁天端
1,800
▼2FL
2,850
▼1FL
290
▼GL
外壁：
モルタル㋐20
スポンジ仕上げ OP
グラスファイバーネット
メタルラス
アスファルトフェルト
小幅板㋐12
通気胴縁㋐15
透湿防水シート
フェノールフォーム保温板㋐45
胴縁45□
針葉樹合板㋐9
B
子ども室
ホール
600
スギ無垢フローリング㋐15 OF
600
A
針葉樹合板㋐9
テラス
LD
浴室
WIC
400
庇：
モルタル㋐20
スポンジ仕上げ OP
軒天井：
針葉樹合板㋐9
木材保護塗料
外壁：
中空ポリカーボネート㋐10
アルミ押縁FB-30×3
通気縦胴縁15×45
@455 木材保護塗料
針葉樹合板㋐9 木材保護塗料
通気胴縁㋐15
透湿防水シート
硬質ウレタンフォーム㋐45
胴縁45□
針葉樹合板㋐9
モルタル金鏝仕上げ㋐25
防塵塗装
モルタル金鏝仕上げ㋐15
防塵塗装
スギ無垢フローリング
㋐15 OF
1階にピロティを設けて、そこをテラスとすると、開放的な空間のなかにも中間領域ができ、空間にヒエラルキーが生まれる
1,820　4,550　1,530　1,200
断面図 S＝1：120

「鳥栖のいえ」

設計：atelier cube 写真：鈴木研一

吹抜けを介して1階と2階が緩やかにつながる

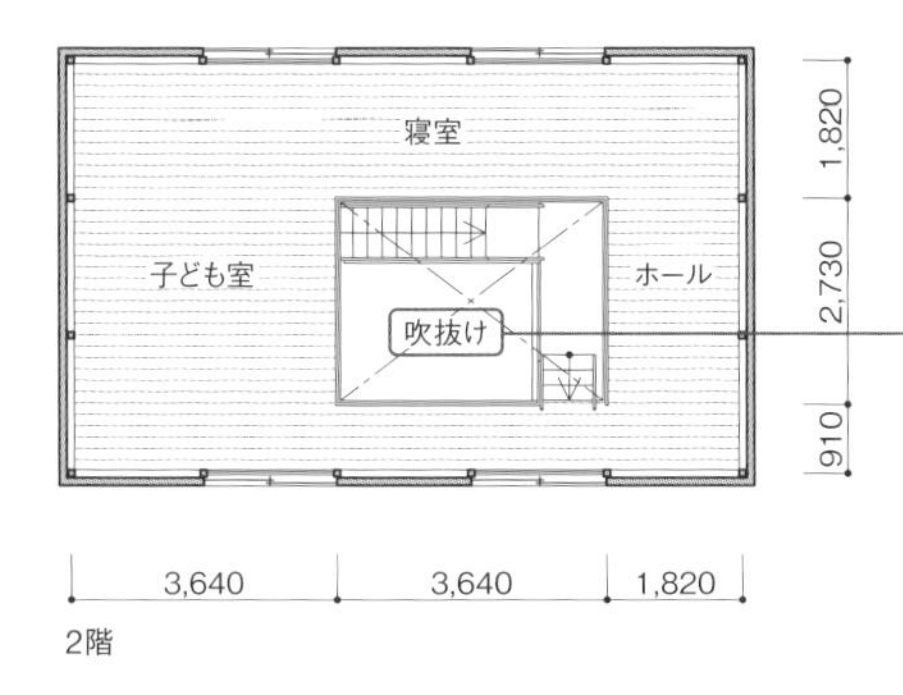
寝室
子ども室
ホール
吹抜け
1,820
2,730
910
3,640
3,640
1,820
2階
K
FL±0
テラス
FL−140
LD
FL+400
WIC
前面道路
1,820
1,820
1,820
N
1,820
4,550
1,530
1,200
1階

平面図 S＝1：200

中央に設けた階段の吹抜けが1階と2階をつなげるとともに、2階の大きなワンルーム空間を緩やかに仕切る

道路側から建物を見る。1階のリビングは道路や近隣の人に対してオープンな空間とした

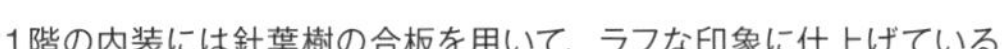

1階の内装には針葉樹の合板を用いて、ラフな印象に仕上げている

「鳥栖のいえ」

設計：atelier cube 写真：鈴木研一

掃出し窓で内部・外部を一体化する

鴨居を外壁のラインよりも外側に設けて框を隠している。ガルバリウム鋼板を鴨居の上にかぶせて止水し、Lアングルを鴨居の補強としている

補強金物L-200×200×4.5

カラーガルバリウム鋼板㋐0.4

30

70

木製網戸

木製サッシ

外部

内部

2,000

100

22 22 45 45 45 14 14 44

24 2 6 6 6 6 18 6

モルタル金鏝仕上げ㋐25 防塵塗装

▼1FL

120

170

▼1SL

SUS甲丸レール

モルタル金鏝仕上げ㋐15～30防塵塗装

内部土間とテラスに框分の段差を設けて、内部から框が見えないようにすると、開口部を閉めた状態でも内・外部が連続して見える

A 断面詳細図 S＝1：10

ハイサイドライトは余計な線を消してすっきりと見せる

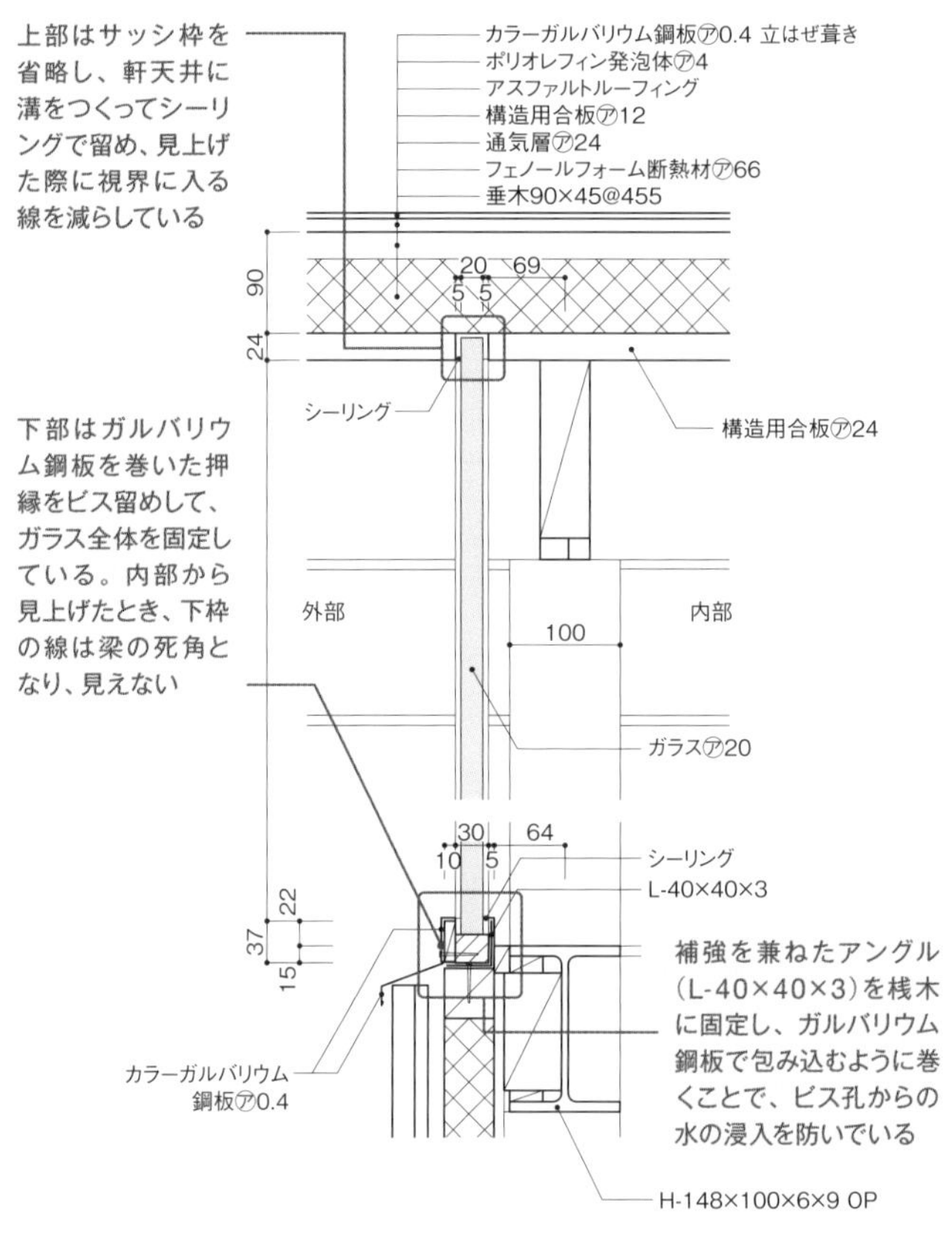

上部はサッシ枠を省略し、軒天井に溝をつくってシーリングで留め、見上げた際に視界に入る線を減らしている
カラーガルバリウム鋼板㋐0.4 立はぜ葺き
ポリオレフィン発泡体㋐4
アスファルトルーフィング
構造用合板㋐12
通気層㋐24
フェノールフォーム断熱材㋐66
垂木90×45@455
90
24
20 69
5 5
シーリング
構造用合板㋐24
下部はガルバリウム鋼板を巻いた押縁をビス留めして、ガラス全体を固定している。内部から見上げたとき、下枠の線は梁の死角となり、見えない
外部
内部
100
ガラス㋐20
30 64
10 5
シーリング
L-40×40×3
22
37
15
補強を兼ねたアングル（L-40×40×3）を桟木に固定し、ガルバリウム鋼板で包み込むように巻くことで、ビス孔からの水の浸入を防いでいる
カラーガルバリウム鋼板㋐0.4
H-148×100×6×9 OP

B 断面詳細図 S＝1：10

1階のサッシ幅は柱のピッチとそろえ、開け放った際に、柱とサッシ枠が重なるようにしている。戸袋を設けられない場合も、内部から框が見えない納まりにすれば、サッシの存在を薄められる

切妻屋根の形状に合わせて設けた三角形のハイサイドライト。FIX窓とし、余計な線を減らしているため、ガラスの存在を意識させない半屋外のような空間になっている

トップライトで室内に光を採り込む

建物の北側にある居室や、外壁と接しない中央部分に位置する居室は、太陽光が直接差し込みにくく、暗くなりやすい。そのような空間には、トップライトを設けて天井（屋根）から光を採り込むと室内の明るさを確保できる。ここでは、建物北側の居室にトップライトを設けた場合と中央部にトップライトを設けた場合を例に、トップライトのメリット、効果的に室内に光を導く方法、採光面から見た〝場〟のあり方を紹介する。

ギン
ギン

「河原の舎（いえ）」（116頁）

技1　方形屋根のトップライトで建物中央に場をつくる

角地で建物周りに広い庭が設けられない場合、開口部を制限して道路側からの視線を回避するとよい。この建物の開口部はトップライトと、高さ1千100㎜の地窓で構成されている。通常、変形屋根の中央は光が入らないため暗くなりがち。ここではトップライトを設けて採光を確保し、落ち着いたLDK空間としている。

開口部はトップライトと、方形屋根と床スラブに挟まれた開口部で構成

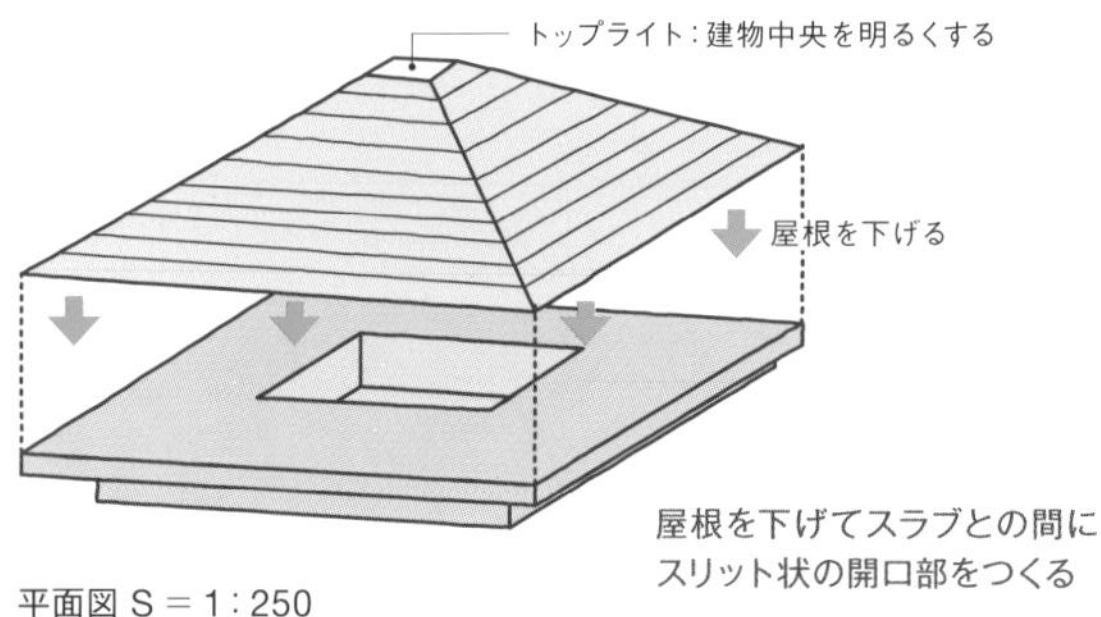

トップライト：建物中央を明るくする
屋根を下げる
屋根を下げてスラブとの間にスリット状の開口部をつくる

平面図 S＝1：250

外部からの視線と採光量を開口部の位置と大きさで調整

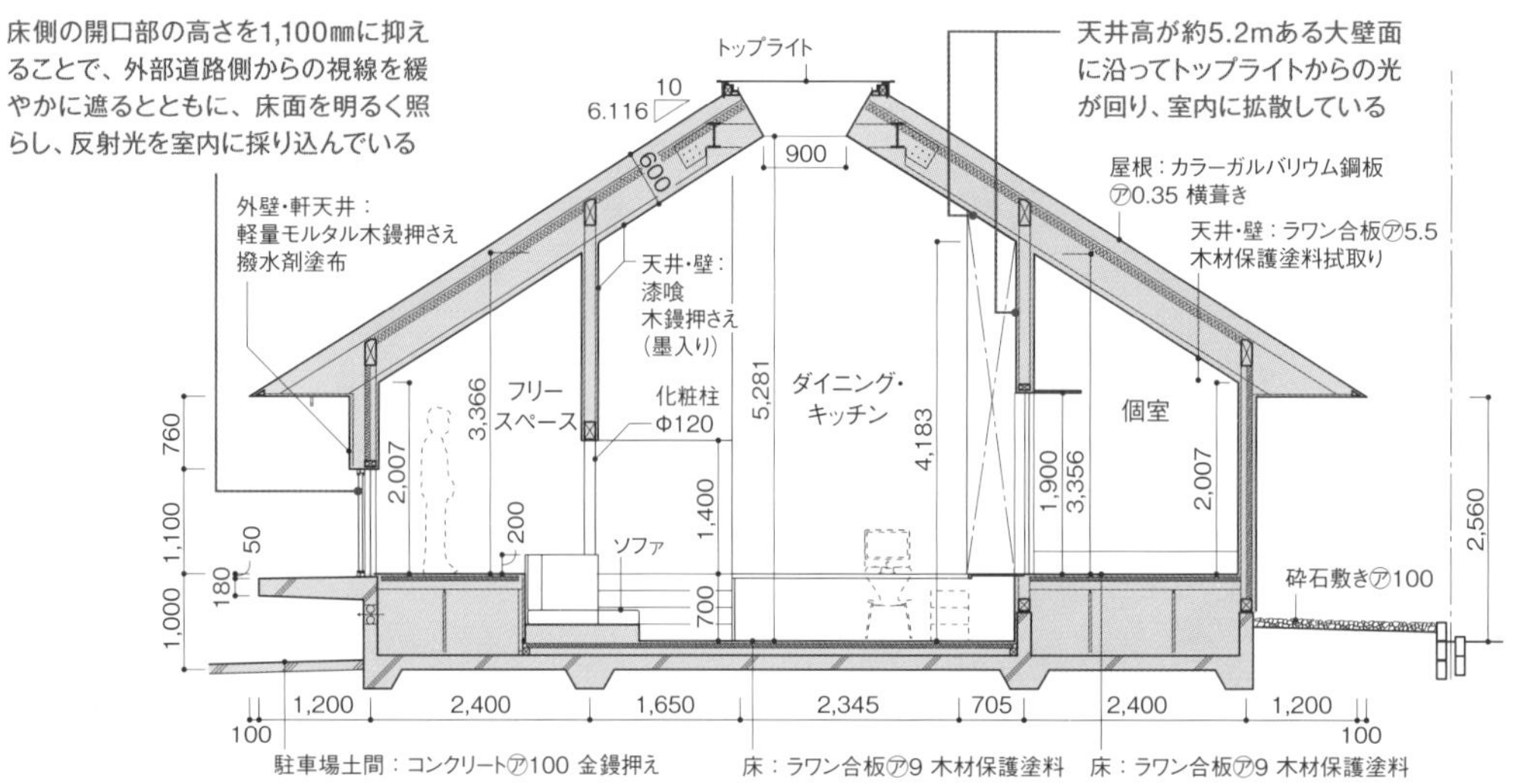

床側の開口部の高さを1,100㎜に抑えることで、外部道路側からの視線を緩やかに遮るとともに、床面を明るく照らし、反射光を室内に採り込んでいる
天井高が約5.2mある大壁面に沿ってトップライトからの光が回り、室内に拡散している
トップライト
外壁・軒天井：軽量モルタル木鏝押さえ撥水剤塗布
天井・壁：漆喰 木鏝押さえ（墨入り）
屋根：カラーガルバリウム鋼板⑦0.35 横葺き
天井・壁：ラワン合板⑦5.5 木材保護塗料拭取り
フリースペース
ダイニング・キッチン
個室
化粧柱 Φ120
ソファ
砕石敷き⑦100
駐車場土間：コンクリート⑦100 金鏝押え
床：ラワン合板⑦9 木材保護塗料
床：ラワン合板⑦9 木材保護塗料

断面図 S＝1：120

地窓からの光が天井と壁面に明るく反射している。奥側の明るい部分は玄関で、アイストップになっている

リビング・ダイニングとフリースペースの間の開口部は高さを1,400㎜に抑え、リビング・ダイニングの囲われた居心地を確保している

建物中央に家族の団らんの場を設ける

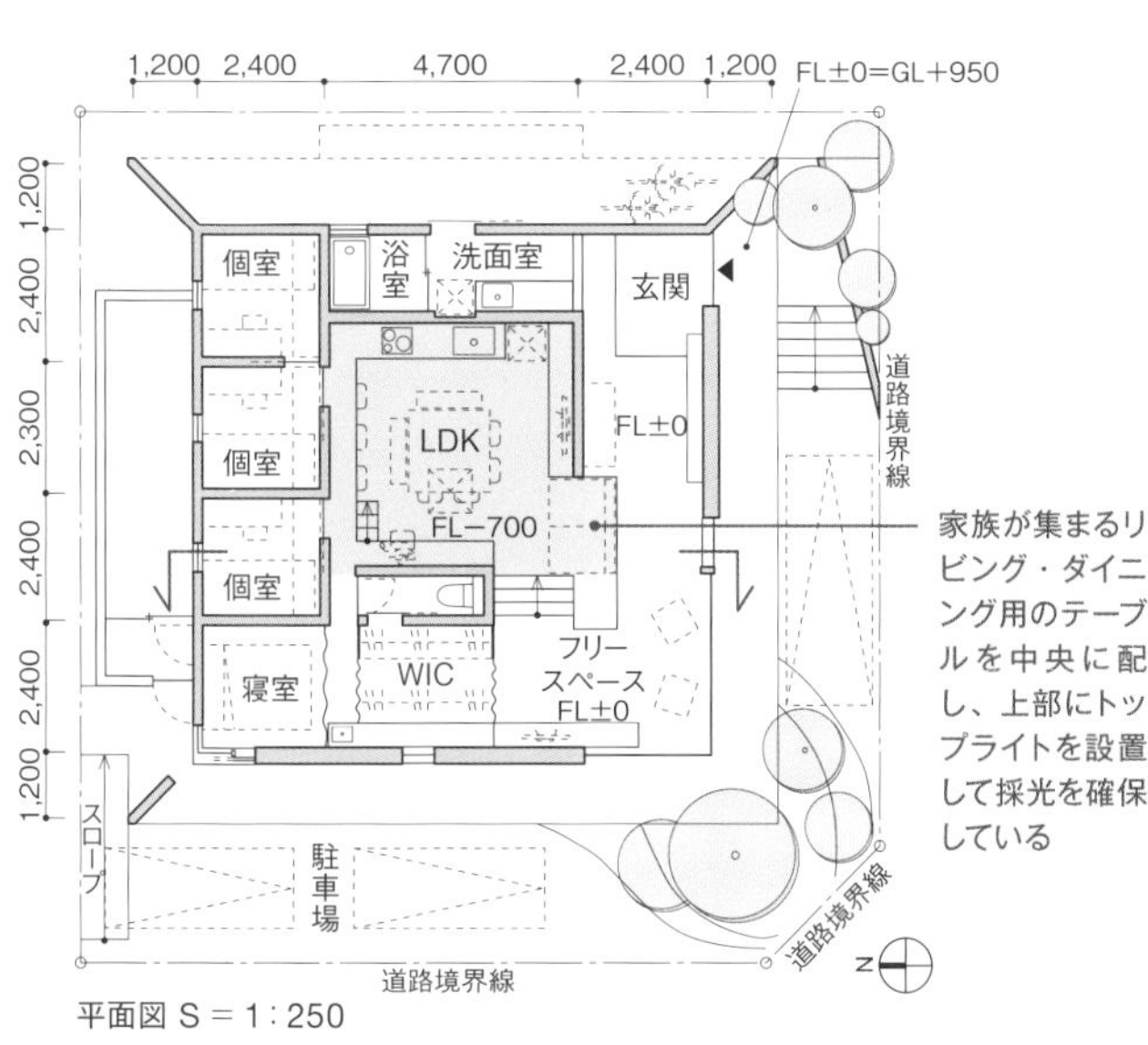
1,200 2,400 4,700 2,400 1,200
FL±0=GL+950
1,200 2,400 2,300 2,400 2,400 1,200
個室
浴室
洗面室
玄関
LDK
FL±0
個室
FL−700
個室
寝室
WIC
フリースペース FL±0
道路境界線
スロープ
駐車場
道路境界線
道路境界線
N

家族が集まるリビング・ダイニング用のテーブルを中央に配し、上部にトップライトを設置して採光を確保している

平面図 S＝1：250

トップライトはポリカーボネート板とペアにする

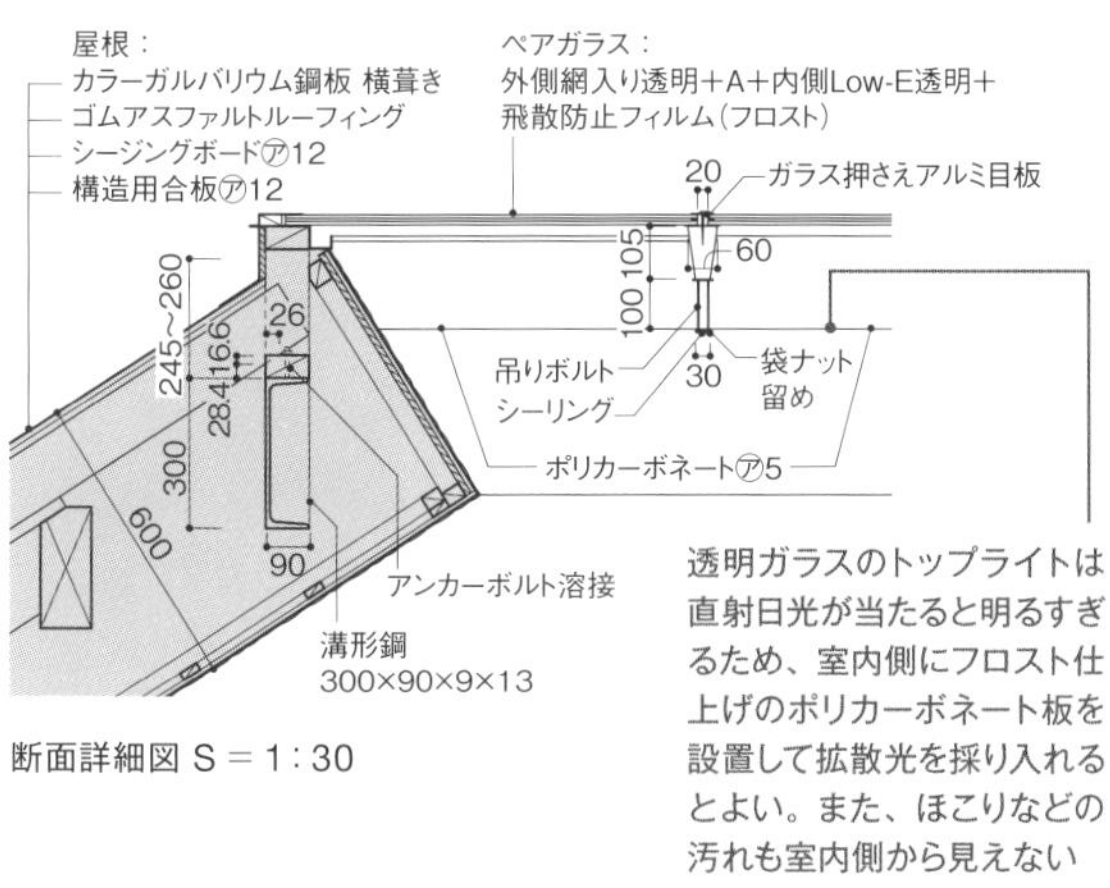
屋根：
カラーガルバリウム鋼板 横葺き
ゴムアスファルトルーフィング
シージングボード㋐12
構造用合板㋐12
ペアガラス：
外側網入り透明＋A＋内側Low-E透明＋
飛散防止フィルム（フロスト）
20
ガラス押さえアルミ目板
60
105
100
245〜260
26
166
284
300
600
90
吊りボルト
シーリング
30
袋ナット留め
ポリカーボネート㋐5
アンカーボルト溶接
溝形鋼
300×90×9×13

断面詳細図 S＝1：30

透明ガラスのトップライトは直射日光が当たると明るすぎるため、室内側にフロスト仕上げのポリカーボネート板を設置して拡散光を採り入れるとよい。また、ほこりなどの汚れも室内側から見えない

「河原の舎（いえ）」

設計：服部信康建築設計事務所 写真：西川公朗

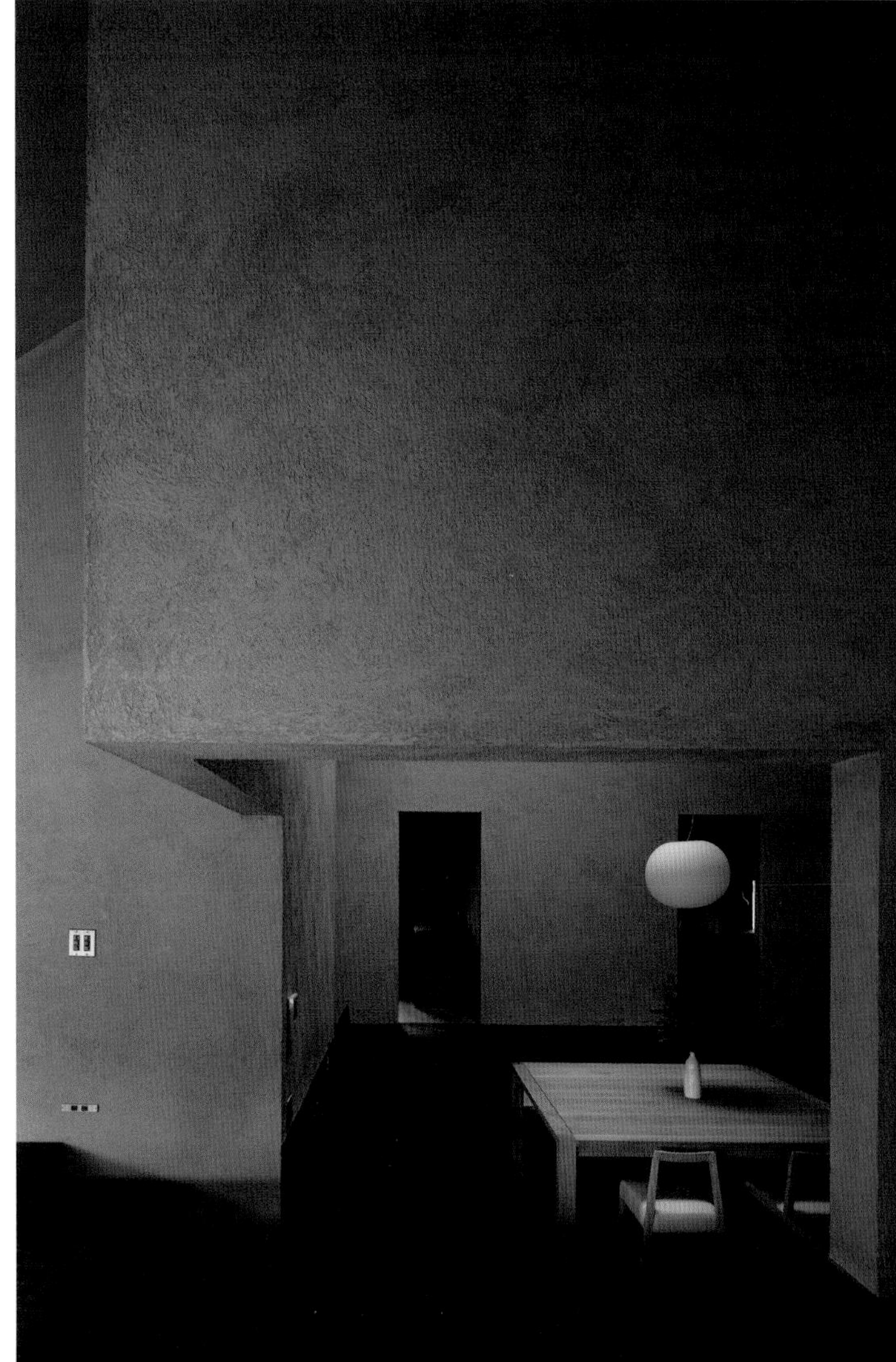

LDK上部のトップライトを見る。壁・天井を同じ仕上げ材で塗り回せば視覚的重心が下がり、落ち着いた印象となる。壁・天井の仕上げを墨入りの漆喰にすることで、光を受けた面と影とが明確になり、拡散光を視覚化する効果が得られる

技2 トップライトは北側の屋根に

トップライトは設ける方位が重要

周囲を建物に囲まれた敷地など、十分な採光を確保することが難しい場合は、トップライトを設けるとよい。ただし、南側に設けると日が当たりすぎて、強い日差しが入ってきてしまう。北側に向けて設ければ、1年を通じて柔らかい光が室内を照らし、適度な明るさを確保できる。

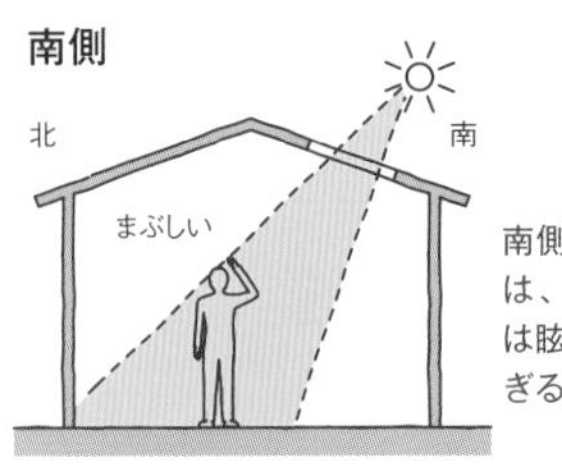
南側
北
南
まぶしい

南側のトップライトは、場合によっては眩しすぎる・暑すぎることがある

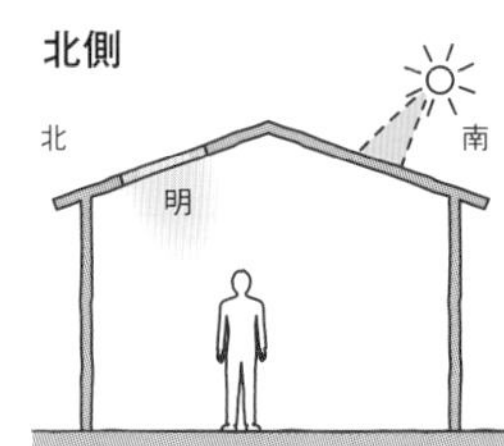
北側
北
南
明

北側のトップライトならば、直射光を避けながら明るさを確保できる

室内を柔らかく照らす北側トップライト

南北に架けられた切妻屋根の北側に設けたトップライト。プライバシーを守りながら、1年を通して快適な光を採り込める

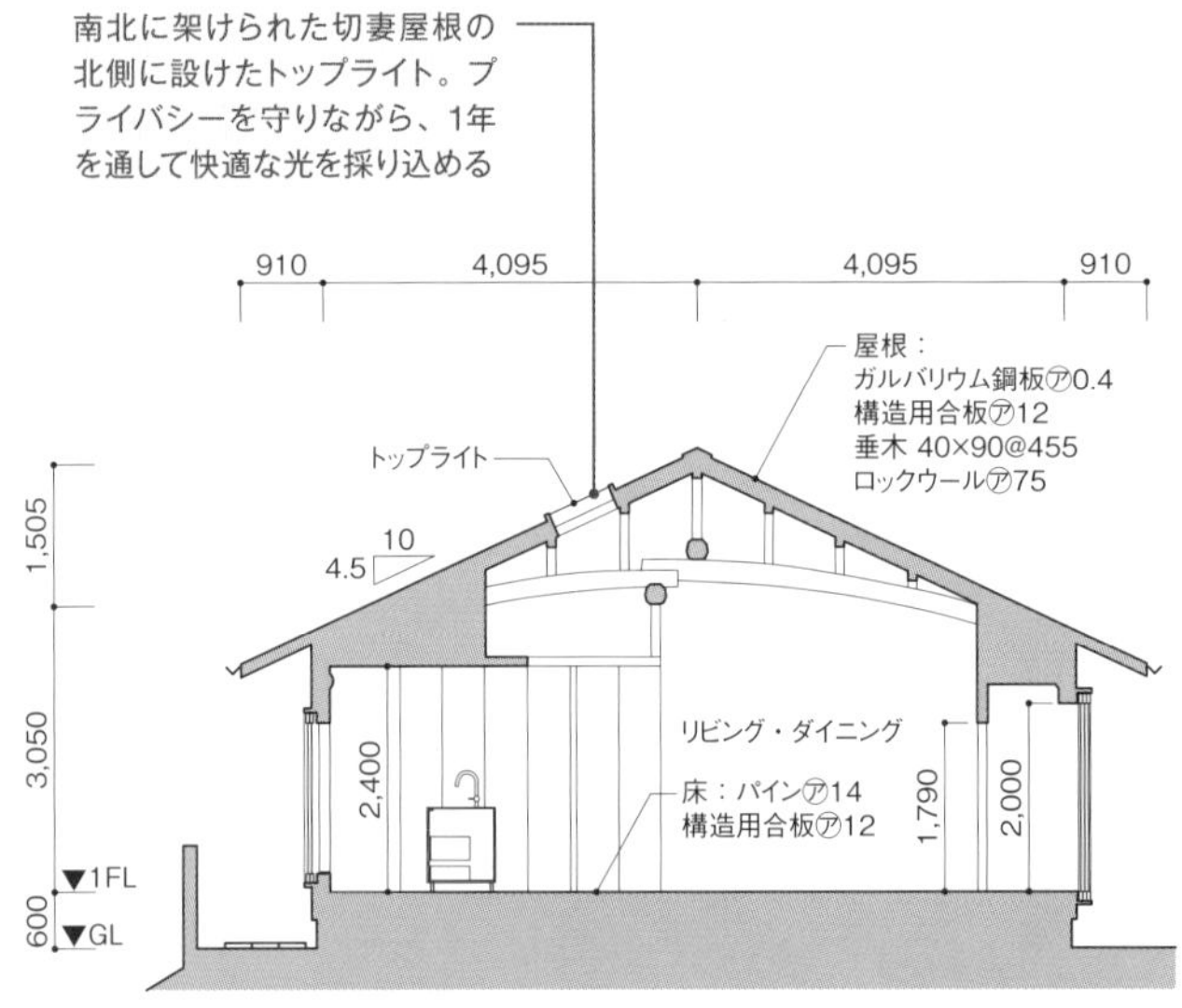
910
4,095
4,095
910
屋根：
ガルバリウム鋼板㋐0.4
構造用合板㋐12
垂木 40×90@455
ロックウール㋐75
トップライト
10
4.5
1,505
3,050
2,400
リビング・ダイニング
床：パイン㋐14
構造用合板㋐12
1,790
2,000
▼1FL
600
▼GL

断面図 S＝1：150

「ライブラリーのある家」
設計：キトレペ建築設計事務所 写真：山本育憲

平面上の配置にも気を配る

トップライトは、人が常時いる場所に直射光が当たらないように配置する

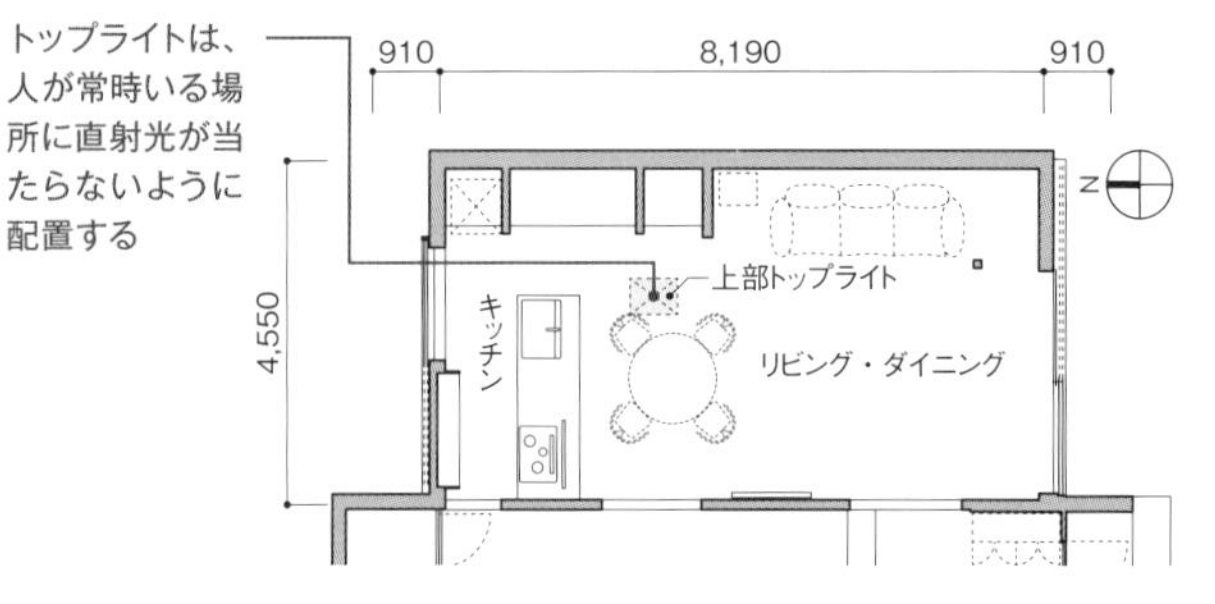
910
8,190
910
N
上部トップライト
キッチン
リビング・ダイニング
4,550

平面図 S＝1：200

LDKの上部に設けられたトップライト。室内に明るさをもたらし、天候の変化などを身近に感じさせる

既製サッシを使いつつも、その存在を隠す

アルミサッシは木製やスチール製のサッシよりも安価なので、予算の制約が厳しい住宅の設計で重宝する。また、防火規制がかかるケースやマンションリノベーションなどでは既製サッシ（ないしは既存のサッシ）を使わざるを得ない。とはいえ、余分な線が現れないよう知恵をしぼった美しい空間に、既製サッシの枠が露出してしまうのは避けたいところだ。一番の方法は、サッシを隠してしまうことである。

「豊田町の家」（120頁）

技1　戸袋を外壁に設けて開放時に框を見せない

軒を出して開口部廻りを保護する

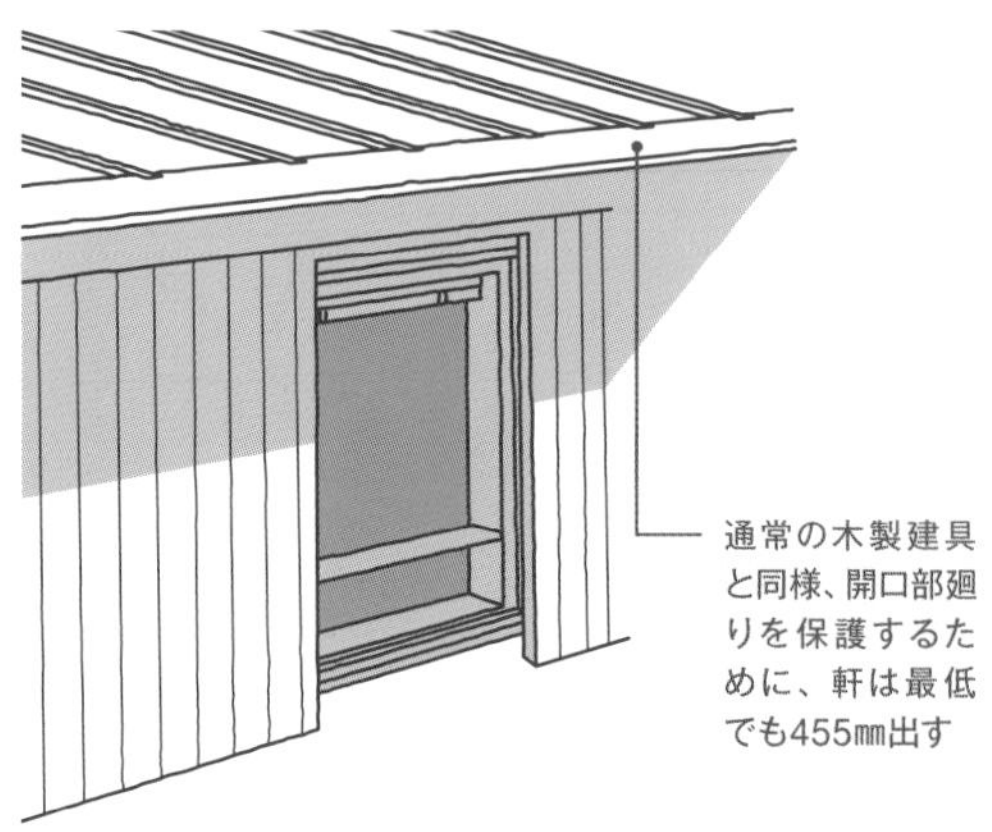
通常の木製建具
と同様、開口部廻
りを保護するた
めに、軒は最低
でも455㎜出す

腰窓では額縁の位置が重要

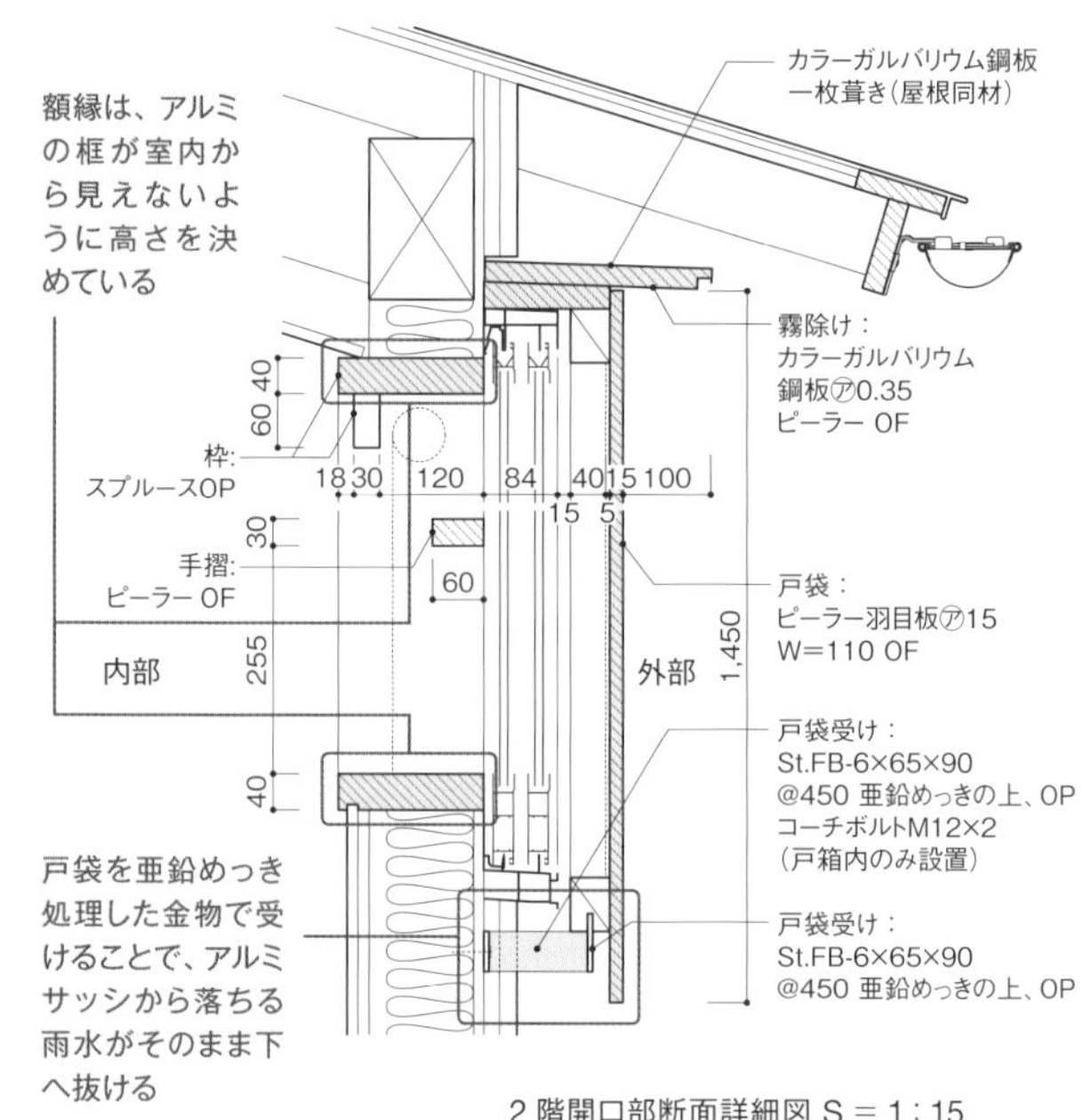
額縁は、アルミ
の框が室内か
ら見えないよ
うに高さを決
めている
カラーガルバリウム鋼板
一枚葺き(屋根同材)
霧除け：
カラーガルバリウム
鋼板⑦0.35
ビーラー OF
枠：
スプルースOP
60 40
18 30
120
84
40 15 100
15 5
30
手摺：
ビーラー OF
60
戸袋：
ビーラー羽目板⑦15
W=110 OF
内部
255
外部
1,450
40
戸袋受け：
St.FB-6×65×90
@450 亜鉛めっきの上、OP
コーチボルトM12×2
(戸箱内のみ設置)
戸袋受け：
St.FB-6×65×90
@450 亜鉛めっきの上、OP
戸袋を亜鉛めっき
処理した金物で受
けることで、アルミ
サッシから落ちる
雨水がそのまま下
へ抜ける

2階開口部断面詳細図 S＝1：15

「豊田町の家」
設計：山田誠一建築設計事務所 写真：山田誠一建築設計事務所

横方向のルーバーで外部からの視線をコントロールしている

法規やコストの関係から、どうしてもアルミサッシを使用しなければならないことがある。そんなときでも、簾戸や戸袋、手摺といった＋αによる一工夫でアルミサッシを空間に馴染ませ、なるべく既製品だと感じさせない工夫をすることが大切だ。

掃出し窓を引き込んだ状態をデッキから見る。室外側はアルミサッシの引込み部を戸袋で覆うことで建物の表情をやわらげている

2 階腰窓を室内から見る。木製の手摺をアクセント的に設けて空間になじませ、オリジナルの建具に見せている

掃出し窓には室内側に簾戸を設ける

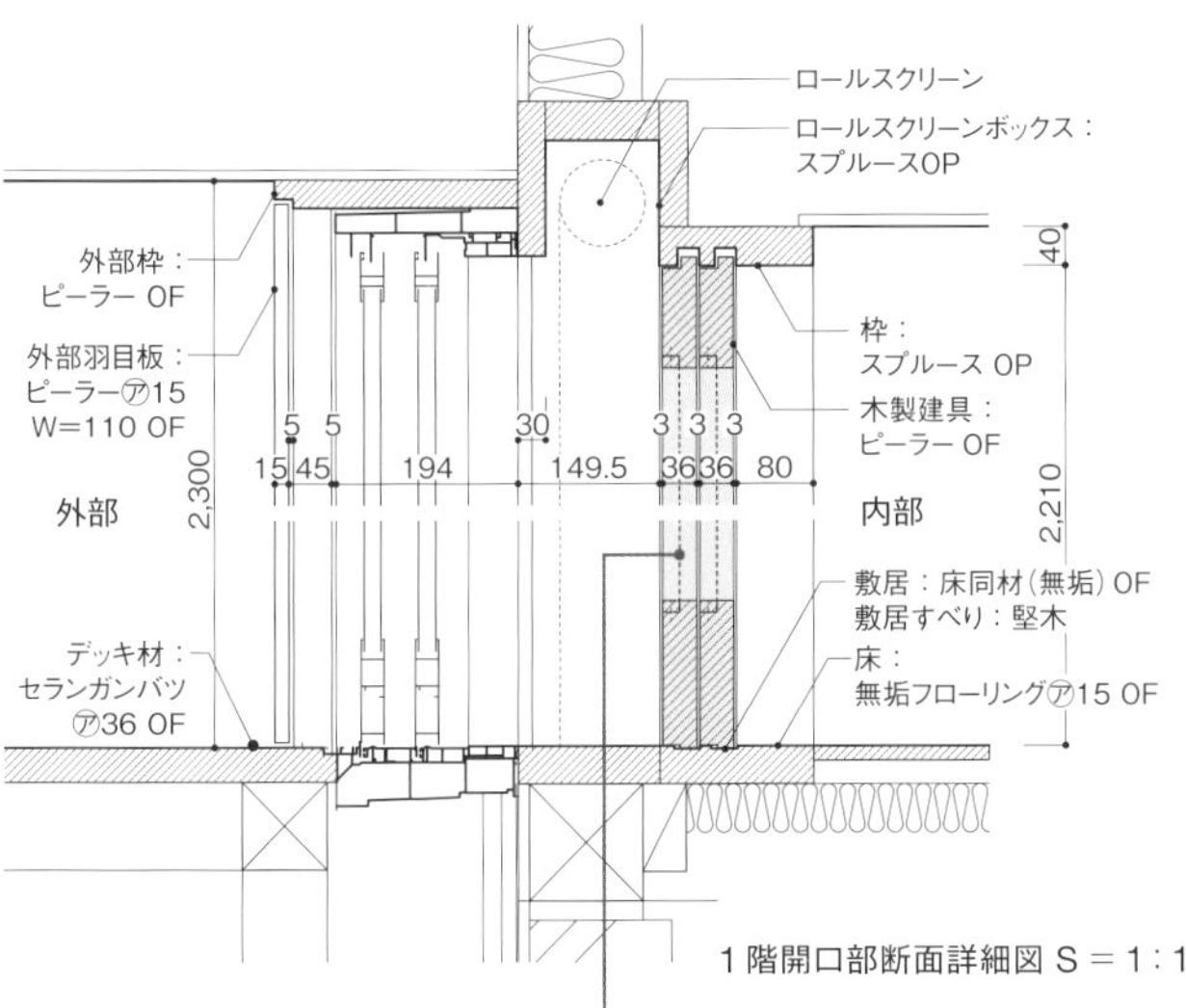

ロールスクリーン
ロールスクリーンボックス：スプルースOP
外部枠：ピーラー OF
外部羽目板：ピーラー㋐15 W=110 OF
枠：スプルース OP
木製建具：ピーラー OF
5 5
30
3 3 3
15 45
194
149.5
36 36
80
40
外部
2,300
内部
2,210
敷居：床同材（無垢）OF
敷居すべり：堅木
床：無垢フローリング㋐15 OF
デッキ材：セランガンバツ㋐36 OF

1 階開口部断面詳細図 S＝1：15

ロールスクリーンの上部とアルミの框がともに室内から見えないよう、最も室内に近い位置に簾戸を設けている

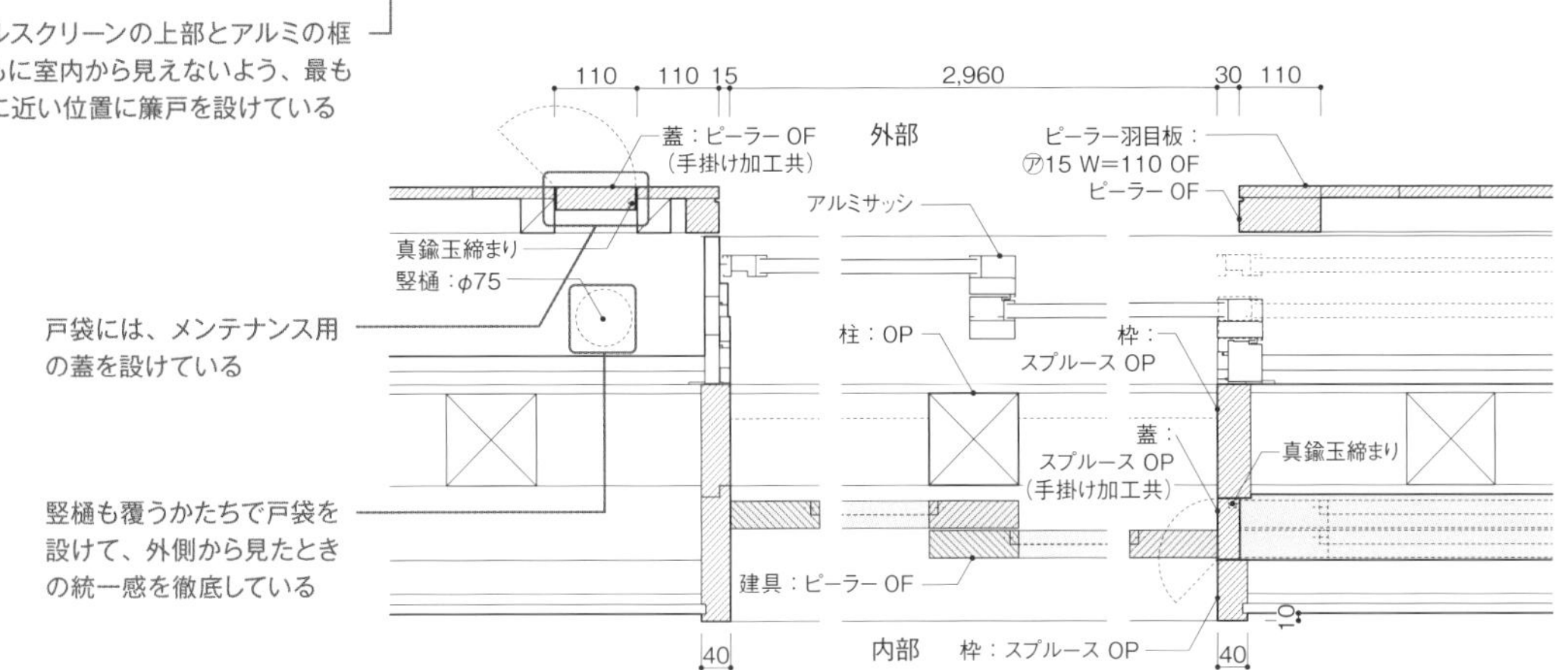

110
110 15
2,960
30 110
蓋：ピーラー OF（手掛け加工共）
外部
ピーラー羽目板：㋐15 W=110 OF
ピーラー OF
アルミサッシ
真鍮玉締まり
竪樋：φ75
戸袋には、メンテナンス用の蓋を設けている
柱：OP
枠：スプルース OP
蓋：スプルース OP（手掛け加工共）
真鍮玉締まり
竪樋も覆うかたちで戸袋を設けて、外側から見たときの統一感を徹底している
建具：ピーラー OF
40
内部
枠：スプルース OP
40
10

1 階開口部平面詳細図 S＝1：15

技2　アルミサッシの手前に障子を設ける

壁をふかして美しく障子を引き込む

既存サッシの手前に壁をふかし、障子を引き込む。障子を開けた際の引きのこしが無く、景色をより楽しめるとともに室内にすっきりとした印象を与える

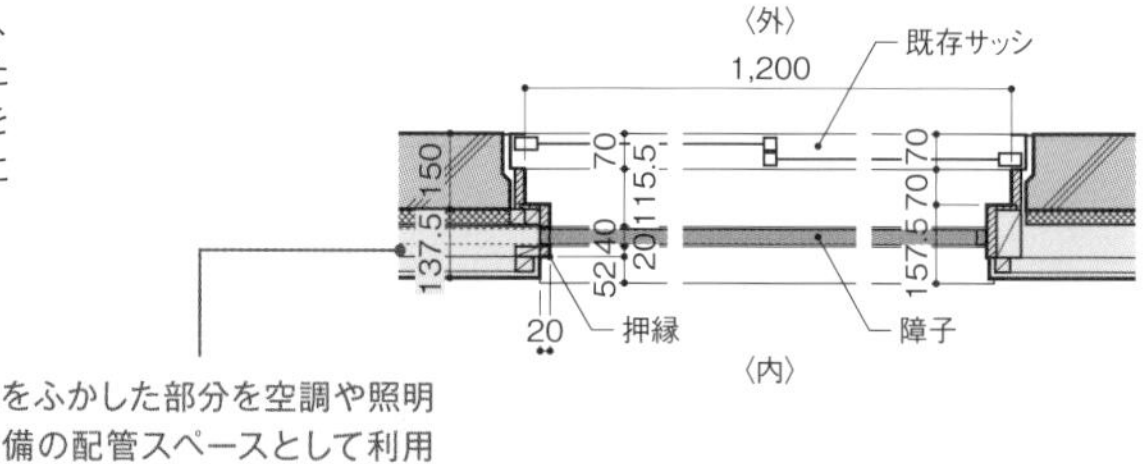

〈外〉
既存サッシ
1,200
150
137.5
70
115.5
20
52
40
70
70
157.5
20
押縁
障子
〈内〉

壁をふかした部分を空調や照明設備の配管スペースとして利用して見えないようにしている

開口部平面詳細図 S＝1：30

共同住宅のリノベーションでは、既存サッシに手を加えられないことも多い。ここでは、既存サッシの手前に障子を設け、ノイズの少ない整然とした空間を目指した。緑豊かな環境にあり、南・西に面した開口部は光を柔らかく拡散する障子を設置することで、景色や採光を十分に取り入れたうえで、夏の強い日差しや西日を抑え、居心地の良さに配慮した。

床にはスギ材を使用。障子との相性も良く、どこか和の雰囲気があり、落ち着いた空間となる

空間に合わせて建具をデザインする

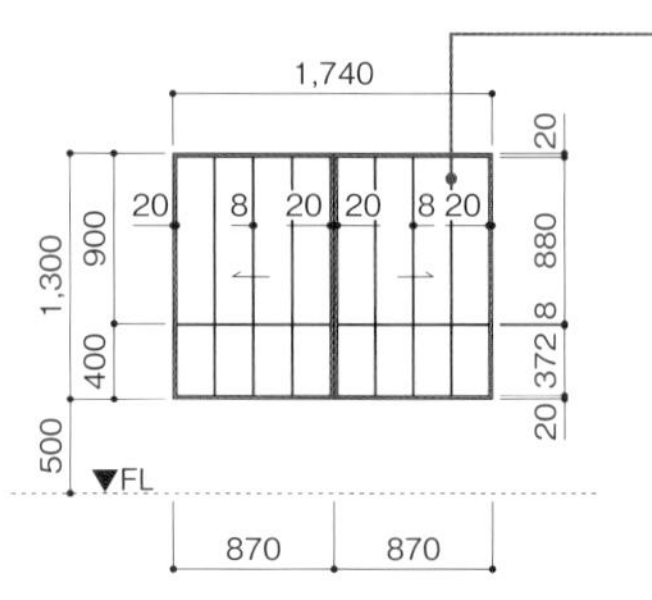

1,740
20
8
20
20
8
20
20
880
8
372
20
1,300
900
400
500
▼FL
870
870

障子は設計者で桟の本数や細さを調整することができる。本数を多くすると、より和の印象になる。桟を細くすると繊細で静謐（せいひつ）、かつモダンな印象に変わる

障子詳細図 S＝1：80

壁をふかすことですっきりした印象を得られるが、実面積は狭くなるため、慎重に選定する。ここでは、滞在時間の長いダイニングは壁をふかして居心地の良さを追求。寝室（写真）は、壁をふかさずに実面積を確保している

既存サッシと壁、障子の位置関係

ふかした壁の前に幕板を設けて、エアコン・給気口・照明器具も見えないようにしている

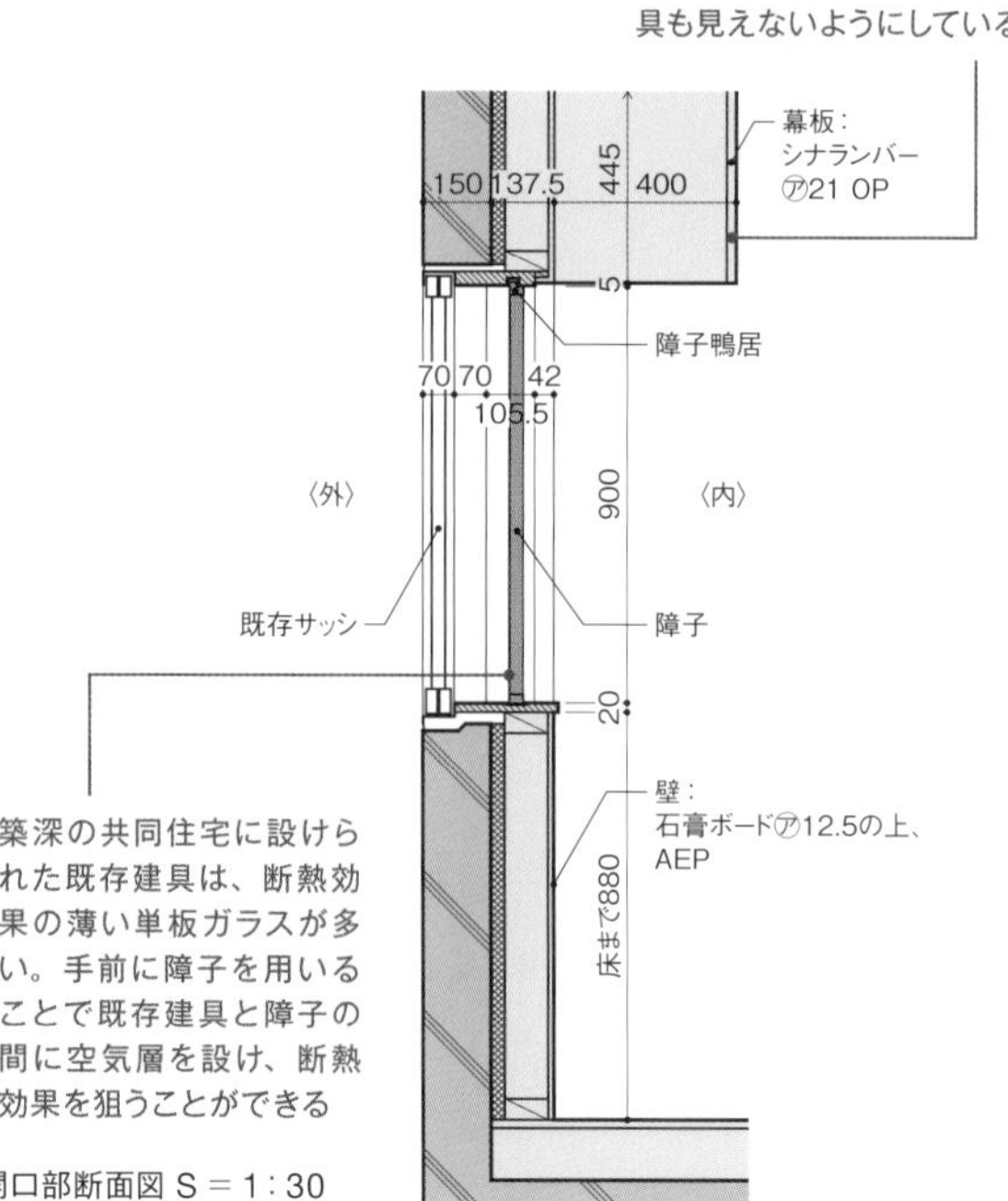

150
137.5
445
400
幕板：
シナランバー
㋐21 OP
5
障子鴨居
70
70
42
105.5
〈外〉
900
〈内〉
既存サッシ
障子
20
壁：
石膏ボード㋐12.5の上、
AEP
床まで880

築深の共同住宅に設けられた既存建具は、断熱効果の薄い単板ガラスが多い。手前に障子を用いることで既存建具と障子の間に空気層を設け、断熱効果を狙うことができる

開口部断面図 S＝1：30

「鎌倉の住戸」
設計：デザインライフ設計室　写真：中村晃

PART-4
素材

「雪谷の家」(125頁)

露し天井を美しく見せる

天井を露しにすると、木の素材感が身近に感じられ、また架構の力強さが表されて、空間にメリハリがつく。しかし、架構をそのまま露してしまうと、野暮ったい印象になることも。露しにする際には、梁のピッチや梁成などを調整して、きれいに見せるための手間をかけるとよい。また、照明を上手に使えば、視覚効果をさらに高めることも可能だ。ここでは、梁を露す際の注意点と、効果的な照明の組み合わせ方を紹介する。

NG

技1　構造材の寸法を調整する

通常は天井の懐に隠れる梁や根太などの構造材をあえて見せる場合、構造的に必要な部材寸法をそのまま見せるのではなく、大梁の寸法に合わせて、あえて根太の寸法を大きくしたり、間隔を小さくしたりして、見た目のバランスをとるとよい。部屋の広さや天井の高さによってバランスは変わるので、寸法はその都度検討することをお勧めする。

露し天井の電気配線

露し天井にする場合、電気の配線を通すところがなくなるため、あらかじめ電気配線計画の検討が必要。梁に照明器具を取り付けるのであれば、上棟前に梁の上部に配線用の溝加工をしておく

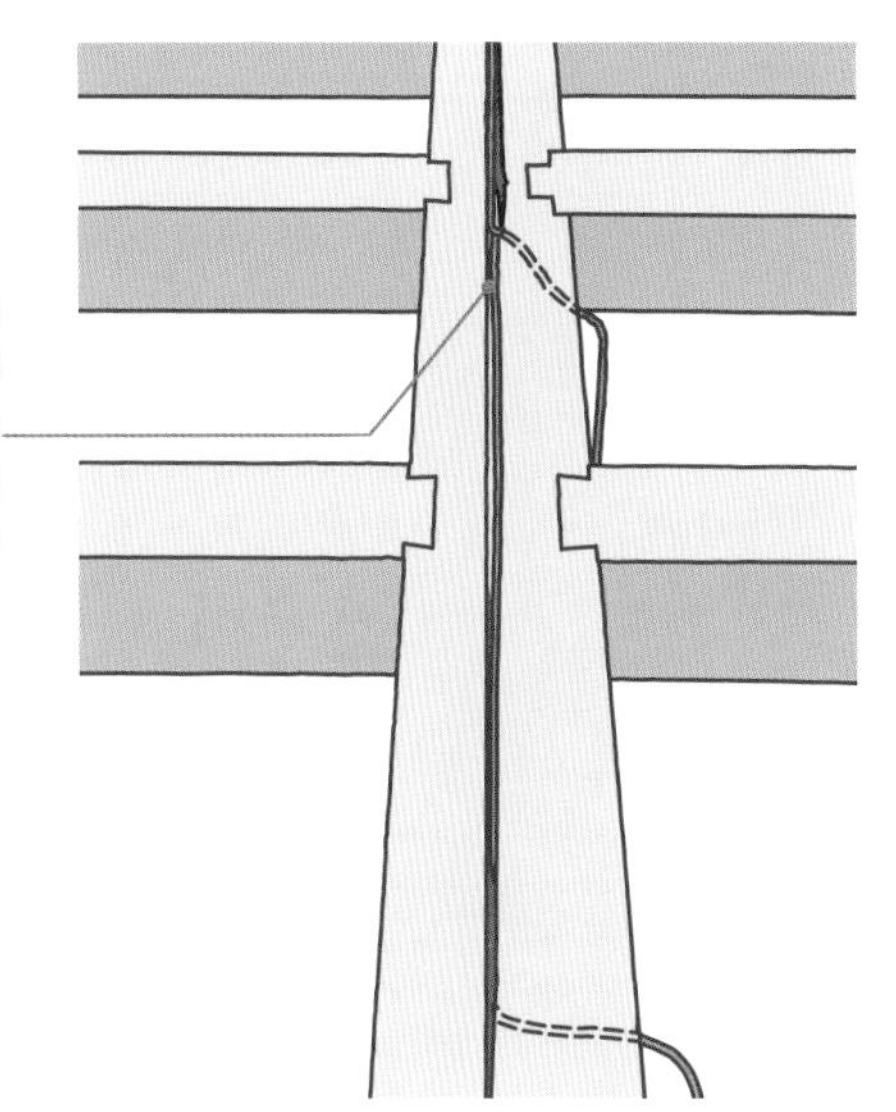

露し天井を美しく仕上げる構造材の寸法

「雪谷の家」
設計：いろは設計室

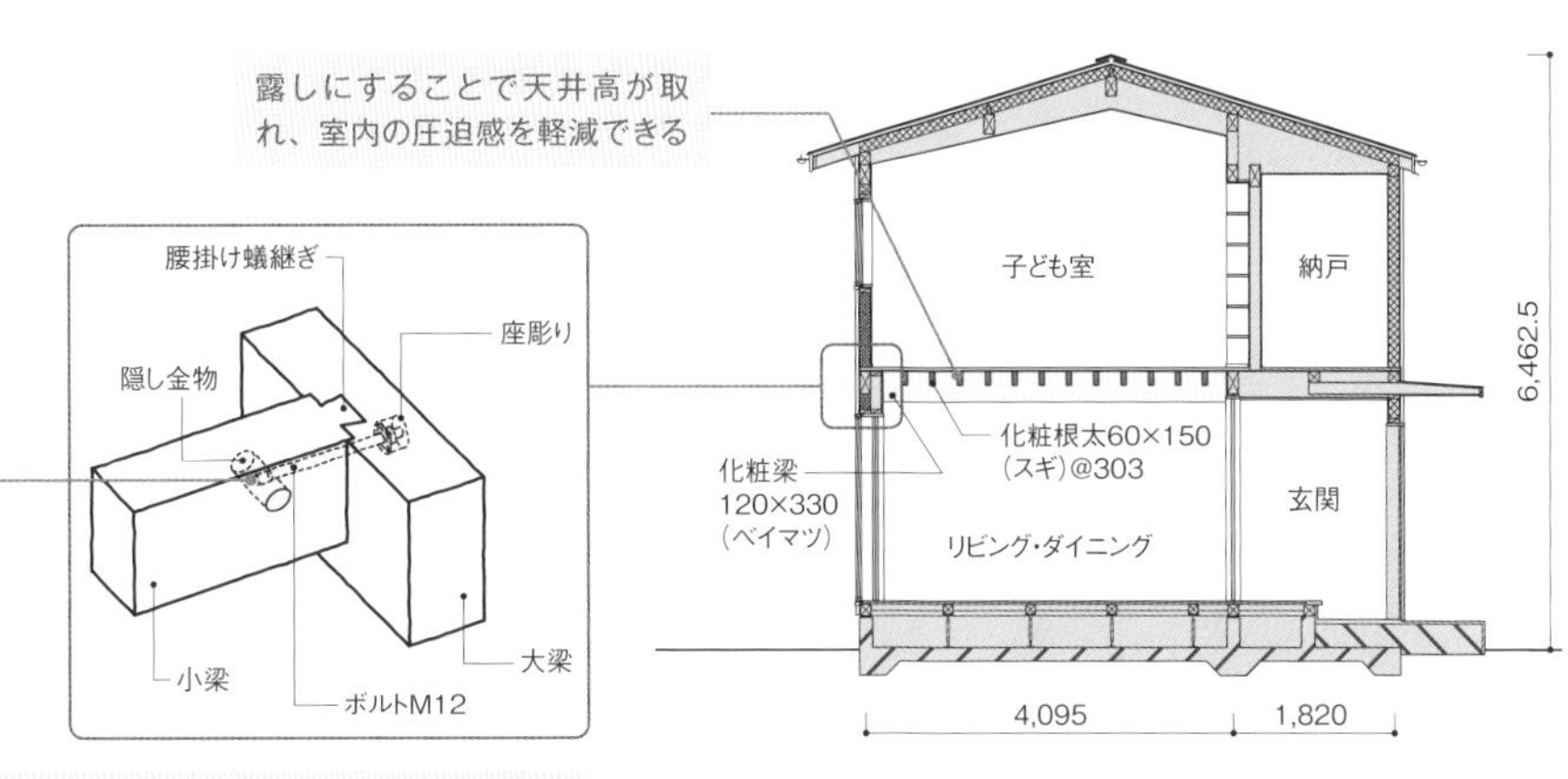

露しにすることで天井高が取れ、室内の圧迫感を軽減できる
腰掛け蟻継ぎ
座彫り
隠し金物
小梁
ボルトM12
大梁
子ども室
納戸
化粧根太60×150
(スギ)@303
化粧梁
120×330
(ベイマツ)
リビング・ダイニング
玄関
6,462.5
4,095
1,820

断面図 S＝1：150

金物は通常の構造用金物ではなく、化粧梁用の隠し金物［※］を用いるときれいに納まる

※ Dボルト（コボット）など

水平剛性を高める目的で、床下地に構造用合板を張ることがある。その場合は化粧用にも使用できるきれいな構造用合板を用いれば、そのほかの内装仕上げとの違和感がなくなる

技2　登り梁に間接照明を当てて梁を強調する

登り梁天井を美しく見せる 間接照明3つの鉄則

(1) 反射面の明るさのバランスに気を付ける

天井面が暗すぎる場合

梁下面が明るすぎる場合

奥の天井面が暗すぎると、間接照明として機能しない

ライトが強すぎると梁下面の反射がまぶしい

登り梁の真下に間接照明を仕込む場合、「梁の下面」と「奥の天井面」では器具からの距離が異なる。器具に近い「梁の下面」が明るくなりすぎず、遠い「奥の天井面」が暗くなりすぎないよう、照明の明るさをうまく調整する

(2) 器具本体は直接見えないようにする

器具が直接見えない照明の高さは、現場でいくつかのパターンを検証したうえで、最終的に決定する

天井：構造用合板⑦24登り梁、化粧垂木露し

軒天井：ケイ酸カルシウム板⑦6の上、VP

間接照明を仕込むためにふかした壁の下をカーテンボックスとして有効活用している

床：構造用合板⑦12の上、無垢フローリング⑦12

107　1,176　458　230　2,340　100　150　60　224　600　2,300　2,730

断面図 S＝1：80

(3) 光の反射角度を検討する

光の反射面が広い

315　95

間接照明の光が効率よく拡散するように、照明の照射角度は屋根勾配になるべく近い角度にする

断面図 S＝1：40

「叙景のすみか」

設計：松山建築設計室　写真：石井紀久

リビングの登り梁の下にライン照明を設置。合計14台を設置している

登り梁による勾配天井の空間に照明を設置する場合、直接照明を設置すると、梁の連続的なリズムが器具の存在によって損なわれることがある。軒桁の部分に間接照明を仕込み、登り梁を下から照らせば、梁のラインが強調され、天井を美しく見せることができる。間接照明を設置する際は、「反射面の明るさ」「光の照射角度」「器具本体が直接見えない」の3点に注意して設置方法を検討する。

素材ならではの質感を生かす

いろいろな素材のよさを見せるには、そのまま使うだけでは不十分なことも多いので、ひと手間加えることで質感を見せたい。漆喰などの塗り材の質感を強く出したい場合は、仕上げの一歩手前でとどまることで、素材の質感が強調される。また、骨材に砂を用いれば、ざらついた質感に仕上がる。スギ板などの木材を床に用いる場合は、触り心地、踏み心地がアピールポイントになるが、その点で30㎜など厚めのものを使うとよい。

「大和町の家」(129頁)

技1　中塗りの漆喰をあえて仕上げに使う

漆喰の施工手順

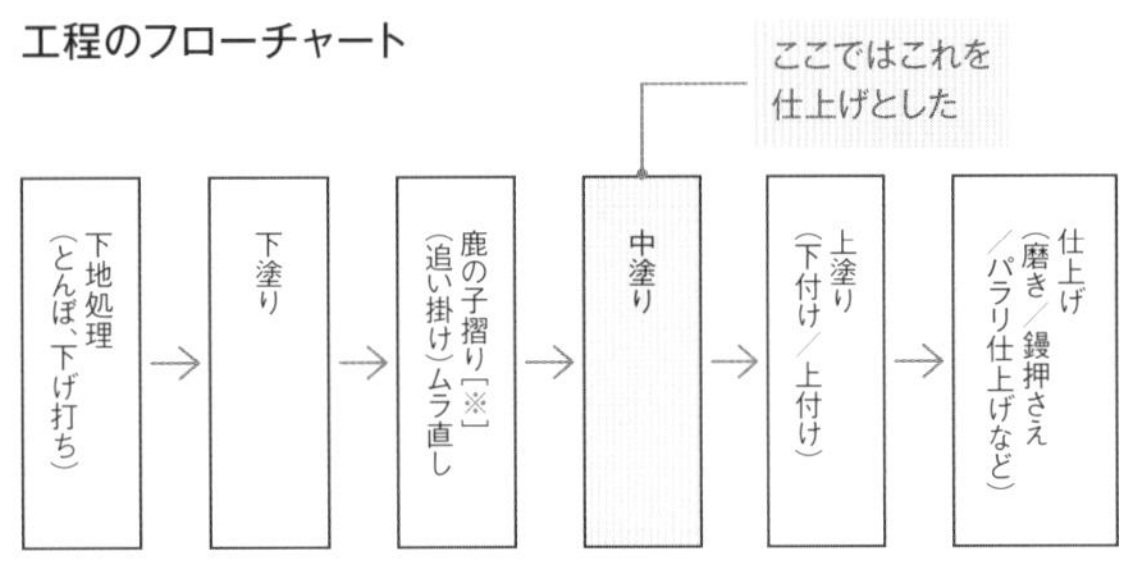
工程のフローチャート
ここではこれを仕上げとした
下地処理（とんぼ、下げ打ち）
下塗り
鹿の子摺り[※]（追い掛け）ムラ直し
中塗り
上塗り（下付け／上付け）
仕上げ（磨き／鏝押さえ／パラリ仕上げなど）

※ 壁の下地を平らにするため、くぼんだ所を漆喰で塗り埋めること

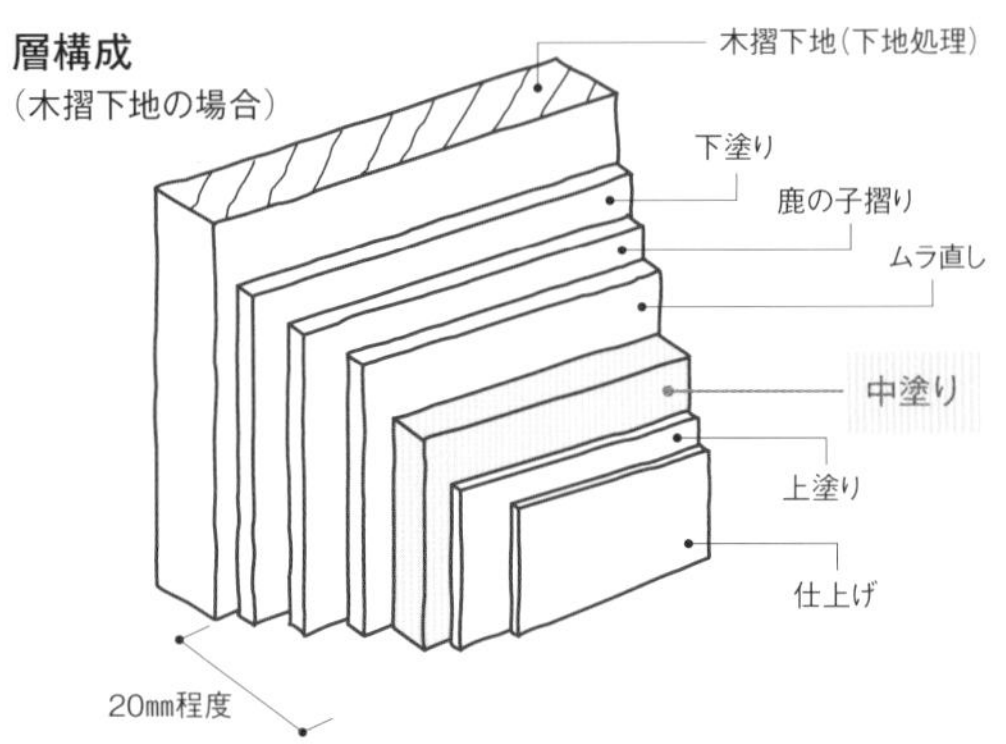
層構成
（木摺下地の場合）
木摺下地（下地処理）
下塗り
鹿の子摺り
ムラ直し
中塗り
上塗り
仕上げ
20㎜程度

同じ白でも異なるテクスチュアを組み合わせれば表情ができる

漆喰の質感を生かしたいのならば、あえて鏝仕上げなどはせず、中塗りの状態を仕上げとするのも手だ。中塗りとは鏝仕上げと上塗りの前の段階で、塗り放し仕上げそのものといった仕上がりになる。漆喰特有のざらざらとした質感は光を鈍く回し、光のグラデーションをつくるため、壁面に奥行き感を出すことができる。

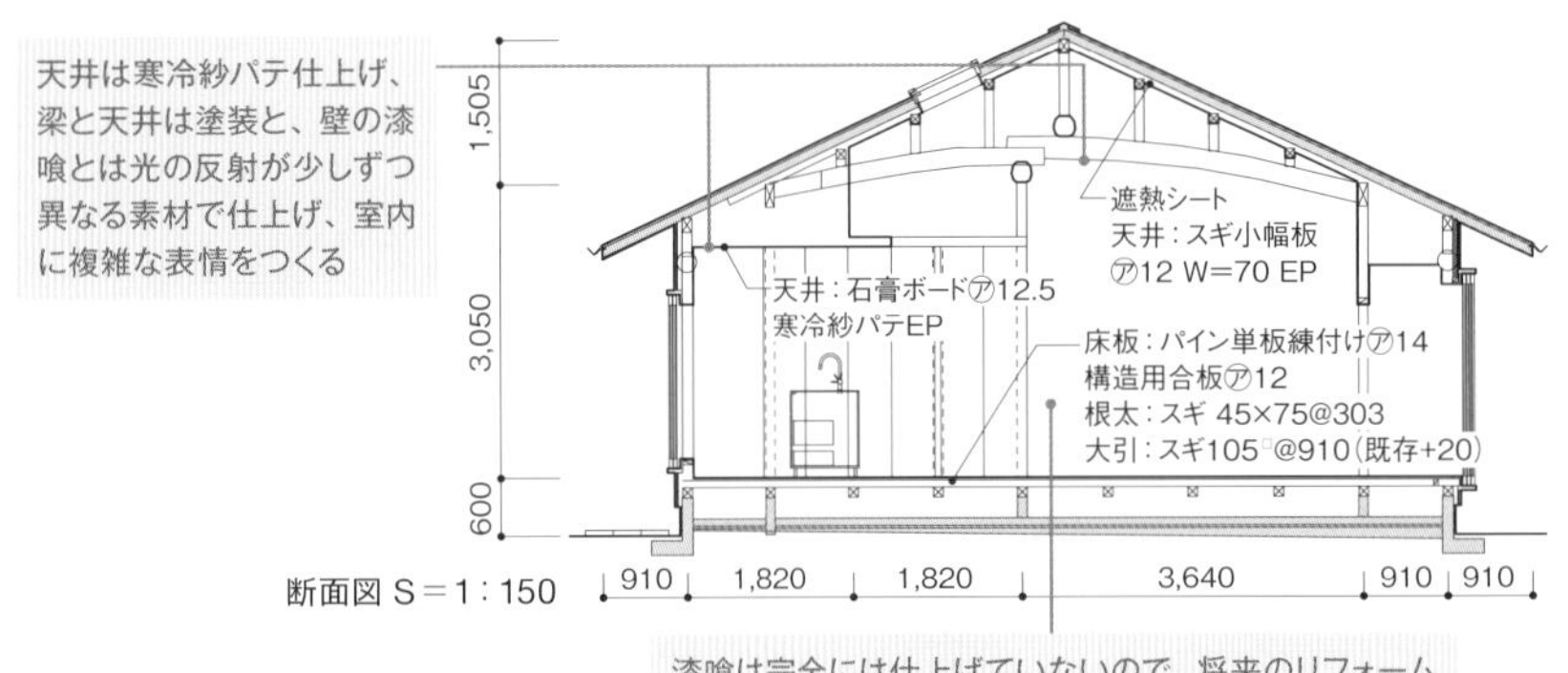
天井は寒冷紗パテ仕上げ、梁と天井は塗装と、壁の漆喰とは光の反射が少しずつ異なる素材で仕上げ、室内に複雑な表情をつくる
1,505
3,050
600
遮熱シート
天井：スギ小幅板
㋐12 W=70 EP
天井：石膏ボード㋐12.5
寒冷紗パテEP
床板：パイン単板練付け㋐14
構造用合板㋐12
根太：スギ 45×75@303
大引：スギ105□@910（既存+20）
断面図 S＝1：150
910
1,820
1,820
3,640
910
910
漆喰は完全には仕上げていないので、将来のリフォームなどで新たな仕上げを付け加えることも可能

「ライブラリーがある家」
設計：キトレペ建築設計事務所

キッチン・ダイニングを見る。トップライトやカウンター正面の窓からの光が壁に反射し、奥行きを演出している（写真：山本育憲）

上・下：影になった部分、壁のコーナー部分は漆喰のざらざらとした質感が際立って見える（写真：キトレペ建築設計事務所）

技2　床材に30㎜厚のスギ板を使用する

無垢材は色味や木目も一つひとつ異なる。実際に施工する前に仮並べするなどして、見た目のバランスを整え美しい仕上がりになるように配慮したい。無垢材には経年により色味が変化する楽しみもある

スギ板30㎜厚のメリット

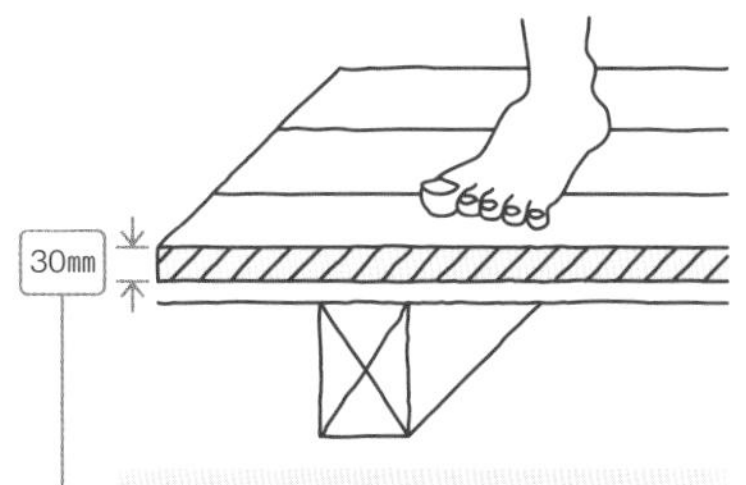
30㎜

スギ板の30㎜厚は、15㎜厚のものと比べて足触りがよい。スギは軟らかいので傷はつきやすいが、衝撃の吸収性能が高い。厚い無垢材は反りが生じやすいため、よく乾燥した材を選ぶとよい

「大和町の家」
設計：杉下均建築工房／写真：杉下均建築工房

床は、人間の足に直に触れる部分であり、見た目だけでなく触り心地も重要な要素だ。床に無垢材を用いれば足触りがよくなり、また調湿性や断熱性も高いので居住環境の快適さも増す。木製の床材を用いる場合は、触り心地を考慮すると、軟らかく経年による色の変化も美しいスギ板の30㎜厚がお勧めだ。

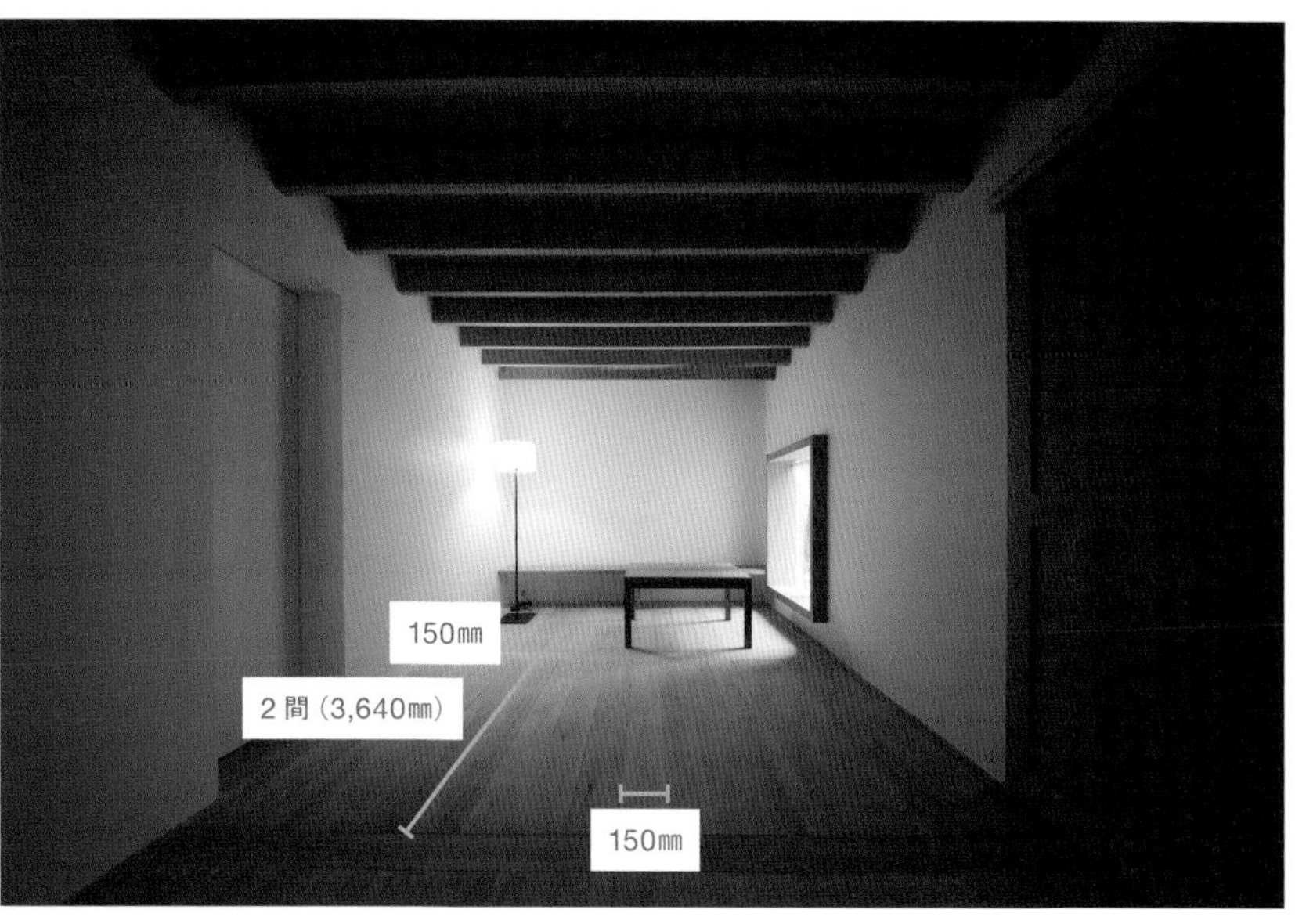
150㎜
2間（3,640㎜）
150㎜

床材は張り方も重要なポイント。4ｍ材を極力無駄なく使うよう2間の寸法で並べて張り、ジョイント部分には同じ150㎜幅の床材を直交方向に1本、縁切り材を兼ねて挟み込んでいる

技3　砂漆喰で光を鈍く回す

砂漆喰は漆喰の機能性と砂の意匠性を兼ね備えた自然素材

室内に採り込む光の印象は、開口部の設け方だけでなく、室内の仕上げ材料によっても変わってくる。自然素材の1つである砂漆喰は、フラットでつるっとした白漆喰の質感とはまた異なる質感をもつ。細かな凹凸が壁面に陰影をつくり、光を鈍く柔らかく室内に広げる。

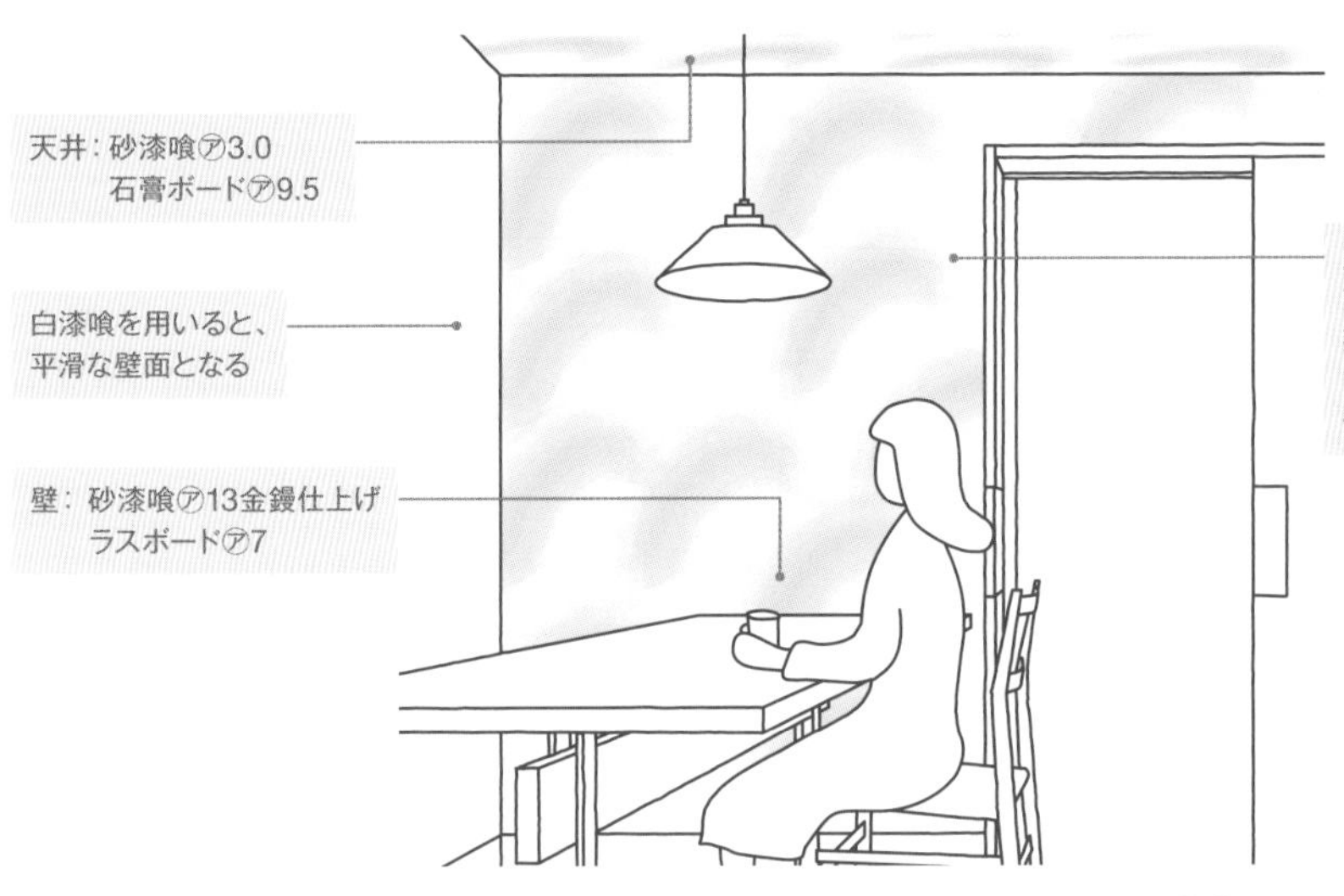
天井：砂漆喰㋐3.0
石膏ボード㋐9.5
白漆喰を用いると、平滑な壁面となる
壁：砂漆喰㋐13金鏝仕上げ
ラスボード㋐7
塗り厚を10㎜以上とすれば調湿効果を期待でき、意匠だけではなく機能面でも優れた力を発揮する

「富里の家」
設計：山田誠一建築設計事務所／写真：新澤一平

上：砂漆喰で仕上げた玄関。日光だけでなく、室内照明の光も壁面を伝って柔らかく広げる。ただ、経年変化で起きるクラックや取合いの隙間といった、自然素材ならではのリスクもある。早い段階から建築主とリスクを共有する必要がある

左：砂漆喰で仕上げたキッチン天井。開口部から採り込んだ光が、天井面を伝って柔らかく広がる
右：リビングから階段室を見る。設計段階から配合や色味、テクスチュア、コストなどを左官職人と何度も検討する必要がある。ここでは、砂漆喰ならではのムラを生かせる金鏝仕上げとしている（写真：松村隆史）

技4　古材の経年のもつ風合いを新築に生かす

手摺や家具にも古材を利用する

部分的にだけでも古材をもち込むことで、新築では味わえない、経年ならではの雰囲気を伴った空間に設えることができる。ここでは、窓の膳板に古材を用いているが、障子と組み合わせることで、既存のサッシ枠を隠しながら、違和感なく納めている。

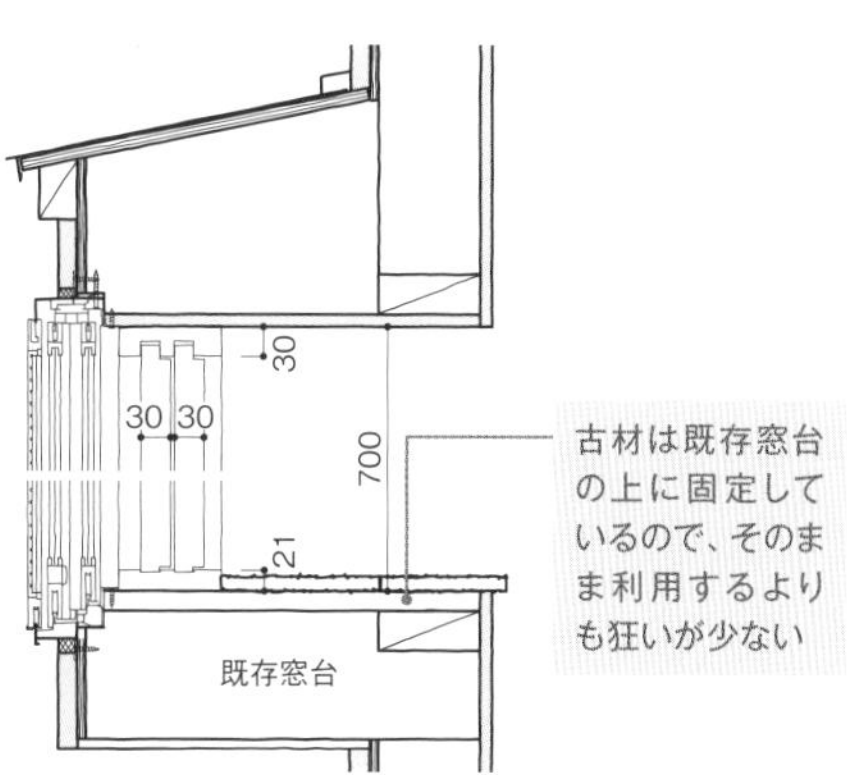
30
30 30
700
21
既存窓台
古材は既存窓台の上に固定しているので、そのまま利用するよりも狂いが少ない

ダイニングのテーブルも、窓の膳板の古材と合うアンティーク品を配置している

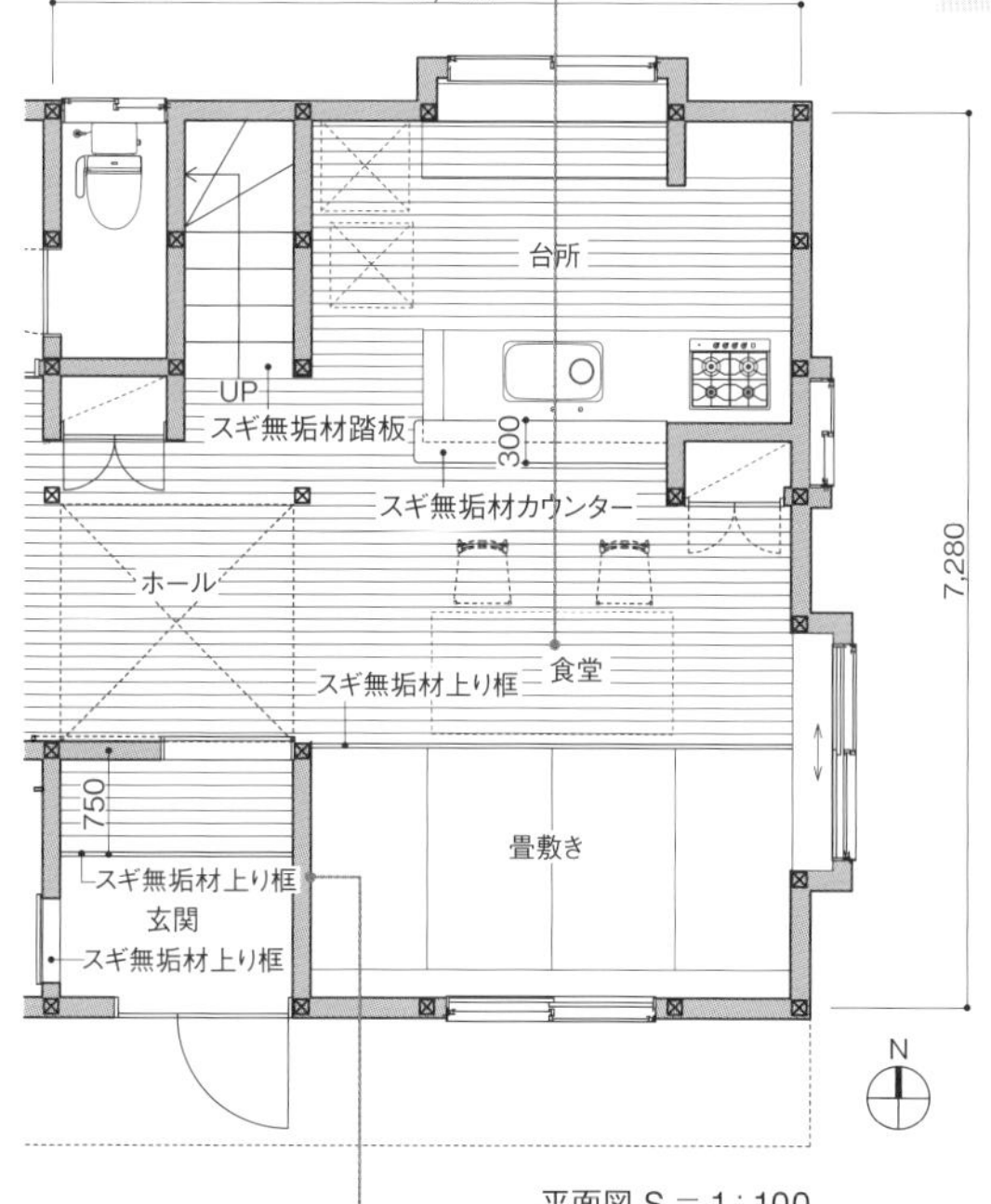
5,460
7,280
台所
UP
スギ無垢材踏板
300
スギ無垢材カウンター
ホール
スギ無垢材上り框
食堂
750
畳敷き
スギ無垢材上り框
玄関
スギ無垢材上り框
N

平面図 S＝1：100

「下石神井の家」
設計：若原アトリエ　写真：若原アトリエ

手摺にも古材を利用することで、住宅全体にヴィンテージな印象を与えている

懐の深い開口なので、障子と合わせることで光が拡散し緩やかに廻る

PART-4 素材 素材ならではの質感を生かす

一工夫で素材感を引き立てる

特別な素材でなくても、仕上げにちょっとした工夫を加えることで、見栄えが劇的によくなるケースがある。漆喰は曲面で仕上げると割れが生じやすいが、下地のピッチを細かくすれば、壁だけでなく天井でもきれいに仕上げることができる。また、漆喰・珪藻土を荒く仕上げることによって表情が出るだけでなく、表面積が増えて調湿効果が高まる。合板を床に使う場合は、面取りするだけでも素材としての見え方が変わる。

CUT!

「こうのす台の家」(135頁)

技1　曲面に漆喰を使い、滑らかさを引き立てる

曲面での漆喰の塗り方

小さいRには曲面用の鏝を使う。コーナーだけ縦に塗りつけ、平面部分は水平に両端まで伸ばす。継目を平らにし、どこから見ても真っ平らに見えるようにするのは職人技

曲面用の鏝

「富士見の家」
設計：アトリエ橙　写真：奥山裕生

Rの天井のつくり方

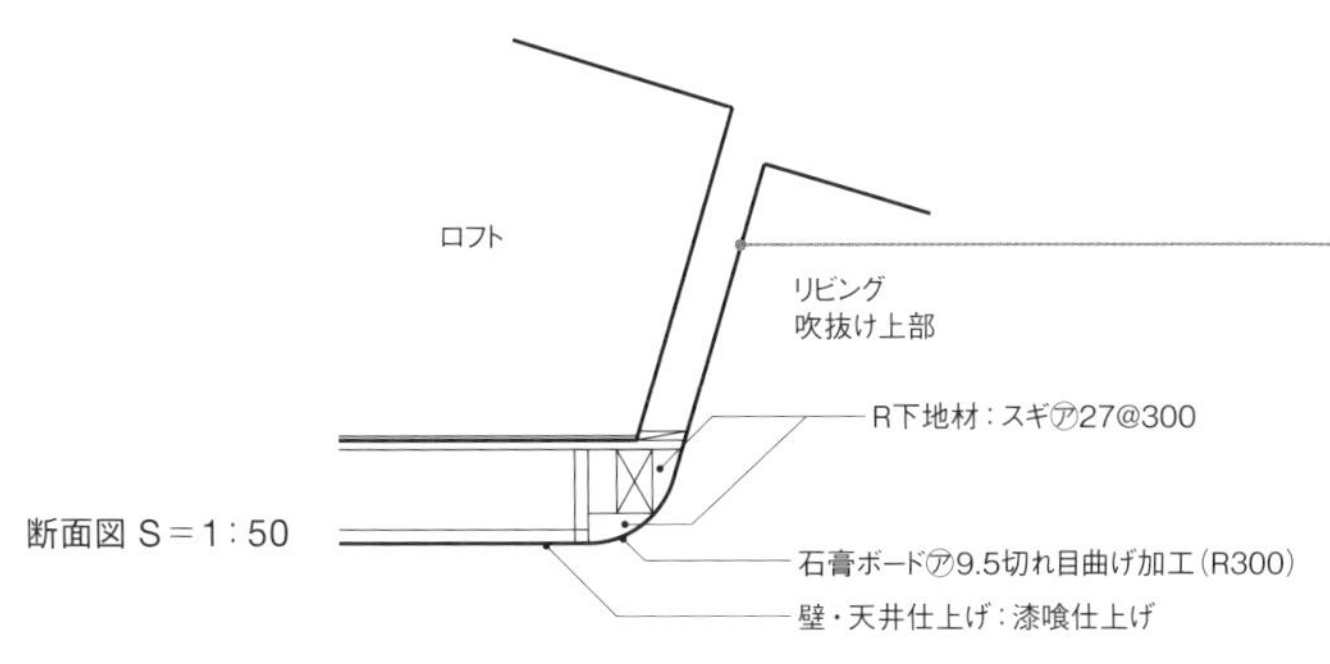

ロフト
リビング
吹抜け上部
断面図 S＝1：50
R下地材：スギ㋐27@300
石膏ボード㋐9.5切れ目曲げ加工（R300）
壁・天井仕上げ：漆喰仕上げ

写真の事例は半径300㎜の曲面。間柱材をR加工し、300㎜ピッチ程度で下地を組む

300㎜

20～30㎜ごとに切れ目を入れた石膏ボードを曲げながら留めていく

中塗りを経て、漆喰で平滑に仕上げる

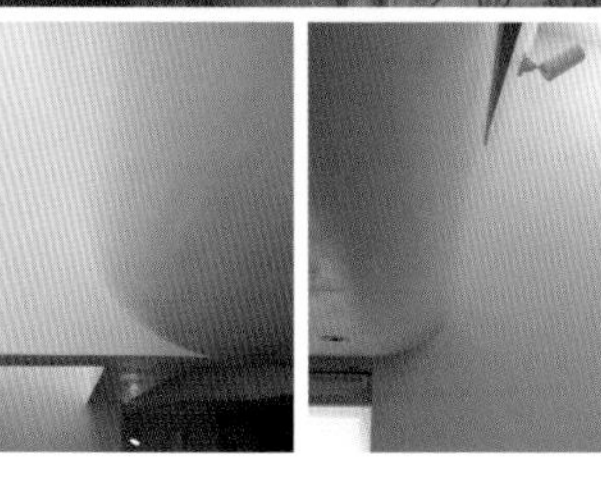

漆喰の滑らかで優しい表情を引き出す方法の1つとして、曲面の天井をお薦めする。ただし、工事では大工手間、左官手間がかかり、仕上がりは職人の技量に左右されることが多いので注意が必要だ。

リビングから曲面天井を見る。低い天井も、コーナーが曲面になることで圧迫感を軽減できる

技2 合板を面取りしてフローリングとして使う

合板の床を上質に見せる工夫

「上足洗の家」
設計：山田誠一建築設計事務所／写真：山田誠一建築設計事務所

幅広なフローリングを採用したくても、予算上の制約によって難しい場合には、床材に合板を採用するとよい。その場合は、3×6版をそのまま張るのではなく、コーナーを面取りしたり、塗装の色味を工夫したりすることで、チープな印象にならないよう工夫したい。

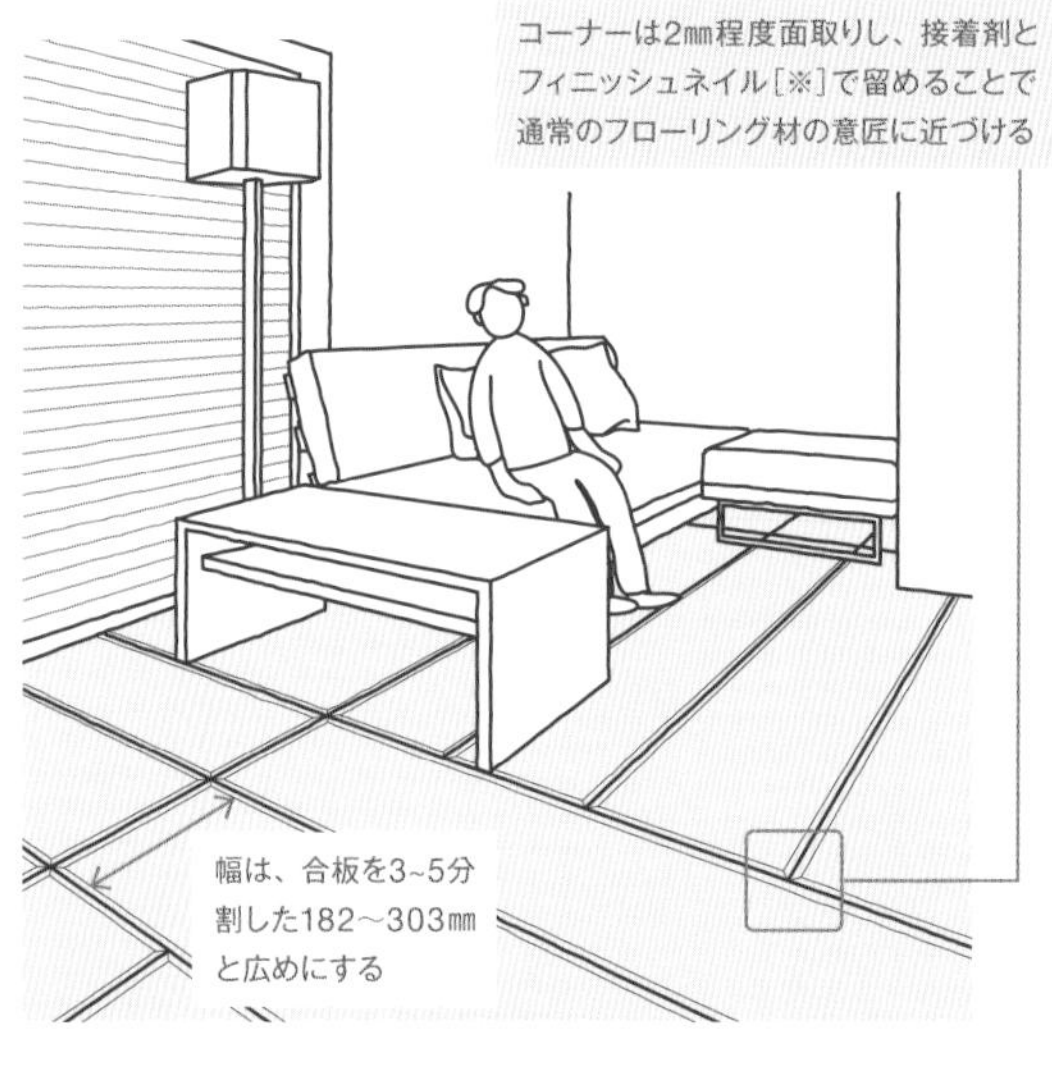
コーナーは2㎜程度面取りし、接着剤とフィニッシュネイル[※]で留めることで通常のフローリング材の意匠に近づける
幅は、合板を3~5分割した182～303㎜と広めにする

※ 一般的な釘と異なり釘頭がなく、仕上げ材や家具などに用いる釘。化粧合板などを、仕上げ面から釘で留めつける場合に、フィニッシュネイルと接着剤などで固定する

なるべく濃い色の塗料で仕上げることで、材の表情が均一化され、色味のムラなどが目立たなくなる

合板の性質上、衝撃などで表面の割れなどが生じやすい。採用にあたっては建築主の理解が必要

技3 珪藻土を荒らして仕上げる

珪藻土の仕上げパターン

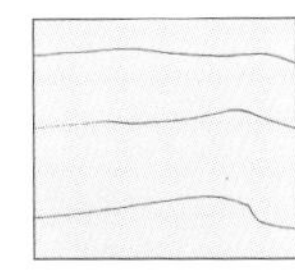

鏝波
鏝で塗った跡を残す基本のパターン

鏝刷毛
刷毛の線を縞模様として残す

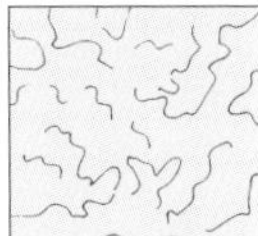

スタッコ調
目の粗いスポンジローラーで荒らした後に、より目の細かいスポンジローラーで軽く抑える

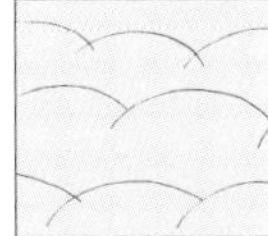

扇
鏝刷毛の応用パターンで半円を描く

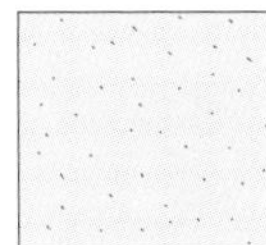

スポンジローラー
スポンジの細かい凹凸を残す

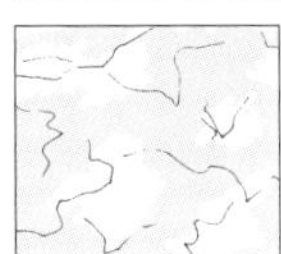

マーブル
壁の上で２色を混ぜながら塗りつける

珪藻土で仕上げるなら、フラットではなく凹凸感を出すとよい。筆者の事務所では、木鏝で無方向に荒らした後、金鏝で軽くヘッドカットして、表情が荒々しくならない程度に落ち着かせている。珪藻土の特質の1つに調湿性があるが、凹凸感を出せばそれだけ表面積が増え、調湿性はより高まる。

線光源の場合はLEDの間接照明器具を端から端まで途切れさせずに配置するとよい

「こうのす台の家」
設計：アトリエ橙　写真：奥山裕生

珪藻土仕上げを上方の１方向のみから照らして凹凸感をより強調し、テクスチュアを引き立てている

ここでは、線光源に木鏝荒らし仕上げを合せて素材の表情を引き立てている

技4　下地材にひと手間加えて仕上げ材にする

ランダムさ加減をモックアップで確認

通常は化粧材としては用いない下地材も、ひと手間かけることで印象的な空間を演出するための立派な仕上げ材となる。ここでは、厚さ20㎜、40㎜、60㎜のパターンの厚さを用意し、それを壁面いっぱいにランダムに張り、ワンルームの空間にアクセントとなる場所をつくりだしている。

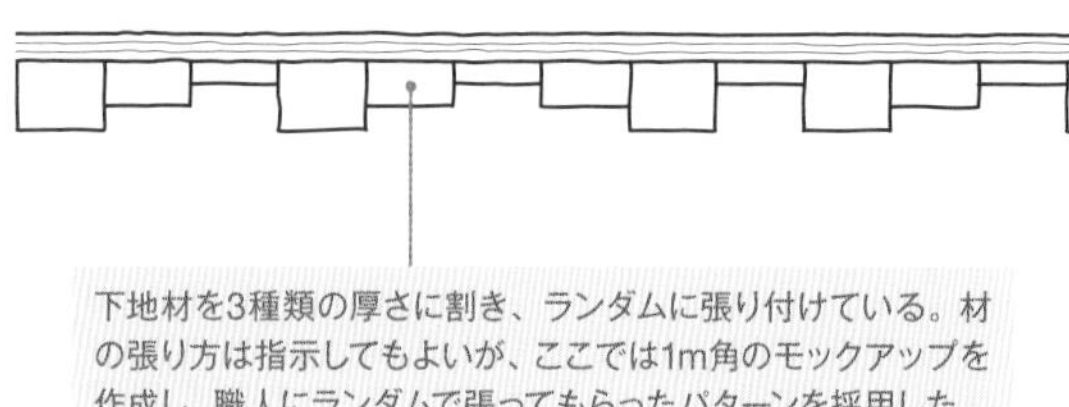

下地材を3種類の厚さに割き、ランダムに張り付けている。材の張り方は指示してもよいが、ここでは1m角のモックアップを作成し、職人にランダムで張ってもらったパターンを採用した

異素材で空間にアクセントを加える

「霧が丘の家」
設計：若原アトリエ　写真：中村絵

勾配天井は左官仕上げとしており、下地材の部分との対比が強調されている

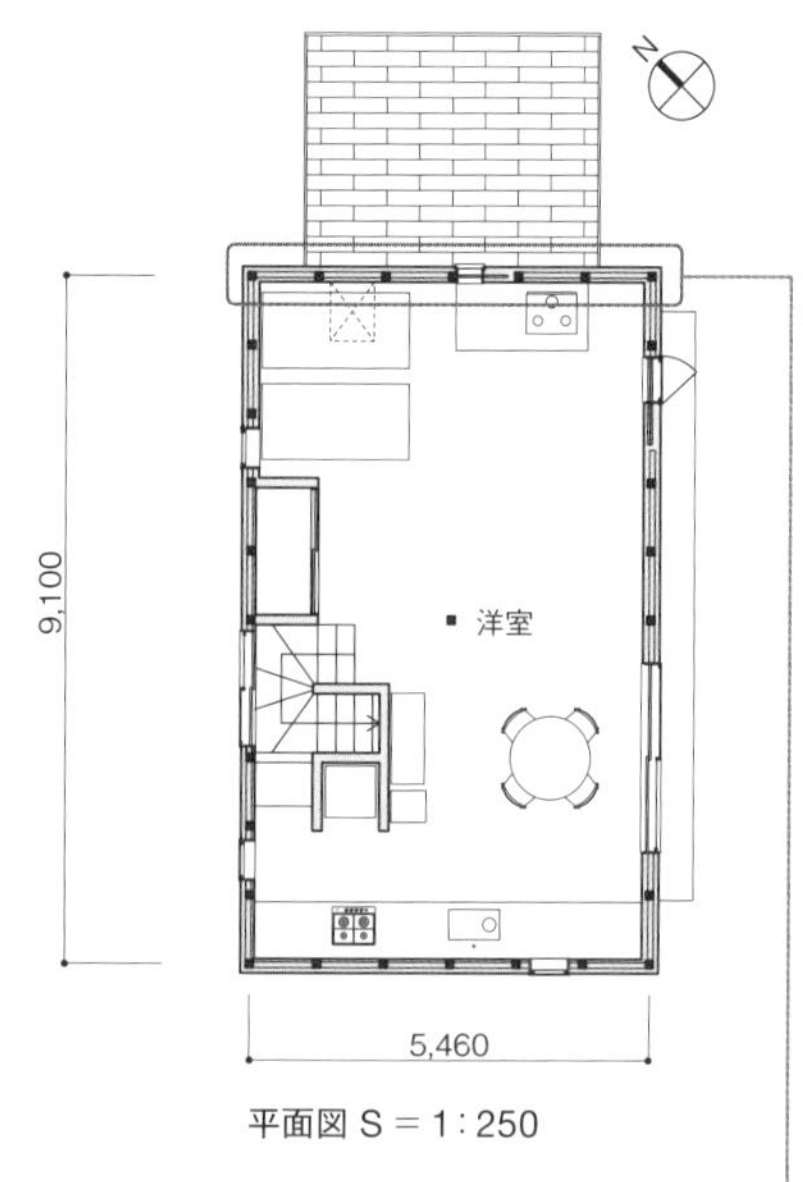

洋室
9,100
5,460

平面図 S＝1：250

2階はリビング、キッチンから寝室までが一体となったワンルームの構成となっている。開口部の位置の操作に加えて、寝室に近いエリアの壁一面だけに下地材を張ることで、ワンルームの中にもさまざまな場所をつくりだしている

素材を組み合わせて美しく見せる

スイ〜〜

異なる素材を組み合わせると、施工過程が増えたり素材どうしの取合いが難しくなるなどの課題もあるが、単一の素材では表現できない美しさを生み出すことができる。漆喰は、砕いた瓦などを骨材に入れることで、独特な色合いが出る。鉄骨は、木材をうまく使って納めれば継目をスッキリと見せることができる。コンクリートも、型枠にスギ板を使うと木目が転写されたテクスチュアに仕上がり独特の表情に仕上がる。

「鎌倉の分居」(138頁)

技1　漆喰をほのかに色づけして使う

漆喰+ほかの材料で微妙な色合いをつくる

漆喰はそのままでも質感があるが、ほかの材料を混ぜてほのかに色づけして用いると、空間の陰影をさらに強調できる。たとえば、砕いた大谷石を混ぜるとほんのり緑色を帯びる。また、砕いた瓦を混ぜると桜色に淡く染まる。イメージに合わせてさまざまな材料との組み合わせを試してほしい。

漆喰 ＋ 砕いた大谷石 ＝ ほのかな緑色

漆喰 ＋ 砕いた瓦 ＝ ほのかな桜色

仕上げ方と陰影で見え方に変化をつける

「南沢の小住宅」

設計：若原アトリエ　建築写真：中村絵　素材写真：若原アトリエ

漆喰に砕いた大谷石を混ぜた事例

東久留米市の住宅。周辺地域でよく使われている大谷石を使用した

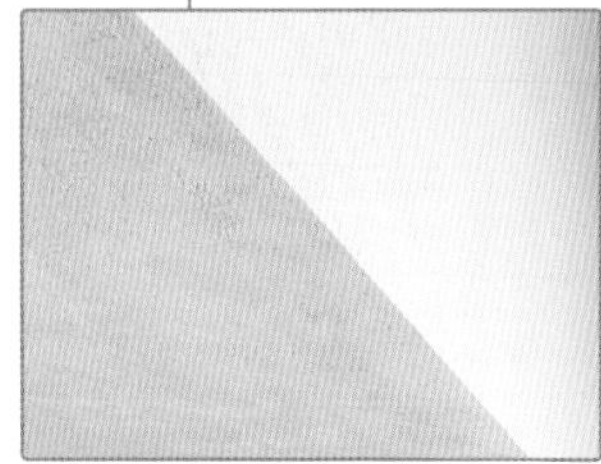

強い光が当たる部分は白、薄暗い部分は薄い緑色に見える

砕いた大谷石。やや大きめに砕いて使用し、あえて色ムラができるようにした

「鎌倉の分居」

設計：若原アトリエ　建築写真：中村絵　素材写真：若原アトリエ

漆喰に砕いた瓦を混ぜた事例

淡い色なので、壁・天井に用いてもうるさくならない

表面を粗い鏝仕上げとしているため、場所によって桜色に濃淡がある

砕いた瓦。温かみのある表現にしたかったため、左官職人と相談してイメージに近い色を探した

技2　S造の床の小口を美しく納める

床の小口は目透かしを設ける

「鳥栖のいえ」
設計：atelier cube　写真：鈴木研一

S造の住宅は木造に比べて割高といわれるが、木との組み合わせによりコストを抑えることができる。ここでは105㎜角の木材を、2階床を支える小梁として用い、コストを抑えている。また、鉄骨梁と木の床仕上げ材の小口が見える吹抜けに面する床は、取合い部分に目透かしを設けることで、床を美しく軽やかに見せている。

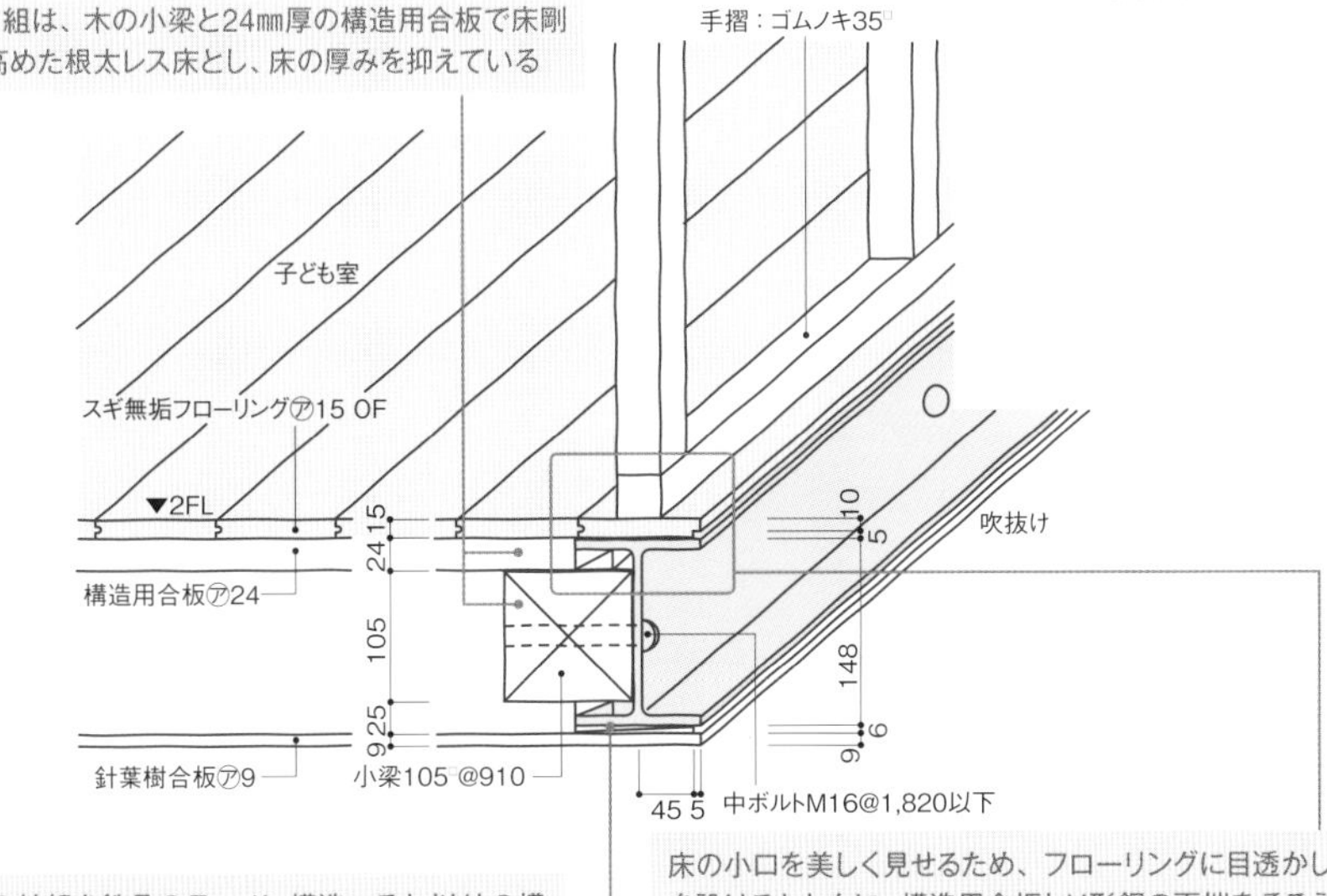

2階床組は、木の小梁と24㎜厚の構造用合板で床剛性を高めた根太レス床とし、床の厚みを抑えている
手摺：ゴムノキ35
子ども室
スギ無垢フローリング㋐15 OF
▼2FL
構造用合板㋐24
針葉樹合板㋐9
小梁105 @910
吹抜け
中ボルトM16@1,820以下
24
15
105
9
25
10
5
148
9
6
45
5

建物の軸組を鉄骨のラーメン構造、それ以外の構造部材を木とすることで、木部分は大工工事と仕上げ工事を兼ねることができ、コストを抑えられる

床の小口を美しく見せるため、フローリングに目透かしを設けるとともに、構造用合板とH形鋼の天端をそろえて、フローリング・H形鋼・天井用の合板の3つの素材のみで床を組んでいるように見える納まりとしている

1階から2階吹抜けを見上げる。S造のため2階の床厚が薄く仕上げられる。1階と2階の距離も近くなり、つながりを感じやすくなる

技3　スギ型枠の打放しでほかの仕上げ材となじませる

通常の打放しコンクリート仕上げは無機質で硬い表情になりがちだ。スギ型枠［※］を使用すれば、仕上げ面に木目が転写されることで表情がやわらぎ、木や左官などほかの素材とのなじみもよくなる。スギ型枠は雨や日光で反りや暴れが生じやすいので、型枠制作後は養生による徹底管理が必要。また打設時はジャンカなどを避けるため、木槌で叩くなど密なコンクリートが打設できるように注意したい。

※　コンクリート表面にスギの木目を転写させるために用いるスギ板でつくった型枠

スギ型枠の打放しコンクリートの作業手順

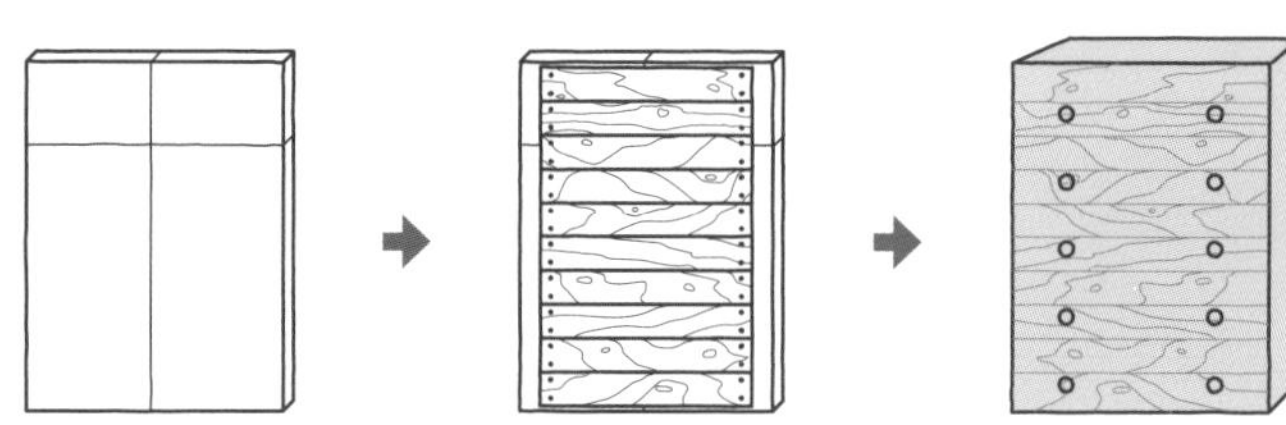

普通合板型枠を用意。この型枠にスギ材を設置するので厚みの薄いスギが使用できるが、反りには注意が必要

節のある120×15㎜のスギで本実仕様の材を普通合板型枠に釘打ちし、剥離材を塗布して打放し用型枠として使用

型枠を組み立て、打設直前に水をかけて板面を濡らし、スランプ値18㎝程度のコンクリートを打設。脱型するとスギの表面が転写される

「名四の家」
設計：TSCアーキテクツ　写真：ナカサアンドパートナーズ・河野政人

左：スギを張った普通合板型枠を立てた状態。スギは雨に濡れたりその後直射日光にさらされたりすると、反ったり割れて暴れたりするので、打設時まで養生しておく
右：脱型後の状態。スギ板の節・木目が転写されている
写真：田中義彰

外構にはハンドメイドタイル・左官仕上げ・スギ型枠打放し仕上げなど、自然素材や手仕事の跡が残る素材を使用し、温かみのある空間を演出している

スギの木目が転写されたコンクリート面は、打放し型枠の場合よりも表情が柔らかく、木ともなじむ。室内にもハンドメイドタイル・スギ型枠打放し仕上げをまわすことで、室内・外の視覚的なつながりをもたせている

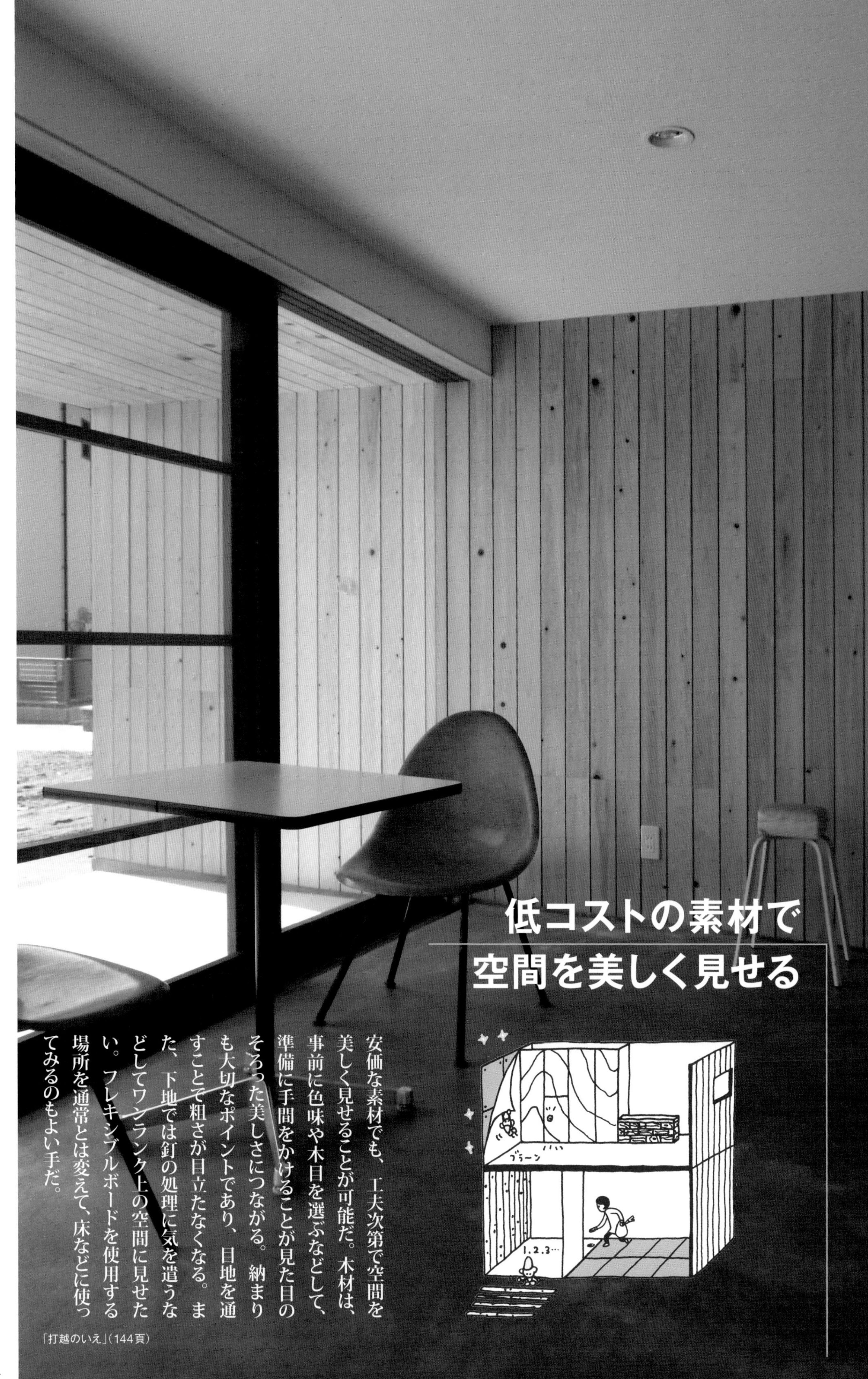
ブラーン
1.2.3…

低コストの素材で空間を美しく見せる

安価な素材でも、工夫次第で空間を美しく見せることが可能だ。木材は、事前に色味や木目を選ぶなどして、準備に手間をかけることが見た目のそろった美しさにつながる。納まりも大切なポイントであり、目地を通すことで粗さが目立たなくなる。また、下地では釘の処理に気を遣うなどしてワンランク上の空間に見せたい。フレキシブルボードを使用する場所を通常とは変えて、床などに使ってみるのもよい手だ。

「打越のいえ」(144頁)

技1　床材にフレキシブルボードを使う

フレキシブルボードを床仕上げにするメリット

内外壁仕上げとして使用する機会が多いフレキシブルボード（繊維強化セメント板）は、素材の強度も寸法安定性も高いため、コンクリートやモルタル仕上げの代わりに床仕上げ材として使用できる。フローリングとほとんど同じ設計・施工方法で、土間仕上げのような風合いが実現できるので、コストの制約がある場合などに採用したい。また、工程を短縮できる点もよい。

湿式床

コンクリート床・
モルタル床など

モルタル仕上げなどの湿式床にすると、床が冷えやすくなる。また、それを防ぐには床暖房を使用しなければならないなど、コストがかさむ

フレキシブルボードを使った乾式床

フレキシブルボード
構造用合板
断熱材

断熱材を施工した乾式床組の上に、フレキシブルボードを突付け圧着張りとすれば、湿式床よりも温かくなり、モルタル仕上げなどに比べてメンテナンス性も優れる

部屋によって塗装を変える

「今宿の家」
設計：キトレベ建築設計事務所／写真：嶋井紀博

脱衣室など湿気が多い部屋にフレキシブルボードを採用すると、吸湿により反りがでることがあるので、表面にはクリア系防水塗装をしておくとよい。両面塗ると、より反りにくくなる

脱衣室
和室
玄関
洗面コーナー・廊下
リビング
ウォークインクロゼット
フレキシブルボード㋐8
2,730
1,570
2,150
4,550
3,185
1,820

フレキシブルボードの素材感を残したい場合はシリコーン系クリア塗装を、濡れたような濃い色にしたい場合はウレタン系クリア塗装をそれぞれ用いるとよい

平面図 S＝1：150

フレキシブルボードを張って、土間のような空間としたリビング。塗装はシリコーン系クリア塗装とし、フレキシブルボードの素材感を生かしている

技2　スギ板で外壁を美しく仕上げる

笠木を設けて躯体を保護する

節が多く、働き幅が１７０㎜前後と広めで、安価な特一等材のスギ板相決り（あいじゃくり）を縦張りで外壁に使用した。ただ張るだけだと表情が荒くなりすぎるので、ここでは芋張り［※］とし、各サッシや笠木と外壁材（スギ板）の継手位置を合わせ線を整えた。また、暗めのトーンの塗料を塗り重ねることで、節特有のコントラストを抑えている。

※縦・横ともに継目をそろえて素材を張ること

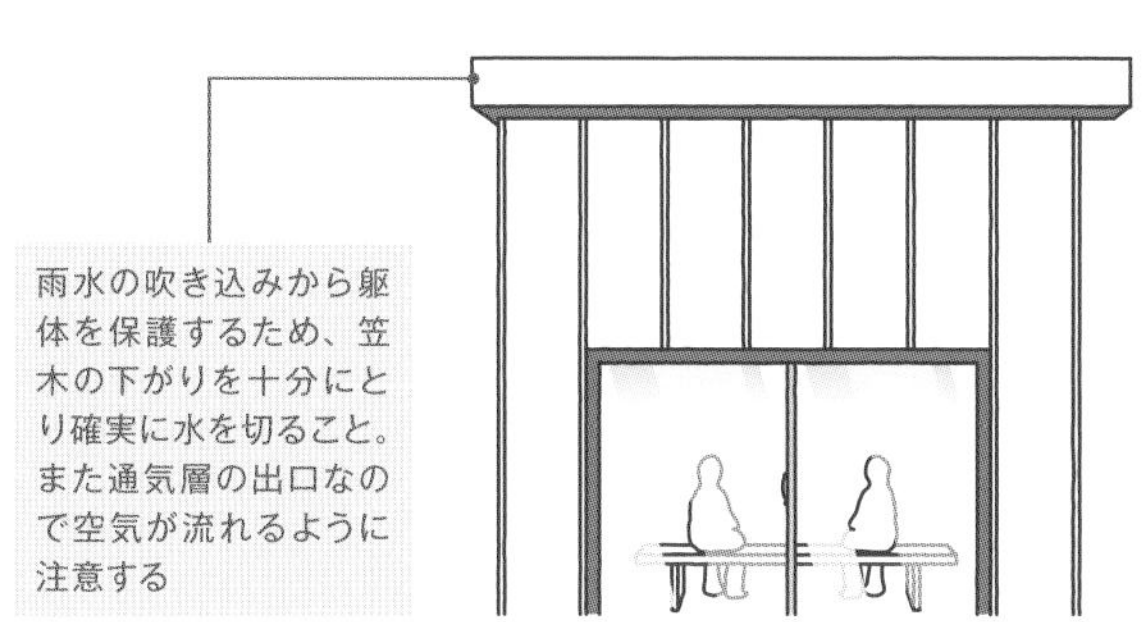
雨水の吹き込みから躯体を保護するため、笠木の下がりを十分にとり確実に水を切ること。また通気層の出口なので空気が流れるように注意する

外壁材の継手位置をそろえて落ち着いた外観をつくる

「城北の家」

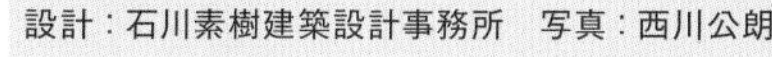
設計：石川素樹建築設計事務所　写真：西川公朗

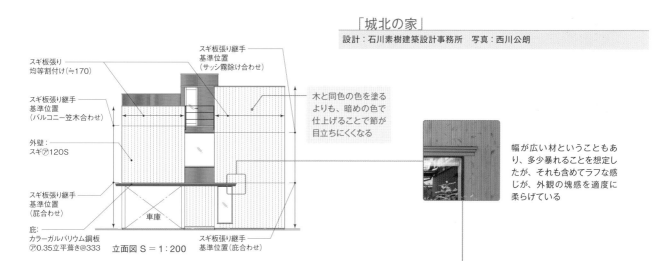

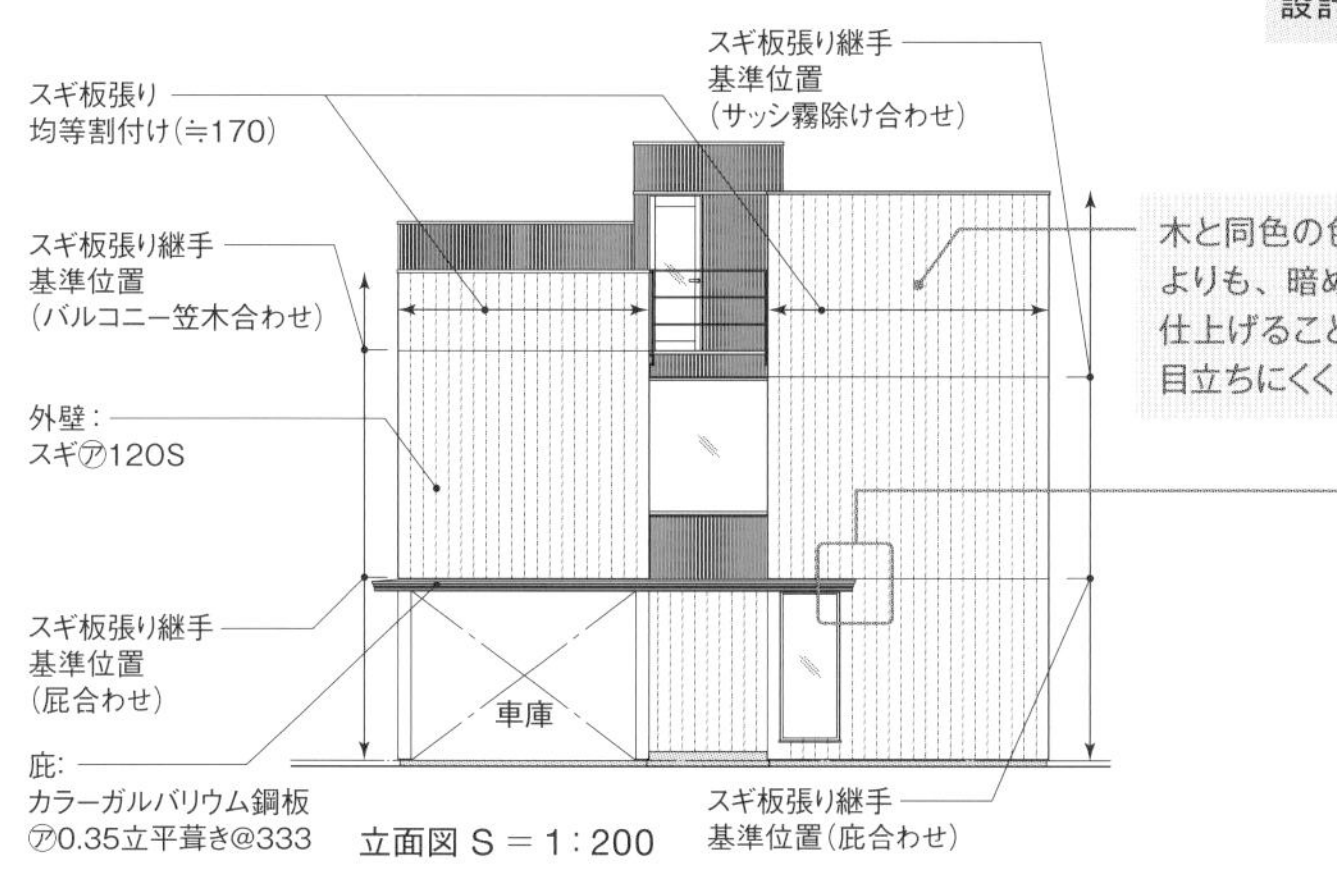
スギ板張り
均等割付け(≒170)
スギ板張り継手
基準位置
(バルコニー笠木合わせ)
外壁：
スギ㋐120S
スギ板張り継手
基準位置
(庇合わせ)
庇：
カラーガルバリウム鋼板
㋐0.35立平葺き@333
スギ板張り継手
基準位置
(サッシ霧除け合わせ)
木と同色の色を塗るよりも、暗めの色で仕上げることで節が目立ちにくくなる
車庫
スギ板張り継手
基準位置(庇合わせ)
立面図 S＝1：200

幅が広い材ということもあり、多少暴れることを想定したが、それも含めてラフな感じが、外観の塊感を適度に柔らげている

技3　木摺を外壁に使う

木摺の施工手順

既製品の羽目板と違い実加工がないため、施工には工夫が必要

手順
①表に仮留めの釘を打つ
②接着剤が乾いたら仮留めをはずす
③外観からは、釘が一切見えない外壁が完成

合板
縫い釘
仮留め用釘
合板
接着剤
木摺
縫い釘

側面に縫い釘、裏面に接着剤を塗る併用接着とする

「打越のいえ」

設計：赤座建築デザイン事務所　写真：赤座建築デザイン事務所

木摺と繊細な素材を併せてバランスを調整する

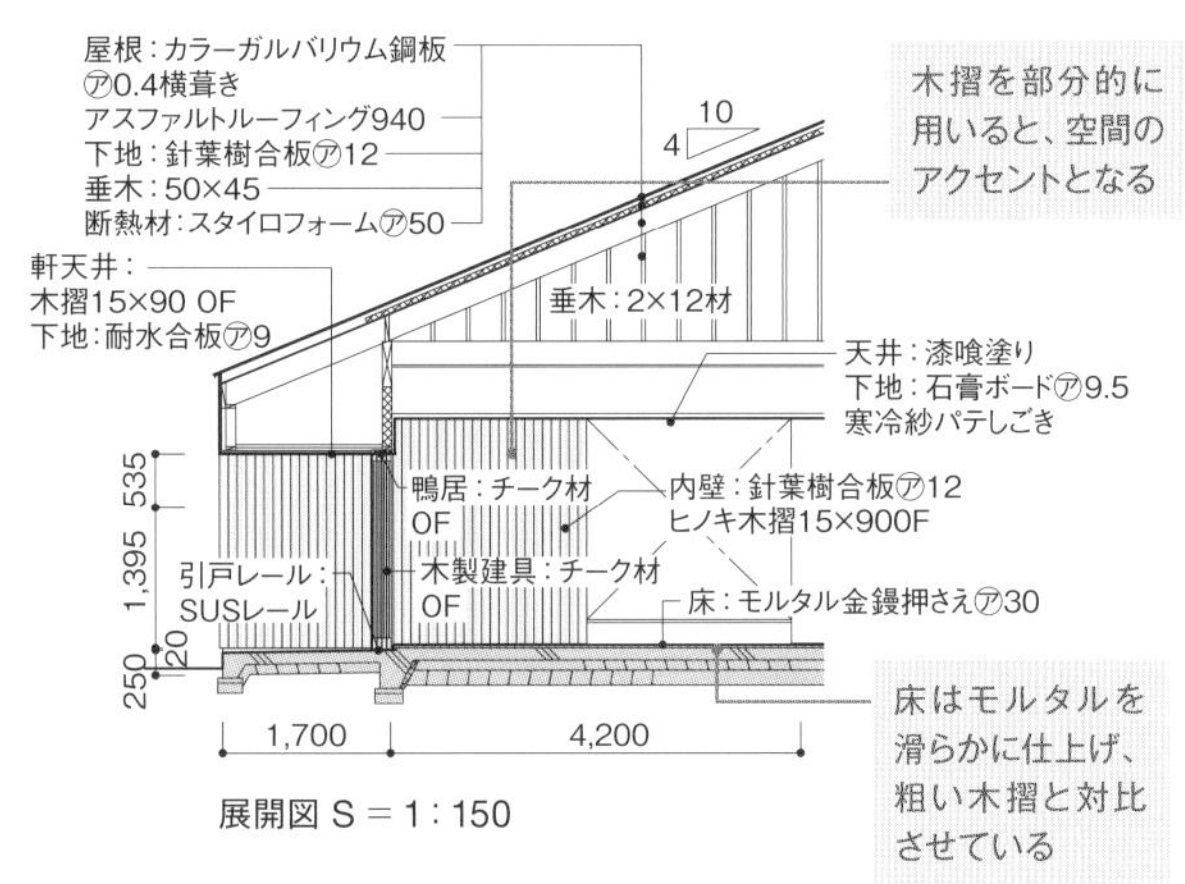
屋根：カラーガルバリウム鋼板
㋐0.4横葺き
アスファルトルーフィング940
下地：針葉樹合板㋐12
垂木：50×45
断熱材：スタイロフォーム㋐50
軒天井：
木摺15×90 OF
下地：耐水合板㋐9
10
4
垂木：2×12材
天井：漆喰塗り
下地：石膏ボード㋐9.5
寒冷紗パテしごき
鴨居：チーク材
OF
内壁：針葉樹合板㋐12
ヒノキ木摺15×900F
引戸レール：
SUSレール
木製建具：チーク材
OF
床：モルタル金鏝押さえ㋐30
535
1,395
20
250
1,700
4,200
展開図 S＝1：150

木摺を部分的に用いると、空間のアクセントとなる

床はモルタルを滑らかに仕上げ、粗い木摺と対比させている

下地で用いる木摺を内外壁の仕上げにあえて用いた。木摺の表面はプレーナーを一度だけかけ、木の粗い表情を若干残すことで、素朴な風合いになる。ただし、それだけでは荒削りな印象になってしまうため、ガルバリウム鋼板、漆喰など他の素材と組み合わせて全体のバランスを調整するとよい。

外観。木摺とガルバリウム鋼板を組み合わせた

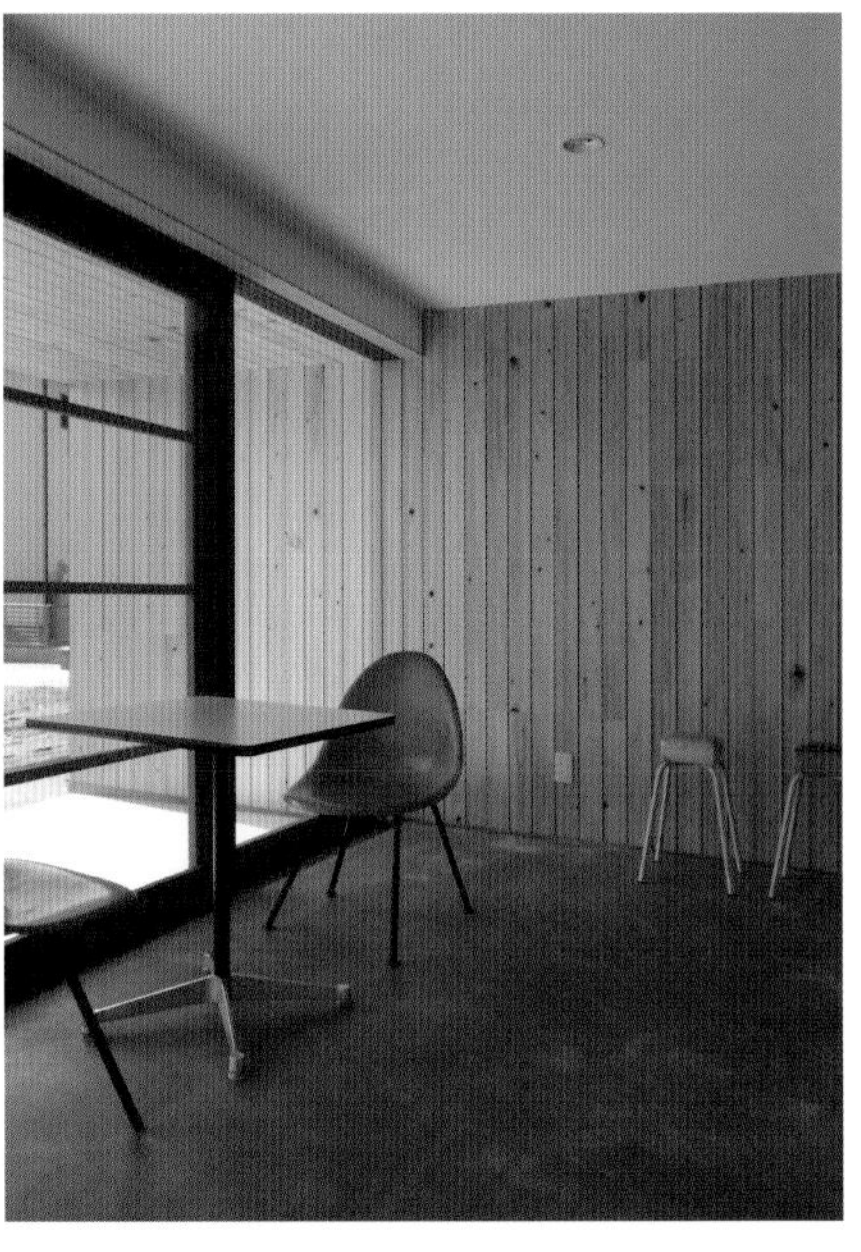

土間の様子。天井は滑らかな漆喰仕上げとし、粗い木摺と対比させた

技4　フローリングを活用してヴィンテージ風の面材をつくる

キッチンをローコストでヴィンテージ風に仕上げるには、面材に使うフローリング材にダメージ加工を施すとよい。ここでは15㎜厚の北海道産ナラ材のフローリングに傷をつけ、雨ざらしにし、90㎜と75㎜幅をランダムに張った。フローリング材は、実（さね）があるため、張った際に安定感がある。仕上げには経年による色の変化をより鮮やかに見せるキリの油を塗布した。

実のあるフローリングは固定しやすい

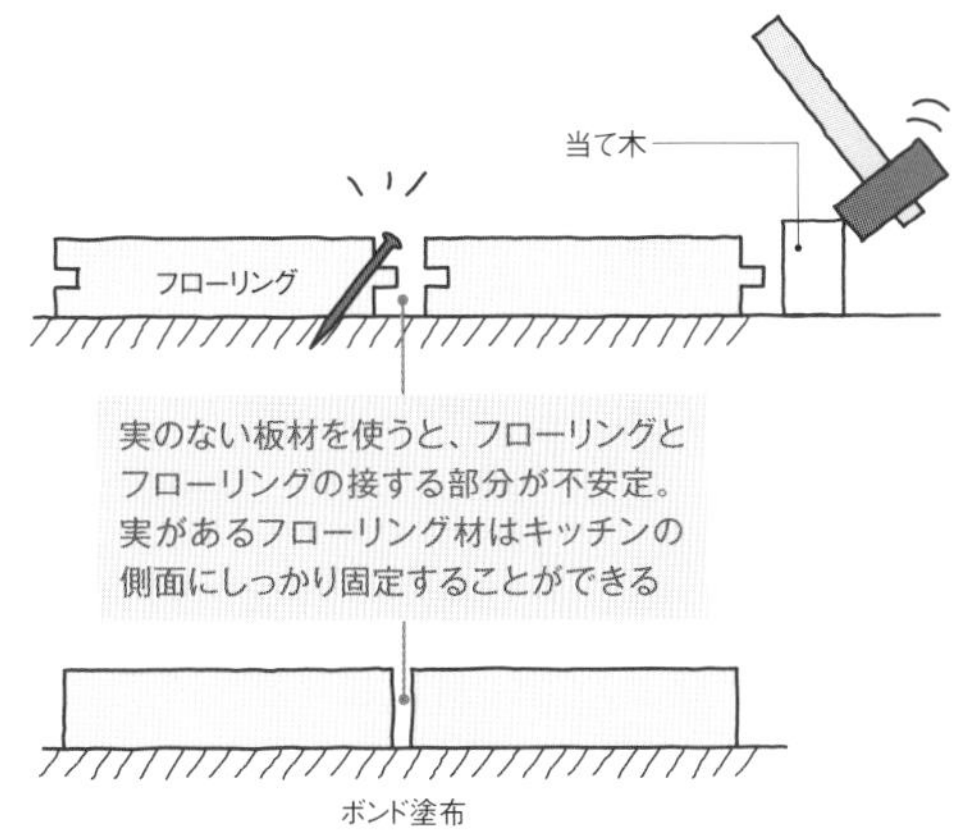
当て木
フローリング
実のない板材を使うと、フローリングとフローリングの接する部分が不安定。実があるフローリング材はキッチンの側面にしっかり固定することができる
ボンド塗布

キッチン収納の扉にも同じ面材を使う

「土間の広がる家」
設計：築紡　写真：上田宏

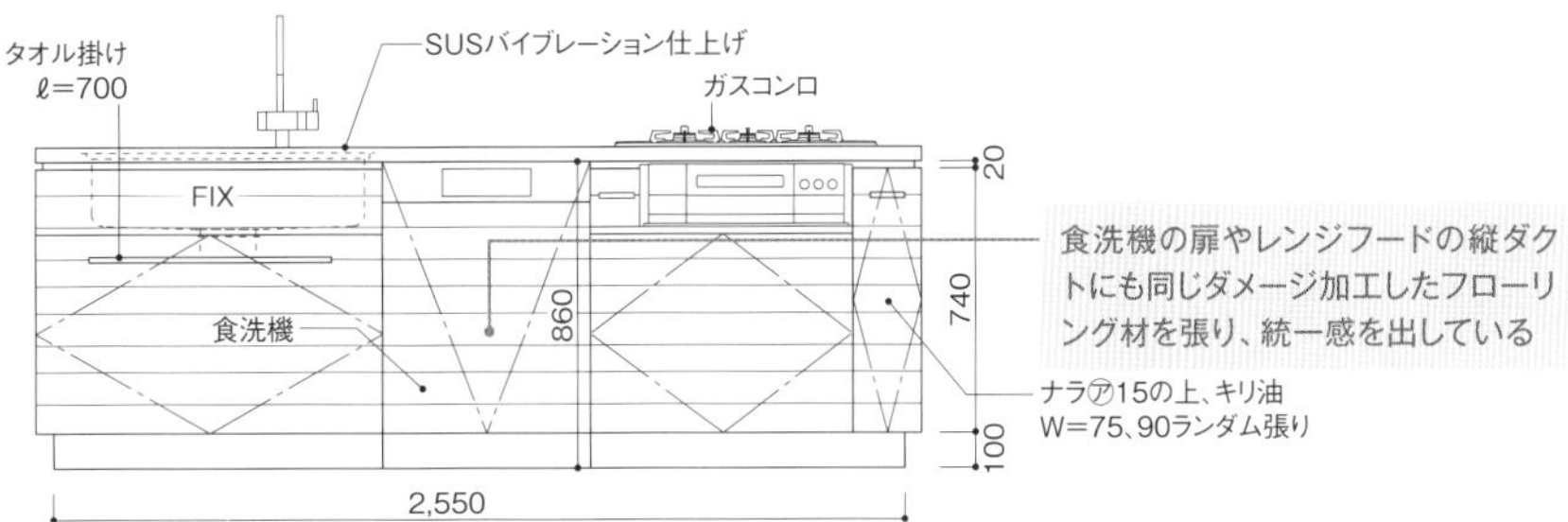
タオル掛け
ℓ=700
SUSバイブレーション仕上げ
ガスコンロ
FIX
食洗機
860
740
20
100
2,550
食洗機の扉やレンジフードの縦ダクトにも同じダメージ加工したフローリング材を張り、統一感を出している
ナラ⑦15の上、キリ油
W=75、90ランダム張り

キッチン展開図 S＝1：40

板ごとにダメージ状態が異なるので、色にバラつきが生じる。それをランダムに配置し、ラフな印象に仕上げている

経年変化とともに美しい飴色になっていく点も良質なナラの無垢材の魅力の1つ

技5　合板を要所に使用して空間を印象づける

仕上げを変えて見せたい壁に視線を誘導する

築51年の団地リノベーション。壊すことができない既存壁があり、空間が分断されてしまう。そこで、斜めの壁を分断された空間をまたぐように配置して、空間どうしを緩やかにつなげた。全体は白を基調とした空間のなかで、印象づけたい斜めの壁にはシナ合板を使用し、視線を誘導。また、トーンを押さえたラワン合板を随所に使用し空間に明暗をつけることで、より広がりと奥行きを感じさせる。

既存の耐震壁によって南側(右)・南側(左)・北側・中央の4つに空間が分かれる。斜めの壁を通すことで壁に沿って視線が奥に誘導され、空間のつながりを感じる

南北の居室の壁・天井は白のペンキで塗装、床は杉板を使用した明るい色味で自然採光を反射する

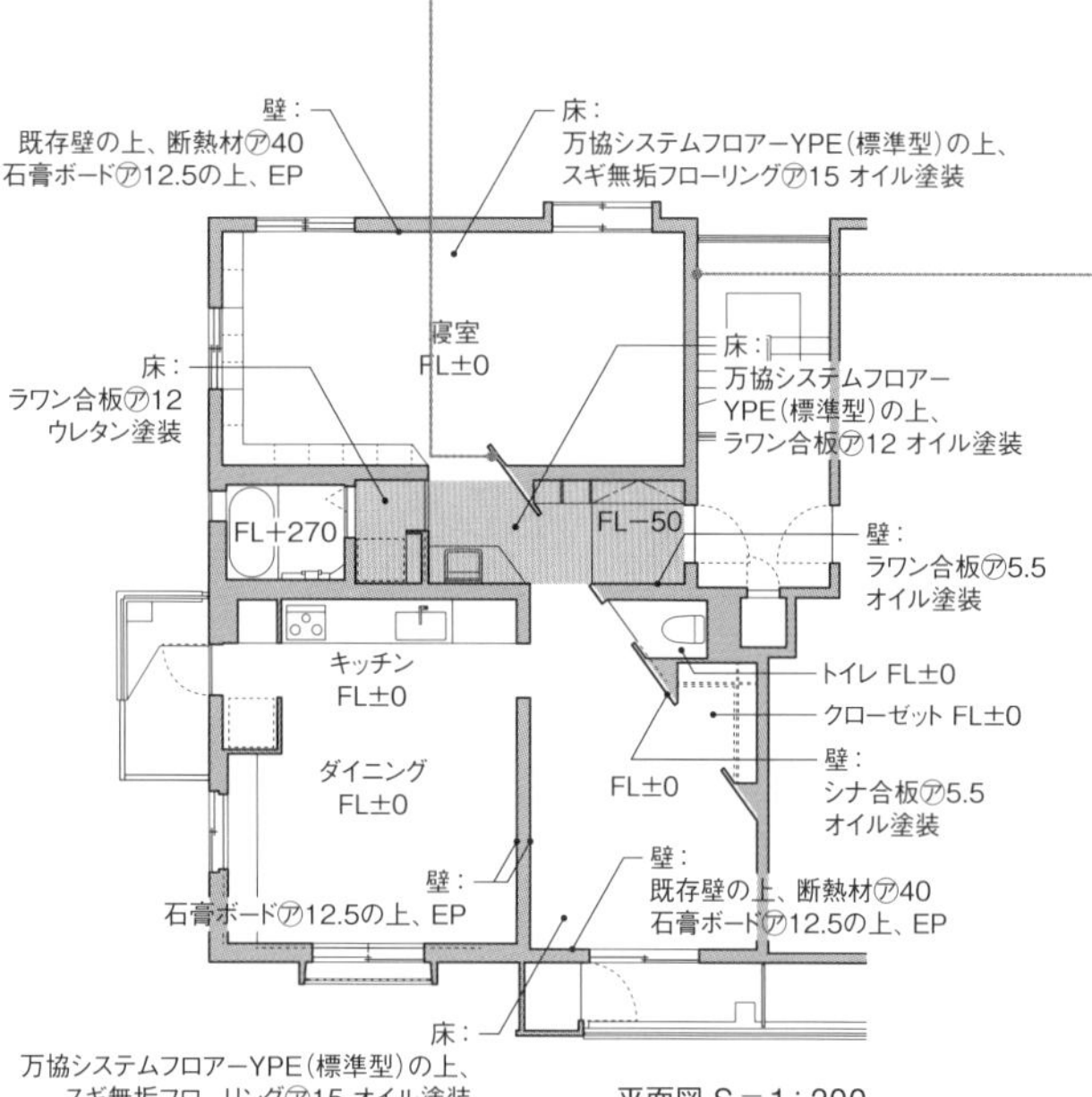

壁：
既存壁の上、断熱材㋐40
石膏ボード㋐12.5の上、EP
床：
万協システムフロアーYPE(標準型)の上、
スギ無垢フローリング㋐15 オイル塗装
寝室
FL±0
床：
ラワン合板㋐12
ウレタン塗装
床：
万協システムフロアー
YPE(標準型)の上、
ラワン合板㋐12 オイル塗装
FL+270
FL−50
壁：
ラワン合板㋐5.5
オイル塗装
キッチン
FL±0
トイレ FL±0
クローゼット FL±0
ダイニング
FL±0
FL±0
壁：
シナ合板㋐5.5
オイル塗装
壁：
石膏ボード㋐12.5の上、EP
壁：
既存壁の上、断熱材㋐40
石膏ボード㋐12.5の上、EP
床：
万協システムフロアーYPE(標準型)の上、
スギ無垢フローリング㋐15 オイル塗装

平面図 S＝1：200

空間全体で建具があるのは、トイレと脱衣室の2か所のみとし、コストダウンと空間のつながりを意識。設置した建具は引き込み戸とすることで、開けている時も建具の存在感を押さえられる

建物中央部にある玄関・水廻りは赤みの強いラワン合板を使用して天井・壁・床を仕上げることで、居室部と雰囲気を変化させている

斜めの壁は明るめの色味のシナ合板を使用。自然採光を生かした明るい室内になじみながらも、斜めの壁が際立つ仕上げ

「鎌倉の住戸」
設計：デザインライフ設計室　写真：中村晃

素材を変化させて空間にメリハリをつける

ラワン合板で仕上げた玄関・水廻り部の奥に、自然光を反射する白を基調とした子ども室が見える。奥の子ども室がより明るく開放的にみえる

床面積87㎡と広さがある空間。のっぺりとした印象にならないよう、薄暗い玄関部と明るい居室で空間のメリハリをつけることで居室により広がりを感じられる

玄関・水廻り部は、自然採光の入らない建物中央部にある。居室と同じダウンライトを使用しているが、仕上げ材の違いによって居室部とは印象が異なってみえる

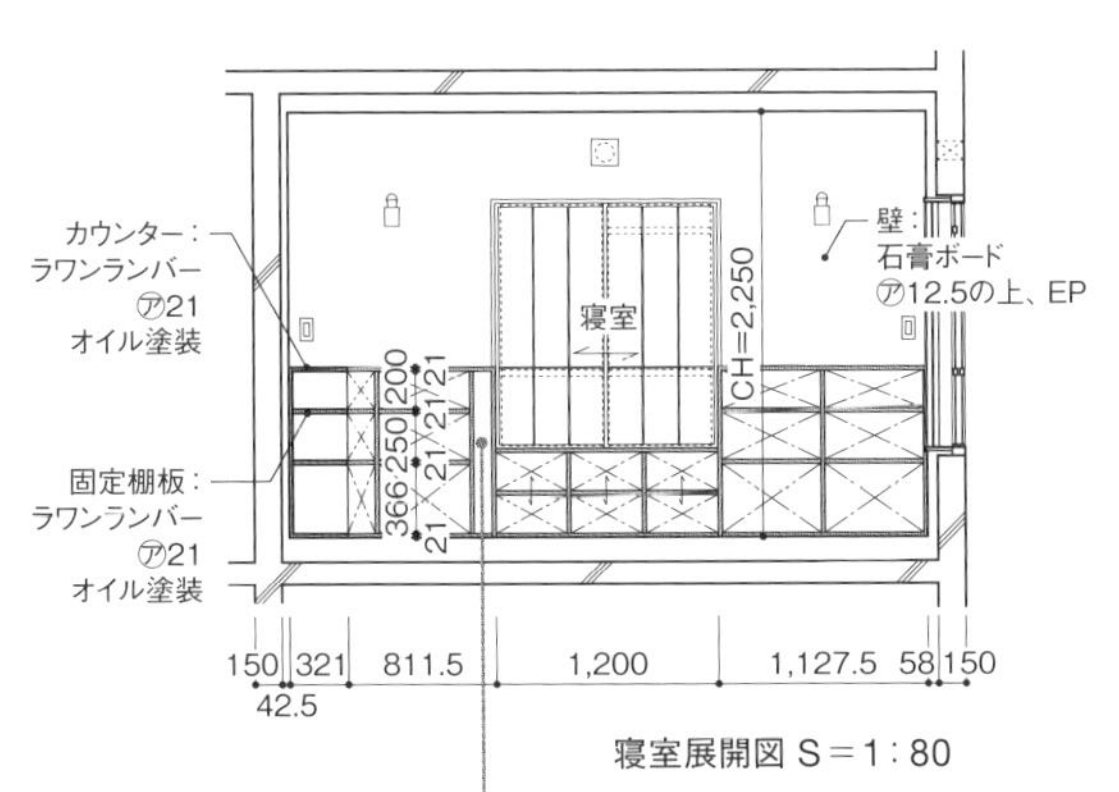
カウンター：ラワンランバー ㋐21 オイル塗装
固定棚板：ラワンランバー ㋐21 オイル塗装
壁：石膏ボード ㋐12.5の上、EP
寝室
CH=2,250
366.250 200 21 21 21
150 321 811.5 1,200 1,127.5 58 150
42.5
寝室展開図 S＝1：80

ダイニングキッチンや寝室の造作家具やキッチンには、ラワン合板を使用。材種を多く使いすぎないようにし、玄関部と同じ材料を使うことで全体の印象をなじませている

調理用のカウンター天板部はコンロの油汚れや水撥ねを考慮してステンレスを採用。そのほかのカウンター天板や引き出し、収納部分はラワン合板の上にウレタン塗装やオイル塗装をして、木目を生かしながらメンテナンス性を高めている。現場での大工工事で製作できるよう、一般流通材料の組み合わせで設計し、色味を揃えることで意匠性を高めた

技6　左官の代替品に珪藻土クロスを使う

クロスの施工は下地処理が肝

室内に左官調の落ち着いた空間をつくるには、珪藻土クロスの壁仕上げがお薦めだ。珪藻土クロスのメリットとして、①塗装よりも安価で質感がよい、②珪藻土ならではのざらっとした表情により、平滑な塗装風クロスに比べて下地の凹凸を拾いにくいなどが挙げられる。

継目、ビス孔に対するパテのペーパーがけを丁寧に行うことで、仕上げ材が下地の凹凸を拾ってしまうのを防ぐことができる
下地（石膏ボード）
下地処理（寒冷紗の上、パテしごき）
珪藻土クロスは厚手のビニールクロスより厚みが薄いため、下地処理に注意を払う必要がある

大きな面や光を受ける面は特に下地の不陸が目立ちやすいので、下地処理、クロスどうしのつなぎ目には特に注意が必要

「城北の家」
設計：石川素樹建築設計事務所　写真：西川公朗

トップライトの光を斜めの壁から柔らかく落とすと、各面での光の受け方が変わり、同じ素材でも違う表情に見える

技7　建物の形態に合わせて素材を配置する

桜の木から決まった形状と素材

ほぼ正方形の敷地の一角にあった桜の木を生かすために、正方形のプランのちょうど1／4を切り取り、L字のプランとした。その切断面に磁器質タイルを用いることで、切り取られた印象を出している。

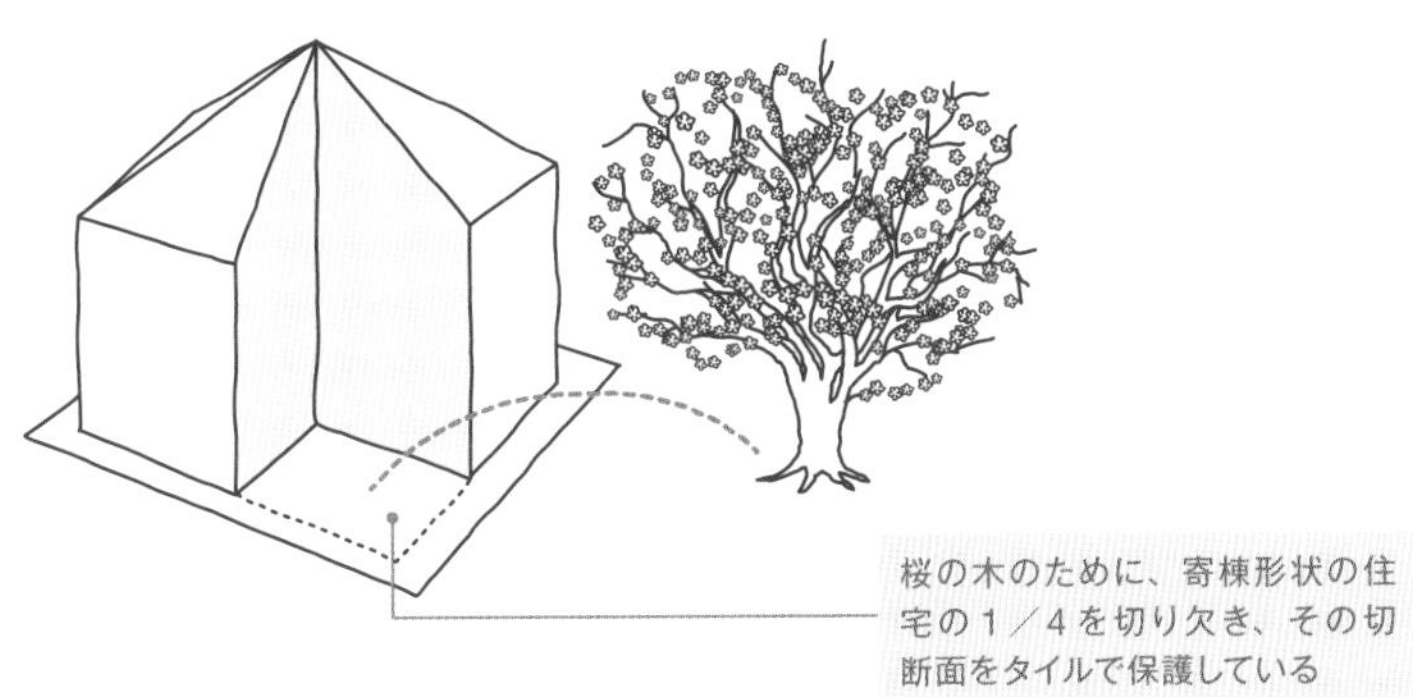

桜の木のために、寄棟形状の住宅の1／4を切り欠き、その切断面をタイルで保護している

バルコニーで構造も補強

「h21e」

設計：アオイデザイン　写真：アオイデザイン

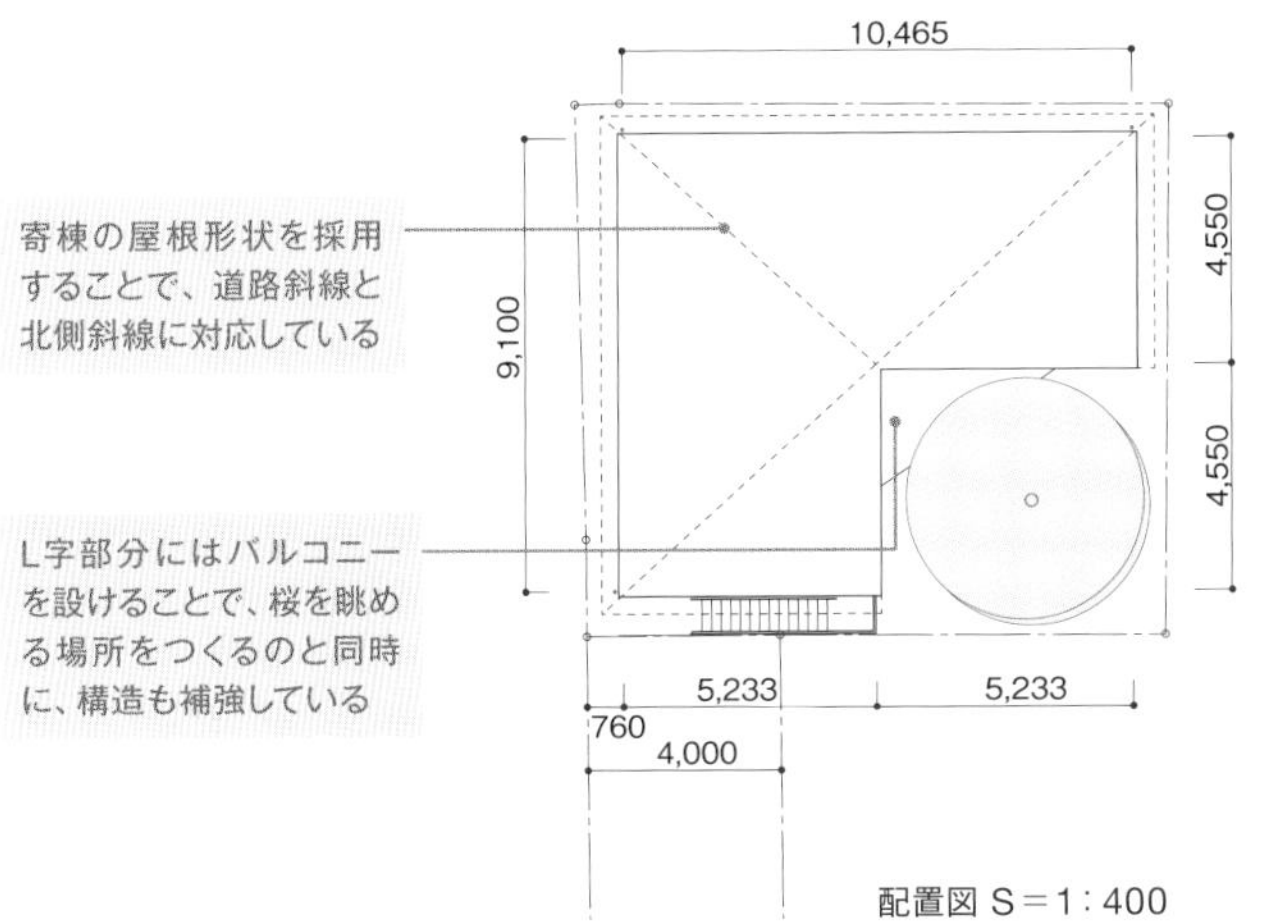
10,465
N
4,550
4,550
9,100
5,233
5,233
760
4,000

寄棟の屋根形状を採用することで、道路斜線と北側斜線に対応している

L字部分にはバルコニーを設けることで、桜を眺める場所をつくるのと同時に、構造も補強している

配置図 S＝1：400

タイル以外の壁面には弾性リシン吹き付けとしている

タイルやリシンなど、一般的な住宅に用いられる外装仕上げを利用することで、象徴的な形態と普遍的な表情の両方をもつ住宅となっている

キーワード

永峰昌治 ながみね・まさはる

永峰昌治建築設計事務所

1975年神奈川県生まれ。'97年工学院大学建築学科卒業。2000年若原アトリエ入社。'21年永峰昌治建築設計事務所設立

根來宏典 ねごろ・ひろのり

築紡

1972年和歌山県生まれ。'95年日本大学生産工学部建築工学科卒業。'95年古市徹雄都市建築研究所入社。2004年根來宏典建築研究所（現・築紡）設立。'05年日本大学大学院博士後期課程修了、博士（工学）。NPO法人家づくりの会（'12年～'18年代表理事）。'21年京都美術工芸大学講師

橋垣史子 はしがき・ふみこ

いろは設計室

1972年千葉県生まれ。'95年日本大学理工学部海洋建築工学科卒業。'95年～'97年設計事務所勤務。'97年～2005年加藤武志建築設計室勤務。'06年いろは設計室開設

服部信康 はっとり・のぶやす

服部信康建築設計事務所

1964年愛知県生まれ。'84年東海工業専門学校卒業。同年名巧工芸入社。'87年総合デザイン入社。'89年スペース入社。'92年R&S設計工房入社。'95年服部信康建築設計事務所設立

松田和也 まつだ・かずや

キトレペ建築設計事務所

1973年福岡県生まれ。'97年九州芸術工科大学（現九州大学）芸術工学部環境設計学科卒業。2007～'13年デザインニコ一級建築士事務所共同主宰。'14年キトレペ建築設計事務所設立

松山将勝 まつやま・まさかつ

松山建築設計室

1968年鹿児島県生まれ。'91年東和大学建築工学科卒業後、'97年松山建築設計室設立。現在、公益社団法人日本建築家協会副会長兼九州支部長

丸山 弾 まるやま・だん

丸山弾－スタジオ

1975年東京都生まれ。'98年成蹊大学卒業。2003年堀部安嗣建築設計事務所入所。'07年丸山弾建築設計事務所設立。同年より京都造形芸術大学通信教育部大学院非常勤講師

村田 淳 むらた・じゅん

村田淳建築研究室

1971年東京都生まれ。'95年東京工業大学工学部建築学科卒業。'97年東京工業大学大学院建築学専攻修士課程修了後、建築研究所アーキヴィジョン入社。2007年村田靖夫建築研究室代表。'09年村田淳建築研究室 に改称。NPO法人家づくりの会設計会員

森 清敏 もり・きよとし

MDS

1992年東京理科大学理工学部建築学科卒業。'94同大学院修士課程修了。'94～2003年大成建設設計部勤務。'03年MDS一級建築士事務所共同主宰。現在、東京理科大学・日本大学で非常勤講師

森吉直剛 もりよし・なおたけ

森吉直剛アトリエ

1967年徳島県生まれ。'95年京都大学大学院工学研究科修士課程修了。'95～'98年大成建設設計部勤務。2001年森吉直剛アトリエ設立。現在、大阪芸術大学通信教育部非常勤講師

山田誠一 やまだ・せいいち

山田誠一建築設計事務所

1978年静岡県生まれ。2011年山田誠一建築設計事務所設立

吉武研二 よしたけ・けんじ

ヨシタケケンジ建築事務所

1972年福岡県生まれ。'95年福岡大学工学部建築学科卒業。設計事務所勤務を経て、2005年ヨシタケケンジ建築事務所設立。現在、近畿大学非常勤講師

若原一貴 わかはら・かずき

若原アトリエ

1971年東京都生まれ。'94年日本大学芸術学部卒業。同年横河設計工房入社。2000年若原アトリエ設立。'22年日本大学芸術学部教授、一般社団法人東京建築アクセスポイント理事、一般社団法人エコハウス研究会理事

執筆者プロフィール

［五十音順］

青木律典 あおき・のりふみ
デザインライフ設計室
1973年神奈川県生まれ。日比生寛史建築計画研究所、田井勝馬建築設計工房を経て、2010年青木律典建築設計スタジオを設立。'15年デザインライフ設計室に改組

青山茂生 あおやま・しげお
アオイデザイン
1969年石川県生まれ。'93年武蔵工業大学(現東京都市大学)工学部建築学科卒業。同年現代建築研究所に入所。'98年、シーラカンスK&Hに入所。2003年aoydesign設立。'10年にアオイデザインに改組

赤座伸武 あかざ・のぶたけ
赤座建築デザイン
1971年岐阜県生まれ。1990年向井建築設計事務所入所。2006年赤座建築デザイン事務所設立。'09年〜国立岐阜工業高等専門学校建築学科非常勤講師

有田佳生 ありた・よしたか
有田佳生建築設計事務所
1967年広島県生まれ。'91年早稲田大学理工学部建築学科卒業。'93年早稲田大学大学院理工学研究科修了。'95年AAスクールディプロマ修了。同年〜'98年アーキテクチャー・ファクトリー勤務。'98年A-STUDIO設立。2006年有田佳生建築設計事務所に改称

石川素樹 いしかわ・もとき
石川素樹建築設計事務所
1980年東京都生まれ。手嶋保建築事務所を経て2009年に石川素樹建築設計事務所を設立

奥山裕生 おくやま・ひろき
アトリエ橙
1968年大阪府生まれ。'92年東京理科大学工学部建築学科卒業。同年、愛植物設計事務所入所。'97年結設計入所。2000年奥山裕生設計事務所設立。'16年アトリエ橙に改称

鴛海達矢 おしのみ・たつや
鴛海達矢建築設計事務所
1971年大阪府生まれ。'96年東京工業大学工学部機械工学科卒業。'98年同大学院理工学研究科機械工学専攻修了。'98〜2002年三菱総合研究所勤務。'05東京工業大学工学部建築学科卒業。同年若松均建築設計事務所入所。'11年鴛海達矢建築設計事務所設立。'18年〜福岡大学非常勤講師

河合啓吾 かわい・けいご
河合啓吾建築設計事務所
1979年岐阜県生まれ。2003年愛知工業専門学校卒業。'03〜'09年山本建築設計事務所勤務。'09年河合啓吾建築設計事務所設立

川村奈津子 かわむら・なつこ
MDS
1994年京都工芸繊維大学工芸学部造形工学科卒業。同年〜2002年大成建設設計部勤務。'02年MDS一級建築士事務所設立。'14年〜'22年、東洋大学非常勤講師

清原昌洋 きよはら・まさひろ
ateliercube
1972年岐阜県生まれ。'95年日本大学理工学部海洋建築工学科卒業。設計事務所勤務を経て、2000年ateliercube一級建築士事務所設立。現在、九州産業大学非常勤講師

島田貴史 しまだ・たかし
しまだ設計室
1970年大阪府生まれ。'94年筑波大学芸術専門学群環境デザイン専攻卒業。'96年京都工芸繊維大学デザイン工学科造形工学専攻修了。同年プレック研究所入社。'08年しまだ設計室設立。'20年~明星大学非常勤講師

杉下 均 すぎした・ひとし
杉下均建築工房
1952年岐阜県生まれ。'75年建築研究所J共同設立。'78年杉下均建築工房設立

隅谷維子 すみたに・ゆきこ
アオイデザイン
1973年大阪府生まれ。'96年大阪大学工学部建築工学科卒業。'99年大阪大学大学院建築工学修士課程修了。同年、シーラカンスK&Hに入所。2001年、ジェネラルデザイン入所。'07年よりaoydesignを共営。'10年にアオイデザインに改組

田中義彰 たなか・よしあき
TSCアーキテクツ
1969年兵庫県生まれ。'93年三重大学工学部建築学科卒業。中日設計などを経て、2008年TSCアーキテクツ設立。'19年〜愛知工業大学非常勤講師

出口佳子 でぐち・よしこ
杉下均建築工房
1971年愛知県生まれ。柳瀬真澄建築設計工房などを経て、2001年 杉下均建築工房

なるほど
住宅
デザイン

改訂版

2023年8月31日　初版第一刷発行

発行者　澤井聖一
発行所　株式会社エクスナレッジ
〒106-0032 東京都港区六本木7-2-26
https://www.xknowledge.co.jp

問合せ先
編集　Tel 03-3403-1381 Fax 03-3403-1345
info@xknowledge.co.jp
販売　Tel 03-3403-1321 Fax 03-3403-1829